Dokumentation
über die Eingliederung und das Wirken
der Flüchtlinge und Heimatvertriebenen
im Landkreis Oberallgäu

Dokumentation
über die Eingliederung und das Wirken
der Flüchtlinge und Heimatvertriebenen
im Landkreis Oberallgäu

Herausgegeben vom Landkreis Oberallgäu 1997

Franz Brack Verlag, Altusried
im Auftrag des Landkreises Oberallgäu

Copyright

1997 Landkreis Oberallgäu
Oberallgäuer Platz 2
87527 Sonthofen
Alle Rechte vorbehalten
1. Auflage
ISBN 3-930323-14-1

Verfasser:

Landratsamt Oberallgäu,
Arbeitsgruppe Dokumentation,
Leiter: Meinrad Heger

Herstellung:

Allgäuer Zeitungsverlag GmbH,
Kempten

Inhalt

Leitwort

„Bis 1949 waren die Vertriebenen uns eine schwere Last, dann wurden sie für uns und unser Land zum Segen. Ohne die Heimatvertriebenen wäre der Wandel Bayerns vom Agrar- zum Industriestaat in dieser kurzen Zeit nicht möglich gewesen. Mit der Industrialisierung kam mehr Wohlstand nach Bayern."

Worte des bayerischen Ministerpräsidenten Franz Josef Strauß beim 39. Sudetendeutschen Tag 1988 in München.

SCHIRMHERRSCHAFT ÜBER DIE SUDETENDEUTSCHE VOLKSGRUPPE

Eingedenk der jahrhundertealten historischen und kulturellen Bindungen zwischen den bayerischen und den böhmischen Ländern und der verwandtschaftlichen Beziehungen der Altbayern, Franken und Schwaben zu den Deutschen in Böhmen, Mähren und Schlesien und als Zeichen der Anerkennung des Freistaates Bayern und der bayerischen Bevölkerung für die Verdienste der Mitbürger aus dem Sudetenland, hat die Bayerische Staatsregierung anläßlich des fünften Sudetendeutschen Tages zu Pfingsten 1954 in München die Schirmherrschaft über die Sudetendeutsche Volksgruppe übernommen. Die Bayerische Staatsregierung verleiht mit der Übernahme dieser Schirmherrschaft sichtbaren Ausdruck, vor allem ihren Dank dafür, daß die heimatvertriebenen Sudetendeutschen einen wertvollen Beitrag auf politischem, kulturellem und sozialem Gebiet zum Wiederaufbau des Freistaates Bayern geleistet und sich als eine zuverlässige Stütze unserer freiheitlichen demokratischen Ordnung bewährt haben. Die Bayerische Staatsregierung betrachtet die sudetendeutsche Volksgruppe als einen Stamm unter den Volksstämmen Bayerns. Sie bekennt sich zum Heimat- und Selbstbestimmungsrecht der Sudetendeutschen, das sie jederzeit mit dem ganzen Gewicht ihres Einflusses vertreten will. Sie wird stets bestrebt sein, das Volkstum der Sudetendeutschen zu erhalten und ihre Landsmannschaft und deren Einrichtungen als Vertretung der sudetendeutschen Volksgruppe bei der Wahrnehmung der heimatpolitischen, kulturellen und sozialen Aufgaben ideell und finanziell zu fördern.

München, den 7. November 1962
Der Bayerische Ministerpräsident

10

CHARTA DER DEUTSCHEN HEIMATVERTRIEBENEN
CHARTA DER DEUTSCHEN HEIMATVERTRIEBENEN
CHARTA DER DEUTSCHEN HEIMATVERTRIEBENEN
CHARTA DER DEUTSCHEN HEIMATVERTRIEBENEN
CHARTA DER DEUTSCHEN HEIMATVERTRIEBENEN
CHARTA DER DEUTSCHEN HEIMATVERTRIEBENEN
CHARTA DER DEUTSCHEN HEIMATVERTRIEBENEN
CHARTA DER DEUTSCHEN HEIMATVERTRIEBENEN
CHARTA DER DEUTSCHEN HEIMATVERTRIEBENEN
CHARTA DER DEUTSCHEN HEIMATVERTRIEBENEN
CHARTA DER DEUTSCHEN HEIMATVERTRIEBENEN
CHARTA DER DEUTSCHEN HEIMATVERTRIEBENEN
CHARTA DER DEUTSCHEN HEIMATVERTRIEBENEN

verloren. heimatlose sind Fremdlinge auf dieser Erde. Gott hat die Mensch
t Zwang von seiner Heimat trennen, bedeutet ihn im Geiste töten.

al erlitten und erlebt. Daher fühlen wir uns berufen zu verlangen, daß das

Recht auf die Heimat

schenkten Grundrechte der Menschheit anerkannt und verwirklicht wird.

uns nicht verwirklicht ist, wollen wir aber nicht zur Untätigkeit verurteilt
verständnisvollen und brüderlichen Zusammenlebens mit allen Gliedern u
d verlangen wir heute wie gestern:

gesetz, sondern auch in der Wirklich

CHARTA DER DEUTSCHEN HEIMATVERTRIEBENEN

Charta der
deutschen Heimatvertriebenen

gegeben zu Stuttgart
am 5. August 1950

Im Bewußtsein ihrer Verantwortung vor Gott und den Menschen,

im Bewußtsein ihrer Zugehörigkeit zum christlich-abendländischen Kulturkreis,

im Bewußtsein ihres deutschen Volkstums und in der Erkenntnis der gemeinsamen Aufgabe aller europäischen Völker,

haben die erwählten Vertreter von Millionen Heimatvertriebenen nach reiflicher Überlegung und nach Prüfung ihres Gewissens beschlossen, dem deutschen Volk und der Weltöffentlichkeit gegenüber eine feierliche Erklärung abzugeben, die die Pflichten und Rechte festlegt, welche die deutschen Heimatvertriebenen als ihr Grundgesetz und als unumgängliche Voraussetzung für die Herbeiführung eines freien und geeinten Europas ansehen.

1. Wir Heimatvertriebenen verzichten auf Rache und Vergeltung. Dieser Entschluß ist uns ernst und heilig im Gedenken an das unendliche Leid, welches im besonderen das letzte Jahrzehnt über die Menschheit gebracht hat.

2. Wir werden jedes Beginnen mit allen Kräften unterstützen, das auf die Schaffung eines geeinten Europas gerichtet ist, in dem die Völker ohne Furcht und Zwang leben können.

3. Wir werden durch harte, unermüdliche Arbeit teilnehmen am Wiederaufbau Deutschlands und Europas.

Wir haben unsere Heimat verloren. Heimatlose sind Fremdlinge auf dieser Erde. Gott hat die Menschen in ihre Heimat hineingestellt. Den Menschen mit Zwang von seiner Heimat trennen, bedeutet, ihn im Geiste töten.

Wir haben dieses Schicksal erlitten und erlebt. Daher fühlen wir uns berufen zu verlangen, daß das Recht auf die Heimat als eines der von Gott geschenkten Grundrechte der Menschheit anerkannt und verwirklicht wird.

So lange dieses Recht für uns nicht verwirklicht ist, wollen wir aber nicht zur Untätigkeit verurteilt beiseite stehen, sondern in neuen, geläuterten Formen verständnisvollen und brüderlichen Zusammenlebens mit allen Gliedern unseres Volkes schaffen und wirken.

Darum fordern und verlangen wir heute wie gestern:

1. Gleiches Recht als Staatsbürger nicht nur vor dem Gesetz, sondern auch in der Wirklichkeit des Alltags.

2. Gerechte und sinnvolle Verteilung der Lasten des letzten Krieges auf das ganze deutsche Volk und eine ehrliche Durchführung dieses Grundsatzes.

3. Sinnvollen Einbau aller Berufsgruppen der Heimatvertriebenen in das Leben des deutschen Volkes.

4. Tätige Einschaltung der deutschen Heimatvertriebenen in den Wiederaufbau Europas.

Die Völker der Welt sollen ihre Mitverantwortung am Schicksal der Heimatvertriebenen als der vom Leid dieser Zeit am schwersten Betroffenen empfinden.

Die Völker sollen handeln, wie es ihren christlichen Pflichten und ihrem Gewissen entspricht.

Die Völker müssen erkennen, daß das Schicksal der deutschen Heimatvertriebenen wie aller Flüchtlinge, ein Weltproblem ist, dessen Lösung höchste sittliche Verantwortung und Verpflichtung zu gewaltiger Leistung fordert.

Wir rufen Völker und Menschen auf, die guten Willens sind, Hand anzulegen ans Werk, damit aus Schuld, Unglück, Leid, Armut und Elend für uns alle der Weg in eine bessere Zukunft gefunden wird.

Dr. Linus Kather
Mitglied des Bundestages
Vorsitzender
des Zentralverbandes
der Vertriebenen Deutschen

Josef Walter
Vorsitzender des Landesverbandes
der Heimatvertriebenen in Hessen

Helmut Gossing
Vorsitzender des Landesverbandes
Niedersachsen im ZvD

Dr. Mocker
Vorsitzender des Landesverbandes
der vertriebenen Deutschen
in Württemberg

H. Eschenbach
Landesverband der vertriebenen
Deutschen, Stuttgart

Wilhelm Zeisberger
Neubürgerbund, Bayern

Dr. Alfred Gille
Vorsitzender des Landesverbandes
der Heimatvertriebenen,
Schleswig-Holstein

Dr. Bernhard Geisler
Vorsitzender des Landesverbandes
der Ostvertriebenen
Nordrhein-Westfalen

Erwin Engelbrecht
Vorsitzender des Landesverbandes
Bayern im ZvD

A. Deichmann
Vorsitzender des Landesverbandes
der vertriebenen Deutschen
Rheinland-Pfalz

Roman Herlinger
Hauptausschuß der Flüchtlinge
und Ausgewiesenen in Bayern

Dr. Rudolf Lodgman von Auen
Sprecher der Sudetendeutschen
Landsmannschaft

Erwin Tittes
Sprecher der Landsmannschaft
der Siebenbürger Sachsen
in Deutschland

Dr. Rudolf Wagner
Sprecher der Landsmannschaft
der deutschen Umsiedler aus der
Bukowina

Dr. Alfred Rojek
Vorsitzender des Berliner
Landesverbandes der
Heimatvertriebenen

Walter von Keudell
Sprecher der Landsmannschaft
Berlin-Brandenburg

Dr. Konrad Winkler
Vorsitzender der Interessen-
gemeinschaft der
Heimatvertriebenen in Südbaden

Axel de Vries
Sprecher der Deutsch-Baltischen
Landsmannschaft

Franz Hamm
Vorsitzender der Landsmannschaft
der Deutschen aus Jugoslawien

Erich Luft
Landesverband Bayern im ZvD

Dr. Bartunek
Landesverband der vertriebenen
Deutschen in Nordbaden

Dr. Schreiber
Sprecher der Landsmannschaft
Ostpreußen

Erik von Witzleben
Sprecher der Landsmannschaft
Westpreußen

Dr. Walter Rinke
Sprecher der Landsmannschaft
Schlesien

Anton Birkner
Sprecher der Karpatendeutschen
Landsmannschaft Slowakei

v. Bismarck
Sprecher der Pommerschen
Landsmannschaft

Waldemar Kraft
Sprecher der Landsmannschaft
Weichsel/Warthe

Dr. Gottlieb Leibbrandt
Sprecher der
Arbeitsgemeinschaft der
Ostumsiedler (Rußlanddeutsche)

Dr. Kimme
Vorsitzender des Landesverbandes der
vertriebenen Deutschen
in Bremen

Dr. Kautzor
Vorsitzender des Verbandes der
Heimatvertriebenen in
Württemberg, Hohenzollern
und Lindau

Am 5. August 1950 wurde diese „Charta der deutschen Heimatvertriebenen" in Stuttgart auf einer Großkundgebung in Gegenwart von Mitgliedern der Bundesregierung, der Kirchen und der Parlamente von dem Unbekannten Heimatvertriebenen verkündet. Sie trägt die Unterschriften der Sprecher der Landsmannschaften der Vertriebenen sowie der Vorsitzenden des Zentralverbandes der vertriebenen Deutschen und seiner Landesverbände. In allen Teilen Deutschlands wurde sie auf Großkundgebungen
bestätigt.

Die Charta als Grundlage
einer gesamteuropäischen Friedensordnung

Die Charta der deutschen Heimatvertriebenen vom 5. August 1950 ist nach dem Zweiten Weltkrieg der erste Entwurf für eine Verständigung zwischen den Staaten, Völkern und Volksgruppen ganz Europas unter Wahrung der Rechte Deutschlands und der Deutschen.

Über zwölf Millionen Deutsche hatten durch Flucht und Vertreibung seit 1944/1945 ihre Heimat verlassen müssen, über zwei Millionen hatten dabei den Tod gefunden.

Viele der Vertriebenen, die bis 1950 in Westdeutschland Aufnahme gefunden hatten, waren noch berufsfremd, auf dem flachen Land mit Hilfsarbeiten befaßt oder bemühten sich, aus eigener Kraft eine neue Existenz aufzubauen. Viele waren noch arbeitslos und in überfüllten Lagern untergebracht.

Um die ersten Nothilfe- und Eingliederungsgesetze und um die „innere Umsiedlung" vieler Vertriebener aus den überfüllten Aufnahmeländern in die Länder der französischen Besatzungszone und andere aufnahmefähige Regionen wurden harte politische Auseinandersetzungen ausgetragen. Einen dem heutigen Bund der Vertriebenen vergleichbaren Gesamtverband gab es noch nicht. Zwischen dem nach der Wohnsitznahme gegliederten und besonders um soziale und wirtschaftliche Fragen bemühten Zentralverband der vertriebenen Deutschen (ZvD) und den Landsmannschaften, die sich auf die heimatpolitische Arbeit konzentrierten, herrschten Spannungen.

Aber noch unter dem unmittelbaren Eindruck der völkerrechtswidrigen Massenvertreibungen unterzeichneten die führenden Vertreter beider Gruppen die Charta. Die Teilnehmer und Augenzeugen geschichtlich bedeutender Ereignisse ahnen nur selten deren dauerhafte Auswirkungen. So ahnten wohl nur wenige der Unterzeichner damals, daß man in dem Dokument später das Grundgesetz der vertriebenen Deutschen sehen werde. Für Presse und Zeitzeugen trat im August 1950 eine stürmische Großkundgebung vor den ausgebrannten Fassaden des Stuttgarter Neuen Schlosses in den Mittelpunkt des Interesses. Es war für die Landeshauptstadt die bis dahin größte Protestkundgebung, die am fünften Jahrestag des „Potsdamer Protokolls" zugleich den Auftakt zum ersten „Tag der Heimat" bildete.

Für den geschichtlichen Rang der Charta und ihre bleibende Bedeutung spricht die darin geforderte sittliche Verantwortung für unser Volkstum und alle europäischen Völker. Die tätige Einschaltung der deutschen Heimatvertriebenen in den Wiederaufbau soll in einem freien und einigen Europa der Überwindung von Schuld, Leid und Gegensätzen dienen, die auf allen Seiten in den Grausamkeiten des Weltkrieges ihren bösen Höhepunkt erreicht hatten.

Die Charta ist geprägt aus der evangelischen Tradition sittlicher Verantwortung für Deutschland, für Volk und Vaterland, die sich mit dem katholischen Naturrechtsdenken berührt. Wahrscheinlich lag die Federführung für dieses würdige wie prägnant gefaßte Dokument bei Ottomar Schreiber und Axel de Vries.

Von der christlich-sittlichen Prägung zeugt die Betonung des Rechtes auf die Heimat als eines von Gott gegebenen Grundrechts, der Hinweis auf die Verantwortung für unser Volkstum vor Gott und den Menschen, für die Heimat als Geschenk und Aufgabe Gottes und der Hinweis auf die reifliche Gewissensprüfung sowie den ernsten ebenso heiligen Entschluß. Sie ergibt sich auch aus der gleichgewichtigen Behandlung von Pflichten und Rechten sowie aus der Absage an Vergeltung und Rache im Namen derer, die eben erst Todesmärsche, Hunger, Folter und Not bei der menschenrechtswidrigen Massenvertreibung überstanden hatten.

Die Bundesversammlungen des Bundes der Vertriebenen haben in den letzten Jahren dieses Konzept fortgeschrieben und gefordert, daß mehr als bisher für Fortschritte auf dem Wege zur Erfüllung der deutschen und europäischen Kernaufgaben durch Verwirklichung der Menschenrechte jenseits des Eisernen Vorhangs, durch eine Neubegegnung der Menschen von Ost und West in Freiheit und durch die ehrliche Erörterung der Strukturelemente einer freien Zukunft Deutschlands und ganz Europas zu tun ist. Eine freiheitliche gesamteuropäische Ordnung der Staaten, der Völker und der Volksgruppen könnte angesichts der Schwierigkeiten im Ostblock vom Westen in friedlichem Wandel erreicht werden. Sie soll das fortbestehende ganze Deutschland im Rechtsverband einer gesamteuropäischen freien Staatengemeinschaft wieder handlungsfähig machen und möglichst viel von Deutschland sichern. Ebenso soll das Recht auf die Heimat der Deutschen und anderer Volksgruppen gegenüber den Mehrheitsvölkern in einer umfassenden Selbstverwaltung europäisch gewährleistet sein. Dabei soll die Beachtung der Würde, der Existenz und der freien Entfaltung die Nachbarn und die Deutschen in engem Schulterschluß zum materiellen und geistigen Wiederaufbau des vom Niedergang bedrohten ganzen Europa zusammenführen. Unterdrückung, Unterjochung oder gar Vertreibung von Menschen und Völkern müssen ausgeschlossen sein.

Trotz vieler Mißverständnisse und Durststrecken hat der Bund der Vertriebenen — nicht ohne Rückschläge — schrittweise mehr Beachtung bei unserem Volk und den Nachbarn sowohl für den Rechtsgehorsam gegenüber dem fortbestehenden ganzen Deutschland und für das Streben nach Menschenrechten für Nichtdeutsche und Deutsche in Europa als auch für konstruktive Ziele gemeinsamen Handelns erreichen können.

Dr. Herbert Czaja MdB

Herausgeber: Bund der Vertriebenen — Vereinigte Landsmannschaften und Landesverbände, Godesberger Allee 72—74, 5300 Bonn 2 — Telefon (02 28) 81 00 70

Vorwort – Vertriebenendokumentation

Auf Anregung der Bayerischen Staatsregierung begannen viele Landkreise mit der Erstellung einer „Dokumentation über die Eingliederung und das Wirken der Flüchtlinge und Heimatvertriebenen". Die Erstellung dieser Dokumentation zum jetzigen Zeitpunkt ist um so wichtiger, da man sich nicht mit Erzählungen zufriedengeben muß, sondern auf Augenzeugenberichte zurückgreifen kann.

Die militärische Niederlage und die Übernahme aller staatlichen Gewalt durch die Siegermächte prägten ebenso die Nachkriegszeit wie die Vertreibung ganzer Volksstämme aus den besetzten Gebieten. Durch den Zweiten Weltkrieg und seine Folgen verloren rund 20 Millionen Europäer ihren angestammten Lebensraum.

Die Lösung der Flüchtlingsfrage war eines der schwierigsten Probleme der deutschen Nachkriegszeit. Eine Großzahl dieser Menschen, denen nicht nur Hab und Gut, sondern viel wichtiger, ihre Heimat genommen wurde, fanden damals in Bayern Aufnahme.

Im Oberallgäu wurde ca. 26 000 Vertriebenen aus dem Sudetenland, Schlesien und anderen Vertreibungsgebieten ein neues Zuhause gegeben. Die von diesen Menschen mitgebrachten Fähigkeiten, Kenntnisse, ihre Tat- und Schaffenskraft und besonders ihre Disziplin trugen maßgeblich zum Wiederaufbau, beziehungsweise zur Wiederbelebung von Kultur und Wirtschaft im Allgäu bei.

Die Integration der Vertriebenen war sicher nicht immer einfach. Es mußte eine Eingliederung in das Berufsleben stattfinden, der Lastenausgleich wurde durchgeführt, die Schaffung von Wohnraum, Maßnahmen zur Familienzusammenführung und nicht zuletzt die Pflege des Kulturgutes um das Einleben in der neuen Umgebung zu erleichtern, waren Probleme, die einer Lösung bedurften.

Die vorliegende Dokumentation versteht es in hervorragender Weise, dem Leser einen Einblick in die Geschichte und Kultur unserer vertriebenen Mitbürger zu geben. Das Buch beleuchtet die Hintergründe und Ursachen von Flucht und Vertreibung, spiegelt eindrucksvoll den Eingliederungs- bzw. Integrationsprozeß wider und vermittelt durch die Lebensberichte einiger Vertriebener einen unauslöschlichen Eindruck über das Leid und Elend jener Zeit.

Mein besonderer Dank gilt der Arbeitsgruppe „Vertriebenendokumentation". Herrn Meinrad Heger (Arbeitsgruppenleiter), der selbst aus dem Sudetenland stammt und die Entbehrungen dieser Zeit am eigenen Leib verspürte, hat sich mit überaus großem Engagement dieser schwierigen Aufgabe gewidmet und ein Werk von geschichtlicher Bedeutung geschaffen.

Verständnis und Mitgefühl waren schon immer die Grundlagen für ein friedliches Miteinander. Diese Dokumentation trägt in hohem Maße dazu bei, die Lage der Flüchtlinge, damals wie heute, zu verstehen. In diesem Sinne hoffe ich, daß dieses Buch einen großen Leserkreis finden wird.

GEBHARD KAISER, Landrat

Was uns die Heimat hat gelehrt
Und was wir dort besessen,
Das bleibt dem Herzen lieb und wert
Und immer unvergessen.

Grußwort

Die nach Ende des Zweiten Weltkrieges einsetzende Verfolgung und brutale Unterdrückung der Deutschen im Osten, die etwa 2,4 Millionen Menschen das Leben kostete, sowie die anschließende, von grausamen Exzessen begleitete Vertreibung von ca. 15 Millionen Deutschen aus ihren jahrhundertealten Siedlungsgebieten sind auch nach 50 Jahren kein abgeschlossenes Kapitel der europäischen Geschichte.

Das Erinnern an die Vertreibung 1945/46, ein Ereignis von ungeheuerer Tragik, und eine Erörterung ihrer Ursachen und Folgen, haben gerade für die Gegenwart eine wichtige Bedeutung. Geschmerzt haben uns Heimatvertriebene nicht nur der Verlust der Heimat, des sozialen Umfeldes und unseres Eigentums, sondern nach der Vertreibung wurden neue Wunden geschlagen durch Unverständnis, durch Vorurteile, durch Demütigungen und Diffamierungen. Gab es nicht lange Zeit hinweg Stimmen, die uns Vertriebene zu Entspannungsfeinden stempelten und die behaupteten, wir hätten unser Schicksal selbst verschuldet? Andererseits gab es aber auch Anteilnahme an unserem Schicksal und Verständnis für unsere Lage, und später verspürten wir auch Hilfsbereitschaft, Unterstützung und Solidarität. Mit Dankbarkeit stellen wir fest, daß die Bayerische Staatsregierung die Schirmherrschaft für die Sudetendeutsche Volksgruppe und die Patenschaft für die Landsmannschaft Ostpreußen übernommen hat und ihre Obhutspflicht ernst nimmt und fürsorglich ausübt.

Über 2 Millionen Vertriebene und Flüchtlinge fanden Aufnahme in Bayern, in einem Land, dessen Städte und Verkehrswege nach Kriegsende weitgehend zerstört waren, das aus vielen Wunden blutete und das damals vorwiegend landwirtschaftlich geprägt war, so daß es für die Vertriebenen aus dem hochindustrialisierten Sudetenland vorerst kaum angemessene Arbeitsplätze gab.

Zehntausende von Heimatvertriebenen sind in den ersten Nachkriegsjahren in der „neuen Heimat", die damals noch Fremde war, an Heimweh und an seelischen Schmerzen und Qualen in bitterer Armut gestorben. Die Jüngeren hat der Verlust von Heimat, Hab und Gut nicht zerbrochen, sondern widerstandsfähig gemacht und zu ungeahnten Aufbauleistungen beflügelt.

Nach 1945 sind über 20.000 Heimatvertriebene aus dem Osten im Gebiet des heutigen Landkreises Oberallgäu aufgenommen worden, wobei die Sudeten-

16

deutschen die stärkste Gruppe bildeten und zur strukturellen Veränderung der Region wesentlich beitrugen. Staatssekretär Alfons Zeller hat am 24.07.1995 anläßlich der Eröffnung der Ausstellung „50 Jahre Flucht und Vertreibung" in Sonthofen in seinem Grußwort folgendes ausgeführt:

„Wenn wir zurückblicken, dann stand dem unsäglichen Vertreibungsgeschehen der Überlebenswille der unmittelbar Betroffenen, ihre Meisterung schwerster Lebenslagen sowie ihr außerordentlicher Beitrag zur Entwicklung Bayerns und Deutschlands nach 1945 gegenüber. Diese Aufbaujahre waren ein großartiger Solidaritätspakt zwischen den Einheimischen und den Vertriebenen. Die Aufnahme und Eingliederung der Vertriebenen und Flüchtlinge war die erfolgreichste Gemeinschaftsleistung unseres Volkes in diesem Jahrhundert. Daraus hervorgegangen sind ein in Wechselwirkung von Vertriebenen und Einheimischen geschaffenes demokratisches, wirtschaftlich, kulturell und sozialpolitisch führendes Staatswesen."

Und er fügte hinzu:

„Es gibt keine Vertriebenen in der Welt, die haßfreier, friedenswilliger und politisch verantwortungsbewußter gehandelt hätten als die deutschen Heimatvertriebenen."

Mit der „Charta der deutschen Heimatvertriebenen" haben wir bereits 1950 ein Zeugnis des Versöhnungswillens, der Rechtsverbundenheit und der Heimatliebe sowie ein klares Bekenntnis zu Europa abgelegt.

Wir sind dem verstorbenen Landrat Hubert Rabini, dem jetzigen Landrat Gebhard Kaiser sowie dem Kreistag des Oberallgäu dafür dankbar, daß sie diese Dokumentation auf vielfältige Weise gefördert und die finanziellen Mittel dafür bereitgestellt haben.

Trotz der aufgewendeten Mühe kann natürlich diese Dokumentation keinen Anspruch auf Vollständigkeit erheben, denn wir konnten nur das veröffentlichen, was uns bekannt war und mitgeteilt wurde. Auf den Begriff nach einem Wunschbild „Zweite Heimat" wurde bewußt verzichtet, da sich hier nicht jeder ohne Widerspruch einreihen ließe.

Kein Außenstehender vermag sich eine Vorstellung zu machen, welche Schwierigkeiten zu überwinden, wieviel Kleinarbeit und Geduld erforderlich waren, um diese Aufgabe zu bewältigen. Das Unterlagenmaterial machte eine ständige Überprüfung, Ergänzung und Umarbeitung bzw. Richtigstellung notwendig, bis die vorliegende Form erreicht werden konnte.

So möge diese Dokumentation Eingang finden in das Denken und in die Herzen vieler Menschen, vor allem aber bei jenen Interesse und Aufmerksamkeit wecken, die diese Zeit nicht mehr selbst erlebt haben, aber die sichtbaren Folgen stets wahrnehmen können.

Ein kleiner Kreis freiwilliger, heimatverbundener Mitarbeiter hat Unterlagen gesammelt, gesichtet und ausgewählt und dann diese „Dokumentation über die Eingliederung und das Wirken der Flüchtlinge und Heimatvertriebenen im Landkreis Oberallgäu" zusammengestellt. Ihnen allen, besonders aber dem unermüdlichen Leiter dieser Arbeitsgruppe, Landsmann Meinrad Heger, gebühren Dank und Anerkennung!

Die Fremde, in die wir vor 50 Jahren kamen, ist vielen von uns, vor allem aber unseren Kindern, Heimat geworden, auch wenn wir Vertriebene unsere ursprüngliche Heimat im Osten niemals vergessen und das Andenken daran stets wachhalten werden.

Für uns wird der friedliche Rechtskampf um die Heimat nie aufhören, solange Macht und Gewalt Unrecht erzeugen. Heimat ist durch Fleiß von vielen Generationen erworbenes und damit ererbtes und vererbbares Eigentum.

Danken möchten wir natürlich auch der alteingesessenen Bevölkerung für aufgebrachtes Verständnis und geleistete Hilfe bei der Unterbringung der großen Zahl Vertriebener in den ersten Nachkriegsjahren. Auch den Einheimischen wurden Einschränkungen und Entbehrungen abverlangt.

Die Vertreibung von 15 Millionen Deutschen, die größte jemals durchgeführte Zwangsumsiedlung einer Volksgruppe, sollte als Mahnung wirken, um anderen Völkern die Tragödie der Entwurzelung zu ersparen!

Im März 1996

Rudolf Dressel
Kreisvorsitzender des Bundes
der Vertriebenen (BdV)

Einleitung

„Die Menschen gehen viel zu nachlässig mit ihren Erinnerungen um. Man sollte mehr Fleiß darauf verwenden, das Wissenswürdige seiner Zeit treulich aufzuzeichnen, um es als ein andächtiges Vermächtnis den künftigen Menschen zu hinterlassen."

Worte des Dichters der Frühromantik Novalis (Dichtername des Freiherrn Friedrich Leopold von Hardenberg, 1772–1801, aus Sachsen-Anhalt).

Mit der erstellten „Dokumentation über die Eingliederung und das Wirken der Flüchtlinge und Heimatvertriebenen im Landkreis Oberallgäu" versuchten wir, die Mitarbeiter der Arbeitsgruppe, dem Vermächtnis des deutschen Dichters Novalis gerecht zu werden. Beim Aufbau und der Zusammenstellung der Dokumentation sind wir davon ausgegangen, daß es unter den Menschen, die wir ansprechen wollen, nur etwa 15 Prozent gibt, die noch etwas über die schrecklichen Geschehnisse in den Nachkriegsjahren wissen. Es sind dies die heute über Sechzigjährigen. Der größte Teil der Bevölkerung besitzt darüber keinerlei Kenntnisse mehr. In den Schulen und vielfach in der Presse und in der Literatur wurde diese Zeit totgeschwiegen, ausgelassen oder einfach übergangen. Die Arbeitsgruppe sah sich deshalb gezwungen, Hintergrund- und Grundlagenwissen mit in die Dokumentation hineinzunehmen. Deshalb sind die Berichte über die Heimatgebiete der Vertriebenen, über Flucht und Vertreibung und über die Organisation der Aufnahme der Flüchtlinge und der Vertriebenen in Bayern und im Oberallgäu ein fester Bestandteil der Dokumentation. Nur mit diesem Grundlagenwissen sind die Aussagen in der Dokumentation über die Eingliederung und das Wirken der Heimatvertriebenen im Oberallgäu voll zu verstehen. Wir wollten auch nicht den Fehler begehen, der jetzt allgemein üblich geworden ist, einfach nur Behauptungen aufzustellen, ohne sie belegen oder beweisen zu können. Die Angaben, die in der Dokumentation gemacht wurden, sind belegbar und nachweisbar. Sie beruhen auf Aussagen von Zeitzeugen, auf Unterlagen aus verschiedenen Archiven, auf Angaben in den Jahrbüchern des Statistischen Landesamtes und aus der im Anhang aufgeführten Literatur.

Für meine Mitarbeiter und für mich war es nicht einfach, jetzt nach fast über 50 Jahren eine Dokumentation über die Geschehnisse in den Jahren nach dem Krieg zusammenzustellen. Von den damaligen Zeitzeugen sind nur noch wenige am Leben, so daß die meisten Informationen über diese Zeit aus den verschiedensten Archiven geholt werden mußten. Erschwerend kam hinzu, daß die beiden Landratsämter Kempten und Sonthofen 1972 zusammengelegt wurden und im Zuge dieser Zusammenlegung viele Akten verschwunden sind.

Die Arbeit an dieser Dokumentation war für viele von uns auch ein seelisches Problem. Wir gehören fast alle der Erlebnisgeneration der Heimatvertriebenen an und uns wurden bei dieser Arbeit wieder viele Dinge, die wir schon vergessen glaubten, sehr haut- und wirklichkeitsnah in Erinnerung gebracht. Wir erlebten diese schrecklichen Ereignisse fast ein zweites Mal, da, je mehr wir uns mit dieser Materie befaßten, der Abstand zu dem damaligen Geschehen zusammenschmolz.

Die Arbeit an dieser Dokumentation war ehrenamtlich. Sie wurde von uns aus Liebe zur alten Heimat, zum Gedenken und in Anerkennung der geschichtlichen, kulturellen, wissenschaftlichen und wirtschaftlichen Leistungen unserer Vorfahren in der vielfach tausendjährigen Besiedelung der Vertreibungsgebiete gestaltet und erarbeitet. Dabei spielte der Gedanke eine große Rolle, den Novalis mit den Worten ausdrückte:

„Das Wissenswürdige seiner Zeit treulich aufzuzeichnen, um es als ein andächtiges Vermächtnis den künftigen Menschen zu hinterlassen".

Die Bevölkerung des Oberallgäu, besonders die jungen Menschen, sollen durch diese Dokumentation die Möglichkeit erhalten, sich wahrheitsgemäß über die Vertreibung von ca. 15 Millionen Deutschen aus ihrer Heimat, über deren Schicksal nach der Vertreibung und über deren Leistungen in den Aufnahmegebieten zu informieren. Sich sach- und fachkundig machen! Viele Bewohner des Oberallgäu erfahren durch das Lesen der Dokumentation das erste Mal, was ihre Eltern, Großeltern oder andere Verwandte und Bekannte für ein hartes Schicksal gemeistert haben, meist ohne fremde Hilfe und nur auf sich selbst gestellt. Vielleicht erkennen sie, welche Leistungen und welchen Lebensmut diese Menschen aufbringen mußten, um für sich und ihre Angehörigen ein neues Zuhause und eine neue Lebensgrundlage zu schaffen.

In fast keinem Teil Schwabens ist nach dem Zweiten Weltkrieg der Modernisierungs- und Industrialisierungsschub so eindeutig ausgefallen wie im Oberallgäu, wo damals über 26.000 Vertriebene vor allem aus dem Sudetenland, aber auch aus Schlesien und anderen Vertreibungsgebieten Aufnahme fanden. Diesen Menschen, die in der Mehrzahl aus hochindustrialisierten Gebieten kamen, ist der Wandel des Oberallgäus von einer überwiegend agrarisch strukturierten Region zu einem allseits entwickelten und prosperierenden Gemeinwesen in erheblichem Maße zu verdanken.

Ich möchte an dieser Stelle meinen Mitarbeitern Dank sagen für ihre beispielhafte und unterstützende Mitarbeit bei der Erstellung der Dokumentation. Es sind dies, ich mache es alphabetisch, Herr Oberstleutnant a.D. Gerhard Bräunl aus Immenstadt-Bühl, Herr Rudolf Dressel aus Sonthofen, Frau Herta Huber aus Martinszell, Herr Regierungsamtmann i.R. Wenzel Hrdina aus Sonthofen, Frau Ingrid Müller, Kreisheimatpflegerin, aus Altusried, Herr Erich Niebauer aus Sonthofen, Frau Inge Richter aus Oberstdorf, Herr Amtsrat i.R. Alois

Schubert aus Immenstadt (+ im April 1996), Frau Anni Schmuck aus Sontho-
fen, Herr Max Spudich aus Sonthofen, Herr Rektor i.R. Johann Thuma aus
Burgberg, Herr Günter Ueberall aus Sonthofen, Herr Rektor i.R. Adolf Winter aus Oberstdorf und Frau Emmy Winter aus Oberstdorf. Mein weiterer
Dank gilt auch Herrn Dipl. Betriebswirt Roland Merkle, Sachgebietsleiter im
Landratsamt, mit seinem Team, Frau Radeck und Frau Zehetleitner, das mich
voll unterstützte und mir immer, wenn es nötig war, Hilfe gewährte, und Frau
Ursula Maier, die engagiert, mitdenkend und mit viel Sachverstand den Inhalt
der Dokumentation in den Computer übertrug. Mein besonderer Dank gilt
nicht zuletzt meinen beiden Heimatfreunden Josef Baier, Graphiker, in Gil-
ching bei München und Dipl.-Ing. Horst Hollubetz in Magdeburg, die die
trefflichen und ausgezeichnet gelungenen Zeichnungen für die Dokumentation
erstellten und gestalteten.

Im Oktober 1996

Meinrad Heger
Leiter der Arbeitsgruppe Dokumentation

Grünten (1738 m), der Wächter des Allgäus

I. Der Landkreis Oberallgäu

1. Wappen, Grenzen und Fläche

Das Wappen des Landkreises faßt Farben und Symbole der ehemaligen Landkreise Kempten – Blau und Rot – und Sonthofen – Silber und Gold – zusammen. Der silberne Dreifels symbolisiert den Allgäuer Hauptkamm im Süden, die drei staufischen Löwen erinnern an die einstige Zugehörigkeit zum Herzogtum Schwaben.

Seit der Neugliederung Bayerns 1972 ist der Landkreis Oberallgäu mit 1526,77 qkm der flächengrößte im Regierungsbezirk Schwaben. Er entstand aus dem Zusammenschluß der Altlandkreise Sonthofen und Kempten. Seine Südgrenze dringt wie ein Keil in die Alpen ein und ist gleichzeitig die deutsch-österreichische Landesgrenze. Der geographische Begriff „Allgäu" taucht urkundlich erstmals im Jahre 817 auf und entstand aus „albegouwe/Alpengeäu" und das bedeutet „feuchtes Gebiet".

2. Landschaft

Der Landkreis Oberallgäu läßt sich in zwei Teillandschaften gliedern: das Alpenvorland im Norden und die Allgäuer Alpen im Süden. Im südlichen Teil greift das Illertal von Immenstadt über Sonthofen bis Oberstdorf weit ins Gebirge hinein. Die Berge der Allgäuer Hochalpen grenzen im Osten und Süden das Tal ab. Im Südwesten schließen sich die Walsertaler Berge an. Eiszeitliche Gletscher haben das ganze Gebiet nachhaltig gestaltet. Beim Abschmelzen des Gletschereises vor etwa 10.000 Jahren blieben in den Tälern Seen zurück, wie der Alpsee oder der Niedersonthofener See. Bei Altusried befindet sich mit 622 m der tiefste Punkt im Kreis, die Alpengipfel reichen bis 2649 m (Hochfrottspitze).

3. Dörfer, Städte und Brauchtum

Siedlungsspuren im Oberallgäu reichen bis in die Römerzeit im 1.Jh.n.Chr. zurück. Aber erst die im 4. und 5. Jh. eindringenden Alemannen prägten mit ihren Dorfgründungen das Gebiet. Eine der bedeutendsten Verkehrsadern der damaligen Zeit war die einstige Salzstraße, wovon noch Teile in Durach sichtbar sind. Trotz Zuwanderungen nach dem Zweiten Weltkrieg – es mußten allein 28.533 Vertriebene aufgenommen werden, 23,3% der Gesamtbevölkerung – ist der Landkreis relativ dünn besiedelt (92 Einwohner/qkm). Die einheimische Bevölkerung gehört zum schwäbischen Volksstamm. Etwa 80% der Kreisbewohner sind katholisch.

Manches Brauchtum hat sich im Allgäu über die Jahrhunderte erhalten, so der altgermanische Kulttanz, der „Wilde-Männle-Tanz", in Oberstdorf. Dort führen mit Baumflechten vermummte Gestalten alle fünf Jahre diesen Tanz auf. Das „Egga-Spiel" jedes dritte Jahr am ersten Fastensonntag in Sonthofen: Ein pantomimischer Kampf der Menschen mit den Naturdämonen. Am ersten Fastensonntag (Invocavit) werden auf zahlreichen Höhen des Allgäus nach Einbruch der Dunkelheit große Feuer angezündet, die sogenannten „Funken". In Gestalt einer ausgestopften Hexe wird über einem mächtigen Scheiter- und Reisighaufen der Winter verbrannt, ein schon bei den Kelten geübter Brauch. Wahrscheinlich liegt diesen Funkenfeuern ein vorzeitlicher Sonnen- und Wachstumszauber zugrunde.

Alljährlich Anfang September findet im Allgäu der Viehscheid (Alpabtrieb) statt. Wenn die ersten Schneefälle in den Bergen einsetzen, wird das Vieh zu Tal getrieben. Hat die Herde während des Sommeraufenthaltes keine Verluste erlitten, wird der Alpabtrieb angeführt von dem mit Blumen, Flitterwerk und Spiegeln bunt herausgeputzten „Kranzrind". Unter dem Geläut ihrer mächtigen Glocken und Schellen marschieren die Rinder dem Viehscheid entgegen, wo die Tiere von ihren Eigentümern in Empfang genommen werden. Für die Hirten und Senner ist dieser Tag ein Fest, das jetzt zum Volksfest des ganzen Ortes wurde. Bekannte Viehscheidorte sind Oberstdorf, Hindelang, Gunzesried und Immenstadt. Wieder eingeführt wurde im Allgäu durch die heimatvertriebenen Sudetendeutschen der altgermanische Brauch der Sommersonnwendfeier mit der traditionellen Feuerrede. Die Sonnwendfeier war das größte germanische Fest im Jahr, da man glaubte, daß in der Sonnwendnacht das Los über die Zukunft des Einzelnen und des Volkes fiel.

Die Kreisstadt Sonthofen (20.968 Einwohner), im Mündungswinkel von Iller und Ostrach liegend, erstmals 839 urkundlich genannt, erhielt 1429 das Marktrecht und war bis 1806 fürstbischöflich-augsburgischer Pflegschaftssitz. 1963 zur Stadt erhoben, ist es die südlichste Stadt Deutschlands. Luftkurort und Wintersportplatz mit vielseitiger Industrie; Garnisonsort der Bundeswehr mit der Schule für Feldjäger und Stabsdienst, der ABC-Abwehr- und Selbstschutz-Schule (ABC = atomar, biologisch und chemisch), dem ABC–Lehr-Bataillon und einem Teil der Sportschule der Bundeswehr.

Die Stadt Immenstadt (13.804 Einwohner) liegt im oberen Illertal, wurde um 1000 gegründet (damaliger Name „Ymendorff") und 1360 auf Bitten Heinrichs von Montfort von Kaiser Karl IV. zur Stadt „Ymmenstadt" erhoben. Sie ist heute Schulzentrum und wirtschaftlicher Mittelpunkt des Oberallgäu. Die größte Strumpffabrik Europas, die Fa. Kunert, früher Warnsdorf/Sudetenland, hat sich nach der Vertreibung 1946 hier angesiedelt.

Oberstaufen (7.026 Einwohner), im äußersten Westen des Kreises liegend, ist heilklimatischer Kurort und zugleich der einzige anerkannte Schrothkurort Deutschlands. Vielseitiger Wintersportort mit zahlreichen Sportaustragungsstätten.

Der heilklimatische und Kneipp-Kurort Oberstdorf (10.712 Einwohner) liegt in Tallage zwischen den Quellflüssen der Iller (Breitach, Stillach und Trettach) und ist ein international bekannter Fremdenverkehrs- und Wintersportort. 1495 verlieh Kaiser Maximilian dem Ort das Marktrecht. Das ehemalige Bergbauerndorf entwickelte sich mit Eisstadion, Ski- und Skiflugschanzen sowie Bergbahnen zu einem bedeutenden Wintersportplatz, wo alljährlich die „Deutsch-Österreichische Vierschanzentournee" sowie internationale Skisportveranstaltungen und alle drei Jahre die internationale Skiflugwoche veranstaltet werden. Ein Ort mit einer hohen Zahl an Gästeübernachtungen, jährlich ca. 2,5 Millionen.

4. Wirtschaft

Bis vor dem Krieg war das Gebiet des heutigen Landkreises Oberallgäu ein fast reines Landwirtschaftsgebiet, wobei die Haupterwerbsquelle der Bevölkerung die Viehzucht, die Käseerzeugung und der Flachsanbau waren; dazu kamen noch der Leinwandhandel, die Eisengewinnung aus dem Grünten und der Fremdenverkehr. Durch die Neuansiedlung von Industrie (meist Flüchtlingsbetriebe) und durch den Bundeswehrstandort haben sich die wirtschaftlichen Verhältnisse im Landkreis nach dem Zweiten Weltkrieg wesentlich verbessert. Etwa die Hälfte der Kreisfläche (51,1%) wird landwirtschaftlich genutzt, hauptsächlich für Viehwirtschaft (Braunviehzucht). Wald und gebirgiges Land umfassen weitere 45%.

Im Kreisgebiet sind nur wenige, aber sehr bedeutende Industriebranchen vertreten: textil-, holz-, kunststoff- und metallverarbeitende Industrie, Elektro-Industrie sowie Nahrungs- und Genußmittelindustrie. Hergestellt werden u. a. Strümpfe/Strumpfhosen (Ergee-Werke, Sonthofen; Kunert-Werke, Immenstadt), Hemden/Sporthemden (Seidensticker, Sonthofen), Sportartikel (DSI, Weitnau – größte Produktionsstätte für Skistöcke in der Welt –), Kunststoff-Spritzguß in den verschiedensten Formen (Hübner Spritzguß-Werk, Durach), Apparatebau/technische Federn (Dr. Röhrs KG, Sonthofen), Getriebebau/Baumaschinen/Filtrationstechnik (BHS-Werk, Sonthofen, Elektroartikel (Bosch-Werke, Blaichach und Immenstadt), Richtfunk-, Funk- und Radaranlagen (Siemens-Werk, Durach-Weidach), Milchverarbeitung (Nestle-Werk, Hegge; Champignon-Käserei Hofmeister KG, Heising).

Alte Industriezweige, die eine lange Tradition im Allgäu hatten, wie die Baumwollindustrie und die Papierherstellung, starben aus oder wanderten in andere Gebiete außerhalb des Oberallgäu ab.

5. Bevölkerung/Bevölkerungsentwicklung
(Anteil der Heimatvertriebenen)

Bevölkerung

Gemeinden des Oberallgäu	Einwohner 17.05.39	Einwohner 29.10.46	Einwohner 13.09.50	Vertriebene 13.09.50	= %	Einwohner 30.06.94
Altusried, Markt (Frauenzell, Kimratshofen, Krugzell, Muthmannshofen)	5.053	6.787	6.974	1.640	24	8.966
Balderschwang	126	219	225	47	21	218

Gemeinden des Oberallgäu	Einwohner 17.05.39	Einwohner 29.10.46	Einwohner 13.09.50	Vertriebene 13.09.50	= %	Einwohner 30.06.94
Betzigau	1.319	1.655	1.747	421	24	2.574
Blaichach	2.012	2.414	2.806	603	22	5.287
Bolsterlang	608	854	844	207	25	1.043
Buchenberg, Markt (Kreuzthal)	2.036	2.858	2.872	751	26	3.930
Burgberg	1.160	1.570	1.741	381	22	2.998
Dietmannsried, Markt (Probstried, Reichholzried, Schrattenbach, Überbach)	3.527	4.718	4.940	1.271	26	6.880
Durach	2.140	2.769	3.242	882	27	6.029
Fischen	1.446	2.305	2.439	607	25	2.868
Haldenwang	1.358	1.833	1.923	532	28	3.102
Hindelang, Markt (Unterjoch)	4.153	5.498	5.606	1.081	19	5.030
Immenstadt, Stadt (Akams, Bühl/ Alpsee, Diepolz, Eckarts, Rauhen- zell, Stein)	9.193	12.048	13.136	2.594	20	14.137
Lauben	687	999	1.064	264	25	2.944
Missen-Wilhams	1.071	1.551	1.610	436	27	1.369
Obermaiselstein	407	590	627	161	26	869
Oberstaufen, Markt (Aach, Teilbereich von Stiefenhofen, Thalkirchdorf)	4.990	7.107	7.604	1.928	25	7.163
Oberstdorf, Markt (Schöllang, Tie- fenbach b.O.)	6.847	10.287	10.189	1.968	19	10.663
Ofterschwang	1.100	1.449	1.482	337	23	1.769
Oy-Mittelberg (Petersthal)	2.727	4.077	4.314	1.087	25	4.361
Rettenberg (Untermaisel- stein, Vorderburg)	2.151	3.207	3.307	947	29	3.620
Sonthofen, Stadt (Altstädten)	11.123	10.677	11.140	2.226	20	21.224

Gemeinden des Oberallgäu	Einwohner 17.05.39	Einwohner 29.10.46	Einwohner 13.09.50	Vertriebene = % 13.09.50		Einwohner 30.06.94
Sulzberg, Markt (Moosbach, Ottacker)	2.319	3.117	3.418	935	27	4.297
Waltenhofen (Martinszell, Memhölz, Niedersonthofen)	4.544	6.190	6.876	1.710	25	8.610
Weitnau, Markt (Rechtis, Wengen)	3.167	4.356	4.716	1.295	27	4.954
Wertach, Markt	1.487	1.911	1.931	532	28	2.232
Wiggensbach	2.138	2.715	2.998	840	28	4.029
Wildpoldsried	1.170	1.765	1.813	556	31	2.258

Landkreis/ Bezirk/Land	Einwohner 17.05.39	Einwohner 29.10.46	Vertriebene 29.10.46	Einwohner 13.09.50	Vertriebene 13.09.50	= %
Oberallgäu (ohne St.Lorenz und Sankt Mang)	80.963	106.711	23.012	112.788	26.474	23
Gefallene von 19391946 = 3.1% der Einwohner des Lkr. Oberallgäu von 1939	2.518					
Schwaben	900.565	1.196.274	150.557	1.253.671	319.070	25.5
Bayern	8.222.982	8.789.650	1.235.939	9.126.010	1.929.263	21.1

	Einwohner 01.01.55	Vertriebene = % 01.01.55		Einwohner 31.12.60	Vertriebene = % 31.12.60		Einwohner 30.06.94
Oberallgäu	116.097	24.620	21.2	115.327	21.634	18.7	143.424
Schwaben	1.305.114	316.586	24.7	1.353.827	308.461	22.8	
Bayern	9.158.270	1.839.118	20.1	9.494.939	1.799.697	19.0	

Von den 23.012 Heimatvertriebenen im Gebiet des jetzigen Landkreises Oberallgäu waren nach der Volkszählung vom 29.10.1946 aus:

Schlesien	3.207 = 14%		Sowjetunion	380 = 1.6%
Östl. Oder/Neiße	2.241 = 10%		CSR	13.797 = 60%
Jugoslawien	182 = 0.8%		Ungarn	462 = 2%
Österreich	704 = 3%		sonst. Ausland	470 = 2%
Polen	449 = 2%		ohne ehem. Wohnort	380 = 1.6%
Rumänien	640 = 3%			

Bei der Volkszählung 1950 hat sich bei einer Anzahl von 26.474 Vertriebenen die Prozentzahl bei den Sudetendeutschen auf 65% verändert.

II. Die Heimat der Vertriebenen, woher sie kamen

Heimat, das heißt Geborgenheit, in Altvertrautes wachsen.

Heimat kann ein Schloß, ein Haus, die Hütte sein,
doch immer ist sie da, wo du die ersten Schritte machtest.

Heimat ist, was du mit dem ersten Blick gesehn,
das sind die Bäume, die am Wege stehn,
das ist der Boden, der dir seine Saat geschenkt.
Es ist auch Bürde, die von Gott gelenkt.

Heimat, das ist der Sprache altvertrauter Klang,
das sind die Sagen, Märchen, der Gesang,
den uns die Ahnen überliefert haben,
das sind die Sitten und Gebräuche, die sie gaben.

Heimat ist, wo unsere Toten sind begraben,
wo der Anfang unseres Lebens und wo das Ende ist.

Heimat, kannst du nur eine haben,
ein Zuhause überall, wo du auch bist.

(Verfasser unbekannt)

1. Vorbemerkung zur Heimat und zu den Darstellungen der Heimatgebiete und Heimatlandschaften

Was Heimat bedeutet – die wahre Bedeutung der Heimat wird oft erst wirklich erkannt, wenn man sie verloren hat –, kann kaum treffender ausgedrückt werden, als in den vorstehenden Worten eines unbekannten Verfassers. Ähnlich oder sinngemäß haben sich auch bekannte Schriftsteller oder Dichter geäußert.
Prof. Eduard Spranger (1882–1963), Schriftsteller, Psychologe und Pädagoge, schreibt:
„Unsere Heimat ist da, wo uns die Welt, wo uns das Leben erstmals gedeutet worden ist, deshalb ist sie und bleibt sie für uns so bedeutungsvoll."

Agnes Miegel (1879–1964), die Mutter Ostpreußens, diese große deutsche Dichterin, verstand es meisterhaft, in unsere deutsche Sprache hineinzulauschen und der in ihr verborgenen Wahrheit nachzuspüren. Sie hat in einem Gespräch nach dem Krieg wohl den eigentlichen Wert der Heimat angesprochen, als sie sagte:

„Wenn ich früher in mein liebes, altes Königsberg zurückkehrte, fühlte ich es immer wieder, das Glück. Wenn ich in die Heimat zurückkomme, komme ich zu mir selbst."

Heimat verhilft dem Menschen also dazu, sich selbst zu finden, sich selbst zu verstehen. Sie ist ihm Wegbegleiterin zum Ziel, sich im Rahmen seiner Möglichkeiten zu vervollkommen und sie schafft die Voraussetzungen zur Entfaltung seiner menschlichen Qualitäten und Fähigkeiten. Ein prägender Teil dabei ist die Sprache, die Mundart. So ist nach unserem großen Dichter und Denker Johann Wolfgang von Goethe der Dialekt, die Mundart doch eigentlich das Element, aus welchem die Seele ihren Atem schöpft. Um vielleicht ein wenig die Seele zu erkennen, wurden Mundartgedichte den Heimatdarstellungen vorangesetzt. Die nachfolgenden Darstellungen der Länder und Heimatlandschaften sollen aber auch, da die Heimat den Menschen prägt, erkennen lassen, welche geistigen, wirtschaftlichen und handwerklichen Fähigkeiten und welches geschichtliche Wissen sie dadurch in ihre neue Heimat mitbrachten.

Bei der Schilderung der Heimatgebiete der Vertriebenen wurden zuerst die Vertreibungsgebiete innerhalb der Grenzen des Deutschen Reiches von 1937 und teilweise von 1918 behandelt. Das sind Ostpreußen mit dem Memelgebiet, Westpreußen mit Danzig, Pommern, Ostbrandenburg und Schlesien. Außerhalb der Reichsgrenzen lebten vor 1939 in Mittel- und Osteuropa ca. 8,6 Millionen Deutsche. Es waren die Siedlungsgebiete in der Tschechoslowakei (3,5 Millionen) – Sudetenland mit den deutschen Sprachinseln in Böhmen, in Mähren und in der Slowakei –, in Polen (1,2 Millionen), in Ungarn (600.000), in Jugoslawien (550.000), in Rumänien (750.000), im Baltikum – Estland (16.000), Lettland (62.000), Litauen (45.000) ohne das Memelgebiet (80.000) – und in der Sowjetunion (1,5 Millionen).

Bei der Darstellung der Heimatgebiete wurde das Sudetenland mit seinen Heimatlandschafen etwas ausführlicher behandelt, da noch von den Vertriebenen und ihren Nachkommen, die im Oberallgäu leben, weit über zwei Drittel aus dem Sudetenland stammen.

Das nachfolgende Gedicht von Frieda Walter aus dem Adlergebirge über „Was ist Heimat?", wird Widerspruch herausfordern, aber auch zum Nach- und Überdenken zwingen.

Was ist Heimat?

Was ist Heimat? Berge sind es nicht.
Denn sie schauen heut auf Fremde nieder.
Vögel werfen sich hinauf ins Licht,
singen heut für Fremde ihre Lieder.

Was ist Heimat? Menschen sind es nicht.
Die da wohnen, sind selbst fremd geworden.
Fremde Herren sitzen zu Gericht,
fremde Zungen klingen allerorten.

Was ist Heimat? Bäume, Täler, Höhn,
Acker, Wiese, Bach und Waldesrauschen?
Alt vertraut und lieb und märchenschön –
aber wollten wir dagegen tauschen?

Heimat ist, was uns so werden ließ,
wie wir aus der Ahnen Art gekommen.
Als man uns aus unserem Land verstieß,
haben wir die Heimat mitgenommen.

Frieda Walter

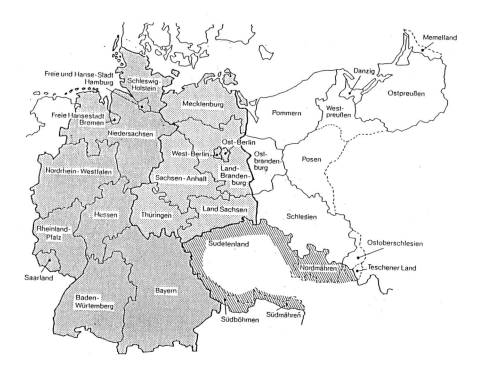

(Oben) Die fetten Linien umgrenzen das Gebiet der alten Bundesrepublik und der ehem. DDR, die mageren die ostdeutschen Gebiete in den Grenzen von 1937, die gestrichelten Linien markieren die im Versailler Vertrag verlorenen Ostgebiete.

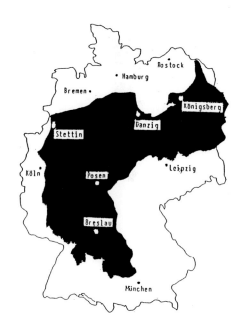

(Rechts) Um eine Vorstellung von der Größe der verlorenen Ostgebiete zu erhalten, ist das Gebiet des Deutschen Reiches, das von Polen nach 1918 und nach 1945 von den Russen und den Polen besetzt und aus dem die Deutschen vertrieben wurden, auf die heutige Bundesrepublik Deutschland projiziert worden.

34

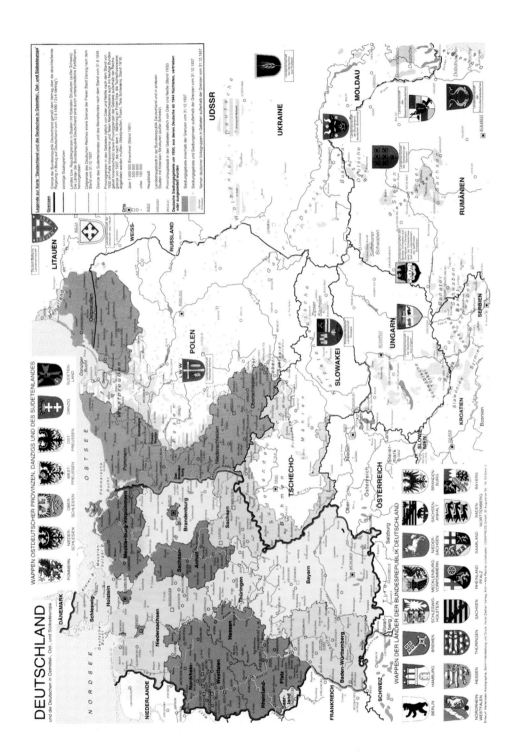

DEUTSCHLAND

und die Deutschen in Ostmittel-, Ost- und Südosteuropa

WAPPEN OSTDEUTSCHER PROVINZEN, DANZIGS UND DES SUDETENLANDES

WAPPEN DER LÄNDER DER BUNDESREPUBLIK DEUTSCHLAND

Deutsche Staatsgebiete
und
deutsche Siedlungsgebiete

Bayerisches Staatsministerium für Arbeit und Sozialordnung

36

Sprachen im östlichen Mitteleuropa
um das Jahr 1923

Germanisch
Norwegisch
Schwedisch
Dänisch
Friesisch
Niederländisch
Deutsch

Romanisch
Italienisch
Rätoromanisch
Friaulisch
Rumänisch

Baltisch
Lettisch
Litauisch

Slawisch
Russisch
Ukrainisch
Weißrussisch
Polnisch
Kaschubisch
Wendisch
Tschechisch
Slowakisch
Slowenisch
Serbokroatisch
Bulgarisch

Finnougrisch
Finnisch, Karelisch
Estnisch, Livisch
Ungarisch

Türkisch
Gagausisch
Nogaisch

nach M. Wehrli (Bern)

Maßstab 1 : 10 Mill.
50 100   200   300 km

37

Schloß von Königsberg

So schabbern wir

Nirgends auf die weite Erde
Is wie hier bei uns so scheen,
Wo gemietlich wir plachandern
Und zu Haus auf Schorren gehn,
Wo das Haar sich wird verruschelt
Und der Larbaß was bereißt,
Wo kriejulen de Mergellens,
Und das Hundchen Schudel heißt.

Dr. Lau

Land zwischen Memel und Weichsel (rd. 39.900 qkm), Land der dunklen Wälder und kristall'nen Seen. Die Landschaft Ostpreußens vereinigt in sich viele Gegensätze: Steilküste mit Sandstränden im Samland, riesige Wanderdünen auf der Kurischen Nehrung, Elchniederung südlich des Memeldeltas, Rowinter Heide, masurische Seenplatte, dazwischen leicht hügeliges Land.

Das Land war ursprünglich von den „Prußen", einem westbaltischen Volk, bewohnt. Im 13. Jahrhundert rief Herzog Konrad I. den Deutschen Orden zu Hilfe, da die Prußen immer wieder in das benachbarte Masowien eindrangen. Aufgabe des Ordens war es außerdem, die Prußen zum Christentum zu bekehren. Sitz des Deutschen Ordens war seit 1309 die Marienburg an der Nogat. In der ganzen Provinz wurden Ordensburgen errichtet, in deren Schutz dann Städte entstanden wie Heilsberg, Elbing, Allenstein, Rössel, Neidenburg, Ragnit, Rasteburg, Marienwerder, Deutsch Eylau.

Hauptwirtschaftskraft war die Landwirtschaft. Dominierend waren große Güter. Daneben wurde Vieh- und Pferdezucht betrieben. Berühmt war das von Friedrich Wilhelm I. 1732 gegründete Gestüt Trakehnen, das durch Kreuzung englischer Vollblüter mit einheimischen Warmblütern große Erfolge in der Aufzucht von Reit-, Turnier-, Kavallerie- und leichten Wagenpferden erzielte. An der Samlandküste war der Welt größter Bernsteinabbau und seine Verarbeitung. Überregional bedeutende Industrie befand sich in Königsberg, Elbing und Tilsit, wie Zellstoffwerke, Maschinen-, Waggon- und Schiffsbau. Weitere Industriegebiete waren in Memel, Ragnit, Insterburg, Marienburg und Allenstein.

Königsberg hatte eine Universität, an der auch der bedeutende Philosoph Emanuel Kant lehrte. E. T. A. Hoffmann, Dichter und Komponist, sowie die Dichterin Agnes Miegel, stammten aus Königsberg.

1944–1945 wurde Ostpreußen von der Roten Armee erobert. Im Potsdamer Abkommen vom 02.08.1945 wurde der südliche Teil unter polnische und der nördliche Teil unter sowjetische Verwaltung gestellt. Von den rund 2,6 Millionen Einwohnern (118.999 EW Memelgebiet) kamen etwa 300.000 durch Flucht und Vertreibung ums Leben. Die restlichen etwa 2,3 Millionen Ostpreußen haben in ganz Deutschland Zuflucht gefunden.

Ostpreußen: Die Worte des Ostpreußenliedes stammen von Erich Hannighofer, die Weise schuf Herbert Brust.

Ostpreußenlied

Land der dunklen Wälder
Und kristall'nen Seen,
Über weite Felder
Lichte Wunder geh'n.

Starke Bauern schreiten
Hinter Pferd und Pflug,
Über Ackerbreiten
Streicht der Vogelzug.

Und die Meere rauschen
Den Choral der Zeit,
Elche steh'n und lauschen
In die Ewigkeit.

Tag hat angefangen
Über Haff und Moor,
Licht ist aufgegangen,
Steigt im Ost' empor.

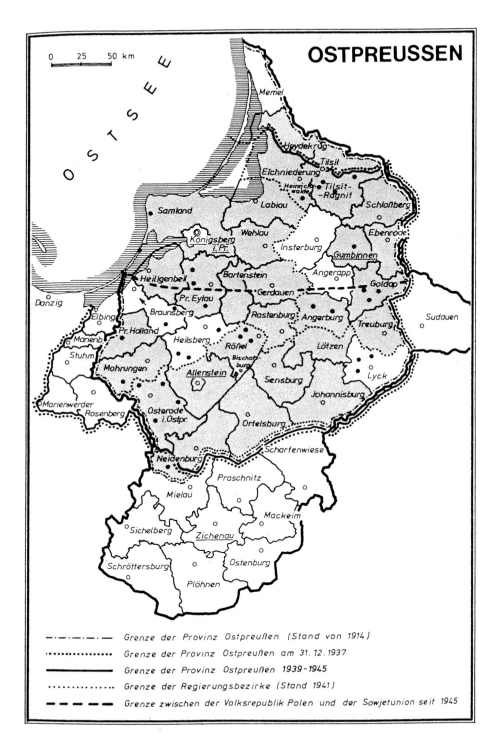

OSTPREUSSEN

O S T S E E

0 25 50 km

Memel

Heydekrug
Tilsit
Eichniederung
Heinrichswalde
Tilsit-Ragnit
Schloßberg
Samland
Labiau
Wehlau
Ebenrode
Königsberg i. Pr.
Insterburg
Gumbinnen
Heiligenbeil
Bartenstein
Angerapp
Goldap
Danzig
Pr. Eylau
Gerdauen
Braunsberg
Rastenburg
Angerburg
Treuburg
Sudauen
Elbing
Pr. Holland
Marienb.
Heilsberg
Rößel
Lötzen
Stuhm
Bischofsburg
Mohrungen
Allenstein
Sensburg
Lyck
Marienwerder
Johannisburg
Rosenberg
Osterode i. Ostpr.
Ortelsburg
Scharfenwiese
Neidenburg
Praschnitz
Mielau
Mackeim
Sichelberg
Zichenau
Schröttersburg
Ostenburg
Plöhnen

—·—·—·— Grenze der Provinz Ostpreußen (Stand von 1914)

············ Grenze der Provinz Ostpreußen am 31. 12. 1937

————— Grenze der Provinz Ostpreußen 1939-1945

············· Grenze der Regierungsbezirke (Stand 1941)

— — — — Grenze zwischen der Volksrepublik Polen und der Sowjetunion seit 1945

3. Westpreußen mit Danzig

Marienburg an der Nogat

Krantor in Danzig

„Meike, wist du frigge?"
„Nee, Mutte, nee."
„Frigg di ane Dische!"
„Nee, Mutte, nee.
Keene Dische wi ick ne,
hävale verstau ick ne.
Nee, Mutte, nee."

„Meike, wist du frigge?"
„Nee, Mutte, nee."
„Frigg di ane Mjölle!"
„Nee, Mutte, nee.
Keene Mjölle wi ick ne,
Säcke flicke verstau ick ne,
Nee, Mutte, nee!"

„Meike, wist du frigge?"
„Nee, Mutte, nee."
„Frigg di ane Schniede!"
„Nee, Mutte, nee.
Keene Schniede wi ick ne,
Naue eetrecke seh ick ne.
Nee, Mutte, nee."

„Meike, wist du frigge?"
„Jau, Mutte, jau."
„Ick wi ane Lehre."
„Jau, Mutte, jau."
„Übbe is de Lehre daue,
wast dut em doch ne verstaue."
„Jau, Mutte, jau."

Deutsches Volkslied aus dem
Cholmerland = Kulm

Erklärungen:

Cholm   = Kulm
frigge   = freien
Dische   = Tischler
bävale   = hobeln
Mjölle   = Müller
Naue   = Nadel
eetrecke = einfädeln

44

Als Westpreußen bezeichnet man das Land zu beiden Seiten der unteren Weichsel.

Im 2. Thorner Frieden 1466 waren die westlichen Teile des Deutschordenstaates als „Preußische Lande polnischen Anteils" unter die Oberhoheit der polnischen Krone gestellt worden. Sie gelangten 1772 und 1793 im Zuge der polnischen Teilungen (nunmehr als Westpreußen) einschließlich der Städte Danzig und Thorn an Preußen zurück. Ab 1815 war Westpreußen selbständige Provinz Preußens, wurde 1829 mit Ostpreußen zur „Provinz Preußen" verschmolzen, 1878 aber erneut (wie Ostpreußen) selbständige Provinz.

Bis 1920 blieb die Provinz Westpreußen – mit 25.552 qkm und rund 1,7 Millionen Einwohnern – Bestandteil des Deutschen Reiches. Durch das Versailler Diktat fielen – ohne Volksabstimmung – 15.844 qkm Westpreußens mit fast einer Million Einwohnern an Polen, obwohl der deutsche Bevölkerungsanteil 64,4%, der Anteil der Polen nur 27,9% betrug.

Das Gebiet an der Weichselmündung mit rd. 1.950 qkm und 330.000 Einwohnern wurde zum „Freistaat Danzig" erklärt und unter den Schutz des Völkerbundes gestellt.

Hauptwirtschaftszweig war die Landwirtschaft mit einer stark ausgeprägten Zuckerindustrie, sowie die Forstwirtschaft. Weitere Wirtschaftszweige waren der Schiffbau, Maschinenbau und die Holz- und Tabakverarbeitung.

Bedeutende Persönlichkeiten kamen aus Danzig, wie Gabriel Daniel Fahrenheit, Artur Schopenhauer und Günter Grass. Nikolaus Kopernikus wurde in Thorn geboren. Emil von Behring kam aus dem Kreis Rosenberg und der SPD-Politiker Kurt Schumacher stammte aus Kulm. Paul von Hindenburg, Reichspräsident und Feldmarschall, wurde 1847 in Posen geboren. 1945 wurde Westpreußen von der Roten Armee erobert. Die Bevölkerung erlitt das gleiche Schicksal wie die Ostpreußens.

WESTPREUSSEN UND DANZIG

O S T S E E

Neustadt · Gotenhafen (Gdingen)
Zoppot
Danzig
Karthaus · Danzig-Land · Gr. Werder · Elbing
Berent · Dirschau · Marienburg
Konitz · Pr. Stargard · Stuhm
Schlochau · Marien- werder · Rosenberg
Tuchel · Graudenz
Flatow · Zempelburg · Schwetz · Neumark
Dt. Krone · Kulm · Strasburg
Wirsitz · Bromberg · Briesen
Schneidemühl · Thorn · Rippin
Leipe

—·—·—·— Grenze der Provinz Westpreußen 1878-1920
— — — — Grenze des Regierungsbezirks Westpreußen (Stand 31.12.1937)
———— Grenze des Reichsgaus Danzig-Westpreußen (1939-1945)
·········· Freie Stadt Danzig
········· Grenze der Regierungsbezirke (Stand 1941)
o Danzig Sitz eines Regierungspräsidenten

0   25   50 km

4. Pommern

Dom in Kolberg

> „Vadder unser.
>
> Vadder unser in't Himmelriek,
> vör den'n wi alltauhoop söln gliek
> un Bräuder sin – wi ropen Di an und bäden:
> Laat hillig war'n Dinen Namen!
> Dien Riek laat kamen!
> Dien Will gescheih taugliek
> up Ierden as in't Himmelriek!
> Giw hüt uns dat dagdäglich Broot
> un wat taun Läben süs nach noot!
> Vergiw uns unse Schuld, as wi in'n stilln,
> dei uns wat schüllig sünd, vergäben willn!
> Giw, dat uns nicht versöcht de Bös'!
> Von Dood un Düwel uns erlös!
> Ja, schenk uns eis ein selig En'n
> un nimm uns' Seel in Diene Hän'n!
> Denn Dien is Riek un Kraft un Herrlichkeit
> in Ewigkeit. – Amen."

Pommern das Land an der Ostsee; wird von dieser auch geprägt. Fast 500 km grenzt Pommern an das Meer. Zahllose Inseln, Halbinseln und Buchten, dann wieder sanfte, lange, weiße Sandstrände, geben der Küste ein abwechslungsreiches Bild. Im 2. Jahrtausend v. Chr. wurde Pommern von Germanen besiedelt, um 600 n. Chr. wanderten Slawen ein, die das Land „Pomorje" (Küstenland) nannten. Schon damals besaß das der Ostsee zugewandte Pommern bedeutende Handelsplätze. Die Christianisierung gelang Bischof Otto von Bamberg im 12. Jahrhundert. Etwa gleichzeitig begann die deutsche Kolonisation, setzte aber im größeren Umfang erst im 13. Jahrhundert ein.

Pommern besaß eine hochentwickelte und kräftig produzierende Landwirtschaft mit umfangreichen landwirtschaftlichen Verarbeitungsbetrieben in den rein ländlichen Gebieten. Daneben spielte auch die Forstwirtschaft eine bedeutende Rolle: über $\frac{1}{5}$ der Fläche war vom Wald bedeckt.

Die Industrie mit 23% der Erwerbstätigen war hauptsächlich im Raum Stettin und Swinemünde konzentriert (Textil-, Maschinen-, Holzwaren-, Möbel-, Zement-, Schiffbauindustrien u. a.). Pommern war aber auch ein Fremdenverkehrsgebiet mit vielen Badeorten, die weit über die Grenzen Deutschlands hinaus bekannt waren.

Größere Städte neben Stettin waren Kolberg, Rügenwalde, Stolp und Schneidemühl.

Bedeutende Persönlichkeiten aus Pommern waren Caspar David Friedrich, Philipp Otto Runge, Otto Lilienthal, Rudolf von Virchow, Heinrich von Stephan und Paul Nipkow, der die erste verwertbare Bildzerlegungsscheibe erfand.

23.000 qkm Pommerns östlich der Oder und die Hauptstadt Stettin wurden 1945 von Polen annektiert und 1,844 Millionen Einwohner vertrieben. Vorpommern wurde ein Teil der DDR. Die Vertreibung kostete Tausenden von Menschen das Leben.

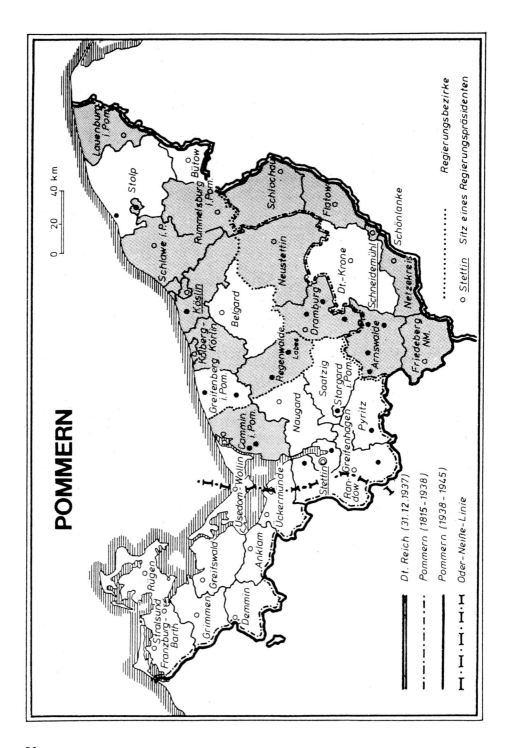

POMMERN

Regierungsbezirke

○ Stettin Sitz eines Regierungspräsidenten

0 20 40 km

Lauenburg i. Pom.
Stolp
Bütow
Rummelsburg i. Pom.
Schlawe i. P.
Schlochau
Flatow
Schönlanke
Köslin
Belgard
Neustettin
Dt.-Krone
Netzekreis
Kolberg Körlin
Regenwalde
Labes
Dramburg
Schneidemühl
Greifenberg i. Pom.
Naugard
Saatzig
Stargard i. Pom.
Arnswalde
Friedeberg Nm.
Cammin i. Pom.
Wollin
Usedom
Greifenhagen
Pyritz
Ran-
dow
Stettin
Uckermünde
Swinemünde
Anklam
Greifswald
Demmin
Grimmen
Rügen
Stralsund
Franzburg-
Barth

Dt. Reich (31.12.1937)
Pommern (1815–1938)
Pommern (1938–1945)
Oder–Neiße–Linie

5. Ostbrandenburg

Schwedter Tor in Königsberg/Neumark

„Grün Lob! Pries öwerall!
Hier stoahn wi Jungfern all.
Wi moahnen uns den Brutball, Brutball,
Von unse junge Fru.
Un will se uns den Brutball nich gewen,
So war'n wi ehr den Mann wegnehmen.
Un wär'n ehr Stickelbusch weddergewen.
Lut, lut, de junge Brut.
Smiet se uns den Ball nich rut,
Boaben ut de neie Koat
Ünner up de freie Stroat. –
Loat de Berge sinken,
Wie Jungfern will'n moal drinken.
Loat de Berge stille stoahn,
Wi Jungfern will'n moal wiedergoahn."

Märkisches Lied beim traditionellen
Brautball an den Sonntagen vor Ostern.

Ostbrandenburg war das Vorfeld Berlins mit 642.000 Bewohnern. Ein gern aufgesuchtes Ausflugsgebiet der Berliner und ein landwirtschaftliches Versorgungsgebiet für die Hauptstadt. Durch die Nähe Berlins war kaum gewerbliche Wirtschaft zu finden, deshalb blieb Ostbrandenburg im wesentlichen immer Bauernland. In der Lausitz waren Braunkohlevorkommen. Zahlreiche Beschäftigte gab es in der Textilindustrie. In Guben befand sich die Hutindustrie mit einer jährlichen Produktion von acht Millionen Stück. Größere Städte neben Frankfurt an der Oder waren Cottbus, Forst, Fürstenwalde, Guben, Landsberg an der Warthe und Küstrin. Nach dem Zweiten Weltkrieg wurden die Gebiete östlich der Oder von Polen annektiert. Die deutsche Bevölkerung wurde vertrieben. Die Städte an der Oder wie Forst, Guben, Frankfurt und Küstrin wurden durch die Grenzziehung geteilt.

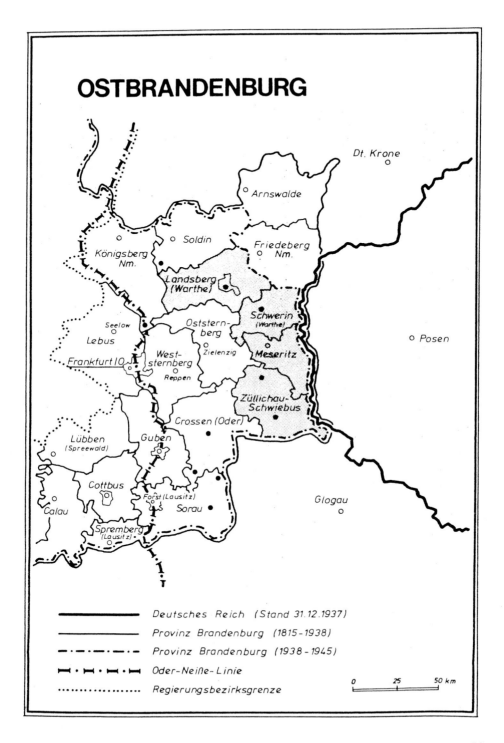

OSTBRANDENBURG

Dt. Krone

Arnswalde

Soldin

Königsberg
Nm.

Friedeberg
Nm.

Landsberg
(Warthe)

Schwerin
(Warthe)

Posen

Seelow

Oststern-
berg

Lebus

Zielenzig

Meseritz

Frankfurt (O.)

West-
sternberg

Reppen

Züllichau-
Schwiebus

Crossen (Oder)

Lübben
(Spreewald)

Guben

Cottbus

Forst (Lausitz)

Glogau

Calau

Sorau

Spremberg
(Lausitz)

▬▬▬▬▬	Deutsches Reich (Stand 31.12.1937)
─────	Provinz Brandenburg (1815-1938)
─·─·─·	Provinz Brandenburg (1938-1945)
⊢·⊢·⊢	Oder-Neiße-Linie
··········	Regierungsbezirksgrenze

0   25   50 km

6. Schlesien

Rathaus am Ring in Breslau

Derrheeme

Wie schien läßt sichs derrheeme
Eim weecha Groase ruhn;
Wie nicka zengs die Beeme:
Ruh aus, mei Suhn.
Maibluma blühn, – und kühle
Zieht durch a Puusch die Luft.
Eim Grunde gieht die Mühle,
Derr Gukuck rufft.
Schnieweiße Gansla gackern
Und kumma zu merr har,
Und Pauern sah ich ackern
Lang naus und quar.
Viel liebe, ale Leute
Die drücka merr die Hand,
Und schiene, junge Bräute
Giehn stulz durchs Land.
Und Kinder hoots und Kalbla
Und Schäfla, schworz und groo,
Und satt ock, goar die Schwalbla
Sein wieder doo!
Ich hoa ei fremda Ländern

Verfasser unbekannt

Schlesien ist das Land links und rechts der oberen und mittleren Oder. Den Kern des Landes bildet die schlesische Tieflandbucht. Im Süden wird das Land vom Riesengebirge mit der Schneekoppe (1603 m), dem Waldenburger- und dem Glatzer Bergland begrenzt. Die Oder ist die Mitte Schlesiens. Sie prägt im wesentlichen das Gesicht der schlesischen Landschaft. Die germanischen Silinger, die dort mehr als 600 Jahre (bis 350 n.Chr.) siedelten, gaben dem Land den Namen. Im 6. Jahrhundert geriet Schlesien unter die Hoheit polnischer Herrscher, die deutsche Siedler ins Land riefen. In mehreren Verträgen (1335, 1338, 1356, 1372) verzichtete Polen auf Schlesien. Das Land kam zum Deutschen Reich und stand bis 1526 unter böhmischer, dann unter habsburgischer Herrschaft.

1919 wurde, unter Mißachtung des Selbstbestimmungsrechtes der deutschen Bevölkerung, Österreich-Schlesien mit der Hauptstadt Troppau und das Hultschiner Ländchen an die Tschechoslowakei angegliedert.

1921 fiel Ostoberschlesien unter Mißachtung des Selbstbestimmungsrechtes an Polen. Wahrzeichen des Deutschen Freiheitskampfes ist der Annaberg.

St. Annaberg in Oberschlesien

Vor dem 1. Weltkrieg umfaßte Schlesien 40.300 qkm. Es war die größte preußische Provinz. In den Grenzen von 1937 war Schlesien noch 36.700 qkm groß und hatte ca. 4,8 Millionen Einwohner.

Hauptstadt war Breslau. Größere Städte waren noch Görlitz, Liegnitz, Sagan in Niederschlesien sowie Ratibor, Oppeln, Gleiwitz und Hindenburg in Oberschlesien. Breslau, die zweitgrößte Stadt nach Berlin östlich der Elbe, war Messestadt. Sie war gleichzeitig Vermittlungsstelle für Waren aus West- und Mitteleuropa einerseits und Osteuropa andererseits.

In der schlesischen Tieflandbucht und dem gesamten westlichen Teil Oberschlesiens war die Landwirtschaft Haupterwerbszweig. Vor allem wurden Weizen, Zuckerrüben und Flachs angebaut.

Im östlichen Teil Oberschlesiens sind reiche Kohle- und Erzvorkommen zu finden. Das Gebiet ist geprägt durch Bergbau und Industrie. Schon im 18. und 19. Jahrhundert entwickelte sich unter preußischer Herrschaft Oberschlesien zum „Ruhrgebiet" des Deutschen Ostens. Bedeutend waren die Zementindustrie, Rohstahlerzeugung, Maschinenindustrie und chemische Industrie. Bei der Annektion des Industriegebietes 1921 durch Polen gingen die meisten Steinkohlebergwerke, Stahl- und Walzwerke, alle Eisenerz-, Zink- und Bleierzgruben verloren.

Das Riesengebirge mit der Stadt Hirschberg war ein beliebtes Ausflugs- und Wanderziel. Im Glatzer Kessel, der vom Glatzer Bergland umschlossen wird, lagen weltbekannte Bäder wie Reinerz, Kudowa und Landeck u. a.

„DEN" Schlesier gibt es nicht. Er ist so unterschiedlich wie seine Trachten und seine Mundarten. Den größten Anteil bei den Mundarten hatte von der Ausdehnung der Fläche und von der Bevölkerungszahl her das Gebirgsschlesisch. Sein bekanntester Mundartdichter war Ernst Schenke. Und der klingt so:

Enigkeet

Mir gehiern zusomma,
Weil merr olle voo enner Mutter stomma.
Kenner derf alleene giehn,
Kenner obseits stiehn.

Aus derselba Arde wächst inser Brut,
Mir stemma ins gägen dieselbe Nut,
Mir honn olle dieselba Freinde,
Ins ümlauern dieselba Feinde.
Und hullt ins derr Tud und is Laba ies aus,
Uff a selba Kerchhof troan se ins olle naus.

Huch oder Niedrig, Orm oder Reich,
Verr derr Ewigkeet sein merr olle gleich.
Reecht euch die Hand,
Ee Vulk, ee Land.
Mir haln zusomma,
Weil merr olle voo enner Mutter stomma!

Ernst Schenke

An bekannten Persönlichkeiten, die in Schlesien geboren wurden, sind zu nennen: Andreas Gryphius, Dichter des Barock; Joseph Freiherr von Eichendorff, Dichter der Romantik; Gerhart Hauptmann, Nobelpreisträger (1912); Edith Stein, Philosophin; August Borsig, erster deutscher Fabrikant von Lokomotiven; die Nobelpreisträger Paul Ehrlich, Fritz Haber, Friedrich Bergius, Max Born, die Staatsmänner und Politiker Ferdinand Lasalle, Paul Löbe, Helmut James Graf von Moltke und der bekannte Flieger Manfred von Richthofen. Hanna Reitsch, erste Frau als Flugkapitän (1937), wurde in Hirschberg geboren.

1945 wurde Schlesien bis auf einen kleinen, westlich der Neiße liegenden Teil, von Polen annektiert.

Bei der Flucht und Vertreibung kamen ca. 400.000 Menschen um. Ca. zwei Millionen fanden bis 1947 Aufnahme in Westdeutschland.

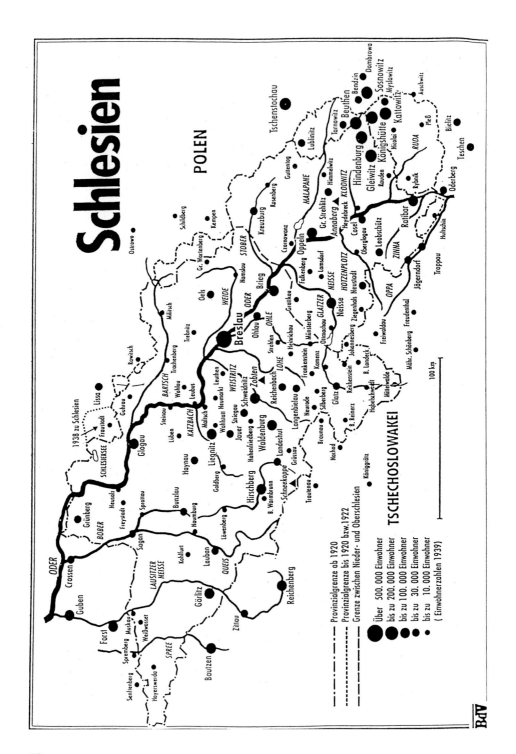

Schlesien

POLEN

TSCHECHOSLOWAKEI

Provinzialgrenze ab 1920
Provinzialgrenze bis 1920 bzw. 1922
Grenze zwischen Nieder- und Oberschlesien

über 500.000 Einwohner
bis zu 200.000 Einwohner
bis zu 100.000 Einwohner
bis zu 30.000 Einwohner
bis zu 10.000 Einwohner
(Einwohnerzahlen 1939)

100 km

1938 zu Schlesien
SCHLESIERSEE / Fraustadt

BdV

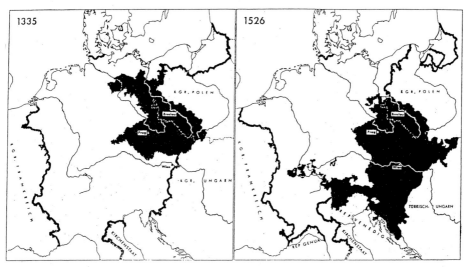

zur böhmischen Krone   zur Habsburger Krone

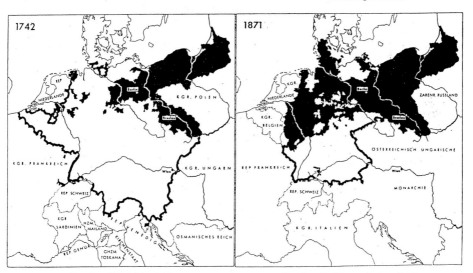

zu Preußen Friedrichs d. Gr.   zu Preußen im Bismarckschen Reich

7. Deutsche Siedlungsgebiete in Polen
(Polen in den Grenzen von 1937)

Rathaus in Thorn

Im 13. Jahrhundert wurden deutsche Bauern, Handwerker, Mönche und Kaufleute von den slawischen Herrschern in die nur schwach besiedelten Gebiete über Schlesien, Pommern und Ostpreußen gerufen, um die wirtschaftliche Erschließung zu beschleunigen. Deutsche Siedlungsräume waren hauptsächlich im Posener Land, in Mittelpolen, im Lodzer Industriegebiet, Galizien und Wolhynien. Deutsche lebten in diesen Gebieten mit Polen, Juden und Ukrainern zusammen. Von deutscher Besiedlung zeugen noch heute viele Städtenamen wie Posen, Lemberg, Krakau, Thorn und Bromberg. Das Posener Land, hauptsächlich von deutschen Bauern besiedelt, war einst die Kornkammer Polens.

Im Jahre 1921 wurde Oberschlesien durch eine Entscheidung der Alliierten zwischen dem Deutschen Reich und Polen geteilt. Die Teilung erfolgte gegen eine Volksabstimmung, bei der sich 56,9% der Bevölkerung für einen Verbleib beim Deutschen Reich ausgesprochen hatten. Bis 1939 war die Zahl der Deutschen in Polen durch z.T. erzwungene Abwanderung auf 1,3 Millionen zurückgegangen.

Der deutsche Bevölkerungsanteil betrug in den einzelnen Siedlungsgebieten:

Posen-Pommerellen	383.000
Oberschlesien	390.000
Teschener Gebiet	40.000
Olsagebiet	60.000
Mittelpolen	360.000
Ostpolen	67.000
Galizien	71.000
	1.371.000

Nach dem 2. Weltkrieg setzte Polen seine Westgrenze an der Oder-Neiße-Linie fest. Dadurch waren nun fast 10 Millionen Deutsche in den polnischen Machtbereich gekommen. Zwischen August 1945 bis Ende 1950 wurde die deutsche Bevölkerung teils in wilden Vertreibungen, teils in zusammengestellten Transporten ausgewiesen. Ende 1950 befanden sich noch 1,7 Millionen Deutsche in Polen, davon der größte Teil in Oberschlesien.

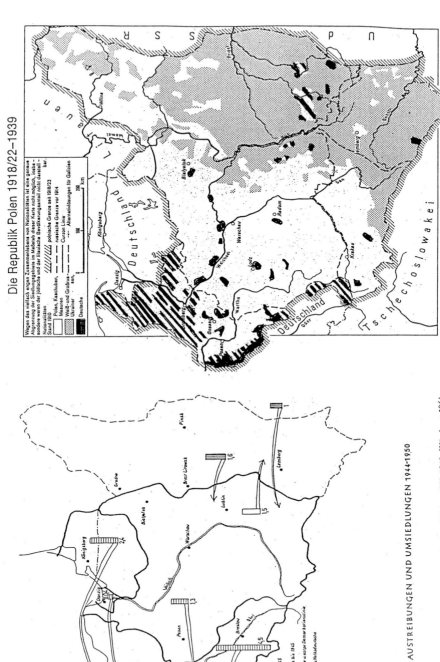

AUSTREIBUNGEN UND UMSIEDLUNGEN 1944–1950

Quelle: Fechner, Helmuth (Hrsg.): Deutschland und Polen 1772–1945. Würzburg 1964, S. 199

62

8. Sudetenland mit seinen Heimatlandschaften

Rathaus in Reichenberg

Als Sudetenland bezeichnet man die deutsch besiedelten Randgebiete von Böhmen und Mähren und Österreichisch-Schlesien. Zu den Sudetendeutschen rechnet man auch die Bewohner der verschiedenen Sprachinseln im Inneren von Böhmen und Mähren. Der Name Sudeten leitet sich von dem Gebirgszug zwischen Böhmen und Schlesien ab. Sudetenland ist das Siedlungsgebiet der Deutschen, die 1918 gegen ihren Willen in die neu gegründete Tschechoslowakei kamen. Der Begriff „Sudetendeutsche", von dem Politiker Franz Jesser 1902 aufgebracht, umfaßt alle deutschen Stämme im böhmisch-mährischen Raum. Sind auch die Bezeichnungen Sudetendeutsche und Sudetenland jung, so sind im Gegensatz dazu die deutschen Siedlungsgebiete, die damit erfaßt werden, alt. Viele sudetendeutsche Städte wurden vor 800 Jahren gegründet. Die Sudetendeutschen sind keine stammesgemäße Einheit. Ihre Siedlungsgebiete umfaßten kranzförmig Böhmen und Mähren. Gemeinsam war den Sudetendeutschen die Zugehörigkeit zum Reich und Österreich, die Nachbarschaft und schicksalhafte Gegenseitigkeit mit dem tschechischen Volk und vom 20. Jahrhundert an der Kampf um die Bewahrung von Schule, Scholle, Arbeitsplatz und Sprache. Durch den Friedensvertrag (besser und richtiger Friedensdiktat) von Saint-Germai-en-Laye am 10.09.1919, der zwischen Österreich und den Alliierten des 1. Weltkrieges abgeschlossen wurde, ist mitten in Europa ein neuer Vielvölkerstaat entstanden, die Tschechoslowakei. Sie umfaßte neben sechseinhalb Millionen Tschechen u. a. auch dreieinhalb Millionen Deutsche. Vergebens hatten die österreichischen Verhandlungsteilnehmer vor Beginn und während des Verlaufes der Friedensverhandlungen darauf hingewiesen, daß ein so gestalteter Staat nicht den 14 Punkten des amerikanischen Präsidenten Wilson entspreche und daß auch den Sudetendeutschen das Recht zuerkannt werden müsse, über das Schicksal ihres Siedlungsgebietes selbst zu bestimmen. Es muß dabei festgestellt werden: Die Deutschen Böhmens, Mährens, Schlesiens und der Slowakei hatten niemals den Willen, sich mit den Tschechen zu vereinigen und einen Bund zur Schaffung der Tschechoslowakischen Republik zu bilden. Das Ergebnis des Friedensvertrages ist daher, in Beziehung auf die Tschechoslowakische Republik, die Sanktionierung eines tschechischen Willensaktes und eines Gewalt-, nie aber eines Rechtszustandes.
Die besten Köpfe der damaligen Zeit, Anatole France (franz. Erzähler, 1921 Nobelpreis), George Bernhard Shaw (anglo-irischer Dramatiker, 1925 Nobelpreis), Georg Brandes (dänischer Literarhistoriker), selbst Teilnehmer der Friedenskonferenz, wie Lois Botha (südafr. General und Politiker), Jan Christian Smuts (südafr. General und Politiker), William Christian Bullit (amer. Politiker und Schriftsteller) und John Maynard Keynes (Lord, Nationalökonom), haben die Friedensverträge des Jahres 1919 als Quelle des Unheils bezeichnet. Mit Ende des 1. Weltkrieges besetzte das tschechische Militär nach und nach die sudetendeutschen Städte. Als die tschechoslowakische Regierung die Teil-

64

nahme der Deutschen an Wahlen in die Österreichische Nationalversammlung verboten hatte, riefen die sudetendeutschen Parteien am 04.03.1919 zu Protestversammlungen und zum allgemeinen Generalstreik auf. Bei diesen Protestversammlungen schoß das tschechische Militär in einigen Orten in die unbewaffnete Menge. 54 Tote, darunter Frauen, Kinder und Greise sowie zahllose Verletzte, waren zu beklagen. Eine Volksabstimmung wurde in den Sudetenländern nicht zugelassen, das Selbstbestimmungsrecht der Völker wurde den Sudetendeutschen strikt verweigert. Es gab keinen wahren Frieden für die Deutschen, sondern nur die Fortsetzung des Krieges mit anderen Mitteln. Unwidersprochen von der Regierung erklärte die tschechische Presse die Tschechisierung des deutschen Gebietes als die wichtigste Aufgabe für den tschechischen Nationalstaat. Allein im Jahre 1919 wurden rund 3.000 deutsche Schulen geschlossen, zehntausende deutscher Staatsbeamter entlassen und durch die „Bodenreform" abertausend Hektar deutschen Landes tschechisiert. Deutsche Industriebetriebe und Fabriken erhielten kaum noch Staatsaufträge und mußten vielfach schließen. Eine riesige Not, großes Elend und eine weite Arbeitslosigkeit unter den Sudetendeutschen war die Folge. Dazu kamen Wahlgesetze zugunsten der Tschechen. Hier nur drei Beispiele:

im Wahlkreis Prag   = 22.000 Stimmen/ein Abgeordneter;
im Wahlkreis Leipa   = 26.438 Stimmen/ein Abgeordneter;
im Wahlkreis Karlsbad = 24.272 Stimmen/ein Abgeordneter;

1938, als die Spannungen zwischen Deutschen und Tschechen ein fast unerträgliches Maß angenommen hatten, wurde der englische Lord Runciman zu einer Untersuchung der Zustände in die Tschechoslowakei gesandt. In seinem Bericht hieß es u. a., daß die tschechische Herrschaft gekennzeichnet sei „durch Taktlosigkeit, Mangel an Verständnis, kleinliche Unduldsamkeit und Diskriminierung und das bis zu einem Punkt, wo sie die Deutschen unausweichlich zum Aufstand reizen müßte." Eine Bereitwilligkeit auf Seiten der tschechischen Regierung zur Abhilfe könne er nicht finden. Er empfahl, die Grenzgebiete an Deutschland zu übergeben. So kam es nach krisenhaften Verhandlungen zwischen Großbritannien, Italien, Frankreich und dem Deutschen Reich am 29.09.1938 zum Münchner Abkommen, dem auch die Tschechoslowakei in dem Übereinkommen mit Großbritannien und Frankreich am 19./20. September und in ihrer Einverständniserklärung vom 30.09.1938 ausdrücklich zugestimmt hat. Die deutsch besiedelten Randgebiete der Tschechoslowakei wurden an das Deutsche Reich angegliedert.
Nach Ende des zweiten Weltkrieges begann die Vertreibung der Deutschen aus der wiedererrichteten Tschechoslowakei.
1938 zählte die Bevölkerung 3,5 Millionen Deutsche, das waren 24% der Gesamtbevölkerung der Tschechoslowakei. Über drei Millionen mußten das Land

nach 1945 verlassen. Schon vor der Potsdamer Konferenz, auf der die Vertreibung der Deutschen von den Alliierten sanktioniert wurde, begann die Vertreibung der Deutschen aus Prag und verschiedenen Landesteilen unter grausamen Exzessen. Sie wurden ohne jegliche Habe über die Grenze, hauptsächlich in die sowjetisch besetzte Zone, getrieben.

Über 240.000 Sudetendeutsche fanden bei der Vertreibung den Tod, wurden grausam ermordet, erschlagen oder erlagen ihren Krankheiten. Ab 1946 fand dann die sog. „geregelte Aussiedlung" statt. Der überwiegende Teil der Sudetendeutschen, vorwiegend aus dem Egerland und dem Böhmerwald, fand in Bayern Aufnahme.

Böhmen, Mähren, Sudetenschlesien – Die Heimat der Sudetendeutschen

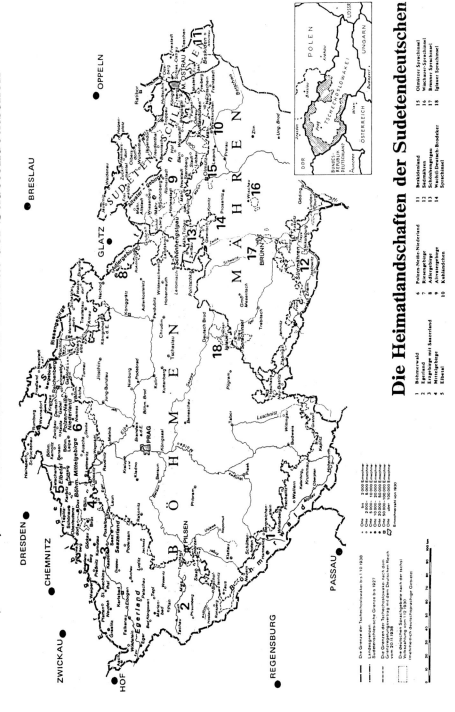

Die Heimatlandschaften der Sudetendeutschen

1 Böhmerwald
2 Egerland
3 Erzgebirge mit Saazerland
4 Mittelgebirge
5 Elbetal

6 Polzen-Neiße-Niederland
7 Riesengebirge
8 Adlergebirge
9 Altvatergebirge
10 Kuhländchen

11 Beskidenland
12 Südmähren
13 Schönhengstgau
14 Wachtl-Deutsch-Brodeker Sprachinsel

15 Olmützer Sprachinsel
16 Wischauer Sprachinsel
17 Brünner Sprachinsel
18 Iglauer Sprachinsel

Der Böhmerwald

Piseker Tor in Prachatitz

Da ewi Brunn

Ih woaß an Brunn in' Hoamatwold,
der geht joahrei', joahraus,
den gfrört s net ei', war s noh so kolt,
den trückert d' Hitz net aus.

Der Brunn, der rinnt scho' tausnd Joahr;
und netzt damit dei' Zung,
aft wird die s Gmüat so wunderkloar,
aft gspürst dih frisch und jung.

A' schlechta Nachba hät s probiert
und hät eahm 's Wossa kehrt;
mir homa bis af's Bluat uns gwiehrt,
der Brunn, der is's uns wert!
Bol dem sei' Wossa uns vorunn,
war s gfahlt um unsa Sach:
in' Hoamatwold der Wundabrunn
is – unsa Muadasprach!

Zephyrin Zettl

Der Böhmerwald, eine Waldlandschaft gegenüber dem Bayerischen Wald. Er erstreckt sich in einer Länge von etwa 220 km vom Kerschbaumer Sattel (685 m) im Süden bis zum Sattel von Waldsassen (500 m) im Norden. Das Gebiet umfaßte eine Fläche von ca. 3.450 qkm mit ca. 220.000 deutschen und etwa 88.000 tschechischen Einwohnern.
Die Besiedlung durch Deutsche erfolgte im 12. und 13. Jahrhundert. Die Siedler kamen vorwiegend aus dem österreichischen Mühlviertel und dem Waldviertel. Stellenweise stießen die Ansiedler auf eine Vorbevölkerung keltischgermanischen Ursprungs. In den besiedelten Gebieten entstanden schon bald Städte und Märkte. Die bekanntesten Städte sind Budweis, Krumau, Winterberg, Eisenstein, Oberplan und Bergreichenstein. Winterberg ist der älteste Buchdruckerort Böhmens, am bekanntesten die Großdruckerei Steinbrenner. Sie stellte vor allem Kalender und Gebetbücher her.
Der Holzreichtum im Verein mit dem überall vorkommenden Quarz führte zur Entstehung von vielen Glashütten. Die bekanntesten waren die Glasfabrik Jos. E. Schmid in Annathal bei Bergreichenstein (hat das Elektroschmelzverfahren eingeführt), die Glasfabrik Johann Lötz Witwe, Klostermühle in Unterreichenstein (Weltruhm durch Jugendstilglas), die Glasfabrik Mayr's Neffe in Winterberg, die Glasfabrik W. Kralik Sohn in Eleonorenhain und die Glasfabrik Schwarztal bei Gratzen.

Winterberg, der älteste Buchdruckerort Böhmens

Der Holzreichtum führte auch zur Entstehung der größten Papierfabrik Europas, der „Pötschmühle" bei Krumau. Eine Tagesproduktion betrug bis zur Vertreibung 100 Eisenbahnwaggons Papier und Karton.

In Bergreichenstein und Hartmanitz waren Gold-, Silber- und Eisenvorkommen. Die Holzschnitzerei wurde in vielen Orten als Handwerk betrieben.

Sieben bedeutsame Handelswege führten über den Böhmerwald. Der bedeutendste war der „Goldene Steig", ein Handelsweg zwischen Passau und Prachatitz, auf dem Salz aus Passau und als Gegenfracht Getreide, Hopfen, Bier, Branntwein und Glaswaren befördert wurden. In der neueren Zeit fand man in der Gegend um Budweis Graphit; deshalb entstand dort eine Bleistiftindustrie. Die weltberühmte Bleistifterzeugung der Firma Hardtmuth stellte den unerreichten Bleistift „Koi-noor" her.

An bedeutenden Persönlichkeiten kamen aus dem Böhmerwald die Heimatdichter Adalbert Stifter, Hans Watzlik, Sepp Skalitzky, Zephyrin Zettl, Karl Franz Leppa, Hans Mally, Karl Winter, Rosa Tahedl, Hilde Bergmann (Märchenschriftstellerin), Johann Peter, der „Rosegger des Böhmerwaldes", Hl. Johannes Nepomuk Neumann, Diözesanbischof von Philadelphia, USA.

Die Landschaft des Böhmerwaldes mit den Gipfeln Lusen, Rachel, Arber und Osser ist heute wieder beliebtes Ziel vieler Wanderer. 1991 wurde ein Großteil zum Nationalpark erklärt. Besonders geschätzt bei den Freizeitsportlern ist derzeit das Gebiet am Moldaustausee bei Oberplan, dem ehemaligen „Moldauherz".

Tief drin im Böhmerwald

1. Dort tief im Böh - mer - wald, da liegt mein
2. O hol - de Kin - der - zeit, noch ein - mal
3. Nur ein - mal noch, o Herr, laß mich die

1. Hei - mat - ort. Es ist gar lang schon her, daß ich von
2. kehr' zu - rück, wo spie - lend ich ge - noß, das al - ler -
3. Hei - mat seh'n, den schö - nen Böh - mer - wald, die Tä - ler

1. dort bin fort. Doch die Er - in - ne - rung, die bleibt mir
2. höch - ste Glück. Wo ich am Va - ter - haus auf grü - ner
3. und die Höh'n. Dann kehr ich gern zu - rück und ru - fe

1. stets ge - wiß, daß ich den Böhmer - wald gar nie ver - giß.
2. Wie - se stand und weit - hin schau - te auf mein Va - ter - land.
3. freu - dig aus: „Be - hüt dich Böh - mer - wald, ich bleib zu Haus".

1.-3. Es war. im Böh - merwald, wo mei - ne Wie - ge stand, im

schö - nen, grü - nen Böh - mer - wald! Es war im

Böh - mer - wald, wo mei - ne Wie - ge stand, im schö - nen grü - nen Wald.

Worte und Weise: Andreas Hartauer

Andreas Hartauer, geb. 28.11.1839, Stachauer Hütte im Künischen Gebiet. Das Lied entstand zwischen den Jahren 1865 – 1883 nach seiner Heirat und dem Umzug nach St. Pölten. Der steirische Tonschöpfer Jakob Eduard Schmölzer gab ihm die heutige, farbigere Melodie und fügte den Kehrreim „Es war im Böhmerwald…" an.

Das Egerland

Egerländer Bauernhaus mit Sonnentor

How i aa in da Fremm a schäi(n)s Lebm

How i aa in da Fremm
a schäi(n)s Lebm,
wos i brauch u sünst ollahond.
Rätta Freid how i koina,
mir is oft zan woina.
Eghalond, nou dir tout mas ont.

Wou i bin is vül z seah u vül z häian,
ümmandümm is reichs u schäins Lond.
Owar-i lou-mas neat nemma,
dahoim is's vül schäna.
Eghalond, nou dir tout mas ont.

Stirw-i dou, nou mir kraht koa'n Hohna,
fremma Leit schorrn mi eine in Sond.
U dahoim kennt oins s ona
u stäiht zara-nona,
Eghalond, nou dir tout mas ont.

Josef Hofmann

ont = Heimweh haben

Die Heimatlandschaft umfaßte die Kreise Bischofteinitz, Asch, Eger, Elbogen, Falkenau, Graslitz, Karlsbad, Luditz, Marienbad, Mies, Neudek, Pilsen, Plan, Tachau und Tepl-Petschau sowie die zwei Stadtkreise Eger und Karlsbad.
Im Norden grenzte es an das Erzgebirge und an das Land Sachsen, im Süden und Südosten erstreckt es sich bis zur tschechischen Sprachgrenze und zum Saazerland, im Westen an Bayern.
Das Gebiet umfaßte ca. 6.400 qkm mit 703.400 vorwiegend deutschen Einwohnern. Durch das Gebiet fließt der Fluß Eger, nach dem die Landschaft benannt wurde. Hauptort ist die Stadt Eger, die schon im Jahre 1061 urkundlich bezeugt ist. Im Dreißigjährigen Krieg (1634) wurden hier auf der Burg die Generäle Wallensteins bei einem Bankett niedergemetzelt; Wallenstein selbst wurde im Stadthaus ermordet.
Siedler aus der Oberpfalz, Franken und Schwaben kamen Anfang des 2. Jahrtausends in das Gebiet, in dem Markomannen und die keltischen Boyer lebten. Die Stadt Eger trägt den Namen, der wahrscheinlich keltischen Ursprungs ist, nach dem gleichnamigen Fluß. Das Egerland wurde im Jahre 1322 von Ludwig dem Bayern an den böhmischen König Johann von Luxemburg verpfändet. Kaiser Friedrich Barbarossa ließ die Burg Eger zur Kaiserpfalz ausbauen.

Eger (seit 1277 Reichsstadt), Marktplatz und Stöckl

Wirtschaftlich war das Egerland zu 2/3 Agrarland. Industrie finden wir in: Asch – Textilindustrie-, Eger – Metallverarbeitung, Maschinen- und Gerätebau, Textil-, Stein-, Lebensmittelindustrie, Bierbrauerei, Fahrradfabrik sowie Handel und Gastgewerbe und Geldwesen. Zentrum des Braunkohlebergbaues war Falkenau. Mittelpunkte der Porzellanherstellung waren Elbogen, Schlaggenwald, Chodau und Karlsbad. Graslitz war Hauptort einer weitgehend auf Export eingestellten Erzeugung von Musikinstrumenten. Im Landkreis Neudek wurden für den Export Lederhandschuhe hergestellt. Weltberühmt ist das Bäderdreieck mit den Kurstädten Karlsbad, Marienbad und Franzensbad. Das älteste Bad ist Karlsbad mit 12 Quellen, dem schon Kaiser Karl IV. Stadtrecht verlieh. Alexander von Humboldt nannte es einen „Brillanten in smaragder Fassung". Goethe weilte zwölfmal als Kurgast dort. Kaiser und Könige kamen nach Karlsbad zur Kur. Heinrich Laube nannte es einmal nicht grundlos das Schachbrett Europas.

Das Prämonstratenserstift Tepl beherbergte eine Bibliothek von über 90.000 Bänden, darunter den „Codex Teplensis", eine vor Luther von einem Mönch verfaßte Bibelübersetzung.

Asch, mit dem Bismarckturm, war eine evangelische Bastion und besaß das einzige Martin-Luther-Denkmal in der ehemaligen Monarchie. Außerdem war es eine bedeutende Industriestadt.

An bekannten Persönlichkeiten stammen aus dem Egerland, um nur einige zu nennen: Balthasar Neumann, der bekannteste Barockbaumeister, der u.a. die Residenz in Würzburg und die Wallfahrtskirche „Vierzehnheiligen" erbaute; Prof. Adolf Scherbaum, Barocktrompeter; Prof. Dr. jur. Dr. phil. Anton Ernstberger, Mitglied des Instituts für historische Forschung in London; der Volkskundler Univers. Prof. Dr. phil. Josef Hanika; Dr. theol. Johannes Nepomuk Remiger, Bischof an der Deutschen Universität Prag; Dr. rer. pol. Walter Becher, Altsprecher der Sudetendeutschen Landsmannschaft; Franz Neubauer, Staatsminister a.D., jetziger Sprecher der Sudetendeutschen; Dr. h.c. Josef Stingl, langjähriger Präsident (1968–1984) der Bundesanstalt für Arbeit; Richard Reitzner, MdB, Verfechter des Selbstbestimmungsrechtes; Dr. Fritz Wittmann, Präsident des Bundes der Vertriebenen; Richard Graf Coudenhove-Kalergi, Gründer der Paneuropa-Bewegung.

Der Großteil der Bevölkerung des Egerlandes wurde 1946 nach Bayern vertrieben. Hier bildeten sich auch Zentren der „Eghalanda Gmoi". In Marktredwitz befindet sich ein Egerlandmuseum.

Weltberühmtheit erlangte auch die nach der Vertreibung von Ernst Mosch gegründete Kapelle „Egerländer Musikanten".

Aussichtsturm mit Baude am Keilberg (1244 m)

Mei Vaterhaus

Dort, wu de Grenz vo Sachsen is, in Wald de Schwarzbeer blüht,
dort, wu mer heit noch klippeln tut, in Winter hutzen gieht,
dort stieht net weit von Wald derva, sieht klaa un ärmlich aus,
a Hüttel, när aus Holz gebaut, dos is mei Vaterhaus.

Dort is dos Flackel, wu ich ho es erschte Wort gehärt,
dort, wu mei Mutter mir als Kind es Baaten hot gelehrt,
wu ich als Gung de Ziegn oft ho getriebn zen Stalle naus.
Wie war ich doch gelücklich do derham in Vaterhaus.

Do draußen in der fremden Walt, do find ich halt kaa Ruh.
Da Haiser sei do ganz aus Staa, de Menschen aah asu.

A jeder singt a annersch Lied, doch mitten drinne raus,
do klingt's un rufft's: Vergaß fei net derham dei Vaterhaus!

Dos Haisel is mei liebster Ort mei Denken un mei Treibn.
Wu ich aah rümlaaf un hikomm, werd när dos Haisel bleibn.
Such ich aah in der Fremd mei Brot, muß ich aah wieder naus,
ich kehr halt immer garn zurück, ham in menn Vaterhaus.

Anton Günther (1901)

Die Heimatlandschaft umfaßte die Kreise Brüx, St. Joachimsthal, Kaaden, Komotau und Saaz mit 1.920 qkm und ca. 276.000 Einwohnern. Der tschechische Bevölkerungsanteil betrug nicht mehr als 1%. Im Norden grenzte das Gebiet mit dem Erzgebirge an Sachsen, im Süden mit dem Saazer Becken an die tschechische Sprachgrenze. Im Westen schloß sich das Egerland an, während es im Osten vom Böhmischen Mittelgebirge begrenzt wurde.

Klimatisch und wirtschaftlich ist diese Landschaft sehr unterschiedlich. Das Böhmische Erzgebirge, dessen höchster Berg der Keilberg mit 1244 m ist, verläuft in einer Länge von 130 km zwischen Elster- und Elbesandsteingebirge. Auf dem Kamm verläuft die Nordwestgrenze Böhmens. Das Klima ist hart und rauh. Das ganze Erzgebirge war einst eine waldreiche Gegend; jetzt durch Umwelteinflüsse stark geschädigt.

Im Gegensatz dazu wird das Saazerland von mildem Klima bestimmt. Es ist ein flaches Hügelland mit sanften Tälern und einer mittleren Höhe von 350 m.

Die Besiedlung des Erzgebirges erfolgte im 12. Jahrhundert durch Deutsche aus der Oberpfalz, Franken, Sachsen, Thüringen und Hessen. Siedler aus dem Harz führten den Bergbau ein, dessen Blüte im 15. und 16. Jahrhundert lag. Es entstanden in dieser Zeit Städte wie Kupferberg, Klostergrab, Gottesgab und St. Joachimsthal. U.a. wurden Silber, Zinn und Kupfer, seit dem Jahre

1908 auch Uran gefördert. Der Silbertaler wurde in St. Joachimsthal geprägt; daraus entstand später auch die Bezeichnung Taler, in Amerika der Dollar. Nach Erlöschen des Bergbaues entstanden viele Heimatindustriezweige, wie Klöppeln, Erzeugung von Stickereien, Holzspielwaren und Musikinstrumenten. Graslitz, größte Stadt des Böhmischen Erzgebirges, war Mittelpunkt für den Instrumentenbau. Dort befand sich auch eine Fachschule für den Musikinstrumentenbau und eine Fachschule für Hand- und Maschinenstickerei.

Hopfenstadt Saaz

D' Mutterschproch

Soozer Londsleit – holts fei zsomm,
Wenn ma aa ka Hamet hom,
Müßts eich holt im Schtille denkn:
Unser Herrgott werds scho lenkn.
D' Gorknlootscher hot er gern,
S' werd scho wieder ondersch wern.
Hebts eich über Fremd und Klooch
Blabts fei trei der Mutterschprooch!

78

Postlberch und Jechnitz sei
Aa in unserm Lond dabei.
Wißts nuch – wie ed Summerdockn
Rümgflung sei beim Hoppnpflockn?
Schauts na net zorück in Zorn,
S' is scho su viel ondersch worn
S' Older brengt su monche Plooch
Blabts fei trei der Mutterschprooch!

Wer sei Hamet werklich ehrt,
Hot nuch nie sei Schprooch vokehrt.
Wer sich deswegn schäma tut,
Hot scho Wasser in sam Blut.
Trei im Glück – dös is net schwer,
Trei im Unglück – dös is mehr.
Trotz Vertreibing – Sorg und Plooch:
Blabts fei trei der Mutterschprooch!

Rainer Krieglstein

Die Besiedlung des Saazerlandes erfolgte bereits im 12. und 13. Jahrhundert durch deutsche Siedler. Hier saß der slawische Stamm der Lutschaunen. Die Wirtschaft des Saazerlandes und der Umgebung von Kaaden war bestimmt durch Hopfenanbau, Hopfenhandel, Brauereien, Gemüseanbau (Saazer Gurken), Nahrungsmittelindustrie, Schuhfabrikation und Metallindustrie. In Kaaden waren außerdem noch Textil- und Keramikindustrie, Gummifabriken sowie Erzeugung von Lederhandschuhen zu finden.

In der Umgebung von Brüx wurde seit 1811 nach Braunkohle gegraben. Dadurch kam es zu einer größeren Industrieentfaltung. Es entstanden Eisen- und Stahlwerke, Glas- und Steinschleifereien. 1939 wurde in Brüx-Maltheuern ein großes Hydrierwerk zur Herstellung von synthetischem Treibstoff gebaut.

Komotau, am Abhang des Erzgebirges gelegen, war Zentrum der Kohlegewinnung und der Stahlindustrie, hatte Hüttenwerke, Röhrenwerke (Mannesmann), Chemie- und Glasindustrie, Schuhfabriken und fünf Druckereien.

Eine weitere größere Industriestadt war Weipert im Erzgebirge (Posamentenindustrie).

Bedeutende Persönlichkeiten aus diesem Gebiet waren der Saazer Stadtschreiber und Notar Johannes von Tepl („Ackermann aus Böhmen"); Matthäus Aurogallus, Rektor der Universität Wittenberg, Helfer Luthers bei der Bibelübersetzung aus Komotau; Franz Joseph von Gerstner, Universitätsprofessor in Prag (1756–1832), Begründer des Polytechnischen Institutes, sein Sohn Franz Anton von Gerstner (1796–1840) baute die erste russische Eisenbahn zwischen

St. Petersburg und Pawlowski; Richard von Dotzauer (1816–1887), Präsident der Prager Handels- und Gewerbekammer, Förderer der Industrie im Erzgebirge; Franz Konrad Bartl (1750–1813), Mathematikprofessor in Prag und Olmütz, Erfinder der Tastenharmonika; Anton Günther aus Gottesgab (1876–1937), bekannter Heimatdichter „der Sänger des Erzgebirges"; Theodor Innitzer aus Neugeschrei bei Weipert (1875–1955), Kardinal und Erzbischof von Wien.

Am 04.03.1919 gab es in Kaaden anläßlich einer friedlichen Demonstration der Deutschen 25 Tote, als tschechisches Militär in die Demonstranten schoß.

Nelson-III-Schacht in Ossegg

Vun Älterwerrn

Flennt enner üwersch Älterwerrn
und üwer seine Runzln,
do soch ich ock: hör auf zu plärrn!
Mei Runzln kumm vunn Schmunzln.
Ich free mich üwer jedn Toch,
den ich noch gsund derlam ko,
ich free mich, daß trutz moncher Ploch,
dos Lem mir Freede gam ko.
Und wem vunn Lochn Runzln kumm,
der werd se leicht dertrochn –
ach Gott, was sein die Funzln dumm,
die desterwegn sich plochn!

Sepp Koppal

Die Landschaft bilden die Landkreise Bilin, Dux und Teplitz-Schönau.
Die drei Landkreise umfassen ein Gebiet von 579 qkm mit ca. 170.000 Einwohnern. Es grenzte im Norden mit einem Teil des Erzgebirges an Sachsen, im Süden an die tschechische Sprachgrenze. Im Osten schließt sich das Elbetal, im Westen das Saazerland an. Typisch für die Landschaft sind Plateaus und Tafelberge aus Kreidesandstein mit vielfacher Stufung oder steile Kegel aus Basalt. Die bedeutendsten Erhebungen sind der Milleschauer oder Donnersberg (835 m), Geltschberg (725 m), Lobosch und Borschen. Die Besiedlung erfolgte im 10. Jahrhundert (Bergleute). Für die Besiedlung dieses Gebietes gilt das schon Ausgeführte über das Erzgebirge bzw. das Elbetal.
Das Kohlebecken zwischen dem Erz- und Mittelgebirge, das die Städte Teplitz, Dux, Bilin und Brüx einschließt, kann man als kleines Ruhrgebiet bezeichnen. Die vielen Schachtanlagen und Zechen, die Glashütten und Fabriken mit ihren rauchenden Schloten und Halden, die großen und belebten Städte mit der dicht besiedelten Umgebung, geben diesem Gebiet das Gepräge und Anlaß zu dieser Bezeichnung oder diesem Vergleich.
Bilin war durch die dort sprudelnden Mineralquellen eine berühmte Kurstadt. Weltbekannt war der „Biliner Sauerbrunn", ein Mineralwasser für die Verdauungsorgane und Bronchien. Außerdem waren in Bilin Glasindustrie, Porzellanfabriken, Teppich- und Schuhwarenerzeugung zu finden. In der Umgebung waren Landwirtschaft und Obstbau heimisch. Der Kohlebergbau reichte bis in die Umgebung von Bilin und Dux. In Dux waren außerdem Maschinenbau, Porzellan-, Glas-, Keramik- und Holzwarenerzeugung angesiedelt.
Teplitz-Schönau, der älteste Kurort der Böhmischen Länder; besitzt radioaktive Quellen; es war ein weltbekanntes Heilbad. Die Heilwirkung erstreckt

sich auf Rheuma, Gicht, Neuralgie, Ischias, Lähmungen und Krankheiten der Bewegungsorgane.

Berühmte Persönlichkeiten suchten dort Heilung, u. a. Goethe, Beethoven, Richard Wagner, Liszt, Palacky, Schopenhauer, Chopin, Humboldt; aber auch Könige und Fürsten.

Außerdem waren ansässig Glas- und Porzellanindustrie, Keramische Werke, Posamenten- und Knopfherstellung.

In der Umgebung waren Braunkohlebergbau, Eisenindustrie und Landwirtschaft vorherrschend.

Teplitz war und ist noch heute ein bedeutender Verkehrsknotenpunkt. Es liegt an der Eisenbahnstrecke Dresden-Prag und Eger-Komotau, Aussig-Reichenberg sowie an der Straße Dresden-Prag, die schon im Mittelalter ein wichtiger Handelsweg war.

Bekannte Persönlichkeiten waren Matthias Kühnel (gest. 1762), Barockbildhauer aus Dux; aus Teplitz Gustav Laube (1839–1923), Geologe, Forschungsreisender, Universitätsprofessor in Prag; Otto Perutz (1847–1923), Chemiker, Gründer einer Fotoplattenfabrik; Max Böhm (1916–1982), Schauspieler und Kabarettist; Emil Franzel aus Haan bei Dux (1901–1976), Historiker und Schriftsteller/Publizist („Geschichte des deutschen Volkes").

Das Elbetal

Burg Schreckenstein

Der Mond guckt uffn Schrackensteen

Schlof uk, schlof hibsch ei!
Der Mond guckt in de Elbe,
Un a noch Aussich guckt er nei,
Schlof uk, schlof uk ei!

Schlof uk, schlof hibsch ei!
Der Mond guckt uffn Schrackensteen,
Guckt uffn Workotsch un Wostrey,
Schlof uk, schlof uk ei!

Schlof uk, schlof hibsch ei!
Der Mond guckt a in unsern Hof,
Un a zun Bello guckt er nei,
Schlof uk, schlof uk ei!

Schlof uk, schlof hibsch ei!
Der Mond kimmt morne wieder,
Und guckt a dann zu dir mol rei,
Schlof uk, schlof uk ei!

Verfasser unbekannt

Auf den Elbwiesen, am Kamm des Riesengebirges entspringend, durchfließt die Elbe zunächst das böhmische Flachland. Bei Leitmeritz nimmt sie die Eger auf. Der weitere Weg führt sie mit zahlreichen Windungen durch das böhmische Mittelgebirge, nördlich von Lobositz bildet sie die „Porta Bohemica", vorbei an Aussig, am Schreckenstein, Tetschen-Bodenbach. Bei Herrnskretschen erreicht sie sächsisches Gebiet.

Nach Alexander von Humboldt gehört das Elbetal zu den sieben schönsten Landschaften der Welt. Viele berühmte Persönlichkeiten, wie Arnim, Brentano, Goethe, Grillparzer, Körner und Seume, die das Elbetal besucht hatten, gaben ihrer Begeisterung über die Schönheit der Landschaft Ausdruck.

So entstand der Plan zur Oper „Thannhäuser" von Richard Wagner auf dem Schreckenstein. Berühmt wurde auch das Gemälde „Überfahrt am Schreckenstein" von Ludwig Richter, um nur einige Werke zu nennen.

Das Gebiet umfaßt drei Landkreise – Leitmeritz, Aussig und Tetschen-Bodenbach, sowie den Stadtkreis Aussig mit einer Fläche von ca. 1.550 qkm und einer Einwohnerzahl im Jahre 1939 von 313.000. Leitmeritz liegt am Zusammenfluß von Elbe und Eger am Fuße des böhmischen Mittelgebirges.

Aussig, das „böhmische Hamburg", war bis zur Vertreibung der Deutschen der zweitgrößte Hafen an der Elbe und liegt mit seinem Stadtteil Schreckenstein beiderseits des Flusses an der Einmündung der Biela.

24 km elbabwärts liegt die Doppelstadt Tetschen-Bodenbach; Tetschen mit dem Schloß rechts des Elbufers. Die Besiedlung des Elbetales durch deutsche Siedler und Kaufleute erfolgte im 12. und 13. Jahrhundert. Die Vorbevölkerung waren Kelten, danach Markomannen und im 9. Jahrhundert der Stamm der Ludomericen, auf die der Ortsname Ludomericen, später Leitmeritz, zurückzuführen ist. Der Bezirk hatte 1939 71.500 Einwohner, die zu 63% Deutsche waren.

Die Gründung Aussigs geht auf eine im 10. Jahrhundert dort errichtete Zollstation zurück. Mitte des 13. Jahrhunderts wurde es dann königliche Stadt mit Magdeburger Recht und anderen Privilegien. Der Stadtkreis Aussig hatte 1939 67.063, der Landkreis 56.201 überwiegend deutsche Einwohner. Das Elbetal hatte, durch sein fruchtbares Land, überwiegend landwirtschaftlichen Charakter. Vorwiegend wurden Obst, Wein, Hopfen und Gemüse angebaut. Großindustrie finden wir in Lobositz mit chemischen Fabriken, Papier-, Leder-, Zucker- und Zementfabriken. In Aussig, der größten Industriestadt Nordböhmens mit dem zweitgrößten Hafen an der Elbe, waren fast alle Industriezweige vorhanden. Weltberühmt davon waren die chemischen Werke, ebenso wie die Schicht-Werke in Aussig-Schreckenstein, die Waschmittel, Kerzen, Parfümerien, Margarine, Fruchtsäfte und andere chemische Produkte herstellten. Zum Schicht-Konzern gehörte die ausländische Unilever-Margarine-Union. Es bestanden noch Fabriken für Porzellan- und Glaswaren, Textilien, Möbel, Metallwaren, Farben und zahlreiche andere Produkte, einschließlich einer Schiffswerft, in der Boote und Dampfer gebaut wurden. Große Bedeutung hatte in Aussig der Personen- und Güterverkehr. 1836 wurde die Sächsisch-Böhmische Dampf-Schiffahrtsgesellschaft gegründet, die den Personenverkehr auf der Elbe unterhielt. Aussig war der zweitgrößte Umschlagplatz an der Elbe für Kohle, Obst, Zucker und Chemikalien. Schon 1850 wurde eine Eisenbahnstrecke Prag-Lobositz-Aussig in Betrieb genommen.

Im Kreis Tetschen waren u. a. Glas-, Eisen-, Stahl-, Chemische-, Textil- und Holzindustrie zu finden. Der Fremdenverkehr spielte im ganzen Elbetal eine wichtige Rolle. Das milde Klima verwandelte alljährlich zur Baumblüte das ganze Tal in ein Blütenmeer und zog Tausende von Touristen an.

Bedeutende Persönlichkeiten aus Leitmeritz: Der expressionistische Zeichner Alfred Kubin, die Musiker Alfred Oelschlägel, Ralph Benatzky sowie aus Aussig der Landschafts- und Tiermaler Emanuel Hegenbarth, Joseph Hegenbarth, Graphiker und bedeutender Illustrator unserer Zeit; Franz Feller, bedeutender Orgelbauer, um nur einige zu nennen.

Bei zwei Luftangriffen auf Aussig im April 1945 wurden über 1.400 Menschen getötet. Während des Aussiger „Massakers" am 31.07.1945 wurden 2.000 bis 3.000 Deutsche (Männer, Frauen und Kinder) von Tschechen grausam umgebracht.

Heimatlandschaft Polzen/Neiße/Niederland

Schloß Friedland

De Klunkrsuppe
Dr Moon koom vu dr Orbait hejm,
de Frou tot sich de Schurze sejm,
se sohte: S is schunn fartschgekocht,
host denn vill Hunger mitgebrocht?
„Jo Hunger ho ich wie ej Baar,
dou gib ock glei dos Assn haar!"
Dou brochstse ai enn blechern Tuppe,
glai offn Tiesch de Klunkrsuppe.
Se schopptse uffn Tallr raus,
de Suppe sog noch gor nischt aus.
Dr Moon nohm siech ej Schticke Bruut:
Ock wos die Suppe hujte hout?
Die is wulk biese gor uff miech?
Eis Harze gobs dr Frou enn Schtiech.
„Wiesu denn? frout se, – I, nu joo,
die sitt mich mit kenn Ouge oo."

Verfasser unbekannt

Dazu gehören die Landkreise Böhmisch-Leipa, Dauba, DeutschGabel, Reichenberg, Rumburg, Schluckenau, Gablonz, Warnsdorf und der Stadtkreis Reichenberg. Es ist der nördlichste Teil des Sudetenlandes. Das Gebiet grenzt westlich an das Elbetal und wird im Osten durch das Isergebirge (höchster Berg der Buchberg, 999 m) begrenzt. Im Süden grenzt es an das tschechische Sprachgebiet, im Norden mit zwei weit vorspringenden Gebieten (Schluckenau mit Rumburg als Niederland und Friedland) an Sachsen. Diese neun Landkreise und der Stadtkreis Reichenberg haben eine Gesamtfläche von 3.843 qkm und hatten 1939 fast 500.000 Einwohner. Davon hatte Reichenberg annähernd 70.000 Einwohner. Im Süden des Gebietes, im Kreis Böhmisch-Leipa, liegt das Kummergebirge mit prachtvollen Buchenwäldern. Südlich von Böhmisch-Leipa befindet sich eine Teichlandschaft mit dem Hirschberger See und dem Heideteich u. a. Dort entspringt der Polzen, der dann durch Böhmisch-Leipa, vorbei an Politz bei Tetschen in die Elbe fließt. Im Osten, am Fuße des Isergebirges, entspringt die Lausitzer Neiße oder Görlitzer Neiße, die nach 45 km auf böhmischem Gebiet nach Sachsen fließt und dort seit 1945 die Grenze zu Polen bildet. Zwischen dem Elbesandsteingebirge und dem Isergebirge liegt das Lausitzergebirge mit der Lausche (793 m) und dem Hochwald (748 m). Es bildet die Grenze zu Sachsen. Südöstlich davon liegt das Jeschkengebirge, ein 32 km langer Gebirgszug mit dem Jeschken als höchstem Berg (1010 m). Als Niederland bezeichnet man den nach Sachsen hineinragenden nördlichsten Teil mit den Städten Warnsdorf, Rumburg, Georgswalde, Schönlinde und Schluckenau.

Das Gebiet wurde im 12. und 13. Jahrhundert von Siedlern aus Sachsen, Schlesien und Brandenburg besiedelt. In dieser Zeit wurden auch die meisten Städte gegründet. So z. B. Böhmisch-Leipa im 13. Jahrhundert, Deutsch Gabel 1240, Böhmisch-Kamnitz 1380, Friedland 1381, Warnsdorf 1352 (als Stadt 1868), Dauba 14. Jahrhundert. Reichenberg wurde im 16. Jahrhundert zur Stadt erhoben.

Das Gebiet war vorwiegend Agrarland, wenn auch die Erträge durch das rauhe Klima im Niederland und im Lausitzergebirge mäßig waren. In der Gegend von Dauba wurde Hopfen angebaut. In den Städten hatten sich, dank der günstigen Verkehrsverbindungen, mannigfaltige Industriezweige angesiedelt.
Textilindustrie war in Reichenberg – es war das größte Industriezentrum – (erste Tuchmacher schon 1578);
Warnsdorf war Zentrum der böhmischen Textilindustrie; dazu gehörten Böhmisch-Kamnitz, Maffersdorf, Böhmisch-Leipa, Deutsch Gabel und Rumburg. In Rumburg ließen sich schon im 14. Jahrhundert flämische Leineweber nieder. Warnsdorf hatte die größte Strumpffabrik Europas, die Firma Kunert.
Metallindustrie war in Reichenberg, Warnsdorf, Zwickau, Rumburg und Böhmisch-Leipa mit Maschinenbau.
Glasindustrie war in Böhmisch-Kamnitz, in Haida schon seit 1724, Gablonz galt als Zentrum der Glasherstellung. Glashütten bestanden dort seit Mitte des 19. Jahrhunderts. Gablonz hatte 4.136 Betriebe und 520 Exporteure, die für über 100 Millionen Kronen im Jahr Glaswaren exportierten.
Holz- und Lederindustrie waren beheimatet in Böhmisch-Kamnitz, Warnsdorf, Reichenberg und Rumburg. Weitere Fabriken gab es z. B. in Reichenberg für Nahrungsmittel, Druckereien und Möbelherstellung. In Böhmisch-Leipa fand man Elektroindustrie (Siemens-Schuckert), Waggonbau, Möbel- und Uniformfabriken. In Deutsch Gabel (Ringelshain) gab es eine Seifensiederei, den Gründungsbetrieb der Schichtwerke in Aussig. In Warnsdorf waren noch beheimatet eine Pianofabrik, Chemische Industrie, Buchdruckereien und Verlage.
In Reichstadt wurden u. a. Christbaumschmuck und Stickereien hergestellt.
Zu erwähnen wäre noch das bekannte Schloß Friedland, das im 16. Jahrhundert im Renaissancestil erbaut wurde und Erinnerungsstücke von Wallenstein und Andreas Stelzig, dem Anführer des Bauernaufstandes, enthält.
In Haindorf steht eine weit bekannte Wallfahrtskirche.
Bedeutende Persönlichkeiten waren u. a.:
aus Reichenberg Josef Seliger (1870–1920), Mitglied des Reichsrates (1907–1918), 1920 Abgeordneter der Nationalversammlung in Prag und Vorsitzender des Abgeordnetenclubs der Sozialdemokratischen Partei;
Heinrich Hönich (1873–1957), Maler, Zeichner, Akademieprofessor in Prag;
aus Warnsdorf Vinzenz Pilz (1816–1896), Bildhauer, Schöpfer der Quadriga auf dem Wiener Parlament, Ernst-Otto Berger (1886–1958), Sektionschef des

Internationalen Arbeitsamtes beim Völkerbund in Genf; aus Gablonz Maximilian Heinrich Fischer (1892–1971), Physiologe, Professor in Prag und Berlin; aus Rumburg Hans Schütz (1901–1982), Abgeordneter im Prager Parlament, 1949 Mitglied des Bundestages, 1964 Bayerischer Staatsminister für Arbeit und Sozialfürsorge; aus Niemes Rudolf Watzke (1892–1972), Opernsänger in Berlin und Bayreuth; aus Maffersdorf bei Reichenberg Ferdinand Porsche (1875–1951), Schöpfer und Erfinder des Volkswagens.

Schon im Mai 1945 begann in diesem Gebiet die unmenschliche Austreibung der deutschen Bevölkerung. Die ersten Vertriebenen waren in Böhmisch-Leipa die Lehrer und fast die gesamte Intelligenzschicht, die ohne Habe zu Fuß über die Grenze nach Sachsen getrieben wurden. Bis zum Beginn einer geregelten Aussiedlung waren nur noch wenige Deutsche in diesem Gebiet.

Benediktinerstift Braunau

Riesengebirgs-Lied

Bloe Barche, grüne Täla,
metta dren a Heisla klen,
herrlich is dos Steckla Erde
on ich bin ju dat dohem.
Ols ich einst ei's Lond gezocha,
ho'n die Barch mir nachgesahn,
mit dar Kendhet, mit dar Jugend,
woßte nee, wie mir geschahn:
O mei' liewes Riesageberche,
wu di Elbe su hemlich rennt,
wu dar Rüwazohl mit sen Zwercha
heit noch Saga on Märlan spennt:
Riesageberche, Riesageberche –
meine liewa Hemert du!

Othmar Fiebiger
(Dialekt-Urfassung in Anseith 1914)

Es umfaßte die Landkreise Braunau, Hohenelbe und Trautenau mit ca. 1.500 qkm und 170.000 Einwohnern. Das Riesengebirge ist der höchste Teil der Sudetenkette (Schneekoppe 1603 m). Am Hauptkamm verläuft die Grenze von Nordwesten nach Südosten zwischen Böhmen und Schlesien in einer Länge von 40 km. Im Süden und Südosten reicht das Gebiet an die tschechische Sprachgrenze. Große Erhebungen sind noch der Brunnberg (1550 m), Hohes Rad (1528 m) und die Kesselkoppe (1434 m). Auf den Elbwiesen entspringt die Elbe, die in ihrem weiteren Verlauf in einem weiten Bogen durch böhmisches Gebiet nach Sachsen fließt.

Ottokar II. rief deutsche Bauern, Handwerker und Bergleute im 12. Jahrhundert aus dem Raum Schlesien in das Land. So wurden die Orte Braunau 1449 durch Karl IV., Hohenelbe 1553, Trautenau 1348 zur Stadt erhoben. Braunau hatte schon 1320 eine dreiklassige Klosterschule, 1780 ein öffentliches Gymnasium.

Vorwiegend wurde Landwirtschaft betrieben, wenn auch die Erträge wegen des rauhen Klimas gering waren. Dominierend war der Flachsanbau. In Trautenau wurde schon im Mittelalter Leinwandhandel betrieben, der aber erst Mitte des 19. Jahrhunderts blühte. Flämische Tuchmacher begründeten dann die Leinen- und Baumwollspinnereien. Textilfabriken waren in Trautenau, Braunau und Hohenelbe. Silber- und Eisenbergbau wurde in der Gegend von Hohenelbe bis Mitte des 19. Jahrhunderts betrieben. In Braunau waren eine landwirtschaftliche Maschinenfabrik, Uhrenfabrik, eine Glockengießerei und

Druckerei angesiedelt. Des weiteren waren in den drei Städten zu finden Eisenindustrie, chemische Industrie, Zementwarenindustrie und eine Kabelfabrik in Hohenelbe.

Der Fremdenverkehr spielte hier schon früh eine große Rolle. So finden wir im Riesengebirge zahlreiche Bauten, die ursprünglich Unterkünfte für den Weidebetrieb waren. Als die Viehhaltung zurückging, wurden sie mehr und mehr für den Fremdenverkehr ausgebaut und genutzt. Sommerfrischler, Wanderer und Wintersportler wurden für diese Region zu einem Wirtschaftsfaktor. Zentren des Fremdenverkehrs waren Harrachsdorf als Luftkurort mit Moorbädern und radiumhaltigen Quellen, Wintersportort mit Sprungschanze; Petzer, Wintersportort mit Sprungschanze, Rodelbahn, Sommerfrische; Spindelmühle, heilklimatischer Luftkurort, Wintersportort mit der ersten Sprungschanze (1906).

Das Riesengebirge war und ist noch heute ein Paradies für Wanderer mit vielen Sehenswürdigkeiten, wie die Wasserfälle, der Pantschenfall (251 m), Aupafall (215 m), Elbfall (50 m), u. a.

Sehenswert waren auch die Teiche; der Große Teich, 550 m lang und 170 m breit, und der Kleine Teich.

In den niederen Tälern herrschen Laub- und Kiefernwälder vor; weiter oben Nadelwald bis zu einer Höhe von 1250 m.

Reich ist das Riesengebirge auch an verschiedenen Pflanzen und Vogelarten. Die bekannteste Gestalt des Riesengebirges, der sagenumwobene „Rübezahl", erscheint seit Mitte des 16. Jahrhunderts in der Überlieferung, als Geist, der sich der Armen und Unterdrückten annimmt.

1912 schrieb Othmar Fiebiger das Gedicht „Blaue Berge, grüne Täler". Vertont wurde es durch Vinzenz Hampel. Seit der Uraufführung 1914 in Hohenelbe ist es wohl eines der bekanntesten Lieder unter den Sudetendeutschen und den Schlesiern.

Bekannte Persönlichkeiten können hier nur einige genannt werden. Aus Trautenau Vincenc Czerny (1842–1916), Chirurg und Krebsforscher, Professor an der Universität Heidelberg (dort nach ihm benannte Klinik); Ignaz Etrich (1879–1967), Pionier der Luftfahrt; Friedrich Hopfner (1886–1946), Astronom und Geodät, Professor an der TH Wien; Theodor Hopfner (1886–1946), bedeutender Altphilologe an der Deutschen Universität Prag, gestorben im tschechischen KZ; aus Braunau der Großindustrielle Franz von Liebig (1799–1878); Joseph Alois Tichatschek (1807–1886), Richard-Wagner-Sänger; aus Hohenelbe Josef Jatsch (1870–1932), Professor der Theologie an der Deutschen Universität Prag; Paul Nettl (1889–1972), Musikwissenschaftler, Mitarbeiter des Deutschen Prager Rundfunks, Professor in Bloomington.

Marktplatz von Trautenau mit altem Rathaus, Laubenhäusern
und der Dreifaltigkeitssäule

Heimatlandschaft Adlergebirge

Muttergottesberg bei Grulich

Ei dr Donklstunde

Komm, mei Kind 's ist Donklstunde
on die Heemrt kemmt of Besuch.
Sachte steicht se aus m Grunde.
Ei dr Hand a Belderbuch.

Komm, mir bietern weit zurecke,
immr wettr miß gr giehn.
Do is Wossr, do die Brecke,
on beim Kerchla blein mir stiehn.

Hiegetron vo guda Hända,
's Kärchla wor dei erschtes Ziel.
On dei letztes? Gott mogs wenda,
doß dei letztes wan noch viel.

Siehst mich o mit gruße Aucha,
worscht halt doch noch gor zu kleen.
Tust die Heemrt nimme braucha?
Konnst dich nimme off se freen?

Anna Lenzhofer

Südöstlich des Riesengebirges erhebt sich als Grenzgebirge zwischen Böhmen und Schlesien das Adlergebirge. Es ist das Quellgebiet des Adlerflusses, eines Nebenflusses der Elbe, nach dem das Gebirge benannt worden ist.
Besiedelt wurde das Gebiet im 13. Jahrhundert von deutschen Siedlern. Es umfaßt ein Gebiet von 502 qkm.
Zur Heimatlandschaft Adlergebirge-Ostböhmen gehören folgende Kreise:

Oberes Adlergebirge	mit 37 Gemeinden und	16.300 Einwohnern
Grulicher Ländchen	mit 22 Gemeinden und	11.200 Einwohnern
Friesetal	mit 9 Gemeinden und	7.100 Einwohnern
Landskron (vom Krs.)	4 Gemeinden und	1.600 Einwohnern

Die Mehrzahl der Bevölkerung war in der Landwirtschaft tätig. Vorhanden waren auch alle Handwerksbetriebe, Bauwirtschaft, Sägewerke und holzverarbeitende Betriebe. Des weiteren gab es Ziegeleien, Glashütten, Brauereien, Molkereien, Flachsbrechereien und eine ausgeprägte Forstwirtschaft.
Weit über die Grenzen hinaus war der Muttergottesberg bei Grulich als Wallfahrtsort bekannt.

Der Schönhengstgau

Wehrkirche mit Glockenturm in Hermersdorf

Dr Mustermoo

Zwen Freundinnen traffn sich noch Johr un Tog
un do drgibt sich Red un Frog.
„Mei Moo", so trumpft de uana auf,
„ejs dr Ollerbesta, verloß dich drauf. –
Dar gieht i gor kuan Wirtshaus nei,
dar leibt dahuam un folgt mer fei.
Dar trinkt net, räucht net, spejlt kua Kuartn,
gibt mir as Fluasch, ar ißt de Schwuartn.
Milkt de Zegn un holt as Fiotter,
ar ißt ne Quork, gibt mir de Biotter."
„Hör auf, hör auf, suist bricht dr Bugn. –
Host Dio Dirn dan Mamlaß drheiet oder drzugn?"

Marianne Teimer

An die ostschlesische Sprachlandschaft grenzte bis 1945 im Süden das deutsche Nordmähren. An seinem Südrand schloß sich der Schönhengstgau an, die größte deutsche Sprachinsel in der Tschechoslowakischen Republik. Diese Landschaft, beiderseits der böhmisch-mährischen Landesgrenze gelegen, umfaßte vier Landkreise, hatte eine Fläche von ca. 1.755 qkm und ca. 179.000 Einwohner. Bis 1000 n.Chr. war das Gebiet nur dünn von keltischen Bojern, Slawen und Germanen besiedelt. In der zweiten Hälfte des 13. Jahrhunderts wurden von Ottokar II. deutsche Siedler, vor allem aus Mainfranken und dem Thüringer Wald, in das Land geholt. In diese Zeit fallen auch die Gründungen der Städte Hohenstadt, Landskron (1241), Mährisch-Trübau (1260), Zwittau (1250), Brüsau (1323) und Müglitz, 13. Jahrhundert.

Im Schönhengstgau waren Schafzucht und Flachsanbau dominierend, weshalb sich in den Städten schon Mitte des 19. Jahrhunderts Tuchmacher und Weber niedergelassen hatten. Tuche und Leinwand wurden in alle Teile Österreichs und weit nach Ungarn mit schweren Fuhrmannswagen befördert. Die Höhen zwischen Unterland und Oberland mußten mühsam überwunden werden, so daß die Wagenlenker oft Mitleid mit den geschundenen Pferden hatten. Hier dürfte auch die Erklärung für den Namen „Schönhengstgau" zu suchen sein. Die industrielle Entwicklung begann mit dem Bau der Eisenbahnstrecke Olmütz-Prag und Wien-Mährisch-Trübau in den Jahren 1845–1849. So entstanden in Landskron eine Papierhülsenfabrik, Watte-, Werkzeug- und Tuchfabriken, eine Baumwollspinnerei in Hohenstadt, die zeitweise 1.500 Arbeiter beschäftigte. In Müglitz hatte Siemens eine Fabrik. Des weiteren fand man Fabrikationsstätten für Gold- und Silberwaren, Lederwaren, Tabakerzeugnisse, eine Klavierfabrik in Mährisch-Trübau, eine Landmaschinenfabrik und eine Möbelfabrik in Zwittau. Ein Ziegel- und Sägewerk waren in Landskron. Landskron und Mährisch-Trübau hatten auch damals schon im Sommer Fremdenverkehr zu verzeichnen. In der Freizeit, aber vorwiegend im Winter, betätigten sich die Männer mit dem Schnitzmesser. So wurden Zäune, Schindeln und Giebel von Glockentürmen, besonders aber Krippen, hergestellt.

Bedeutende Persönlichkeiten waren, um einige zu nennen:

Hermann Brass aus Hohenstadt (1855–1937), Großindustrieller der von seinem Vater gegründeten Textilfirma Brass, Gründer des Bundes der Deutschen Nordmährens, Mitglied des Deutschen Volksrates in Mähren, Abgeordneter im Reichsrat und im Mährischen Landtag; aus Landskron Emil Müller (1861–1927), Professor an der Technischen Hochschule in Wien, Mitglied der Akademie der Wissenschaften in Wien, Autor von Werken über Mathematik, Geometrie und Statistik; Friedrich Gustav Piffl (1864–1932), Augustiner-Chorherr, Erzbischof von Wien und Kardinal; aus Mährisch-Trübau Karl Giskra (1820–1879), Bürgermeister von Wien, Österreichischer Innenminister; aus Zwittau Ernst Siegel (geb. 1886), Professor der Elektronik an der Deutschen Technischen Hochschule Prag; aus Müglitz Richard Schmitz (1885–1954), Österreichischer Vizekanzler und Sozialminister, Bürgermeister von Wien.

1988 wurde in Göppingen, der Patenstadt, ein Schönhengstgauer Heimatmuseum eröffnet, in welchem während der Vertreibung gerettete Kulturgüter ausgestellt sind.

Heimatlandschaft Altvater

Altvaterturm (1492 m)

Mei griene Schles

Wie onser Herrgott hot amol
dan griene Wold erschoffn,
do hot ar meiner Seele wohl
ei's Schworze neigetroffen;
denn ensre Arde, dos wäß Goot,
hot Schienres nie zu weisn,
ond war dan Wold zur Heimat hot,
dar kon sech glecklich preisn.

Mei Schlesierlandle hot ols Braut
da griene Wold umschlunge,
da liebe Goot hots Poor getraut
und Engla honns besunge.
Und leg ech mech zur letzten Ruh
amol noch dam Gefrette,
so best du, deutsches Landle du,
mei letztes grienes Bette.

Und wenn da Herrgott spräch: „He du,
mägst noff ein Himmel fliegn?"
Do säh ech: „Los me doch ei Ruh
als armer Sender liegn.
S' konn doch ein Himmel, dort bei eich
da Wold nie schiener rauschn,
warum sollt ech fiers Himmelreich
mei griene Schles vertauschn?"

Viktor Heeger

Die Heimatlandschaft umfaßt das Gebiet der Kreise Bärn, Freiwaldau, Freudenthal, Jägerndorf, Mährisch-Schönberg, Sternberg und Troppau.
Das Altvatergebirge, im nördlichen Teil mit dem Altvater (1492 m), mit dem nach Süden anschließenden Niederen Gesenke und dem Odergebirge sind reine Mittelgebirgslandschaften, die durch rauhes Klima gekennzeichnet sind. Bei Koslau im Kreis Bärn entspringt die Oder.
Die Besiedlung der Landschaft erfolgte im 13. Jahrhundert. König Ottokar II. holte Siedler aus vielen deutschen Gauen in das Land. Freudenthal bekam schon 1213 und Mährisch-Neustadt 1223 das Magdeburger Recht.
Auf dem Gebiet der 8 Heimatkreise wohnten 1939 in 446 Städten und Gemeinden 463.517 Menschen. Davon waren 48.610 Tschechen, die sich vorwiegend auf die Kreise MährischSchönberg, Troppau und auf die Stadt Troppau verteilten. Der Zuzug der Tschechen in diese rein deutschen Gebiete erfolgte Ende

des 19. Jahrhunderts, als die Woll- und Seidenwebereien den größten Aufschwung von ganz Österreich-Ungarn erlebten. Schiefererzeugung, Holz-, Papier- und Spielzeugindustrie waren weitere Erwerbszweige. In den landwirtschaftlich geprägten Gebieten gab es Mühlen, Brauereien und Stärkefabriken. Die hochentwickelte Steinindustrie lieferte aus dem dort vorkommenden hellblau gekörnten Granit in alle Welt, ebenso war der schlesische Marmor, weiß mit leichten bläulichen Streifen, überall begehrt.

In den Kur- und Badeorten Freiwaldau-Gräfenberg, Groß Ullersdorf, Karlsbrunn und Niederlindewiese fanden Kranke aus aller Welt Heilung.

Bekannte Persönlichkeiten sind aus diesem Gebiet hervorgegangen: Franz Schubert, Komponist, Johann Schroth, Naturarzt, Vinzenz Prießnitz, Naturarzt, Therese Krones, gefeierte Sängerin am Wiener Leopoldstädter Theater, Hans Kudlich, Bauernbefreier, verlangte 1848 im Wiener Reichstag Aufhebung von Robot und Zehent; Adolf Lorenz, Vater der deutschen orthopädischen Chirurgie; Leo Slezak, einer der größten Tenöre; Ignaz von Czapka war in Wien Bürgermeister von 1838–1848 und wurde von Kaiser Franz Joseph in den Freiherrenstand erhoben.

Schmetterhaus (Rathaus) am Oberring in Troppau

Das Kuhländchen

Marktplatz in Neutitschein

Partschendorfer Lied

Zu Boetschendaef sein schiane Maed,
Sein nie zu fende waet on braet;
Die Zelzer Maed hon glitzniche Schnier,
Dan Boetschedaefern giaht's Hemdle avier.

War sech a Moad vo Schienau nemmt,
Dar muß sech docke ganz verflemmt.
A jeder wiel a schiene hon;
Wou wan mr denn die goerschtje hientun?

Mr wan se ei an Soack neu joan
On wan se of an Joermet troen;
Mr wan se ondereinander mische,
Do wied wuol moncher a goerschtje drwesche.

Verfasser unbekannt

Fruchtbare Landschaft an der jungen Oder, an den letzten Ausläufern des Gesenkes und der Karpaten in Mähren. Dort ist die Wasserscheide zwischen der Oder, die in die Ostsee fließt, und der March, die in die Donau mündet.
Seit 1750 wird es als „Kuhländchen" bezeichnet wegen der dort intensiv betriebenen Rinderzucht. Es war ein geschlossenes deutsches Sprachgebiet mit vier politischen Kreisen, den Städten Neutitschein (Mähren), Fulnek (Mähren), Wagstadt (Mähren) und Odrau (Sudetenschlesien), mit ca. 85.000 Einwohnern. Ottokar I., Wenzel I. und Ottokar II., holten im 12. und 13. Jahrhundert deutsche Siedler aus dem Rheinland, Niedersachsen, Franken und Schwaben in das Land, um es urbar zu machen. Das Kuhländchen ist hauptsächlich Agrarland, doch in den vier Städten hatte sich auch Industrie entwickelt.
In Neutitschein war die weltbekannte Fabrikation von Hüten beheimatet; Hückelhüte schätzte man in der ganzen Welt. Die Stadt Fulnek konnte viele Handwerksbetriebe aufweisen. Mitte des 19. Jahrhunderts war Fulnek eine Tuchmacherstadt. In Odrau hatte sich eine Gummifabrik angesiedelt. Wagstadt war bekannt durch Metallwaren und eine Knopffabrik. Der Name „Ko-i-noor" war in ganz Mähren bekannt.
An bekannten Persönlichkeiten kamen u. a. von dort: Johann Gregor Mendel (1822–1884), Entdecker der Vererbungsgesetze; Siegmund Freud (1850–1939), Begründer der Psychoanalyse; Dr. Josef Hauptmann (1882–1929), bedeutender Mundartdichter des Kuhländchens; Dr. Ernst Schollich (1882–1945), Kommunalpolitiker, Abgeordneter im Prager Parlament.

Heimatlandschaft Beskiden

Marienwallfahrtskirche in Friedeck

Bem Kräutejlen
(in Altbielitzer Mundart)

Wos ej denn dos?
An sah ech alder Trottel rajcht?
Dar krummgebejnte Hotschaknajcht
tanzt do em Foß
bem Kräutejlen, bem Kräutejlen, bem Kräutejlen, juchhe!

Jiert wie hat sejngt!
Har tändelt an des Foßes Mett
an güte Stemmung füllt de Hett.
De Kräutschuorw klenjgt
bem Kräutejlen, bem Kräutejlen, bem Kräutejlen, juchhe!

Gar har dan Rest!
Es krejst de Flosch met fejnem Quitt
on olles grinst äus ganzer Tett:
A rajchtes Fest
bem Kräutejlen, bem Kräutejlen, bem Kräutejlen, juchhe!

Robert Grabski

Das Beskidenland umfaßt den Quellraum der Weichsel und Oder. Im Süden schließt es der Grenzkamm der MährischSchlesisch-Westgalizischen Beskiden zwischen Babiagora (1725 m) und der Lissa Hora (1325 m) ab, der zugleich die Europäische Wasserscheide bildet. Das Gebiet umfaßt eine Fläche von 2.500 qkm mit mehr als 600.000 Einwohnern.

Vor der deutschen Einwanderung im 13. Jahrhundert siedelte auf den waldlosen Höhenbereichen eine polnische Grundbevölkerung. Bis 1918 gehörte das Gebiet zu Österreich. Nach dem 1. Weltkrieg wurde das Gebiet zunächst von Franzosen und Italienern besetzt. 1920 wurde es dann endgültig aufgeteilt. Polen erhielt die Stadt Bielitz und den größeren Teil bis zur Olsa, die Tschechoslowakei die Kohlengruben und die Hüttenindustrie. Das Gebiet war reich an Kohlevorkommen; dadurch entwickelte sich, schon während der Zugehörigkeit zu Österreich eine umfangreiche Schwerindustrie. In Witkowitz war das größte Eisenwalzwerk Österreich-Ungarns. Eisenwerke waren auch in Trzynietz und Oderberg. In Bielitz arbeiteten in der Textilindustrie ca. 20.000 Menschen.

Bekannte Persönlichkeiten aus dem Beskidenland sind der Philosoph Wolkelt, Professor Hugo von Seeliger, der zuletzt Direktor der Münchner Sternwarte war, und der Germanist Herbert Cysarz.

Im April 1945 wurde das Gebiet von der Roten Armee besetzt und die Deutschen daraus vertrieben.

Wappen der bedeutendsten Städte des Beskidenraumes

Ostrau

Teschen

Bielitz

Friedek

Mistek

Biala

Oderberg

Freistadt

Jablunkau

Skotschau

Schwarzwasser

Schles. Adler

Farben

golden   silbern   rot   blau   grün   schwarz   purpur

Heimatlandschaft Südmähren

Nikolsburg/Südmähren

Hoamweh

Zoigt a Wolkn übers Tol,
Zoigt noch Ostn hin,
Schau r i affi hunertmol,
Frog s': wo floigst'n hin?

Floigst ze'mhin, wohin i wollt,
Nimm den Tropfa mit, Wos mer aus'n Augnan rollt
Und verlois'n nit!

Kimmst amol so gegn der Nocht
Af dos Häuserl on,
Wos mi in de Welt hot brocht, –
Regn's a bisserl on!

D'Muider no geht aus und ein.
Wolk'n, iatzt bleib stehn!
's wird ihr scho ums Weder sein,
Ob's wird wieder schön.

Muiderl! och, so schau in d' Höh!
D' Wolkn wort't af di!
Follt der Tropfa r aus mein' Weh, –
Muiderl, denkst af mi?

Karl Bacher
(Südmährisches Gedicht)

Südmähren ist der südöstlichste Teil des Sudetenlandes und liegt als schmales Band längs der mährisch-österreichischen Grenze. Im Westen reicht es mit dem Neubistritzer Ländchen bis zu der Böhmisch-Mährischen Höhe, im Osten bis zur March. Durchflossen wird das Gebiet von der Thaya. Es umfaßt den Schönteichgau und das Zlabinger Ländchen mit den politischen Landkreisen Neubistritz, Nikolsburg und Znaim. Um den Mittelteil des Flusses Thaya, den Znaimer Kreis und das Nikolsburger Gebiet breitet sich bis zur Mündung ein fruchtbares Ackerland aus.

Nach der Abwehr der Ungarneinfälle im 10. Jahrhundert folgten bayerische Siedler in die Ostmark des Reiches. Bis zum 13. Jahrhundert drangen sie weit in das südliche Mähren vor und erschlossen die ausgedehnten Grenzwaldgebiete.

Die Städte erhielten in folgenden Jahren das Stadtrecht: Znaim 1226, Nikolsburg 1359, Zlabings 1436 und Neubistritz 1482.

Im Westteil um Neubistritz wurden wegen des dort herrschenden rauhen Klimas vorwiegend Getreide und Kartoffeln angebaut. Das ausgeglichene und warme Klima um Znaim und Nikolsburg ermöglichte den Anbau von Wein, Obst und Gemüse. Bekannt waren die Znaimer Gurken und die Marillen (Aprikosen). Neben allen Getreidesorten wurden auch Mais, Mohn, Raps und Zuckerrüben angebaut. Als ausgesprochen ländliches Gebiet entwickelten sich vorwiegend Industriezweige zur Verarbeitung dieser Produkte. Früh entstanden z.B. Zuckerfabriken in Grusbach, Lundenburg, Pohritz, Mär.-Kromau und Selletitz. Neben Nahrungsmittelfabriken waren heimisch Mühlen, Textilfabriken, Färbereien, Likörfabriken, Wurstwarenfabriken, eine Koffer- und Lederwarenfabrik, eine Maschinenfabrik und Tonwarenerzeugung.

Bekannte Persönlichkeiten kamen aus Südmähren u.a.: Die österreichischen Bundespräsidenten Karl Renner (1870–1950) und Adolf Schärf (1890–1965); Karl Postl (1793–1864), Dichter beider Hemisphären; Hugo Lederer (1871–1940), Bildhauer, Schöpfer des Hamburger Bismarckdenkmals und des Fechterbrunnens in Breslau.

Die Sprachinseln Brünn, Wischau, Iglau, Olmütz und Prag

Brünn

Dom Sankt Peter und Paul in Brünn

Ban ich af dea Gossn kimm

Ban ich af dea Gossn kimm,
Gsich ich ma Liab drast sitzen.
Da möcht ma glei mä jung frisch Herz
af tosend Stück zerspritzen.

Der Steich, bos do anibea geht,
da in hot mä Liab getrejtn;
Er trittn schea drä gounze Johr
und is nouch net zertrejtn.

Dos Bossea, bos do nibearinnt,
dos hot mä Liab getrunke;
Es trinkts jetz schea drä gounze Johr
und is nouch net datrunke.

Is deaer Opl nouch sou schi(a)n,
so is a Birmal *) drinna.
Und is a Büabal **) nouch so jung,
so hots an folschen Sinna.

Beau ea's Lab veau Bam erro follt,
Biä trorich stejn dej Astal;
Beau sich zboi Verliebte scheiden,
Biä trorich stehn dej Herzal.

Verfasser unbekannt

*) Birmal = Würmchen
**) al = Verkleinerungssilbe: chen, lein

Brünn ist seit 1641 Landeshauptstadt von Mähren. Es liegt am Zusammenfluß von Schwarza und Zwitta, an der Bahnlinie Wien-Prag, in einem sehr alten Siedlungsgebiet, das ursprünglich keltisch war. Die Burg auf dem Spielberg wird schon im 11. Jahrhundert erwähnt. Sie war Sitz der Mährischen Fürsten. Im Jahre 1243 erhielt der Ort die Stadtrechte.
1921 hatte Brünn ca. 56.000 deutsche Einwohner und 89.000 tschechische. 1930, nach der Gründung der Tschechoslowakei 1918, waren es noch 52.000 deutsche und 200.000 tschechische Einwohner. Schon Anfang des 19. Jahrhunderts verstärkte sich der Zustrom tschechischer Arbeiter; ab 1918 wurde durch verstärkte Zuwanderung und gezielte Eingemeindungen der Rückgang des Deutschtums betrieben. Lediglich im Süden Brünns blieb das Deutschtum in einer Sprachinsel erhalten.

Brünn war eine der bedeutendsten Industriestädte und Handelsstädte der Österreichisch-Ungarischen Monarchie; es hatte sogar den Beinamen „Mährisches Manchester".

Berühmt waren die Textilindustrie, eine vielseitige Nahrungsmittelindustrie sowie Spirituosen-, Glas-, Porzellan-, Verbandsstoff-, Maschinen- und Zuckerfabriken; Stahl-, Emaillier- und Stanzwerke, Fahrzeugbau, Baustoffindustrie und Möbelerzeugnisse.

Bekannte Persönlichkeiten waren u. a.:

Die Techniker Gustav Lindenthal, Viktor Kaplan, Maschinenbauer, und Fritz Stastny (Erfinder des Styropors), die Botaniker Hans Molisch und Gregor Mendel, die Wissenschaftler Ernst Mach, Karl Kobald und Eugen Böhm-Bawerk, die Komponisten Erich Wolfgang Korngold und Wenzel Müller.

Beim „Brünner Todesmarsch" wurden am 29.05.1945 25.000 unschuldige deutsche Menschen auf brutale Weise aus der Stadt hinaus und zur österreichischen Grenze getrieben, wobei weit über 1.500 dieser Opfer umkamen.

Wischau

Bezirksstadt an den Ufern der Hanna in Mähren. Wischau war der Mittelpunkt der deutschen Sprachinsel – 33 km nordöstlich von Brünn. Es war die kleinste Sprachinsel im böhmisch-mährischen Raum. Die Besiedlung durch deutsche Bauern erfolgte im 13. Jahrhundert. Bischof Bruno von Schaumburg war es, der die Siedler ins Land holte. Von 1671–1900 wurde in der Gemeindeverwaltung nur in deutscher Sprache amtiert. Das Deutschtum wurde ab Mitte des 19. Jahrhunderts immer mehr zurückgedrängt. Früher war zwischen Brünn und Wischau eine große Anzahl rein deutscher Dörfer. Davon zeugten noch bis 1945 die deutschen Flurnamen und die Inschriften auf den Grabsteinen. Den Rückgang des Deutschtums verdeutlichen die Einwohnerzahlen von der Stadt Wischau. Im Jahre 1880 waren es 3.042 Tschechen und 2.150 Deutsche (41%); 1921: 5.357 Tschechen und 91 Deutsche; 1930: 5.296 Tschechen und 83 Deutsche.

In den Dörfern der Sprachinsel lebten nach der Volkszählung 1930: 2.763 Deutsche und 671 Tschechen.

Die Sprachinsel war eine typische Bauernsiedlung. Daneben wurden die landwirtschaftlichen Produkte verarbeitet. So waren hier eine Zuckerfabrik, Holz- und Schuhwarenerzeugung, eine Mälzerei und eine Brauerei, Likörfabrik und Wollwarenerzeugung.

Bekannte Persönlichkeiten waren u. a.: Bertold von Wischau, Geheimschreiber Kaiser Friedrich II.; Alois Musil (1868–1924), Theologe, Orientalist, Forschungsreisender; Fritz Machatschek (1876–1957), Geograph, Universitätsprofessor.

Frauentorturm in Iglau

Die Iglauer Sprachinsel war ein 50 km langer und 8–10 km breiter Streifen mit 387 qkm an der böhmisch-mährischen Grenze. Außer der Stadt Iglau, die mährische Bezirksstadt war, gab es noch die Marktflecken Stannern und Steken und einige Dörfer. Siedler waren Franken, Sachsen und Bayern, die Ottokar II. im 13. Jahrhundert ins Land geholt hatte. In der Hauptsache waren es sächsische Bergleute und oberpfälzer Bauern.

Der deutsche Bevölkerungsanteil betrug 1880 84%; 1910 79% und 1921 nur noch 50%. 1930 schrumpfte der deutsche Bevölkerungsanteil auf 40%. Durch geschickte Eingemeindungen und Zuzug tschechischer Arbeiter wurde so das Deutschtum zurückgedrängt. 1930 hatte Iglau 31.028 Einwohner, darunter 17.968 Tschechen und 12.095 Deutsche.

Iglau war berühmt wegen seines Silberbergbaues, der seit dem 13. Jahrhundert florierte. Seit dieser Zeit hatte Iglau schon eine Schule. 1248 oder früher wurde es Stadt. Im 15. Jahrhundert erlebte die Tuchmacherei eine Blütezeit. Strumpf- und Wirkwarenfabriken, Webereien, Metallindustrie, Schuherzeugung, eine chemische Fabrik und eine staatliche Tabakfabrik mit über 1.100 Arbeitern waren in Iglau zu finden.

Bekannte Persönlichkeiten kamen u. a. von dort:

Julius Tandler (1869–1936), Anatomieprofessor in Wien, Unterstaatssekretär für Volksgesundheit und Stadtrat; Karl Friedrich Kübeck von Kübau (1780–1855), österreichischer Politiker und Präsident des Reichsrats; Joseph Alois Schumpeter (1883–1950), Nationalökonom von Weltruf, österreichischer Finanzminister.

Erwähnenswert ist der jetzt noch bestehende „Iglauer Singkreis", der nach dem 1. Weltkrieg gegründet wurde.

Rathaus in Olmütz

Olmütz liegt in der fruchtbaren Hanna-Ebene an der March. Bis zum Jahre 1641 war es die Hauptstadt Mährens. Ursprünglich war es von Kelten und Quaden besiedelt; es wird bereits 1055 geschichtlich erwähnt. Bruno von Schaumburg, der Kanzler Ottokars II., holte im 13. Jahrhundert deutsche Siedler in das Land. 1253 wird Olmütz zur Stadt erhoben. Bereits 1573 wurde eine Universität gegründet. Mitte des 19. Jahrhunderts begann vermehrt der Zuzug tschechischer Bevölkerung, so daß 1880 bei der Volkszählung ihr Anteil schon 30% betrug.

Bis zum 1. Weltkrieg hatte Olmütz eine deutsche Verwaltung. Nach 1919 schrumpfte der deutsche Bevölkerungsanteil durch Eingemeindungen und Zuzug von tschechischem Verwaltungspersonal bis zum Jahre 1930 auf 32% und bis zum Jahre 1938 auf 20% der Einwohner. Nach der Volkszählung 1930 hatte Olmütz mit den 14 Stadtteilen 66.440 Einwohner (47.861 Tschechen, 15.017 Deutsche, 1.215 Ungarn, 917 Juden, 304 Russen, u.a.).

In Olmütz waren angesiedelt: Zuckerfabriken, Mälzereien, Brauereien, berühmte Käseerzeugnisse (Olmützer Quargel), Süßwaren- und Schokoladenfabrik, Likörerzeugnisse, Eisenwaren, Gerbereien, Papiererzeugnisse, eine Eisengießerei und eine Nägelfabrik in Marienthal.

Fünf rein deutsche Gemeinden im Süden der Stadt blieben eigenständig und bildeten die kleine deutsche Sprachinsel.

Bekannte Persönlichkeiten waren u.a.:

Gustav Mahler (1860–1911), Dirigent und Komponist, ab 1907 an der Metropolitan-Oper in New York; die Schauspieler Tilla Durieux und Max Pallenberg; Hans Balatka (1827–1899), Dirigent in USA, Pionier des deutschen Gesanges in den USA.

Prag mit Hradschin und Veitsdom

Prag liegt an der Moldau, ist die Metropole Böhmens und die Hauptstadt der Tschechischen Republik. Das Wahrzeichen Prags ist der Hradschin mit dem Veitsdom.

Die Stadt entwickelte sich aus einem Burgflecken. Seit Herzog Wenzel (903–935) orientierten sich die Herrscher Böhmens immer mehr nach dem Westen. Deutsche Geistliche, Mönche und Kaufleute, Handwerker, aber auch deutsche Fürstentöchter, die mit den Herrschern des Landes verehelicht wurden, kamen ins Land. Kaiser Karl IV. machte Prag nach seiner Krönung zur Hauptstadt seines großen Reiches. Unter ihm war die Blütezeit Prags. Es war der Architekt und Baumeister Peter Parler, der weitgehend mit seinen Bauten das Gesicht der Stadt prägte. 1348 erhielt Prag die erste deutsche Universität des Reiches (Heiliges Römisches Reich deutscher Nation).

Deutsche Künstler waren es, die unvergängliche Werke schufen: Christian und Ignaz Kilian Dientzenhofer, Johann Bernhard Fischer von Erlach, Matthias Braun, Ferdinand und Johann Krokoff, Peter Brandl, Wenzel Lorenz Reiner, Ignaz Platzer und Anton Maulbertsch.

Prag war eine vornehmlich deutsch geprägte Stadt und geistiges Zentrum von Böhmen. Erwähnenswert ist hier der „Prager Kreis", ein loser Zusammenschluß teils weltberühmter Künstler, wie Rilke, Kafka, Werfel oder Urzidil. Durch die Kunstakademie, die Hochschule für Kunstgewerbe und die Akademie für Musik und darstellende Kunst hatte Prag eine große Bedeutung für das Deutschtum. Auch der Erfinder des Steindruckverfahrens, Alois Senfelder (1771–1834), stammte aus Prag.

Mitte des 19. Jahrhunderts verlor das deutsche Element an Bedeutung. 1861 erlangten die Tschechen eine Mehrheit in der Stadtvertretung. Der tschechische Nationalismus breitete sich immer mehr aus und so verschlechterte sich die Lage der Deutschen. Im Jahre 1918 übernahmen die Tschechen die unumschränkte Herrschaft. Bei der Volkszählung im Jahre 1930 hatte Prag 845.000 Einwohner, darunter nur noch 41.500 Deutsche.

Prag war immer eine Schulstadt und Bildungsstätte für beide Nationen. Daneben bildeten über 3.000 Betriebe die Prager Industrie.

Nach Kriegsende wurde die deutsche Bevölkerung unter unmenschlichen Exzessen in Lager eingesperrt, zur Zwangsarbeit gepreßt und aus ihrer Heimat vertrieben. Die Zahl der Ermordeten und Erschlagenen wird sich nie feststellen lassen. Es waren aber einige Tausende. Aus der „Goldenen Stadt" war eine „Blutige Stadt" geworden.

9. Die deutschen Sprachinseln in der Slowakei

Zipser Kapitel/Kloster

Die Zipser

E jeder laubt sein Vaterland,
Drom laub ich mer's holt auch,
Ond is es euch noch nech bekannt,
Derkennt er's on der Sprauch.

Der Zipser es e ehrlich Blutt,
Met Recht kannst du nen traun;
Wos er versprecht, dos hält er gutt,
Off sein Wort kannst du baun.

Wie manch's Gedicht wär noch ze ruebme
Vom Sänger ehrefest un blind!
Ja, meeh wie er verdient's wohl nieme,
Denn rein un edel isch er g'sinnt!
Mer spuert e frumme Geist drinn waie,
Drum bringe syni Schrifte Saie.

Aus dem Zipserlied von 1836
von Adolf Lumnitzer (Leutschau)

Die Slowakei war ein Teil der ersten Tschechoslowakischen Republik. Seit 1992 ist es eine selbständige Republik.

Im Norden grenzt das Land an Polen, im Südwesten an Österreich, im Süden, mit der Donau als Grenze, an Ungarn. An der Grenze im Norden und Nordwesten erstrecken sich die Karpaten mit der Hohen Tatra (Gerlachspitze 2655m).

Im allgemeinen kann man, neben vielen Streusiedlungen, von drei größeren deutschen Siedlungsgebieten bis 1945 ausgehen. Das waren das Sprachinselgebiet bei Preßburg, das sich vom Südteil der kleinen Karpaten, stark zerklüftet, bis über den Nordwestteil der „Großen Schütt Insel" erstreckte; die Sprachinseln des Hauerlandes um Deutsch Proben und Kremnitz und die Zips mit der Hauptstadt Leutschau. Diese Volksgruppe wurde als Karpatendeutsche bezeichnet.

Daneben gab es südlich von Preßburg ein deutsches Sprachgebiet, das als geschlossene Siedlung bis an Niederösterreich reichte.

Im 12. und 13. Jahrhundert wurde das Gebiet um Deutsch Proben von deutschen Bergleuten erschlossen. Nach Versiegen des Bergbaues wurden aus den Bergleuten Kleinlandwirte und Bergbauern. Später lebten viele Bewohner von Wanderarbeit (Gärtner, Landarbeiter, Maurer), hauptsächlich in Schlesien, Pommern und Sachsen. Viele wanderten wieder weg, so daß der deutsche Bevölkerungsanteil stark abnahm.

Die Zips gehörte zu den ältesten deutschen Sprachinseln in Osteuropa. Seit dem 12. Jahrhundert siedelten dort Deutsche, vornehmlich Siedler aus dem Rheinland.

Die ungarischen Könige hatten den Siedlern sogar verbriefte Privilegien eingeräumt. Sie unterstanden nur der ungarischen Krone.

Von der deutschen Besiedlung zeugen noch die deutschen Städtebezeichnungen wie Preßburg, Neutra, Kremnitz, Altsohl, Liptau, Kaschau, Leutschau, Käsmark und Deutschendorf.

Beim Einfall der Hussiten in den Jahren 1431–1440 hatte die deutsche Bevölkerung hohe Verluste erlitten. Es erfolgte darauf eine starke Unterwanderung durch Slowaken. Nach dem 1. Weltkrieg erfolgte 1918 die Zerschlagung der ÖsterreichUngarischen Monarchie. Die Slowakei wurde der neugegründeten Tschechoslowakischen Republik unter Vortäuschung und Zusage weitgehender Rechte angegliedert. Kurze Zeit nach der Machtübernahme durch die Tschechen setzte ein scharfer Kurs gegen alles Deutsche ein.

Im Jahre 1939 wurde die Slowakei wieder selbständige Republik. Den Deutschen wurde durch die Slowaken weitgehende kulturelle Selbständigkeit eingeräumt. In allen deutschen Siedlungsgebieten war die Landwirtschaft Haupterwerbszweig. In den Jahren nach 1939 wurden zahlreiche Genossenschaften gegründet. Das karpatendeutsche Gebiet in der Slowakei war im Jahre 1939 noch etwa so groß wie der heutige Regierungsbezirk Rheinhessen. Es entsprach 2,85% des Gesamtgebietes der Slowakei. 43,5% der deutschen Bevölkerung lebten in überwiegend deutschen Gemeinden, während 83.000 Karpatendeutsche verstreut in anderen Gemeinden wohnten.

Nach einer Erhebung gab es im Jahre 1930 in der Slowakei 147.500 Deutsche, was einem Bevölkerungsanteil von 4,5% entsprach.

In den Sprachinseln lebten:
Preßburg und Umgebung mit 6 Gemeinden   3.652 = 80,4%
im Hauerland mit 24 Gemeinden   37.815 = 81,9%
in der Zips mit 26 Gemeinden   20.005 = 69,6%
deutsche Bevölkerung.

Im Jahre 1945, nach Wiedererrichtung der Tschechoslowakei, wurden alle Deutschen enteignet und vertrieben. Bei der Besetzung durch die Rote Armee und bei der Vertreibung gab es viele Opfer unter der deutschen Bevölkerung.

Nordkarpatenland

Slowakei

10. Die Siedlungsgebiete der Deutschen in Südosteuropa

Schwäbisches Bauernhaus in der Schwäbischen Türkei/Südungarn

Nach den Volkszählungen 1940/41 betrug der deutsche Bevölkerungsanteil in den Gebieten Südosteuropas:

Ungarisches Mittelgebirge	88.400
Schwäb. Türkei	138.100
Slawonien	71.100
Syrmien	73.600
Batschka	200.000
Banat	404.500
Siebenbürgen	254.200
Bukowina	82.100
Bessarabien	94.100
Dobrudscha	15.700
Karpatenländer	165.000
Westungarn	38.400
Slowenien	34.200

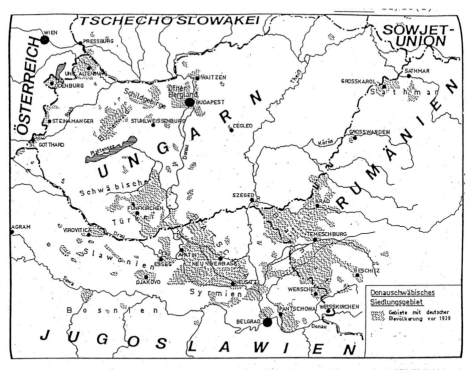

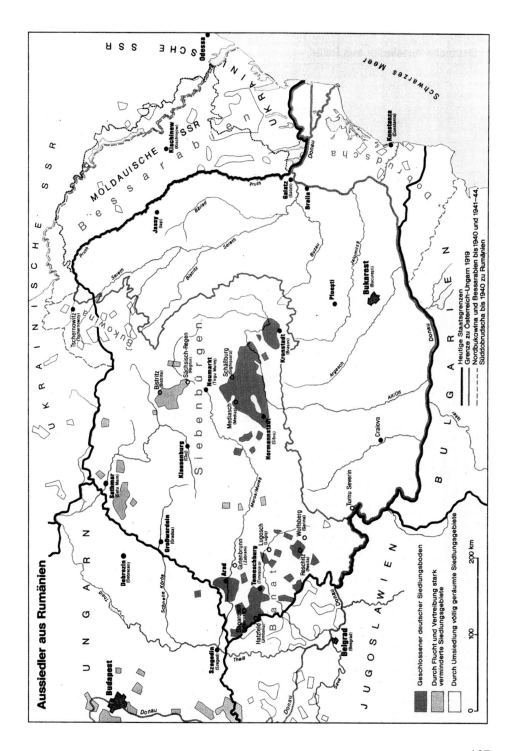

Aussiedler aus Rumänien

Legende:

Geschlossener deutscher Siedlungsboden

Durch Flucht und Vertreibung stark verminderte Siedlungsgebiete

Durch Umsiedlung völlig geräumte Siedlungsgebiete

Heutige Staatsgrenzen
Grenze zu Österreich-Ungarn 1919
Nordbukowina und Bessarabien bis 1940 und 1941–44,
Süddobrudscha bis 1940 zu Rumänien

0   100   200 km

127

Die Donauschwaben

Dom in Fünfkirchen (Ungarn)

Mei Mottersproch

Viel Sproche gebt's in unserem Land:
e' jedi is mer recht.
Sie sin mer all a' gut bekannt, doch keni klingt mer echt.
Am liebste unner alle noch
is mer halt doch – mei Mottersproch!

Mei Motter hot se mich gelehrt,
drum is se mer so lieb.
Un' wer sei' Mottersproch net ehrt,
is schlechter wie en Dieb.
Drum halt ich iwer alles hoch
mei liewi Pälzer Mottersproch.

Paar Backe hot se, rot un' rund,
dezu n' gutes Herz.
Sie is robust, is frisch un' g'sund
un' fihlt a' Freud un' Schmerz.
Sie is a' treu un babbelt noch
es liebst un' best – mei Mottersproch.

Jörg v. d. Schwalm

Die Bezeichnung „Donauschwaben" dürfte entstanden sein, weil die Transporte der Siedler aus Schwaben meist in Ulm zur Verschiffung auf der Donau zusammengestellt wurden. Die Donauschwaben, später auch als Banater Schwaben bezeichnet, waren die größte Gruppe des Deutschtums in Südosteuropa. Das Banat, darunter wurde im Mittelalter eine Grenzmarke benannt, wird im Norden vom Fluß Marosch, im Westen von der Theiß, im Süden von der Donau begrenzt und reicht im Osten bis zu den Südkarpaten.

Die Habsburger veranlaßten die Neubesiedlung des fast entvölkerten Banats nach den Türkenkriegen. 1763–1770 erfolgte unter Maria-Theresia die zweite Besiedlung und 1782–1788 der dritte „Schwabenzug". Auch diese Siedler hatten unter dem Türkeneinfall 1788–1791 stark zu leiden. Die Siedler kamen aus dem gesamten südwestdeutschen Raum. Außer dem Banat besiedelten sie die ganze ungarische Tiefebene und die Batschka. Größere Städte waren Temeschburg, Bogarosch, Hatzfeld, Arad, Reschitz und Wolfsberg. Angebaut wurden vor allem Getreide, Wein, Obst und Gemüse. Daneben wurde Viehzucht betrieben. Die Produkte wurden ausschließlich selbst verarbeitet.

1918 wurde das Banat geteilt. Die Osthälfte fiel an Rumänien, die Westhälfte an Jugoslawien, einige Dörfer verblieben bei Ungarn.

Ein berühmter Arzt stammte von den Donauschwaben ab; es war Ignaz Semmelweis, der „Retter der Mütter", er stammte aus Ofen.

Die Siebenbürger Sachsen/Siebenbürgen

Törzburg bei Kronstadt

Wonn ech ä Gedonken af Rise gohn,
mät der Erännerung waondern und waondern,
na cha, dro bleiwen ich nemmi stohn
bäs dat ich derhim bän und, bän ich ist do,
kaon ich nor noch Saksesch und rieden und sanjen
und lachen und – dinken no ...
Verfasser unbekannt

In den Jahren 1141–1162 wurden von ungarischen Königen, den damaligen Landesherren, Siedler in das damals schwach besiedelte Gebiet gerufen. Die Siedler kamen aus Flandern, dem Rhein-Moselgebiet und aus Mitteldeutschland. Sie verschmolzen in Siebenbürgen zu einem neuen deutschen Stamm, für den sich der Begriff Sachsen einbürgerte. Siebenbürgen, mit den Zentren Hermannstadt und Kronstadt, ist das älteste, geschlossene deutsche Siedlungsgebiet im Südosten Europas.

Nach der Auflösung Österreich-Ungarns am Ende des 1. Weltkrieges sicherte die rumänische Nationalversammlung 1918 allen mitwohnenden Völkern die nationale Freiheit zu.

Fruchtbare Schwarzböden brachten ertragreiche Ernten von Mais, Weizen, Wein und Obst. Daneben wurde Rinder- und Schweinezucht betrieben. Industriezentren bildeten sich in den Städten dank reichen Vorkommens von Erdgas, Eisenerz, Steinkohle, Bauxit und Steinsalz.

Größere Orte waren neben den Zentren Hermannstadt und Kronstadt noch Mediasch, Schäßburg und Neumarkt sowie Klausenburg.

Deutsche Siedlungsgebiete im jetzigen Rumänien waren noch das Buchenland (Bukowina) mit der Stadt Tschernowitz; die Dobrudscha, Landschaft zwischen der Donau und dem Schwarzen Meer.

Ein berühmter Deutscher stammte aus Siebenbürgen; Hermann Oberth, der „Vater der Raumfahrt".

Nach dem 2. Weltkrieg verblieben etwa 174.000 in der Heimat; 26.000 wurden in die Sowjetunion verschleppt, mehr als 30.000 wanderten in die Bundesrepublik Deutschland aus.

Die Bessarabiendeutschen

Bessarabien, ein Gebiet zwischen Dnjestr im Norden und Osten, Pruth im Westen und dem Mündungsdelta der Donau gehört heute zum Großteil zur Republik Moldavien (früher Moldauische SSR). Das sehr fruchtbare Land war nur dünn besiedelt. Katharina die Große (1762–1796) berief deutsche Siedler, aber auch bulgarische Kolonisten und russische Kronbauern in das Land. In der ersten Hälfte des 19. Jahrhunderts hatten sich in dem Siedlungsgebiet ca. 10.000 deutsche Familien mit ca. 55.000 Personen niedergelassen. Ihren Dörfern gaben sie, zur Erinnerung an die Heimat, deutsche Namen wie Landau, Rastatt, München, Speyer, Worms u.a. Ende des 2. Weltkrieges wurden die deutschen Namen durch russische Bezeichnungen ersetzt.

Günstiges Klima und der fruchtbare Boden waren die Grundlage für eine ertragreiche Landwirtschaft. Es wurden Weizen, Mais, Sonnenblumen, Tabak, Obst, Gemüse, Wein und Melonen angebaut.

Im Juli 1941, nach Beginn des Krieges zwischen Deutschland und Rußland, wurden alle noch verbliebenen Deutschen von den Sowjets nach Sibirien deportiert.

11. Die Deutschen im Baltikum (Estland, Lettland und Litauen)

Schwarzhäupterhaus in Riga

Die ersten Deutschen, die im ausgehenden 12. Jahrhundert das Land betraten, das wir grob mit dem geografischen Begriff „Baltikum" bezeichnen, waren Kaufleute. Der Handel mit Pelzwaren und Bernstein, dem „baltischen Gold", zog sie in das Land. Auch war der Stromverlauf von Düna und Wolga eine von den Wikingern entdeckte Handelsstraße, auf der Gewürze aus dem Orient transportiert wurden. So wurde Riga an der Düna nach Lübeck zur zweiten deutschen Hafenstadtgründung an der Ostsee.

Den Kaufleuten folgten christliche Missionare, die in der wohlorganisierten Form spätmittelalterlicher Mönchsritterorden die Heiden mit dem Schwert zwangen, den Christengott anzubeten. Sie gründeten einen Ordensstaat, der letztlich in den ununterbrochenen kriegerischen Auseinandersetzungen mit den baltischen Stämmen, den russischen Fürstentümern und dem litauisch-polnischen Großreich unterging.

Die Baltendeutschen blieben im Land – als adelige Gutsbesitzer ritterlicher Herkunft und als hochgebildetes städtisches Bürgertum. Es ist ein wesentliches Merkmal dieser kleinen deutschen Volksgruppe im Baltenland, daß sie keine niederen Strukturen nach der mittelalterlichen Ständeordnung ausbildete, um dadurch eine Verschmelzung mit den ursprünglichen Landesbewohnern zu verhindern.

Die Deutschen im Baltikum spielten immer eine hochpolitische Rolle. Seit Zar Peter dem Großen (1672–1725) waren sie die „Geburtshelfer" eines modernen Rußlands. Bis zum Ersten Weltkrieg bekleideten sie hohe Staatsämter im Zarenreich. Aber auch auf die Gründung der jungen Staaten Estland und Lettland nahmen sie entscheidenden Einfluß – zumeist bremsend, um alte Privilegien zu erhalten, jedoch auch fördernd.

Der Hitler-Stalin-Pakt des Jahres 1939, in dem beide Diktatoren ihre Interessensphären miteinander abstimmten, nahm den Baltendeutschen die Lebensgrundlage in der alten Heimat, denn unter dem Sowjetregime konnten sie nicht leben. Die neue Ansiedlung erfolgte in den Gebieten, die bis 1918 zum Deutschen Reich gehörten, in Westpreußen und im Warthegau.

Wenige Jahre später erlitten sie dort das Schicksal aller ostdeutschen Siedler – die Flucht vor der anrückenden Roten Armee am Ende des Zweiten Weltkrieges.

Auch heute noch zeugen die baltischen Städte von deutscher Kultur, ja, sie ist ein Teil der jungen baltischen Staaten geworden.

BALTIKUM

O S T S E E

Reval
(Tallin)

Narva

E S T L A N D

Pernau
(Pärnu)

Dorpat
(Tartu)

Werro
(Võru)

Windau
(Ventspils)

Wenden
(Cēsis)

Riga

L E T T L A N D

Libau
(Liepāja)

Mitau
(Jelgava)

Dünaburg
(Daugavpils)

Schaulen
(Šiauliai)

Memel

L I T A U E N

Tilsit

Kaunas

Wilna
(Vilnius)

Königsberg

| 0 | 50 | 100 km |

Staatsgrenze (Stand 1937)

Grenzänderungen 1939 bzw. 1945

Grenze Polen – Sowjetunion (seit 1945)

Grenze des Memelgebiets 1920–1938

135

12. Die Rußlanddeutschen
(Deutsche im ehemaligen Gebiet der Sowjetunion)

Ev.-luth. Kirche St. Paul in Odessa (Schwarzmeer-Deutsche)

Kirche in Engelsfeld Ukraine (Wolhynien-Deutsche)

Im Jahre 1762 erließ Katharina II. ein Einladungsmanifest, um Siedler und Kolonisten in das Land zu holen. Deutsche Auswanderer aus Hessen, Nordbayern, Nordbaden, der Pfalz und der Rheinprovinz folgten diesem Aufruf. Ca. 23.000 bis 29.000 Personen wanderten in den Jahren 1764–1767 nach Rußland aus. Die Auswanderer wurden in der Wolgasteppe in der Nähe Saratovs angesiedelt. Anfang des 19. Jahrhunderts kamen aus dem Südwesten Deutschlands weitere Auswanderer. Sie wurden im Schwarz-Meer-Gebiet und im Kaukasus angesiedelt. In einem geschlossenen Siedlungsgebiet an der Wolga entstand die „Wolgadeutsche Republik" (1924).

In der Hauptsache waren die Kolonisten Landwirte. Meist wurde Brotgetreide angebaut. Im Laufe der Zeit bildeten sich Handwerksbetriebe, aus denen dann

eine ganze Reihe Fabriken hervorgingen. Die bekanntesten Firmen waren:
J. Friesen aus Orloff, J. Höhn aus Odessa oder J. Niebuhr aus Olgafeld, die hauptsächlich landwirtschaftliche Maschinen und Geräte herstellten.

Nach Ausbruch des Krieges zwischen Deutschland und der Sowjetunion wurden alle Deutschen der Kollaboration mit Deutschland beschuldigt und nach Sibirien und Kasachstan deportiert.

Erst ab 1955 durften sie ihren Verbannungsort mit Beschränkungen wieder verlassen.

Auswanderung von Deutschen in das Schwarzmeer- und Wolgagebiet (Russland) im 18. und 19. Jh.

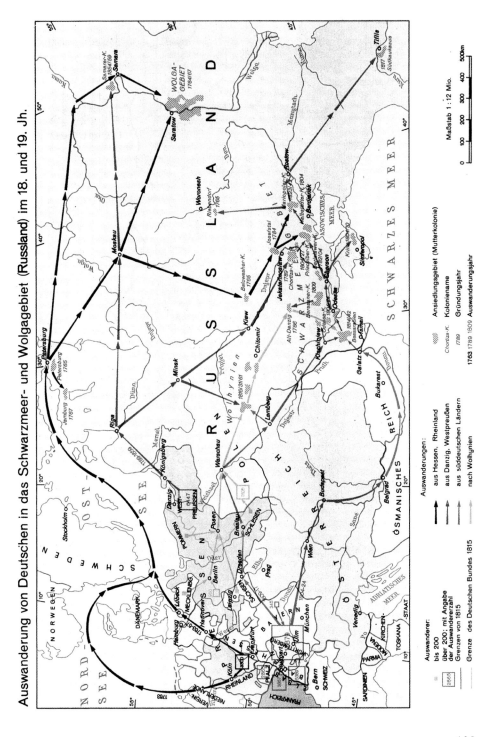

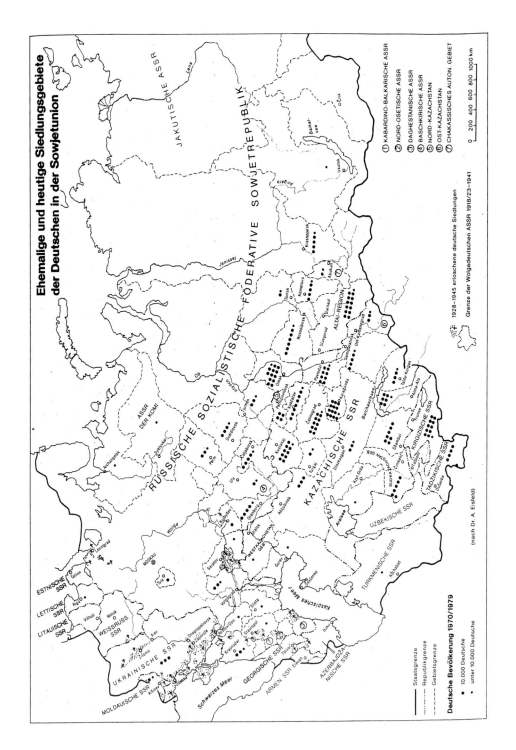

140

III. Flucht und Vertreibung

Bronzestandbild „Vertreibung" in Neugablonz
(von der sudetendeutschen Bildhauerin Hanne Wondrak)

Von Norden, von Osten kamen wir,
Über Heide und Ströme zogen wir,
Nach Westen wandernd, Greis, Frau und Kind.
Wir kamen gegangen, wir kamen gefahren,
Mit Schlitten und Bündel, mit Hund und Karren.
Gepeitscht vom Wind, vom Schneelicht blind –
Und Wagen an Wagen.

Agnes Miegel, eine ostpreußische Dichterin

1. Ziel und Folgen der Vertreibung

Nach dem 1. Weltkrieg (1914–1918) verfügten die Siegermächte trotz des von Präsident Wilson deklarierten Rechts auf Selbstbestimmung die Abtretung großer Gebietsteile von Deutschland. Im Osten waren dies die Provinzen Posen und Westpreußen, Ostoberschlesien und das Memelgebiet, obwohl diese Gebiete größtenteils, einige Landstriche sogar ausschließlich, nur von Deutschen besiedelt waren.

Auf dem Territorium Österreich-Ungarns, das völlig zerschlagen wurde, entstanden unter anderem mit Jugoslawien und der Tschechoslowakei neue Vielvölkerstaaten, die sich aber als Nationalstaaten deklarierten, wobei das jeweilige „Staatsvolk" die ethnischen Minderheiten schikanierte und unterdrückte. Diese künstlichen Staaten waren bereits bei ihrer Gründung mit dem Keim des späteren Zerfalls behaftet. Schon in den zwanziger Jahren vertrieb Polen – mitten im Frieden – etwa 1,1 Millionen Deutsche, die meisten aus Westpreußen und dem Wartheland. Allein in Westpreußen wurden über 84% des privaten deutschen Landbesitzes enteignet. Alles lange vor Hitler und vor 1933! Zwischen 1919 und 1934 sind mehrere tausend Proteste von Deutschen in Polen und in der Tschechoslowakei wegen Verletzung der Minderheitenrechte an den Völkerbund in Genf gerichtet worden, meist jedoch ohne Erfolg.

Nach dem 2. Weltkrieg waren die Deutschen in Ostdeutschland, dem Sudetenland, in Ost- und Südosteuropa, schutz- und rechtlos (als Beispiele die Anlagen III/1(2) – (7)) und durch die Alliierten dem vorbedachten und planmäßigen Genozid durch die Polen, Tschechen, Serben und Russen ausgeliefert (Genozid = der Völkermord an nationalen, rassischen, religiösen oder durch Volkstum bestimmten Gruppen, körperliche oder seelische Schädigung, Minderung der Lebensbedingungen oder Verschleppung zur gänzlichen oder Teilausrottung der Volksgruppe). Die Polen, Tschechen, Serben, Slowenen und Bosniaken wollten und führten es auch durch: die „ethnische Säuberung" der deutschen Wohngebiete durch Mord und Vertreibung. Die Deutschen wurden dabei entschädigungslos enteignet. Um einen Anhalt über den materiellen Wert der Enteignungen der Deutschen in Ostdeutschland (Reichsgebiet, im Sudetenland und in den übrigen Ostgebieten) zu geben, hier das Beispiel Sudetenland. Der Wert des durch die Vertreibung verlorenen privaten Vermögens der Sudetendeutschen wird nach gesicherten und allgemein üblichen Ermittlungsverfahren auf 265 Milliarden DM geschätzt (Stand 1981). Zum Vergleich dazu: Die Steuereinnahmen des Bundes in der Bundesrepublik Deutschland beliefen sich auf rund 199 Milliarden DM. Es steht fest, daß der Wert des enteigneten Besitzes der Ostdeutschen (Reichsgebiet und der übrigen Deutschen aus den Ostgebieten) ein Vielfaches des Wertes des Vermögens der Sudetendeutschen betragen hat.

In der Potsdamer Konferenz am 02.08.1945 sanktionierten die drei Siegermächte die bereits in vollem Gang befindliche Massenvertreibung. Sie verstie-
ßen damit klar erkennbar gegen die von ihnen selbst mit aufgestellte UNO-
Charta vom Juni 1945, in der es heißt: „Niemand darf willkürlich des Landes
verwiesen werden", und gegen die elementaren Grundsätze der Menschenrechte.

Durch die Vertreibung verloren die Vertriebenen nicht nur ihren Besitz und
ihre Heimat, sondern sie wurden auch noch aus ihren örtlichen Lebensgemeinschaften herausgerissen und auf ganz Restdeutschland verteilt. Nach der sogenannten „Wilden Vertreibung" (staatlich organisiert) setzte die nach dem Potsdamer Protokoll „ordnungsgemäße und humane" Ausweisung ein (zynisch,
wann und wo gibt es eine humane Vertreibung?). Ab Herbst 1945, als sich aus
den wilden Vertreibungsaktionen eine gewisse Übung und dadurch eine Art
Vertreibungsmethodik entwickelte, gingen die Vertreiber mit offensichtlichem
Bedacht dazu über, durch getrennte Aussiedlung geschlossener Ansiedlungen
die Bildung von Heimatlebensgemeinschaften der Vertriebenen zu verhindern.
So gelang es, bereits in der Heimat die Vertriebenen durcheinanderzumischen
und Menschen verschiedener Herkunft, verschiedenen Standes, verschiedener
Lebensgewohnheiten und Auffassungen durcheinanderzubringen. Die Zerrei-
ßung Restdeutschlands in Zonen, die schwierigen Lebens-, Unterbringungs-
und Verkehrsverhältnisse verhinderten dann ebenfalls den neuerlichen Zusammenschluß. Das Ergebnis bleibt also die völlige Versprengung der einzelnen
Dorfschaften und Gemeinden und ihr allmähliches Aufgehen in neuer, zumeist
völlig verschiedenartiger Umgebung. Die durchgeführte Auseinanderreißung
der einzelnen Heimatgemeinschaften bei der Vertreibung wurde damit begründet, daß durch das Trennen der alten Lebensgemeinschaften bei der Vertreibung eine schnellere Integrierung der Vertriebenen mit der einheimischen Bevölkerung erfolgen würde. In der gleichen Richtung liegt auch das alliierte
Verbot von Zusammenschlüssen von Vertriebenen. Dies galt in den Westzonen
bis 1947/48, in der Ostzone/DDR bis fast zur Auflösung der DDR (Anfang
1990). „Ein Ereignis wie die Vertreibung der Deutschen aus den deutschen
Ostprovinzen und aus Osteuropa fordert immer wieder zur Besinnung auf.
Generationen von Historikern – nicht nur deutsche – werden sich damit noch
auseinanderzusetzen haben." (Alfred-Maurice de Zayas, US-Völkerrechtler
und Historiker)

Als ein Beispiel für das Auseinanderreißen der einzelnen Gemeinden/Orte des
Sudetenlandes ist die Gemeinde Dallwitz aus dem Kreis Karlsbad ausgewählt
worden. Der Beitrag erschien im „Jahrbuch der Egerländer 1957" und wurde
vom Oberlehrer i.R. Hans Nickel aus Dallwitz erstellt.

So wurden unfere Gemeinden „atomifiert"!

Hier: Dallwitz, Kreis Karlsbad

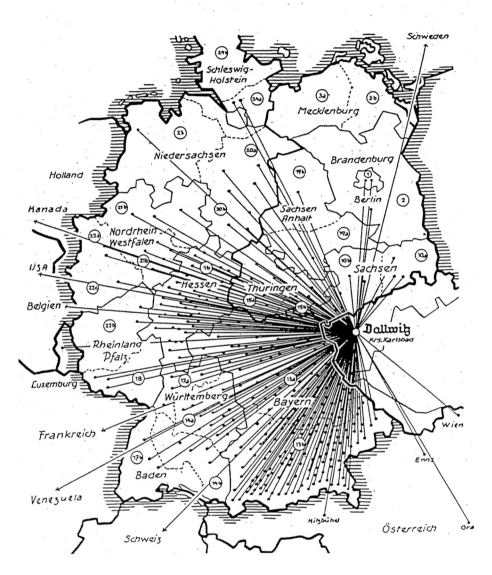

„Atomisierung" der Gemeinde Dallwitz
Zu unserer graphischen Darstellung

Die Gemeinde Dallwitz, Kreis Karlsbad, zählte im Jahre 1945 2.460 Einwohner. Der pflichtbewußte, vorbildliche Ortsbetreuer Hans Nickel, Oberlehrer i.R., läßt es sich angelegen sein, über seine Heimatgemeinde die erforderlichen Unterlagen und Übersichten zu schaffen. Es geht ihm also nicht allein um die Anschriftenerfassung, sondern noch vielmehr um das soziologische, gesellschaftliche und biologische Gesicht seiner Heimatgemeinde. Nach dem Stande vom 01.06.1956 hat Lm. Nickl 1.758 Personen seiner Heimatgemeinde erfaßt. In dieser Zahl sind die 150 seit Juni 1945 Verstorbenen und die des zweiten Weltkrieges 68 Gefallenen, 18 Vermißten und 13 an Verwundungen oder in Gefangenschaft Verstorbenen inbegriffen.

Von der Restzahl leben nach dem Stande vom 01.07.1956:

in 19 Orten der Sowjetzone	24 Familien m.	65 Personen
in 316 Orten Westdeutschlands	595 Familien m.	1.537 Personen
in 16 Ortendes Auslandes	16 Familien m.	41 Personen
und in Dallwitz (zurückgehalten)	41 Familien m.	115 Personen

Aus der großen Zahl der gemeldeten Haushalte mit 1 und 2 Personen ist ersichtlich, daß bei der Austreibung die Familienbindungen rücksichtslos zerrissen wurden.

Es wohnen in den einzelnen damaligen Postleitgebieten:

(1)	Großberlin	2 Orte	2 Parteien	3 Personen
(2)	Brandenburg	1 Ort	1 Partei	1 Person
(10 a)	Sachsen-Ost	3 Orte	3 Parteien	12 Personen
(10 b)	Sachsen-West	5 Orte	5 Parteien	15 Personen
(13 a)	Bayern-Nord	104 Orte	204 Parteien	461 Personen
(13 b)	Bayern-Süd	101 Orte	204 Parteien	538 Personen
(14 a)	Württemberg-Nord	15 Orte	29 Parteien	84 Personen
(14 n)	Württemberg-Süd	4 Orte	7 Parteien	23 Personen
(15 a)	Thüringen-Nord	5 Orte	5 Parteien	15 Personen
(15 b)	Thüringen-Süd	3 Orte	3 Parteien	7 Personen
(16)	Hessen	56 Orte	97 Parteien	267 Personen
(17 a)	Baden-Nord	4 Orte	7 Parteien	21 Personen
(17 b)	Baden-Süd	3 Orte	3 Parteien	17 Personen
(18)	Saargebiet	3 Orte	4 Parteien	9 Personen
(19 a)	Prov. Sachsen-Süd	2 Orte	2 Parteien	2 Personen
(19 b)	Prov. Sachsen-Nord	1 Ort	6 Parteien	14 Personen

(20a) Niedersachsen	4 Orte	4 Parteien	10 Personen
(20b) Braunschweig	3 Orte	10 Parteien	29 Personen
(21a) Nordrhein-Westfalen	3 Orte	3 Parteien	29 Personen
(21b) Westfalen-Süd	5 Orte	7 Parteien	28 Personen
(22a) Reg.-Bez. Düsseldorf	2 Orte	5 Parteien	23 Personen
(22b) Rheinland-Pfalz	2 Orte	3 Parteien	9 Personen
(22c) Aachen	1 Ort	1 Partei	2 Personen
(23) Bremen-Oldenburg	1 Ort	1 Partei	3 Personen
(24a) Groß-Hamburg	2 Orte	3 Parteien	7 Personen
Österreich	4 Orte	4 Parteien	10 Personen
Belgien	1 Ort	2 Parteien	5 Personen
Luxemburg	1 Ort	1 Partei	4 Personen
Frankreich	1 Ort	1 Partei	2 Personen
Schweden	1 Ort	1 Partei	3 Personen
Schweiz	1 Ort	1 Partei	2 Personen
Kanada	1 Ort	1 Partei	4 Personen
USA	5 Orte	5 Parteien	8 Personen
Venezuela	1 Ort	1 Partei	3 Personen

Rund 700 Personen der Einwohnerschaft von 1945 wurden noch nicht erfaßt.

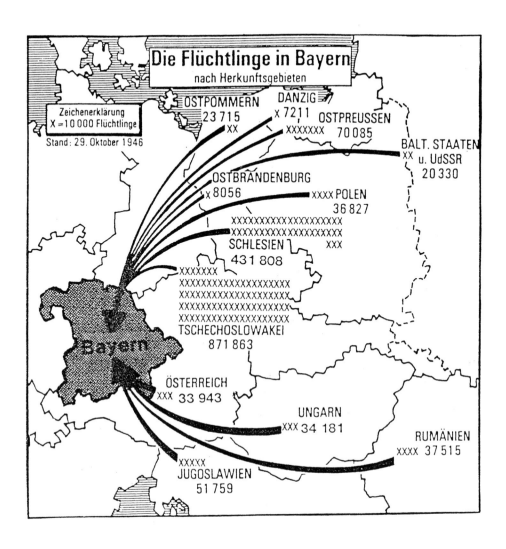

Die Flüchtlinge in Bayern
nach Herkunftsgebieten

Zeichenerklärung
X = 10 000 Flüchtlinge

Stand: 29. Oktober 1946

OSTPOMMERN
23 715
XX

DANZIG
x 7211

OSTPREUSSEN
XXXXXXX 70 085

BALT. STAATEN
XX u. UdSSR
20 330

OSTBRANDENBURG
x 8056

xxxx POLEN
36 827

xxxxxxxxxxxxxxxxxx
xxxxxxxxxxxxxxxxxx
SCHLESIEN   XXX
431 808

XXXXXX
xxxxxxxxxxxxxxxxx
xxxxxxxxxxxxxxxxx
xxxxxxxxxxxxxxxxx
xxxxxxxxxxxxxxxxx
TSCHECHOSLOWAKEI
871 863

Bayern

ÖSTERREICH
XXX 33 943

UNGARN
XXX 34 181

RUMÄNIEN
xxxx 37 515

XXXXX
JUGOSLAWIEN
51 759

Sonderbefehl

für die deutsche Bevölkerung der Stadt Bad Salzbrunn einschliesslich Ortsteil Sandberg.

Laut Befehl der Polnischen Regierung wird befohlen:

1. Am 14. Juli 1945 ab 6 bis 9 Uhr wird eine Umsiedlung der deutschen Bevölkerung stattfinden.

2. Die deutsche Bevölkerung wird in das Gebiet westlich des Flusses Neisse umgesiedelt.

3. Jeder Deutsche darf höchstens 20 kg Reisegepäck mitnehmen.

4. Kein Transport (Wagen, Ochsen, Pferde, Kühe usw.) wird erlaubt.

5. Das ganze lebendige und tote Inventar in unbeschädigtem Zustande bleibt als Eigentum der Polnischen Regierung.

6. Die letzte Umsiedlungsfrist läuft am 14. Juli 10 Uhr ab.

7. Nichtausführung des Befehls wird mit schärfsten Strafen verfolgt, einschließlich Waffengebrauch.

8. Auch mit Waffengebrauch wird verhindert Sabotage u. Plünderung.

9. Sammelplatz an der Straße Bhf. Bad Salzbrunn-Adelsbacher Weg in einer Marschkolonne zu 4 Personen. Spitze der Kolonne 20 Meter vor der Ortschaft Adelsbach.

10. Diejenigen Deutschen, die im Besitz der Nichtevakuierungsbescheinigungen sind, dürfen die Wohnung mit ihren Angehörigen in der Zeit von 5 bis 14 Uhr nicht verlassen.

11. Alle Wohnungen in der Stadt müssen offen bleiben, die Wohnungs- und Hausschlüssel müssen nach außen gesteckt werden.

Bad Salzbrunn, 14. Juli 1945, 6 Uhr.

Abschnittskommandant

(-) Zinkowski
Oberstleutnant.

Befehl des polnischen Abschnittskommandanten im schlesischen Bad Salzbrunn vom 14. Juli 1945. Dieser Vertreibungsbefehl wurde vor der Potsdamer Konferenz und ohne die Genehmigung der Alliierten erteilt.

Aufmerksammachung.

Zum Zwecke der glatten Abfertigung ist die nachfolgende Vorschrift genau einzuhalten:

1. Die Einberufungskarte darf die einberufene Partei nicht verlieren, sie muß sie bis zur endgültigen Abfertigung bei sich haben und gibt sie definitiv beim Schalter 10 ab.

2. Das Gepäck ist so vorzubereiten, daß eine schnelle Abfertigung durchgeführt werden kann. Kisten verschlaget nicht mit Nägeln, Säcke nähet nicht zu.

3. Jede Person erhält ein Papierschild, auf welchem die Nummer der Gruppe und die Ordnungszahl bezeichnet sind. Dieses Anhängschild muß auf dem Kleid ersichtlich und am Gepäck befestigt sein.

4. Alle Personalbelege, d. i. Heimatschein, Taufschein, eventuell Gewerbeschein sind besonders vorzubereiten. Sie sind bei der Zollrevision vorzulegen, ebenso die Einlagebücher, Bargeld, Wertsachen und andere die Einlagebücher betreffende Bestätigungen müssen Sie bei der Zollrevision abgeben und werden dieselben durch den Zollbeamten übernommen, welcher Sie beim Schalter Nr. 8 abfertigt, wo Sie eine Bestätigung über die abgegebenen Einlagsbücher und Gelder unterschreiben.

Die Personalbelege dürfen Sie nicht abgeben, dieselben bleiben Ihnen belassen; Lebensmittelkarten, Haushaltskarten und Kohlenkarten haben Sie zur Abgabe besonders vorzubereiten.

Die Familie muß ständig beisammen sein.

Beim Eintritt in das Gebäude, in welchem der Abschub erfolgt, ist folgender Vorgang einzuhalten:

Bei den Schaltern Nr. 1 und 2 wird die Einberufungskarte vorgelegt, worauf sich immer die ganze Familie bei Schalter Nr. 3 der ärztlichen Untersuchung unterzieht; dann zur Bildung der Gruppe bei Schalter Nr. 4, wo Sie die Gruppen- und Packetnummern erhalten und dann zur Entlausung bei Schalter Nr. 5.

Die aufgerufenen Personen begeben sich mit ihrem Gepäck (auch Handgepäck) zum Nachwiegen des Gepäcks. Das Gewicht des Gepäcks wird auf der Einberufungskarte verzeichnet.

Das Gewicht ist pro Person mit <u>70 kg</u> inclusive Handgepäck ausser Lebensmittel festgesetzt.

Nach dem Abwiegen wird das Gepäck zollamtlich abgefertigt, wobei die ganze Familie anwesend sein muß.

Beim Schalter Nr. 9 geben Sie die Lebensmittelkarten, Haushaltskarten, Kohlenkarten und die Anmeldung über das der Konfiskation unterliegende Vermögen (rosafarbene) ab.

Beim Schalter Nr. 10 die Schlüssel der Wohnung.

Nach dieser schließlichen Abfertigung begibt sich die ganze Familie (oder der Einzelne) zu seinem Gepäck an den hiefür bestimmten Ort.

Im Sammellager Askonas kann jede Person, falls sie irgendwelche Beschwerden hat, dieselben beim Gruppenführer vorbringen.

Auf die in den Waggons vorgebrachten Beschwerden wird keine Rücksicht genommen.

Wichtige Erinnerung.

Die Wohnung gut abschließen! Feuer auslöschen, Gas und Wasser absperren. Hinterlasset die Wohnung in Ordnung, sofort nach Ihrem Abgang werden die Wohnungen kontrolliert. Jedwede Vernichtung der Wohnungseinrichtung und die Nichteinhaltung dieser Anordnung sowie der auf der Einberufungskarte enthaltenen Anordnungen ist strafbar.

Bekanntmachung zum Ausweisungsbefehl für die deutsche Bevölkerung von Asch (1946).

Okresní správní komise v Kraslicích.

Upozornění.

Byly, opuštěné osobami odcházejícími do sběrného střediska, musí býti zanechány v pořádku a čistotě.

Na jednu osobu přípustno zavazadlo do váhy 60 kg a ruční zavazadlo nejvýše do 10 kg.

Ostatní věci budtež zanechány na místě v bytě jako záclony, koberce, stolní lampy, nástěnná zrcadla, mycí mísy, součástky nábytku, na stole ubrusy, potom 2 ručníky, v postelích slamníky, prostěradla a alespoň po jednom polštáři a přikrývce, vše čistě povlečené.

Zavazadlo nesmí být baleno do koberců a povlaků.

Bude-li prohlídkou zjištěno, že nebylo dbáno tohoto upozornění, nebude dotyčná osoba přijata do odsunu, nýbrž poslána do vnitrozemí na práci.

Übersetzung.

Personen, welche für den Abtransport bestimmt sind, haben ihre Wohnung in vollster Ordnung zu verlassen.

Gepäck wird für eine Person zugelassen: 1 Gepäckstück von 60 kg und Handgepäck von höchstens 10 kg.

Die übrigen Sachen sind in der Wohnung an Ort und Stelle zu lassen z.B. Vorhänge, Teppiche, Tischlampen, Wandspiegel, Waschschüsseln, Teile der Einrichtung, Tischdecken, 2 Handtücher, in Betten Matratzen, Betttlaken und mindestens je ein Kopfkissen und Zudeckbett alles frisch bezogen.

Das Gepäck darf nicht in Teppiche oder Ueberzüge gepackt werden.

Wird bei der Kontrolle festgestellt, dass dies nicht beachtet wurde, wird die betreffende Person nicht in den Transport aufgenommen, sondern ins Inland auf Arbeit geschickt.

Okresní správní komise, Kraslice.

796-44 Braun, Kraslice.

Upozornění = Beachtung (Bekanntmachung). Anschlag in Graslitz, Sudetenland, im Januar 1946. Verbriefte Unmenschlichkeit: Heimatraub.

150

Kundmachung des nationalen Sicherheitsdienstes in Troppau aus dem Jahre 1945.

Abdruck aus „Troppauer Heimat-Chronik", Juli 1955, S. 107.[1]

Kundmachung.

Mit sofortiger Gültigkeit wird angeordnet, daß alle Personen deutscher Nationalität vom 6. Lebensjahr an folgende Kennzeichnung tragen: eine weiße Scheibe im Durchmesser von 15 cm und auf ihr, aus schwarzer Leinwand aufgenäht, ein „N" in der Stärke von 2 cm, dessen Rand 1 cm von der Umrißlinie des Kreises entfernt ist. Diese Kennzeichnung wird auf der linken Brustseite getragen. Deutsche, die in der NSDAP, in der SA, SS, NSV, NSF, NSKK, HJ oder in anderen Gliederungen der Partei organisiert waren, müssen diese Zeichen auch auf dem Rücken tragen (also zwei — eines auf der Brust und das zweite auf dem Rücken).

Allen Deutschen wird die Fahrt mit öffentlichen Beförderungsmitteln, der Besuch öffentlicher und Unterhaltungslokale und Anlagen (Parkanlagen) verboten. Allen Deutschen ist verboten, ab 20 Uhr ihre Wohnungen zu verlassen. Bei Begegnungen eines russischen oder tschechoslowakischen Offiziers müssen die Deutschen den Hut abnehmen und müssen in entsprechendem Abstand vorbeigehen. Der Einkauf in den Geschäften ist eine Stunde vor der Sperre erlaubt.

Die Abzeichen laut angeordnetem Muster muß jeder Deutsche sich selbst anschaffen. Die Nichtbefolgung dieses Befehls ist strafbar. Strafbar macht sich ebenfalls jeder Bürger anderer Nationalität, der auf irgendeine Weise die Deutschen begünstigt oder ihnen hilft

Die österreichischen Staatsangehörigen unterliegen diesen Bestimmungen nur dann, wenn sie bei der NSDAP, der SA, SS, NSV, NSF, NSKK, HJ oder in einer anderen Gliederung der NSDAP organisiert waren.

Der Hauptmann des nationalen
Sicherheitsdienstes in Troppau:
Dr. Fr. Grim

---

1 Dort ist auch ein Faksimile des tschechischen Originals veröffentlicht.

Kundmachung des Arbeitsamtes Mährisch-Schönberg über die Arbeitsdienstpflicht der deutschen Bevölkerung.

Original, 27. Juni 1945, 1 Seite (DIN A 2), gedruckt. – In tschechischer Sprache.

Übersetzung

Arbeitsamt Mährisch Schönberg
Nr. 13/45

Kundmachung
über die Arbeitsdienstpflicht im Kreise Mährisch Schönberg.

A. Totale Arbeitspflicht für Personen deutscher Nationalität.
Unter diese Arbeitspflicht fallen:

1. Sämtliche Personen deutscher Nationalität ohne Unterschied des Geschlechtes, die das 10. Lebensjahr vollendet und das 60. Lebensjahr nicht überschritten haben und sich derzeit in ihren Wohnungen oder in Arbeitslagern befinden.

Die Arbeitspflicht bezieht sich nicht:
2. Auf Personen, die älter als 60 Jahre sind.
3. Auf verheiratete Frauen, die Kinder bis zu 3 Jahren oder Familienangehörige, deren Gesundheitszustand eine ständige, Pflege erfordert, zu betreuen haben. Verheiratete Frauen mit Kindern von 3 – 6 Jahren können zu einer halbtägigen Arbeit eingeteilt werden.
4. Auf Personen, die auf Grund eines amtsärztlichen Zeugnisses völlig arbeitsunfähig sind.
5. Auf alle, die sich im Internierungslager oder in Untersuchungshaft befinden.

B. Die Einteilung zur Arbeitspflicht für die im Absatz 1 angeführten Personen wird durchgeführt:
1. Vom Arbeitsamt Mährisch Schönberg.
2. Vom Ortsnationalausschuß und von der Verwaltungskommission, in deren Bereich sich zeitweilig noch Personen deutscher Nationalität aufhalten.
3. Von den Kommandanten der Arbeitslager im Einvernehmen mit dem Arbeitsamt.
4. Vom bisherigen Arbeitgeber.

C. Personen deutscher Nationalität sollen nach Möglichkeit verwendet werden:
1. Zu manuellen Arbeiten gleich welcher Art.
2. Facharbeiter und Handwerker zu Arbeiten, die in ihr Fach fallen, aber unter verschärfter Bewachung und unter Verantwortlichkeit des für das Unternehmen zuständigen Kommissars

D. Arbeitszeit:
1. Die Arbeitszeit dauert für die ganztägig Verpflichteten 12 Stunden täglich, für die halbtägig Verpflichteten 6 Stunden.
2. Die Arbeitszeit kann durch den Arbeitgeber oder die Kommandanten der einzelnen Arbeitsgruppen im Einvernehmen mit dem Arbeitsamt Mährisch Schönberg bis zu 15 Stunden verlängert werden.

E. Strafbestimmungen:
1. Nachlässige Ausführung der Arbeit wird bestraft: durch Entzug der Lebensmittelkarten, in schweren Fällen durch schweren Kerker.

2. Sabotage an den Arbeitsstätten, Verlassen des Arbeitsplatzes und Widerstand gegen die Bewachung wird mit den höchsten Strafen geahndet, in schweren Fällen mit der Todesstrafe.

Personen deutscher Nationalität werden von dieser Kundmachung durch den Ortsnationalausschuß, die Verwaltungskommissionen, durch die Arbeitgeber oder durch die Kommandanten der Arbeitslager in Kenntnis gesetzt.

Die Kundmachung gilt ab 27. Juni 1945 bis zum Widerruf.

Mährisch Schönberg, den 27. Juni 1945

Arbeitsamt Mährisch-Schönberg
Filipek e. h.

Bezirksnationalauschuß
Mährisch-Schönberg
Pospišil e. h.

Gesetz vom 8. Mai 1946
über die Rechtmäßigkeit von Handlungen, die mit dem Kampf um die Wiedergewinnung der Freiheit der Tschechen und Slowaken zusammenhängen.

Slg. Nr. 115.

Die vorläufige Nationalversammlung der Tschechoslowakischen Republik hat folgendes Gesetz beschlossen:

§ 1

Eine Handlung, die in der Zeit vom 30. September 1938 bis zum 28. Oktober 1945 vorgenommen wurde und deren Zweck es war, einen Beitrag zum Kampf um die Wiedergewinnung der Freiheit der Tschechen und Slowaken zu leisten, oder die eine gerechte Vergeltung für Taten der Okkupanten oder ihrer Helfershelfer zum Ziele hatte, ist auch dann nicht widerrechtlich, wenn sie sonst nach den geltenden Vorschriften strafbar gewesen wäre.

§ 2

(1)   Ist jemand für eine solche Straftat bereits verurteilt worden, so ist nach den Vorschriften über die Wiederaufnahme des Strafverfahrens vorzugehen.

(2)   Zuständig ist das Gericht, vor dem das Verfahren in erster Instanz stattgefunden hat oder, falls ein solches Verfahren nicht stattgefunden hat, das Gericht, das jetzt in erster Instanz zuständig sein würde, wenn die Rechtswidrigkeit der Tat nicht nach § 1 ausgeschlossen wäre.

(3)   Trifft mit einer in § 1 genannten Tat eine Straftat zusammen, für die der Angeklagte durch dasselbe Urteil verurteilt wurde, so fällt das Gericht für diese andere Tat durch Urteil eine neue Strafe unter Berücksichtigung des bereits erfolgten Schuldspruches.

§3

Dieses Gesetz tritt mit dem Tage der Kundmachung in Kraft;[1] es wird vom Justizminister und vom Minister für nationale Verteidigung durchgeführt.

Dr. Beneš e. h.
Fierlinger e. h.

Dr. Drtina e. h.   Gen. Svoboda e. h.

---

1   Veröffentlicht am 4. Juni 1946.

Das sogenannte „Amnestiegesetz", das begangene Straftaten oder Verbrechen (also auch Mord) an Deutschen außer Strafe stellt und heute noch rechtskräftig ist.

2. Zeittafel

1918

08. Januar	US-Präsident Wilson verkündet die 14 Punkte als Grundlage für den Frieden; u.a. das Selbstbestimmungsrecht der Völker.
03. Oktober	Deutsches und österreichisches Waffenstillstandsangebot an Wilson
Oktober/ November	Nach Zusammenbruch des österreichisch-ungarischen Heeres östereichisches Sonderfriedensangebot
31. Oktober	Auflösung Österreich-Ungarns; Bildung des tschechoslowakischen, südslawischen, ungarischen und deutsch-österreichischen Staates
04. November	Waffenstillstand zwischen Österreich und der Entente (Bündnis zwischen Großbritannien und Frankreich)
11. November	Waffenruhe an der Westfront nach Annahme der (harten) Waffenstillstandsbedingungen durch Deutschland

1919

04. März	Deutsche in Böhmen, Mähren und Sudeten-Schlesien demonstrieren unter Berufung auf Wilson für ihr Selbstbestimmungsrecht. Tschechisches Militär eröffnet das Feuer, tötet in mehreren deutschen Städten insgesamt 54 friedliche Demonstranten; über hundert werden verletzt.
28. Juni	Unterzeichnung des Friedensvertrages in Versailles; Deutschland muß ein Siebtel seines Gebietes abtreten und sich u.a. zur Zahlung hoher Reparationen verpflichten.
10. September	Unterzeichnung des Friedensvertrages zwischen Österreich und der Entente in Saint-Germain-en-Laye; Anerkennung der neuen selbständigen Staaten (Tschechoslowakei, Jugoslawien, Ungarn, Polen) auf dem Gebiet Österreich-Ungarns mit den daraus folgenden Abtretungen (u.a. Böhmen, Mähren und Sudeten-Schlesien).
Oktober	Schlesien wird in zwei Provinzen geteilt; in Niederschlesien mit Breslau und in Oberschlesien mit Oppeln als Regierungssitze.

1920

11. Juli	Volksabstimmung in dem ostpreußischen Bezirk Allenstein (98% für Deutschland) und im westpreußischen Bezirk Marienwerder (92% für Deutschland): Die Gebiete bleiben beim Deutschen Reich.

1921

20. März	Volksabstimmung in Oberschlesien: 60% für das Verbleiben bei Deutschland, 40% für den Anschluß an Polen.
02. Mai	Beginn des polnischen Aufstandes für ein polnisches Oberschlesien aus Enttäuschung über das Abstimmungsergebnis.
21. Mai	Erstürmung des Annaberges durch den schlesischen Selbstschutz unter General Höfer und den bayerischen Freikorps „Oberland".
20. Oktober	Der Völkerbund gibt die Teilung Oberschlesiens bekannt, wodurch der größte Teil des Industriegebietes an Polen fällt. Tritt ab 15.05.1922 in Kraft.

1933

30. Januar	Hitler wird Reichskanzler.

1938

13. März	Anschluß Österreichs an Deutschland.
21. September	Die Tschechoslowakei stimmt den ultimativen Forderungen Englands und Frankreichs zu, die deutsch besiedelten Gebiete Böhmens, Mährens und Sudeten-Schlesiens an das Deutsche Reich abzutreten.
29./30. September	Konferenz in München (Hitler, Mussolini, Chamberlain, Daladier). Die Bedingungen und Modalitäten für die Abtretung des Sudetenlandes werden festgelegt; dadurch Rettung des Friedens, von allen Völkern freudig begrüßt.
Oktober	Polen entreißt der CSR das Teschen-Olsa-Gebiet und gliedert es sich ein.
Dezember	Ex-Präsident Benesch (tschechisch Bene) erörtert im Exil mit Mitarbeitern die Ausweisung der Sudetendeutschen nach einem erwarteten erfolgreichen Krieg.

1939

14. März	Unabhängigkeitserklärung der Slowakei; die Karpato-Ukraine wird von Ungarn besetzt.
15. März	Deutsche Truppen marschieren in der „Rest-Tschechei" ein. Errichtung des Protektorats Böhmen und Mähren mit beschränkter Souveränität, aber eigenem Staatsoberhaupt. Die Schaffung des „Reichsprotektorates" war ein Bruch des Münchner Abkommens und Wendepunkt der europäischen Politik.
23. August	Deutsch-sowjetischer Nichtangriffspakt unterzeichnet; in einem geheimen Zusatzprotokoll werden die beiderseitigen Interessenssphären in Osteuropa festgelegt.
01. September	Deutscher Angriff auf Polen ohne vorherige Kriegserklärung.
03. September	Kriegserklärung Englands und Frankreichs an Deutschland.
17. September	Beginn des sowjetischen Einmarsches in Ostpolen.
Herbst	Beginn der Umsiedlung der Deutschen aus dem Baltikum, aus Bessarabien, aus der Dobrudscha, aus Galizien und aus Wolhynien; Ansiedlung unter anderem im Warthegau, aus dem Polen ausgewiesen wurden.

1940

Sommer	Estland, Lettland und Litauen werden von der Sowjetunion besetzt.
Herbst	Vereinbarung zwischen dem Deutschen Reich, der Sowjetunion und Rumänien über die Umsiedlung der Deutschen aus dem Buchenland.

1941

22. Juni	Deutsche Truppen marschieren in die Sowjetunion ein.
August	Stalin läßt die Wolgadeutschen nach Sibirien und Zentralasien deportieren. Die Republik der Wolgadeutschen in der Sowjetunion wird aufgelöst.
Sommer/Herbst	Edvard Benesch, Präsident der tschechoslowakischen Exilregierung, äußert sich im Laufe des Jahres immer deutlicher über einen „Bevölkerungstransfer" als einem der „wichtigsten Mittel zu einer großzügigen Lösung nationaler Fragen".

1942

10. Juni	Das tschechische Dorf Lidice wird als Racheakt für das Attentat gegen den stellvertretenden Reichsprotektor in Böhmen und Mähren, Reinhard Heydrich, dem Erdboden gleichgemacht. Alle männlichen Einwohner (199) werden getötet, 198 Frauen ins KZ verbracht, 98 Kinder verschleppt. Im Zusammenhang mit dem Attentat wurden weit über tausend Tschechen erschossen.
06. Oktober	Deutsch-kroatische und deutsch-serbische Verträge über die Umsiedlung der Volksdeutschen in das Deutsche Reich.
06. Dezember	Der Präsident der polnischen Exilregierung, General Sikorsky, fordert bei Verhandlungen mit Präsident Roosevelt, die Oder-Neiße-Linie soll künftig Polens Westgrenze bilden.

1943

Juni	Die USA und die UdSSR – von Benesch gegeneinander ausgespielt und getäuscht – geben ihre Zustimmung zur geplanten Vertreibung der Sudetendeutschen.
28. November– 01. Dezember	Konferenz von Teheran: Stalin, Churchill und Roosevelt sprechen u. a. über die polnischen Nachkriegsgrenzen. Die „Curzon-Linie" soll die zukünftige Ostgrenze Polens sein. Als Entschädigung für Ostpolen, das die Sowjetunion beansprucht, soll Polen deutsches Gebiet bis zur Oder erhalten.

1944

21. Oktober	Massaker der Rotarmisten im ostpreußischen Nemmersdorf, das für 48 Stunden in die Hände der Roten Armee gefallen war.
Herbst	Beginn der Drangsalierungen der Deutschen in Rumänien, Jugoslawien; Deportationen in die Sowjetunion.
15. Dezember	Vor dem britischen Unterhaus erklärt Churchill, daß er eine „Vertreibung der Deutschen" aus den Gebieten billige, die an Polen fallen sollen.

1945

Januar	Volksdeutsche aus Rumänien, Ungarn und Jugoslawien werden (seit Dezember 1944) in die Sowjetunion verschleppt.

12. Januar	Russische Armeen unter Marschall Rokossowski und General Tschernjakowski greifen Ostpreußen an, die Marschälle Schukow und Konjew bedrohen mit ihren Armeen Berlin und Breslau.
	Das amerikanische Außenministerium legt dem Präsidenten der USA, Roosevelt, ein Gutachten über die deutschen Ostgrenzen und Bevölkerungsumsiedlungen vor. Danach soll Nord-Ostpreußen an Rußland, der Rest Ostpreußens, Danzig und die Nordostspitze Pommerns sowie der Regierungsbezirk Oberschlesien an Polen fallen. Das Gebiet umfaßt 54.390 qkm.
19.–25. Januar	Sowjetische Truppen erreichen Westpreußen bei Bromberg sowie Oberschlesien bei Herby/Lublitz. Nacheinander gehen Allenstein, Insterburg, Oppeln und Hindenburg verloren. Die Rote Armee dringt auch in das östliche Samland ein.
	Beginn der ersten größeren Schiffstransporte mit Flüchtlingen aus Ostpreußen nach Pommern, Schleswig-Holstein und Dänemark.
Ende Januar	Sowjetische Truppen besetzen das Frische Haff: Ostpreußen ist eingeschlossen.
	Nach der Beschießung von Königsberg versucht die Bevölkerung zu flüchten, was durch die rasche Einschließung verhindert wird.
	Der Roten Armee gelingt es, bis Frankfurt/Oder und Küstrin vorzudringen sowie das Industriegebiet um Kattowitz zu besetzen.
31. Januar	Die „Wilhelm Gustloff" mit über 6.000 Flüchtlingen an Bord wird von der Sowjetischen Marine angegriffen und versenkt; nur knapp tausend Flüchtlinge werden gerettet.
Februar	Das oberschlesische Industriegebiet fällt unzerstört in sowjetische Hand. Feindliche Truppen haben die Grenze Pommerns überschritten. Die Zivilbevölkerung versucht, trotz schneidender Kälte, einzeln und in Trecks nach Westen zu fliehen. Straßen und Wege sind verstopft. Die Kriegsmarine und die zivile Schiffahrt befördern von Februar bis Ende Mai unter ständiger Feindeinwirkung über 2 Millionen Menschen, davon 1.300.000 Flüchtlinge, die anderen verwundete Soldaten, nach Westen.
01. Februar	Außenminister Eden unterrichtet Churchill, daß die USA und England darin übereinstimmen, daß das südliche Ost-

preußen, Danzig, der östliche Teil Pommerns und ganz Oberschlesien an Polen fallen sollen. Dies erfordere die Ausweisung von 2¼ Millionen Deutschen. Die Vorverlegung der polnischen Westgrenze bis zur Oder, ohne Stettin und Breslau, würde weitere 2 1/4 Millionen Deutsche treffen. Die von der Sowjetunion und dem kommunistischen polnischen Nationalkomitee geforderten Gebiete bis zur westlichen Neiße, einschließlich Breslau und Stettin, würden nochmals 3¼ Millionen Deutsche, zusammen also 8 Millionen Deutsche, betreffen.

06. Februar	Stalin verlangt für die Sowjetunion Ostpolen und für Polen die Gebiete bis zur Oder und westlichen Neiße sowie Stettin.
07. Februar	Stalin erklärt, daß die meisten Deutschen aus den in Rede stehenden Gebieten östlich der Oder-Neiße-Linie vor der Roten Armee „davongelaufen" seien.
08. Februar	Roosevelt widersetzt sich der Forderung polnischer Ausdehnung bis zur westlichen Neiße, hält Oderlinie für tragbar. Churchill schließt sich der Auffassung von Roosevelt an.
09. Februar	Das britische Kriegskabinett erhebt telegraphische Einwendungen gegen Festlegung der Westgrenze Polens an der westlichen Neiße.
	Versenkungen der mit ca. 4.000 Flüchtlingen und Verwundeten überladenen „Steuben"; nur etwa 600 Menschen werden gerettet.
04.–11. Februar	Konferenz von Jalta. Churchill, Roosevelt und Stalin beschließen: Polen soll durch einen beträchtlichen Gebietszuwachs im Westen und Norden für die Abtretungen im Osten entschädigt werden. Die endgültige Festlegung der Westgrenze Polens ist bis zur Friedenskonferenz zurückgestellt worden. Ein Geheimprotokoll sieht als Reparation u. a. die Verwendung von Deutschen als Arbeitskräfte vor.
15. Februar	Breslau eingeschlossen.
19. Februar	Die Verbindung zwischen Königsberg und Pillau wird freigekämpft.
	Greueltaten der Russen in Metgethen und anderen Orten.
25. Februar	Königsberg wird erneut eingeschlossen.
28. Februar	Den Deutschen, die in Vorkriegs-Polen (in Polen innerhalb der Grenzen von 1919–1939) gelebt haben, wird die (ehemalige) polnische Staatsangehörigkeit aberkannt. Die Betroffe-

nen werden enteignet, interniert und zur Zwangsarbeit herangezogen.

Auch gegen die Bewohner in den deutschen, jetzt von den Sowjets und den Polen besetzten Gebieten, werden harte, z. T. brutale Maßnahmen erlassen: Vermögensentzug, häufige Trennung der Familien, Einweisung in Arbeitslager, unzureichende Versorgung, Mißhandlungen. Beginn der Massenverschleppung von Deutschen aus dem von der Roten Armee besetzten Reichsgebiet in die Sowjetunion.

01. März   Präsident Roosevelt bezeichnet vor dem amerikanischen Kongreß das Ergebnis der Jalta-Konferenz als gerechten Kompromiß: die Westgrenze Polens soll der Friedenskonferenz zur Regelung vorbehalten bleiben.

Russische Angriffsspitzen erreichen bei Köslin die Ostseeküste.

03. März   Der Ministerpräsident der vorläufigen polnischen Regierung, Osobka-Morawski, teilt dem polnischen Nationalrat in Warschau mit, die Gebiete bis zur Oder und westlichen Neiße würden mit Polen aus Zentralpolen und Westgalizien besiedelt.

05. März   Beschlagnahme des in Polen zurückgelassenen, beweglichen und unbeweglichen Vermögens der aus der Heimat geflüchteten Deutschen.

07. März   Die Rote Armee erreicht die untere Oder und bildet einen Brückenkopf.

14. März   Die vorläufige polnische Regierung errichtet auf dem Gebiet der deutschen Ostprovinzen die Wojewodschaften Masuren, Oberschlesien, Niederschlesien und Pommern.

17. März   Benesch erklärt in Moskau die Tschechoslowakei zu einem Nationalstaat ohne Minderheitenrechte.

20. März   Errichtung der Wojewodschaft Danzig.

22.–30.   März Durchbruch der Roten Armee nach Norden an die Küste zwischen Danzig und Gotenhafen (Gdingen) und Einnahme Danzigs (30.03.). Mit dem Fall von Neisse a. d. Glatzer Neiße (Oberschlesien) erreicht die Rote Armee die Ostausläufer der Sudeten.

05. April   Die vorläufige tschechoslowakische Regierung in Kaschau erklärt die bevorstehende Vertreibung der Deutschen und deren Vermögensenteignung.

06. April   Die Regierung der USA verlangt von der Sowjetregierung Aufklärung über den Status der von den Russen besetzten

	Gebiete Ostpreußens, Danzigs, Schlesiens und Pommerns. Russischer Generalangriff auf Königsberg.
09.–12.April	Königsberg kapituliert und wird von der Sowjetischen Führung zur Plünderung freigegeben. Unbeschreibliche Greueltaten, Massensterben.
16. April	Versenkung der mit Flüchtlingen überladenen „Goya"; von 6.000–7.000 an Bord befindlichen Flüchtlingen können nur ca. 165 gerettet werden.
17. April	Sowjetische Antwortnote an die USA; es seien keine Grenzregulierungen getroffen, nur örtliche polnische Verwaltungsstellen errichtet worden.
25. April	Die Rote Armee besetzt Pillau.
30. April	Selbstmord Hitlers.
	Der Restteil Oberschlesiens wird von den Deutschen geräumt.
Mai	Neues deutsches Staatsoberhaupt: Großadmiral Dönitz. Fortsetzung der Flüchtlingstransporte über See mit allen verfügbaren Mitteln.
02. Mai	Die Westalliierten stoßen über die Elbe nach Lübeck und Schwerin vor.
	Berlin kapituliert.
03. Mai	Der Ministerpräsident der vorläufigen polnischen Regierung, Osobka-Marowski, kündigt in Warschau vor dem Nationalrat die Polonisierung deutscher Ostgebiete an.
	Kahlberg geht verloren.
	Räumungsbefehl für Kurland.
05. Mai	Aufstand der Tschechen in Prag und Beginn des Terrors gegen die Deutschen in der Tschechoslowakei.
	Die Kriegs- und Handelsmarine haben bis Mitte Mai über 1,3 Millionen Flüchtlinge und über 700.000 verwundete Soldaten aus Ost- und Westpreußen nach Deutschland und nach Dänemark transportiert und somit gerettet.
07. Mai	Kapitulation von Breslau.
08. Mai	Bedingungslose Kapitulation der deutschen Wehrmacht an allen Fronten.
09. Mai	Stalin in einer Proklamation zur Einstellung der Kämpfe: „Die Sowjetunion hat nicht die Absicht, Deutschland zu zerstückeln oder zu zerstören."
12. Mai	In einem Telegramm an Truman beklagt Churchill falsche Auslegung der Jalta-Vereinbarungen durch die Sowjets, sieht einen „Eisernen Vorhang" in Europa herabsinken und die

	ungelöste polnische Frage als Bedrohung für den Frieden heraufkommen.
15. Mai	Bischof Adamski aus Kattowitz fordert die Deutschen auf, Schlesien zu verlassen. Die Universität Lemberg wird nach Breslau verlegt.
19. Mai	Dekret des Präsidenten Benesch über die Beschlagnahme des gesamten deutschen Eigentums in der Tschechoslowakei.
Mai–Juni	Aus den Gebieten östlich der Oder-Neiße-Linie vor den Kämpfen ausgewichene Deutsche versuchen, in die Heimat zurückzukehren, vor allem aus der Tschechoslowakei und aus der russischen Besatzungszone in Deutschland.
Mitte Mai– Ende November	Beginn der „Wilden Vertreibung". Massenausweisung Deutscher aus Sprachinseln und Randgebieten der Tschechoslowakei durch Verwaltungsbeamte und „Rotgardisten" (vorwiegend im Fußmarsch) bei gleichzeitig einsetzendem Massenterror. Beginn der Überführung polnischer Bevölkerungsteile aus den an die Sowjetunion fallenden polnischen Ostgebieten in die deutschen Provinzen östlich der Oder-Neiße-Linie.
05. Juni	Die Grundlagen der gemeinsamen Besatzungspolitik werden in Berlin von der Sowjetunion, den Vereinigten Staaten, Großbritannien und Frankreich beschlossen und verkündet: Übernahme aller Regierungsgewalten; die Festlegung der Grenzen Deutschlands erfolgt später; Deutschland nach dem Gebietsstand vom 31.12.1937 wird in 4 Besatzungszonen aufgeteilt. Die deutschen Schulen in der Tschechoslowakei werden geschlossen.
21. Juni	Dekret (= Verordnung) des Präsidenten Benesch über die Enteignung und Aufteilung des Grundbesitzes der Sudetendeutschen und der Madjaren (Ungarn), wie auch der „Verräter und Feinde des tschechoslowakischen Volkes".
26. Juni	Die Charta der Vereinten Nationen wird in San Franzisko beschlossen. Der polnische Minister Ochab gibt in einem mit der Presseagentur „Exchance" geführten Interview bekannt, daß zwischen der deutschen Ostgrenze von 1939 und der Oder-NeißeLinie sich noch 2½ Millionen Deutsche befänden, die ausgewiesen werden müßten. Diese Gebiete würden polonisiert.

Ende Juni	Alle Deutschen, die in einem Abstand bis zu 200 Kilometern östlich der Oder und der westlichen Neiße leben, werden ausgewiesen.
01. Juli	Sachsen und Thüringen werden von amerikanischen Truppen geräumt und an die Sowjets übergeben.
17. Juli–	Konferenz in Potsdam (Stalin, Churchill/Attlee, Truman)
02. August	Die tschechoslowakische Regierung legt den drei Großmächten die Forderung für den Abschub („Odsun") der Deutschen und Magyaren aus der Tschechoslowakei vor.
24. Juli	Eine polnische Regierungsdelegation erläutert den drei Großmächten den polnischen Anspruch auf die Oder-Neiße-Linie. Churchill warnt vor zu weitem polnischen Vordringen nach Westen.
29. Juli	Molotow fordert mit Nachdruck Oder und westliche Neiße als Polens Westgrenze.
31. Juli	Der amerikanische Außenminister Byrnes fordert, daß die Festlegung der Oder-Neiße-Linie als Westgrenze Polens nicht endgültig erfolge. Bis zum Abschluß des Friedensvertrages soll die Oder-Neiße-Linie als Grenze der polnischen Auftragsverwaltung im deutschen Gebiet gelten. Stalin stimmt zu.
02. August	Aus dem Potsdamer Protokoll, Art. IX: „Die drei Regierungschefs bekräftigen ihre Auffassung, daß die endgültige Festlegung der Westgrenze Polens bis zu der Friedenskonferenz zurückgestellt werden soll."
	Art. XIII: „Die drei Regierungen erkennen an, daß die Überführung der deutschen Bevölkerung oder Bestandteile derselben, die in Polen, der Tschechoslowakei und Ungarn zurückgeblieben sind, nach Deutschland durchgeführt werden muß. Sie stimmen darin überein, daß jede derartige Überführung, die stattfinden wird, in ordnungsgemäßer und humaner Weise erfolgen soll."
	Verfassungsdekret des Präsidenten Benesch über die Regelung der tschechoslowakischen Staatsbürgerschaft der Personen deutscher und madjarischer Nationalität (= Verlust der tschechoslowakischen Staatsbürgerschaft).
07. August	Frankreich erhebt keine Einwendungen gegen die „Umsiedlung" der Deutschen und die vorläufige Grenzregelung für Polen bis zur Friedenskonferenz.
	Schreiben von Probst Grüber, Berlin, an Lordbischof von Chichester, England: „Gott schenke den Christen in aller

Welt offene Ohren, die Notschreie der deutschen Menschen zu hören, die auf den Landstraßen sterben und verkommen. – Tausende von Leichen hängen in den Wäldern um Berlin ... Tausende und Zehntausende sterben auf den Landstraßen vor Hunger und Entkräftung ... Kinder irren umher, die Eltern erschossen, gestorben, abhandengekommen."

09. August	Rundfunkansprache von Präsident Truman: „In Übereinstimmung mit den Vereinbarungen auf der Krim (Jalta) erklären wir uns alle – einschließlich der polnischen provisorischen Regierung der Nationalen Einheit – damit einverstanden, daß die endgültige Festlegung der Grenzen nicht in Berlin (Potsdam) erfolgen könne, sondern erst bei der Friedenskonferenz."
13. August	„Time"-Magazin, New York, beschreibt Ausweisung von 10 Millionen Deutschen und beklagt, daß UNRRA (Hilfswerk der Vereinten Nationen) nicht helfen darf.
16. August	Churchill – inzwischen Oppositionsführer – beklagt im britischen Unterhaus die Ausweisungstragödie von 8 bis 9 Millionen Deutschen und fordert Auskunft von der britischen Regierung.
	Vertragsabschluß zwischen der Sowjetunion und Polen über die polnisch-sowjetische Staatsgrenze in Moskau: Artikel 3: „Vorbehaltlich der endgültigen Regelung der Gebietsfragen bei der Friedensregelung ..." (wird die Grenzlinie quer durch Ostpreußen festgelegt).
20. August	Bevin, Churchill und Eden erörtern im britischen Unterhaus die Austreibung der Deutschen und die deutschpolnische Grenzfrage. Sie beklagen die Entwicklung.
21. Augus	Der Abgeordnete S. N. Evans erwähnt im britischen Unterhaus: „Der stellvertretende Leiter der britischen Abteilung für Evakuierung meldet, daß gegenwärtig jede Woche zweihunderttausend alte Leute, Frauen und Kinder vom Osten nach Berlin einströmen" ... „Ich glaube nicht, daß der künftige Friede Europas durch solche Ereignisse (Vertreibung) gestärkt wird. Ich sage, daß in diesem Augenblick die Saat eines neuen Krieges gesät worden ist."
24. August	Die Unterhausdebatte in London ergibt, daß über westliche und östliche Neiße in Teheran Mißverständnisse bestanden haben.
27.–31.August	Konferenz der evangelischen Kirche in Treysa. Beschluß zur Gründung des Evangelischen Hilfswerks.

Bildung von Hilfsstellen der Sudetendeutschen, Schlesier und der Volksdeutschen aus Südosteuropa in Bayern und Württemberg.

Erste Hilfssendungen (Lebensmittel, Medikamente) des Vatikans treffen in Deutschland ein.

30. August
Amerikanische Wohlfahrtsverbände beantragen die Genehmigung ihrer Regierung zur Organisation von Hilfeleistungen an Deutschland.

04. September
Die Innere Mission der deutsch-evangelischen Kirche, die Caritasverbände, die Freien Wohlfahrtsverbände und das Rote Kreuz wenden sich an den Alliierten Kontrollrat in Berlin: „Es kann nicht die Absicht der Vereinten Nationen sein, dem weiteren Verlauf einer solchen Katastrophe (Vertreibung) untätig zuzusehen." Der Appell blieb ohne Antwort.

08. September
Schreiben des Lordbischofs von Chichester an Probst Grüber, Berlin: „Der Ernst der Lage wird einer immer mehr wachsenden Zahl von Menschen hier in Großbritannien deutlich; es sind sehr viele da, die öffentlich und privat vorstellig werden, soweit sie nur können, um eine sofortige politische Aktion zu beschleunigen. Ich darf Ihnen sagen, daß die Erzbischöfe von Canterbury und York ihrerseits tiefstens berührt sind und zusammen mit den Führern der evangelischen Freikirche und dem katholischen Erzbischof von Westminster eine gemeinsame Demarche unternehmen wollen ... Ich fühle die Unmenschlichkeit der Vertreibungen aufs tiefste mit Ihnen und habe bereits über diesen Punkt im Oberhaus gesprochen, indem ich ausführte, daß die Entwurzelung von Millionen aus rassischen Gründen unvereinbar sei mit den Idealen, für welche die Vereinten Nationen gekämpft haben."

19. September
Die Länder Groß-Hessen, Württemberg-Baden und Bayern werden in der amerikanischen Besatzungszone Deutschlands errichtet.

September–Dezember
Behördlich angeordnete, ungeregelte, gewaltsame Vertreibung der Deutschen aus den polnisch verwalteten Gebieten östlich der Oder-Neiße-Linie.

Individueller Terror und Vertreibung der Deutschen in der Tschechoslowakei.

01. Oktober
Anlaufen der Auslands-Liebesgaben aus Schweden nach Deutschland.

05. Oktober	Bestellung eines „Sonderbeauftragten für das Flüchtlingswesen" im Oberpräsidium Hannover. Anordnung, daß in allen Gemeinden von den Vertriebenen Vertrauensmänner gewählt werden. Festsetzung des „offiziellen" Ausweisungsbeginns aus Polen, der Tschechoslowakei und Ungarn in die Sowjetzone Deutschlands durch Marschall Schukow (sowjetischer Oberbefehlshaber).
08. Oktober	Sowjetische Militär-Administration verbietet die Kennzeichnung der Ausgewiesenen als „Flüchtlinge", sie verlangt die Kennzeichnung „Umsiedler".
10. Oktober	Bericht des britischen Unterhausabgeordneten R. R. Stokes: „Die Methoden, wie die Sklaven ausgewählt wurden, konnte ich beobachten. Die Sklaven erhalten keinerlei Bezahlung."
19. Oktober	Hilfswerk der Evangelischen Kirchen Deutschlands in Stuttgart errichtet.
25. Oktober	Errichtung des Staatskommissariats für das Flüchtlingswesen in Hessen durch Erlaß des Hessischen Ministeriums des Innern.
01. November	Handschreiben Papst Pius XII. an die Deutschen „Zum Wiederaufbau in Deutschland".
02. November	Abkommen zwischen den Alliierten über die Durchführung der Ausweisung aus Polen, den deutschen Ostgebieten, der Tschechoslowakei und Ungarn nach Mittel- und Westdeutschland. Verordnung über die Errichtung des Staatskommissariats für das Flüchtlingswesen beim Bayer. Staatsministerium des Innern (Verordnung Nr. 3 über das Flüchtlingswesen).
10. November	Errichtung des Staatskommissariats für das Flüchtlingswesen in Württemberg-Baden. Württemberg-Hohenzollern (französische Zone) bestellt einen Landeskommissar für das Flüchtlingswesen.
11. November	Länderausschuß Flüchtlingsfürsorge beim Länderrat, Stuttgart, errichtet.
13. November	Polen errichtet Sonderministerium für die „wiedergewonnenen Gebiete" (Gomulka). Bericht der „New York Times" über die Ausweisung: „Wenn die alliierten Staatsmänner sich hätten vorstellen können, wie schwer diese wandernde Masse hilfloser Menschen auf sie selbst zurückschlüge, dann würden sie nicht so leichtherzig die moralische und historische Verantwortung

für die unmenschlichste Entscheidung übernommen haben, die jemals von Regierungen, die für die Verteidigung der Menschenrechte eintreten, getroffen wurde."

19. November   Polen besetzt aufgrund von Sonderverhandlungen mit der Sowjetunion ein Gebiet von etwa 850 qkm westlich der Oder mit Stettin, Pölitz und Swinemünde.

20. November   Vereinbarung des Alliierten Kontrollrates für Deutschland und Berlin über den Plan zur „Ausweisung der deutschen Bevölkerung aus der Tschechoslowakei, Ungarn und Polen in die vier Besatzungszonen."

21. November   Anweisung Nr. 10 der britischen Kontrollkommission für Deutschland (BE): Bildung von beratenden Flüchtlingsausschüssen auf allen Verwaltungsebenen.

Dezember   Amerikanische Quäker berichten über die Ausweisung: „Die vertriebenen Volksdeutschen sind die gehaßtesten der Bevölkerung der Erde. Sie sind völlig besitzlos, unerwünscht und stehen am Ende der Liste von Notleidenden, die auf Hilfe von anderen rechnen können."

11. Dezember   Der Flüchtlingsausschuß des Länderrates bittet die amerikanische Militärregierung, während der Kälteperiode Transporte von Vertriebenen einzustellen, Medikamente bereitzustellen und ausgesonderte Lebensmittel aus Heeresbeständen abzugeben. 14 Ausladebahnhöfe werden den für den Transport verantwortlichen amerikanischen Dienststellen in Bayern, Groß-Hessen und Württemberg-Baden benannt.

14. Dezember   Flüchtlingsnotgesetz in Bayern (Gesetz Nr. 5 über die Befugnisse des Staatskommissars ...).

21. Dezember   Der Flüchtlingsausschuß des Länderrates bittet die amerikanische Militärregierung, die Ausweisungsländer zu verpflichten, allen Ausgewiesenen einen Ausweisungsbefehl mit allen notwendigen persönlichen Angaben mitzugeben, da die Ankömmlinge völlig ohne persönliche Urkunden sind.

22. Dezember   Verordnung des ungarischen Ministerpräsidenten über die „Umsiedlung" der ungarländischen deutschen Bevölkerung nach Deutschland.

1946

Januar   Die Tschechoslowakei beginnt mit der „geregelten Ausweisung" der Deutschen, die mit Bahntransporten erfolgt. Am 19.01.1946 traf der erste von insgesamt 764 organisierten

	Eisenbahntransportzügen des Jahres 1946 ein, die insgesamt 77.130 Vertriebenen aus dem Sudetenland nach Bayern brachten. Ende 1946 betrug die Zahl der Vertriebenen und Flüchtlinge in Bayern ca. 1,7 Millionen.
20. Februar	Mit dem ersten Transport aus dem Lager Kohlfurt, Krs. Görlitz, beginnt die organisierte Vertreibung der Deutschen durch die Polen.

1950

05. August	Verkündigung der „Charta der deutschen Heimatvertriebenen" (siehe Vorspann).

3. Vertreibung in Zahlen

- Die deutsche Bevölkerung in den deutschen Ostgebieten, in
Mittel-, Ost- und Südosteuropa (1937/1939)   **18.267.000**
(Einzelheiten siehe Tabelle 1)
- Die Religionsgliederung der Deutschen Bevölkerung in den
Vertreibungsgebieten 1939 (Gesamt 18.267.000)
Evangelisch (52.1%)   **9.525.000**
Katholisch (44.9%)   **8.196.000**
Sonstige (3.0%)   **546.000**
(Einzelheiten siehe Tabelle 2)
- Anzahl der Deutschen, die aus den deutschen Ostgebieten aus
Mittel-, Ost- und Südosteuropa am Ende des 2. Weltkrieges
nach der Sowjetunion verschleppt
1.010.000 oder bis 1950 vertrieben und in westlichen Gebieten
aufgenommen wurden   **12.450.000**
(Einzelheiten siehe Tabelle 4)
- Anzahl der Deutschen, die aus Mittelost-, Ost- und Südosteu-
ropa von 1940–1944 aufgrund bilateraler Verträge oder admi-
nistrativer Maßnahmen des Deutschen Reiches umgesiedelt
wurden   **910.000**
Anzahl der Deutschen, die 1941–1944 innerhalb der Sowjetunion zwangsumgesiedelt wurden   **700.000**
(Einzelheiten siehe Tabelle 3)
- Gesamtzahl der innerhalb und nach der Sowjetunion verschleppten Deutschen und ihr Verbleib im Jahre 1950   **1.710.000**
bis 1950 waren wieder zurückgekehrt   **300.000**

bis 1950 haben den Tod gefunden (33.9%)   580.000
1950 lebten noch in den Deportationsgebieten
830.000 Von den Rußlanddeutschen wurden zwangsumgesiedelt oder zwangsrepatriiert   980.000
davon starben auf dem Transport oder am Verbannungsort
(31.6%)   310.000
(Einzelheiten siehe Tabelle 5)

– Die Zerstreuung und Dezimierung der von der Verschleppung verschonten Deutschen durch die Vertreibung 1945–
1950

Anzahl der nicht verschleppten Deutschen bei Kriegsende   16.430.000
Anzahl der Vertriebenen, die in westlichen Aufnahmegebieten
eintrafen (72.6%)   11.926.000
Ansässige Deutsche, die in den Vertreibungsgebieten zurück-
blieben   3.064.000
Anzahl der Deutschen, die bei der Vertreibung und den vor-
ausgegangenen Mißhandlungen den Tod fanden (8.8%)   1.440.000
(Einzelheiten siehe Tabelle 6)

– Tote und Überlebende nach Verschleppung und Vertreibung
der Deutschen 1950

Anzahl der überlebenden Deutschen 1950   16.620.000
Anzahl der getöteten Deutschen bis 1950 (14.7%)   2.020.000
(Einzelheiten siehe Tabelle 7)

– In der Bundesrepublik Deutschland von 1951–1982 einge-
troffene Aussiedler   1.140.278
Vertriebene   52.006
Aussiedler und Vertriebene zusammen   1.192.284
(Einzelheiten siehe Tabelle 9a und 9b)

– Die Zahlenentwicklung von 1951–1982 der im Nachkriegsbe-
reich Mittel-, Ost- und Südosteuropas zurückgebliebenen
bzw. zurückgehaltenen Deutschen

Anzahl der zurückgebliebenen bzw. zurückgehaltenen Deut-
schen   4.170.000
Anzahl der eingetroffenen Aussiedler oder zurückgekehrten
Verschleppten bis 1982   1.410.000
Anzahl der Deutschen, die bis 1982 freiwillig oder gezwungen
in den östl. Ländern und Bereichen zurückblieben   3.800.000
(Einzelheiten siehe Tabelle 8)

– Die Zahlenentwicklung von 1951–1982 der Vertriebenen und
heimgekehrten Verschleppten aus östlichen Bereichen

Vertriebene und heimgekehrte Verschleppte 1950   12.450.000

Vertriebene und heimgekehrte Verschleppte 1982   15.900.000
(Einzelheiten siehe Tabelle 10)
- Die Gesamtzahlen der Vertriebenen im Sinne des BVFG
  (Bundesvertriebenengesetz) im Jahre 1950 und 1982
  Anzahl der Vertriebenen Ende 1950   12.750.000
  Anzahl der Vertriebenen Ende 1982   16.220.000
  (Einzelheiten siehe Tabelle 11)
- Die Anzahl der Heimatvertriebenen aus den historischen
  preußischen Ostprovinzen 1950 und 1982
  Anzahl der Heimatvertriebenen 1950   6.980.000
  Anzahl der Heimatvertriebenen 1982   8.700.000
  (Einzelheiten siehe Tabelle 12)

Tabelle 1: Deutsche Bevölkerung in den deutschen Ostgebieten*), in Mittel- Ost- und Südosteuropa zu Beginn des Zweiten Weltkrieges – Zahlen in 1.000 Personen

Länder, Landesteile, Provinzen nach dem Gebietsstand vom 31. Dezember 1937	Deutsche Bevölkerung im September 1939	Länder, Landesteile, Provinzen nach dem Gebietsstand vom 31. Dezember 1937	Deutsche Bevölkerung im September 1939
Deutsche Ostgebiete[1]		**Tschechoslowakei**	
Ostpreußen		Sudetendeutsche Gebiete	3.012
nördlicher Teil[2]	1.141 ⎫	übriges Böhmen	
südlicher Teil[2]	1.332 ⎭ 2.473	und Mähren	259
Pommern		Westl. Teschener	
(einschl. Stettin)	1.884	Schlesien	67
Brandenburg	642	Hultschiner	
Schlesien		Ländchen	52
Niederschlesien		Slowakei	130
(einschl. Stadt- u.		Karpato-Ukraine	24
Landkreis Zittau)	3.053 ⎫	Zusammen	3.544
Oberschlesien	1.523 ⎭ 4.576	**Baltische Staaten**	
Zusammen	9.575	Estland	17
Freie Stadt Danzig	380	Lettland	63
Polen[3]		Litauen	
Posen-Pommerellen	335	Memelgebiet	118 ⎫
Ost-Oberschlesien	330	übriges Litauen	52 ⎭ 170
Östl. Teschener		Zusammen	250
Schlesien	40	**Sowjetunion**[4]	
Mittelpolen	360	Wolgagebiet	420
Wolhynien und		Wolhynien (Ost)	60
Polesien	65	übrige Ukraine	360
Galizien	70	Krim	60
Zusammen	1.200	Nordkaukasus	100

Länder, Landesteile, Provinzen nach dem Gebietsstand vom 31. Dezember 1937	Deutsche Bevölkerung im September 1939	Länder, Landesteile, Provinzen nach dem Gebietsstand vom 31. Dezember 1937	Deutsche Bevölkerung im September 1939
Südkaukasus	30	Dobrudscha	15
übrige europäische Gebiete	160	Bessarabien	93
Asiatische Gebiete	210	Alt-Rumänien	32
Zusammen	1.400	Zusammen	782
Ungarn[5])		**Jugoslawien**	
Westungarn	70	Banat	126
ungar. Mittelgebirge	220	Batschka und Baranja	191
Hauptstadt Budapest	30	Syrmien	72
Schwäbische Türkei	220	Slawonien	69
Batschka und Banat	40	Bosnien, Serbien, Herzegowina	30
übrige Gebiete	20	Kroatien	14
Zusammen	600	Untersteiermark und Übermurgebiet	13
Rumänien		Krain	
Siebenbürgen		Gottschee	15 ⎫
nördlicher Teil	38 ⎫	übrige Krain	6 ⎭ 21
südlicher Teil	215 ⎭ 253	Zusammen	536
Banat	274		
Sathmar/Bihor/ Maramures	34	Insgesamt	18.267
Buchenland			
nördlicher Teil	38 ⎫		
südlicher Teil	49 ⎭ 81		

*) Zu den Ostgebieten s. Blumenwitz, Dieter: Was ist Deutschland? Staats- und völkerrechtliche Grundsätze zur Deutschen Frage und ihre Konsequenzen für die deutsche Ostpolitik, Bonn 1982, S. 33; Klein, Eckart: Kontinuitätsproblematik und Rechtsstellung der deutschen Ostgebiete. In: Staatliche Kontinuität unter besonderer Berücksichtigung der Rechtslage Deutschlands, hrsg. von Boris Meissner und Gottfried Zieger, Köln 1983, S. 129–141 (Staats- und völkerrechtliche Abhandlungen der Studiengruppe für Politik und Völkerrecht, Bd. 1); zu den Grenzen vom 31.12.1937 s. Blumenwitz, Was ist Deutschland, S. 21f.

[1]) Deutsche Wohnbevölkerung nach der Volkszählung vom 17.05.1939. Soweit die Provinzen von der Oder-Neiße-Linie durchschnitten werden, ist die deutsche Bevölkerung in den östlich dieser Linie gelegenen Provinzteilen aufgrund der Volkszählungsergebnisse für die durchschnittenen Stadt- und Landkreise getrennt berechnet.

[2]) Deutsche Bevölkerung des nördlichen, unter sowjetische Verwaltung, und des südlichen, unter polnische Verwaltung gestellten Teils Ostpreußens getrennt berechnet.

[3]) Die Zahl der Deutschen in Polen in den Grenzen vom 31.12.1937 betrug nach den von Walter Kuhn berichtigten Volkszählungsergebnissen am 09.12.1931 1.300.000. Im Saldo der Abwanderung der Deutschen und des Geburtenüberschusses der verbliebenen Deutschen ergibt sich für den Zeitpunkt des Kriegsbeginns eine Zahl von 1.200.000 Deutschen, die durch die während des Krieges eingesetzte deutsche Ver-

waltung bestätigt wurde. Über die Problematik des „Schwebenden Volkstums" gibt das Schlußkapitel Auskunft.

[4]) Die Volkszählung in der Sowjetunion im Jahre 1926 ergab eine nach einzelnen Siedlungsgebieten aufgegliederte Zahl von 1.238.000 Deutschen. Die letzte Vorkriegsvolkszählung von 1939 ermittelte eine Zahl von 1.420.000 Deutschen, für die jedoch keine regionale Aufgliederung mehr nachgewiesen wurde. In der Zwischenzeit waren die Deutschen im Zusammenhang mit der Zwangskollektivierung der Landwirtschaft zahlreichen Repressalien ausgesetzt, die regional in unterschiedlichem Ausmaß mit Verschleppungen und Hungersnöten verbunden waren. Eine einfache Hochrechnung der Gliederung nach Siedlungsgebieten von 1926 auf 1939 ist daher nicht möglich. Die Zahl der Deutschen in den einzelnen Siedlungsgebieten mußte daher geschätzt werden. Dabei konnten 20.000 in Straflagern befindliche Deutsche nicht mit berücksichtigt werden.

[5]) Nach einer nichtamtlichen Erfassung der Deutschen in Ungarn im Jahre 1940 wurde eine Zahl von 623.000 ermittelt, während amtliche Erhebungen viel niedrigere Zahlen ergaben. Nachdem selbst von deutsch-ungarischer Seite die höhere Zahl angezweifelt wird, erscheint eine angemessene Herabsetzung auf 600.000 Deutsche geboten.

Quellen: Statistisches Bundesamt (Hrsg.): Die deutschen Vertreibungsverluste – Bevölkerungsbilanzen für die deutschen Vertreibungsgebiete 1939/50, Stuttgart 1958; – Karl Stumpp: Ergebnisse über die Gesamterhebung des Deutschtums in der Sowjetunion. In: Heimatbuch der Deutschen aus Rußland 1964; hrsg. von der Landsmannschaft der Deutschen aus Rußland, Stuttgart 1964, S. 38–44; – Gesamterhebung zur Klärung des Schicksals der deutschen Bevölkerung in den Vertreibungsgebieten. Herausgegeben, bearbeitet und zusammengestellt von der Zentralstelle des Kirchlichen Suchdienstes in München, 3 Bde., München 1965; – Gerhard Reichling in Zusammenarbeit mit Heinz Neumeyer, Rudolf Peiker und Günter Boretius: Die Aussiedler aus dem polnischen Bereich. In: Die Aussiedler in der Bundesrepublik Deutschland. Forschungen der AWR Deutsche Sektion. 1. Ergebnisbericht: Herkunft, Ausreise, Aufnahme, hrsg. von Wilhelm Arnold, Wien 1980, S. 1–56 (Abhandlungen zu Flüchtlingsfragen XII/1).

Tabelle 2: Die Religionsgliederung der deutschen Bevölkerung des Zweiten Weltkrieges

Länder, Landesteile, Provinzen nach dem Gebietsstand vom 31. Dezember 1937	Deutsche Bevölkerung	davon					
		evangelisch		katholisch		sonstige	
	1.000	1.000	%	1.000	%	1.000	%
Deutsche Ostgebiete davon	9.575	6.411	67.0	2.862	29.9	302	3.1
Ostpreußen	2.473	2.015	81.5	391	15.8	67	2.7
Pommern	1.884	1.684	89.4	136	7.2	64	3.4
Brandenburg	642	564	87.9	62	9.6	16	2.5
Niederschlesien	3.053	2.000	65.5	916	30.0	137	4.5
Oberschlesien	1.523	148	9.7	1.357	89.1	18	1.2
Freie Stadt Danzig	380	215	56.6	147	38.7	18	4.7
Polen[1]) davon	1.200	736	61.3	457	38.1	7	0.6
Posen-Pommerellen	335	251	74.9	78	23.3	6	1.8

Länder, Landesteile, Provinzen nach dem Gebietsstand vom 31. Dezember 1937	Deutsche Bevölkerung	davon					
		evangelisch		katholisch		sonstige	
	1.000	1.000	%	1.000	%	1.000	%
Oberschlesien	370	54	14.6	316	85.4	–	–
Mittelpolen	360	333	92.5	26	7.2	1	0.3
Ostpolen	65	64	98.5	1	1.5		
Galizien	70	34	48.6	36	51.4		
Tschechoslowakei	3.544	166	4.7	3.231	91.2	147	4.1
davon							
Böhmen, Mähren und Schlesien	3.390	132	3.9	3.122	92.1	136	4.0
Slowakei und Karpato-Ukraine	154	34	22.1	109	70.8	11	7.1
Baltische Staaten	250	239	95.6	8	3.2	3	1.2
davon							
Estland	17	16	94.1	–	–	1	5.9
Lettland	63	61	98.8	2	3.2	–	–
Litauen (o. Memelgeb.)	52	51	98.1	1	1.9	–	–
Memelgebiet	118	111	94.1	5	4.2	2	1.7
Sowjetunion	1.400	1.119	79.9	254	18.4	27	1.9
Ungarn	600	94	15.7	492	82.0	14	2.3
Rumänien	782	437	55.9	330	42.2	15	1.9
Jugoslawien	536	108	20.2	415	77.4	13	2.4
Zusammen	18.267	9.525	52.1	8.196	44.9	546	3.0
Zum Vergleich: Religionsgliederung der Bevölkerung im Reichsgebiet (ohne Ostgebiete)							
Zusammen	59.740	35.692	59.7	20.162	33.8	3.886	6.5

[1]) Von den 750.000 dem Deutschtum zuzurechnenden Angehörigen des „Schwebenden Volkstums" in Polen (s. Schlußkapitel) war der größere Teil katholischen Bekenntnisses. Zur evangelischen Kirche gehörten hauptsächlich die Schlonsaken im Teschener Schlesien.

Quellen: Ergebnisse der Volkszählung im Deutschen Reich vom 17.05.1939, die vom Statistischen Bundesamt für die deutschen Ostgebiete (vgl. Fußnote zu Tabelle 1) getrennt errechnet wurden. Sie sind in den Statistischen Jahrbüchern für die Bundesrepublik Deutschland wiederholt bekanntgegeben worden. Statistisches Bundesamt, Vertreibungsverluste; – Alfred Bohmann: Das Sudetendeutschtum in Zahlen, hrsg. von dem Sudetendeutschen Rat, München 1959; – Karl Stumpp: Die Rußlanddeutschen – Zweihundert Jahre unterwegs, Freilassing 1964; – Joseph Schnurr: Die Aussiedler aus dem sowjetischen Bereich. In: Die Aussiedler in der Bundesrepublik Deutschland, 1. Ergebnisbericht, S. 57–101; – Alfred Bohmann: Menschen und Grenzen. 4 Bde., Köln 1969–1975; – Robert MüllerSternberg unter Mitarbeit von Werner Nellner: Deutsche Ostsiedlung – eine Bilanz für Europa. Herausgeber: Ostdeutscher Kulturrat, Bielefeld 1969.

Tabelle 3: Umsiedlung und Verschleppung von Deutschen in Ost-, Mittelost- und Südosteuropa während des Zweiten Weltkrieges – Zahlen in 1.000 Personen

Länder nach dem Gebietsstand vom 31. Dezember 1937 Deutsche Siedlungsgebiete im Jahre 1939	Deutsche, die aus den vorgenannten Gebieten						1941 bis 1944 innerhalb der Sowjetunion zwangsumgesiedelt wurden[2])
	1940 bis 1944 aufgrund bilateraler Verträge oder administrativer Maßnahmen des Deutschen Reiches in nachstehende Gebiete umgesiedelt wurden						
	Insgesamt[1])	„Eingegliederte Ostgebiete"	„Generalgouvernement"	Gebiete gem. Spalten 3 + 4 zusammen	Deutschland („Altreich")	Österreich	
1	2	3	4	5	6	7	8
Polen							
Narew-Gebiet	11	4	5	9	2	–	
Cholmer Land	31	25	6	31	–	–	
Wolhynien, Polesien	67	28	10	38	29	–	
Galizien	57	28	7	35	17	5	
Zusammen	166	85	28	113	48	5	
Baltische Staaten							
Estland	17	13	–	13	4	–	
Lettland	59	38	–	38	21	–	
Litauen	51	36	–	36	15	–	
Zusammen	127	87	–	87	40	–	
Sowjetunion							
Wolgagebiet	–	–	–	–	–	–	400
Wolhynien (Ost)	45	35	5	40	5	–	–
Übrige Ukraine	280	200	20	220	60	–	100
Krim	5	5	–	5	–	–	50
Nordkaukasus	5	5	–	5	–	–	80
Südkaukasus	5	5	–	5	–	–	20
Übrige Gebiete	30	15	10	25	5	–	50
Zusammen	370	265	35	300	70	–	700
Rumänien							
Bessarabien	92	57	6	63	20	9	
Buchenland	95	59	6	65	20	10	
Dobrudscha	15	10	–	10	5	–	
Alt-Rumänien	10	2	–	2	7	1	
Zusammen	212	128	12	140	52	20	
Jugoslawien							
Bosnien, Serbien Herzegowina	20	10	–	10	5	5	
Krain	15	–	–	–	5	10	
Zusammen	35	10	–	10	10	15	
Insgesamt	910	575	75	650	220	40	700

[1]) Die Aufteilung der Umsiedler auf die in den Spalten 3 bis 7 verzeichneten Gebiete gibt ihren tatsächlichen Aufenthalt im letzten Kriegsjahr wieder. Dabei ist berücksichtigt, daß zahlreiche Umsiedler zwar in den Ansiedlungsgebieten (gemäß Spalten 3 und 4) registriert und dort für die Ansiedlung vorgesehen worden waren, aber einen Wohnsitz im „Altreich" (Spalte 6) oder in Österreich (Spalte 7) vorgezogen und ihn im verwaltungsmäßig ungelenkten Verfahren aus eigener Initiative dort genommen haben.

[2]) Die Zwangsumsiedlung der Deutschen erfolgte aus den in Spalte 1 aufgeführten Gebieten im europäischen Teil nach dem asiatischen Teil der Sowjetunion, überwiegend nach Zentral-asien, Sibirien und fernöstliche Regionen.

Quellen: Jürgen von Hehn: Die Umsiedlung der baltischen Deutschen – das letzte Kapitel baltisch-deutscher Geschichte, Marburg 1984 (Marburger Ostforschungen, Bd. 40); – Dirk Jarchomowski: Die Umsiedlung der Bessarabien-, Bukowina- und Dobrudschadeutschen, München 1984; – Hans Neuhoff: Die Umsiedlung der Deutschen 1939–1944. In: AWR-Bulletin 1969, H. 2, S. 69–79; – Benjamin Pinkus: Die Deutschen in der Sowjetunion. In: Heimatbuch der Deutschen aus Rußland 1973–1981, hrsg. von der Landsmannschaft der Deutschen aus Rußland, Stuttgart 1981, S. 9–19; – Joseph Schnurr: Die Bedeutung deutscher und ausländischer Staatsangehörigkeitsregelungen bei der Integration der Aussiedler. In: Die Aussiedler in der Bundesrepublik Deutschland, Forschungen der AWR Deutsche Sektion. 2. Ergebnisbericht: Anpassung, Umstellung, Eingliederung, hrsg. von Hans Harmsen, Wien 1983, S. 159–186 (Abhandlungen zu Flüchtlingsfragen Bd. XII/2); – Hellmut Teschner: Die Ost-West-Wanderungen des deutschen Volkes in den letzten 100 Jahren. In: Deutsche Ostkunde, West-Ostdeutsche Blätter für Erziehung und Unterricht, 1962, Nr. 1, S. 8–16.

Tabelle 4: Verschleppung und Vertreibung von Deutschen aus den deutschen Ostgebieten, aus Mittel-, Ost- und Südosteuropa am Ende des Zweiten Weltkrieges. – Zahlen in 1.000 Personen

Länder und Landesteile nach dem Gebietsstand vom 31. Dezember 1937 Herkunftsgruppen der bei Kriegsende anwesenden Deutschen[1])	Anzahl der bei Kriegsende anwesenden Deutschen	Deutsche, die aus den vorgenannten Ländern und Landesteilen						
		nach der Sowjetunion verschleppt oder zwangsrepatriiert wurden		1950 als Vertriebene oder zurückgekehrte Verschleppte in nachstehenden Gebieten aufgenommen waren				
		Insgesamt	Zurückgekehrte Verschleppte 1950	Insgesamt	Bundesrepublik Deutschland	DDR und Berlin (Ost)	Österreich[6])	Andere europ. und überseeische Länder[7])
1	2	3	4	5	6	7	8	9
Deutsche Ostgeb.								
Ansässige Reichsdeutsche	8.630	300	100	6.660	4.320	2.340	–	–
Zugezog. Reichsdeutsche[2])	225	10	–	205	110	95	–	
Umsiedler[3])	220	40	–	122	90	27	–	5
Zusammen	9.075	350	100	6.987	4.520	2.462	–	5
Fr. Stadt Danzig								
Ansäss. Deutsche	373	10	5	290	220	70	–	–
Zugezog. Reichsdeutsche[2])	15	–	–	15	15	–	–	–
Zusammen	388	10	5	305	235	70	–	–
Polen								
Ansäss. Deutsche[4])	1.010	100	30	595	345	240	5	5
Zugez. Ostdeutsche	380	50	20	295	50	245	–	–
Übrige Deutsche[2])	290	40	20	210	190	20	–	–
Umsiedler[3])	690	270	–	305	200	67	10	28
Zusammen	2.370	460	70	1.405	785	572	15	33

Länder und Landesteile nach dem Gebietsstand vom 31. Dezember 1937 Herkunftsgruppen der bei Kriegsende anwesenden Deutschen[1]	Anzahl der bei Kriegsende anwesenden Deutschen	Deutsche, die aus den vorgenannten Ländern und Landesteilen		1950 als Vertriebene oder zurückgekehrte Verschleppte in nachstehenden Gebieten aufgenommen waren				
		nach der Sowjetunion verschleppt oder zwangsrepatriiert wurden						
		Insgesamt	Zurückgekehrte Verschleppte 1950	Insgesamt	Bundesrepublik Deutschland	DDR und Berlin (Ost)	Österreich[6]	Andere europ. und überseeische Länder[7]
1	2	3	4	5	6	7	8	9
Tschechoslowakei								
Ansäss. Deutsche	3.436	30	20	3.000	1.900	850	200	50
Zugez. Deutsche	30	–	–	25	10	15	–	–
Übrige Deutsche[2]	30	–	–	30	25	5	–	–
Zusammen	3.496	30	20	3.055	1.935	870	200	50
Baltische Staaten	100	10	5	72	50	20	–	2
Ungarn	548	30	20	210	175	10	20	5
Rumänien	498	80	50	133	65	28	35	5
Jugoslawien	435	40	30	283	135	33	100	15
Insgesamt	16.910	1.010	300	12.450	7.900	4.065	370	115
Insges. waren i. d. vorgen. Ländern und Landesteilen								
Ansäss. Deutsche	15.030	600	260	11.208	7.210	3.591	325	82
Zugez. Ostdeutsche	410	50	20	320	60	260	–	–
Übrige Deutsche[2]	560	50	20	460	340	120	–	–
Administrativumsiedler	370	280	–	100	70	5	–	25
Vertragsumsiedler	540	30	–	362	220	89	45	8

[1]) Soweit bei einzelnen Ländern keine Herkunftsgruppen angegeben sind, handelt es sich ausschließlich um ansässige Deutsche.

[2]) Einschließlich Österreicher.

[3]) Die Herkunftsgebiete der in den deutschen Ostgebieten aufgenommenen Umsiedler sind der Tabelle 3 Spalte 6 zu entnehmen. Bei Polen sind 113.000 Vertragsumsiedler aus Ostpolen, die in den eingegliederten deutschen Ostgebieten angesiedelt wurden, nicht zu den einheimischen Deutschen, sondern zu den Umsiedlern gezählt. Im übrigen sind die in Anmerkung 6 erwähnten 40.000 Vertragsumsiedler hier enthalten.

[4]) U. a. zum „Schwebenden Volkstum" in Polen s. Schlußkapitel.

[5]) Deutsche bei Kriegsende nur noch im Memelgebiet.

[6]) Für das Aufnahmeland Österreich sind als Vertriebene im Jahre 1950 auch 40.000 Vertragsumsiedler, davon 5.000 Galiziendeutsche, 20.000 Rumäniendeutsche und 15.000 Jugoslawiendeutsche nachgewiesen, die während des Krieges aus den eingegliederten Ostgebieten, wo sie zunächst aufgenommen und registriert worden waren, im behördlich ungelenkten Verfahren ihren Wohnsitz nach Österreich verlegt hatten. Weitere 5.000 galiziendeutsche Vertragsumsiedler folgten als Vertriebene aus Polen erst am Kriegsende. Bei den vertriebenen ansässigen Deutschen aus Polen handelt es sich um Personen aus dem östlichen Teil des Teschener Schlesiens, der bis 1918 zu Österreich gehört hatte und nach dem Versailler Vertrag an Polen gefallen war.

[7]) Unter den 115.000 aufgenommenen Vertriebenen in westeuropäischen oder überseeischen Ländern befinden sich 25.000 Rußlanddeutsche, von denen 5.000 aus den deutschen Ostgebieten und 20.000 aus Polen als Administrativumsiedler vertrieben wurden, und weitere aus Polen vertriebene 5.000 Vertragsumsiedler aus Bessarabien und 3.000 Vertragsumsiedler aus Wolhynien.

Quellen: Statistisches Bundesamt, Vertreibungsverluste; – Reichskommissar für die Festigung des deutschen Volkstums: Kleiner Umsiedlungsspiegel. Ausgabe Januar 1944 (in Tabelle 4 auf Ende 1944 unter Beiziehung anderer Quellen fortgeschrieben); – Regierung des Generalgouvernements – Statistisches Amt: Summarische Bestandsaufnahme der Bevölkerung am 01.03.1943 (in Tabelle 4 unter Beiziehung anderer Quellen auf Ende 1940 fortgeschrieben); – Walter Kuhn: Das Deutschtum in Polen und sein Schicksal in Kriegs- und Nachkriegszeit. In: Osteuropa-Handbuch Polen, Köln/Graz 1959, S. 138–164; – Bundesministerium für Vertriebene (Hrsg.): Dokumentation der Vertreibung der Deutschen aus Ost-Mitteleuropa. Band I/1: Die Vertreibung der deutschen Bevölkerung aus den Gebieten östlich der Oder-Neiße, in Verbindung mit Adolf Diestelkamp u.a. bearbeitet von Theodor Schieder, Bonn o. J.; – Alfred Bohmann: Menschen und Grenzen; – Salzburger Komitee für Flüchtlingshilfe (Hrsg.): Flüchtlingsland Österreich, Salzburg 1957; – Statistisches Amt des Vereinigten Wirtschaftsgebietes (Hrsg.): Die Flüchtlinge in Deutschland. Ergebnisse der Sonderauszählungen aus der Volks- und Berufszählung vom 29.10.1946, Wiesbaden 1950; – Peter-Heinz Seraphim: Die Heimatvertriebenen in der Sowjetzone, Berlin und München 1954 (Schriften des Vereins für Sozialpolitik, N. F. Bd 7/1); – Gotthold Rhode: Die Völkerwanderung des zwanzigsten Jahrhunderts – Zwangsaussiedlung als Mittel der Machtpolitik. In: Deutsche Ostkunde, Vierteljahresschrift für Erziehung und Unterricht, 1976, H. 3, S. 49–60; – Reichling, Die Aussiedler, in: Die Aussiedler, 1. Ergebnisbericht.

Tabelle 5: Die Gesamtzahl der innerhalb und nach der Sowjetunion verschleppten Deutschen und ihr Verbleib im Jahre 1950 – Zahlen in 1.000 Personen

Wohngebiete[1]) der Verschleppten bei Kriegsbeginn	Nach und innerhalb der Sowjetunion verschleppte Deutsche		waren 1950 wieder zurückgekehrt		Von den Verschleppten haben bis 1950 den Tod gefunden		lebten 1950 noch in Deportationsgebieten	
	Insgesamt	darunter Zwangsrepatriierte	Insgesamt	darunter Zwangsrepatriierte	Insgesamt	darunter Zwangsrepatriierte	Insgesamt	darunter Zwangsrepatriierte
1	2	3	4	5	6	7	8	9
Deutsche Ostgebiete	350	–	120	–	140	–	90	–
Übr. Reichsgebiet[2])	50	–	20	–	20	–	10	–
Freie Stadt Danzig	10	–	5	–	5	–	–	–
Polen[3])	112	12	30	–	40	4	42	8
Tschechoslowakei	30	–	20	–	4	–	6	–
Baltische Staaten[4])	19	9	5	–	8	3	6	6
Sowjetunion	980	280	–	–	310	100	670	180
Ungarn	30	–	20	–	10	–	–	–
Rumänien	89	9	50	–	33	3	6	6
Jugoslawien	40	–	30	–	10	–	–	–
Zusammen	1.710	310	300	–	580	110	830	200

¹) Angegebene Länder und Landesteile nach dem Gebietsstand vom 31.12.1937.
²) Einschließlich Österreich.
³) Außer 100.000 einheimischen Deutschen, von denen die meisten in der ostoberschlesischen Industrie beschäftigt waren, wurden aus den eingegliederten Ostgebieten 30.000 Vertragsumsiedler, davon 12.000 Galizien- und Wolhyniendeutsche, 9.000 Baltendeutsche und 9.000 Buchenland- und Bessarabiendeutsche nach der Sowjetunion verschleppt (in Spalte 3 nachgewiesen).
⁴) Von den 19.000 Verschleppten sind 10.000 bei Kriegsende im Memelgebiet anwesend gewesene Deutsche und 9.000 baltendeutsche Vertragsumsiedler, die in den eingegliederten Ostgebieten ergriffen und nach der Sowjetunion zwangsrepatriiert wurden.
⁵) Von den 300.000 Heimkehrern trafen bis 1950 165.000 in westlichen Aufnahmegebieten und 135.000 in ihren Vorkriegswohngebieten ein. Näheres siehe Tabelle 6.

Tabelle 6: Die Zerstreuung und Dezimierung der von der Verschleppung verschonten Deutschen durch die Vertreibung 1945–1950 – Zahlen in 1.000 Personen

Wohngeb. der Deutschen bei Kriegsbeginn	Anzahl der nicht verschleppten Deutschen bei Kriegsende⁴)	trafen als Vertriebene in westlichen Aufnahmegebieten ein⁵)			Davon blieben als ansässige Deutsche in den Vertreibungsgebieten zurück⁶)					fanden bei der Vertreibung u. vorangegangenen Mißhandlungen den Tod⁷)
		Anzahl der Eingetroffenen	Geburtenüberschuß bis 1950	Zurückgekehrte Verschleppte bis 1950	Anzahl der Vertriebenen 1950	Anzahl der Zurückgebliebenen	Geburtenüberschuß bis 1950	Zurückgekehrte Verschleppte bis 1950	Anzahl der Deutschen 1950	
1	2	3	4	5	6	7	8	9	10	11
Deutsche Ostgeb.	8.690	6.700	200	80	6.980	1.260	50	40	1.350	730
Übrige Reichsgebiete	510	422	18	20	460	–	–	–	–	88
Fr. Stadt Danzig	363	279	6	5	290	49	1	–	50	35
Polen	1.064	661	19	10	690	269	11	20	300	134
Tschechoslowakei	3.406	2.911	79	10	3.000	279	11	10	300	216
Balt. Staaten	208	165	–	5	170	18	–	–	18	25
Sowjetunion³)	620	90	10	–	100	530	40	–	570	–
Ungarn	518	199	6	5	210	245	10	15	270	74
Rumänien	621	288	7	15	250	351	14	35	400	42
Jugoslawien	430	271	14	14	300	63	4	15	82	96
Zusammen	16.430	11.926	359	165	12.450	3.064	141	135	3.340	1.440

¹) Länder und Landesteile nach dem Gebietsstand vom 31.12.1937.
²) Einschließlich Österreich.
³) Bei den 90.000 vertriebenen Deutschen mit Vorkriegswohnsitz in der Sowjetunion handelt es sich um rußlanddeutsche Administrativumsiedler, denen es gelungen ist, der Zwangsrepatriierung nach der Sowjetunion zu entgehen. 530.000 Rußlanddeutsche blieben von der Zwangsumsiedlung innerhalb der Sowjetunion verschont, da-

von hatten 296.000 ihren Wohnsitz im europäischen, 274.000 im asiatischen Teil der Sowjetunion.

[4]) Im Gegensatz zu Tabelle 4 Spalten 2 und 3 bilden hier nicht die Wohngebiete der Deutschen zum Zeitpunkt der Vertreibung, sondern – wie auch in Tabelle 5 – die Wohngebiete der Deutschen bei Kriegsbeginn die Grundlage für den Zahlennachweis. Außerdem sind 530.000 nicht zwangsumgesiedelte Rußlanddeutsche hinzugerechnet (vgl. Anmerkung 3).

[5]) Die in Tabelle 4 Spalte 5 nachgewiesene Zahl von 12,45 Millionen Ende 1950 in westlichen Aufnahmegebieten lebenden vertriebenen Deutschen ist hier ebenfalls nach ihren Vorkriegswohngebieten umgegliedert worden (Spalte 6). Wenn man ihren Geburtenüberschuß nach der Ankunft (Spalte 4) und die Rückkehrer aus sowjetischer Deportation (Spalte 5) von dieser Zahl abzieht, ergibt sich die Zahl der persönlich vertriebenen Deutschen von 11.926.000 (Spalte 3).

[6]) Von den 3.340.000 Ende 1950 in ihren Vorkriegswohngebieten zurückgebliebenen bzw. zurückgehaltenen Deutschen (Spalte 10) wird hier ebenfalls durch Abzug des Geburtenüberschusses nach 1945 (Spalte 8) und der Heimkehrer aus sowjetischen Deportationsgebieten (Spalte 9) die Zahl der Deutschen nach dem Stand bei Kriegsende ermittelt (Spalte 7).

[7]) Zur zahlenmäßigen Ermittlung der beim Einmarsch der Sowjetarmee und bei der Vertreibung ums Leben gekommenen Deutschen werden die Zahlen der Deutschen bei Kriegsende (Spalte 2) denjenigen der nach Kriegsende in den Aufnahmegebieten eingetroffenen Vertriebenen (Spalte 3) und der in den Vertreibungsgebieten zurückgebliebenen Deutschen (Spalte 7) gegenübergestellt. Es ergibt sich ein Verlust von 1,44 Millionen.

Diese Verlustziffer bedarf im Hinblick auf das Problem des „Schwebenden Volkstums" in Polen (nach dem Gebietsstand vom 31.12.1937, s. Schlußkapitel) zweier Korrekturen:

a) Nach Walter Kuhn sind etwa 50.000 „Zweisprachige", die statistisch nicht der deutschen Volksgruppe im engeren Sinne in Polen (Spalte 2) zugerechnet sind, vertrieben worden. Die Zahl der eingetroffenen Vertriebenen (Spalte 3) ist danach von 661.000 auf 611.000 herabzusetzen und die der Vertreibungsverluste (Spalte 11) von 134.000 auf 184.000 zu erhöhen.

b) Völlig unberücksichtigt sind die Verluste, die der dem „Schwebenden Volkstum" zuzurechnende Personenkreis erlitten hat. Hierüber gibt keine Statistik Auskunft. Eine Schätzung, die weitgehend durch Aussiedleraussagen gestützt wird, ergibt, daß 10% der durch die deutsche Verwaltung während des Krieges in der Abteilung 3 der Deutschen Volksliste erfaßten 1.5 Millionen Personen ihr Bekenntnis zum Deutschtum mit dem Leben bezahlt haben. Das ergäbe 150.000 Tote.

Unter Berücksichtigung dieser Angaben wären die Vertreibungsverluste in Polen auf 334.000 und die Gesamtzahl aller Getöteten von 1.440.000 auf 1.640.000 zu erhöhen.

Tabelle 7: Tote und Überlebende nach Verschleppung und Vertreibung der Deutschen bis 1950[1]) – Zahlen in 1.000 Personen

Wohngebiete der Deutschen bei Kriegsbeginn[2])	Überlebende Deutsche 1950				Getötete Deutsche bis 1950[4])		
	Insgesamt	Nichtvertriebene und Verschleppte	Vertriebene in den Aufnahmegebieten	Verschleppte in der Sowjetunion	Insgesamt	bei der Vertreibung	bei der Verschleppung
1	2	3	4	5	6	7	8
Deutsche Ostgebiete	8.420	1.350	6.980	90	870	730	140
Übriges Reichsgebiet[3])	470	–	460	10	108	88	20
Freie Stadt Danzig	340	50	290	–	40	35	5
Polen[4])	1.032	300	690	42	174	134	40
Tschechoslowakei	3.306	300	3.000	6	220	216	4
Baltische Staaten	194	18	170	6	33	25	8
Sowjetunion	1.340	570	100	670	310	–	310
Ungarn	480	270	210	–	84	74	10
Rumänien	656	400	250	6	75	42	33
Jugoslawien	382	82	300	–	106	96	10
Zusammen	16.620	3.340	12.450	830	2.020	1.140	580

[1]) Tabelle 7 dient der Einbindung der Aussagen von Tabelle 5 über den Vorgang der Verschleppung einschließlich der Zwangsrepatriierung und von Tabelle 6 über das Vertreibungsgeschehen zu einer Synopse über das Kriegs- und Nachkriegsschicksal der deutschen Zivilbevölkerung in den deutschen Ostgebieten, in Mittel-, Ost- und Südosteuropa nach dem Stand von 1950.

[2]) Länder und Landesteile nach dem Gebietsstand vom 31.12.1937.

[3]) Einschließlich Österreich.

[4]) Unter Berücksichtigung der im Hinblick auf das „Schwebende Volkstum" in Polen gegebenen Hinweise (vgl. Tabelle 6, Anm. 7) erhöhen sich die Vertreibungsverluste (Spalte 7) von 1,44 Millionen auf 1,64 Millionen und die Zahl der getöteten Deutschen insgesamt (Spalte 6) von 2,02 Millionen auf 2,22 Millionen.

Quellen: Statistisches Bundesamt (Hrsg.): Volkszählung vom 06.06.1961 – Heimgekehrte Kriegsgefangene, Zivilinternierte und Zivilverschleppte. In: Fachserie A/Bevölkerung und Kultur/Vorbericht 8, Wiesbaden 1963; – Gotthold Rhode: Die Deutschen im Osten nach 1945. In: Zeitschrift für Ostforschung – Länder und Völker im östlichen Mitteleuropa, 1953, H. 3, S. 371–388; – Kurt W. Böhme: Gesucht wird… Die dramatische Geschichte des Suchdienstes, München 1965; – Karl Stumpp: Das Deutschtum in der Sowjetunion nach der Volkszählung 1959. In: Heimatbuch der Deutschen aus Rußland, hrsg. von der Landsmannschaft der Deutschen aus Rußland, Stuttgart 1959, S. 78–83; – Albin Eissner (alias Alfred Bohmann): Bevölkerungsbewegungen in Mittel- und Osteuropa. In: Schriftenreihe des Göttinger Arbeitskreises, H. 67, Würzburg 1962; – Gerhard Reichling: Die Heimatvertriebenen im Spiegel der Statistik, Berlin 1958 (Schriften des Vereins für Socialpolitik, N. F., Bd. 6/III); – Gerhard Reichling: Deutsche und Polen 1945 bis 1970 im Spiegel der amtlichen polnischen Statistik, Bonn 1976 (Schriftenreihe der Kulturstiftung der deutschen Vertriebenen, H.1); – A. Mergenthaler: Das Deutschtum in Sibirien und Mittelasien. In: Heimatbuch der Deutschen aus Rußland 1959, hrsg. von der Landsmannschaft der Deutschen aus Rußland, Stuttgart 1959; – Gerhard Teich: Die rußlanddeutsche Bevölkerungsbewegung in Kriegs- und Nachkriegszeit 1941–1950. In: Heimatbuch der Deutschen aus Rußland 1958, S. 82–94; außerdem s.: Gesamterhebung; Stumpp, Die Rußlanddeutschen; Müller-Sternberg, Deutsche Ostsiedlung; Pinkus, Die Deutschen in der Sowjetunion; Bohmann, Menschen und Grenzen; Rhode, Die Völkerwanderung.

Tabelle 8: Die Zahlenentwicklung der in den Nachkriegsbereichen und -ländern Mittel-, Ost- und Südosteuropas zurückgebliebenen bzw. zurückgehaltenen Deutschen 1951–1982 – Zahlen in 1.000 Personen

Aufenthaltsbereiche und -länder der Deutschen[1]	Zurückgebliebene bzw. -gehaltene Deutsche 1950[2] Spalten 3 + 8	trafen bis 1982 in westlichen Aufnahmegebieten als Aussiedler oder zurückgekehrte Verschleppte ein					blieben bis 1982 in östlichen Bereichen und Ländern freiwillig oder gezwungen zurück			
		Anzahl	Geburtenüberschuß bis zum Eintreffen[3]	Eingetroffene Deutsche Insgesamt Spalten 3 + 4	Davon Eingetroffene Deutsche in der Bundesrepublik Deutschland[4]	in der DDR, Berlin (Ost), Österreich[5]	zurück Anzahl	Geburtenüberschuß bis 1982[3]	Assimilationsverlust bis 1982[6]	Zurückgebliebene Deutsche[7] Spalten 8 + 9 – 10
1	2	3	4	5	6	7	8	9	10	11
Polnischer Bereich	1.700	739	128	867	682	185	961	239	100	1.100
Tschechoslowakei	300	150	10	160	80	80	150	10	50	110
Sowjetischer Bereich	1.418	117	12	129	112	17	1.301	759	85	1.975
davon Rußlanddeutsche	1.240	82	11	93	85	8	1.158	742	80	1.820
Deutsche aus annektierten Gebieten	48	8	1	9	9	–	40	5	–	45
Deutsche aus anderen Gebieten	130	27	–	27	18	9	103	12	5	110
Ungarn	270	27	3	30	14	16	243	57	50	250
Rumänien	400	128	16	144	132	12	272	98	20	350
Jugoslawien	82	70	10	80	67	13	12	3	–	15
Zusammen	4.170	1.231	179	1.410	1.087	323	2.939	1.166	305	3.800

[1]) In den nach 1945 gezogenen Grenz- bzw. Demarkationslinien.
[2]) In dieser Spalte sind die Zahlen aus den Spalten 3 und 5 der Tabelle 7 zusammengeführt. Die 48.000 Deutschen aus sowjetisch annektierten Gebieten setzen sich aus 18.000 im Memelgebiet zurückgebliebenen Deutschen, aus 10.000 verschleppten Ostpreußen und Karpatendeutschen und aus 20.000 aus dem Westen verschleppten (zwangsrepatriierten) Vertragsumsiedlern zusammen. Von den 130.000 verschleppten Deutschen aus anderen Gebieten sind 95.000 im Reichsgebiet (Grenzen 31.12.1937) oder in Österreich und 35.000 in Polen oder der Tschechoslowakei beheimatet.

3) Der Geburtenüberschuß der in den westlichen Aufnahmegebieten eingetroffenen Deutschen (Spalte 4) von 1951 bis zur Ankunft wurde zu dem Zweck errechnet, ihre Ausgangszahl im Jahre 1950 festzustellen. Die letztere wurde von der Gesamtzahl der Deutschen im Jahre 1950 (Spalte 2) abgezogen, woraus sich die Ausgangszahl der zurückgebliebenen Deutschen im Jahre 1950 ergibt (Spalte 8). Für die 1950 zurückgebliebenen Deutschen ist sodann gesondert der Geburtenüberschuß bis 1982 (Spalte 9) unter Berücksichtigung amtlicher Statistiken der Aufenthaltsländer und der spezifischen Lebensverhältnisse der Deutschen in dieser Zeitspanne berechnet worden.

4) Die angegebene Gesamtzahl der in der Bundesrepublik Deutschland von 1951 bis 1982 eingetroffenen Deutschen (1.087.000) übersteigt die in Tabelle 9 Spalte 2 der registrierten Aussiedler in dieser Zeit um rund 20.000. Bei diesen handelt es sich um Zivilgefangene und Zivilverschleppte, die nach der zwischen Bundeskanzler Adenauer und der sowjetischen Regierung im Jahre 1955 getroffenen Vereinbarung aus der Sowjetunion zurückgekehrt sind, ohne bei der Ankunft in Friedland als Aussiedler registriert worden zu sein. Dies trifft für die in dieser Spalte aufgeführten 18.000 Reparationsverschleppten und darüber hinaus für 2.000 Deutsche aus dem sowjetisch annektierten Teil Ostpreußens zu. Die übrigen 7.000 Deutschen aus den annektierten Gebieten sind zum größeren Teil Memeldeutsche, zum kleineren Teil Karpatendeutsche, die zusammen mit den 85.000 Rußlanddeutschen als die 92.000 registrierten Aussiedler in Tabelle 9 Spalte 5 erscheinen.

5) Die Ankunft von 323.000 Deutschen aus dem Osten in der DDR und in Österreich ist auf die Bemühungen des Internationalen Roten Kreuzes um die Familienzusammenführung der Deutschen nach dem Kriege zurückzuführen. Die DDR stand im übrigen für die Zuwanderung von Deutschen aus dem polnischen Bereich offen, bis nach einem im Jahre 1972 mit Polen geschlossenen Geheimabkommen die Grenzen für deutsche Zuwanderer gesperrt wurden. Seit Mitte der 70er Jahre ist ein verstärkter Zuzug von Deutschen aus der Sowjetunion zu beobachten, die die Erleichterung einer Ausreise nach der DDR in der Absicht nutzen, um bei der nächsten sich bietenden Gelegenheit sich in die Bundesrepublik abzusetzen.

6) Personen, die nach vorangegangener sprachlicher und kultureller Assimilation auch das Bekenntnis zum deutschen Volkstum aufgegeben haben.

7) Die Gesamtzahl der Deutschen Ende 1982 im polnischen Bereich schließt nicht die dem Deutschtum zuzuordnenden Angehörigen des Schwebenden Volkstums ein (siehe Schlußabschnitt), die bei Kriegsbeginn und Kriegsende etwa übereinstimmend sich auf 750.000 Personen beliefen. Nach Vertreibung, Verfolgung, Aussiedlung und unter Berücksichtigung teilweiser Assimilation an das Polentum ist ihre Anzahl noch auf 200.000 Personen – überwiegend in Oberschlesien – zu veranschlagen. Die Gesamtzahl der im polnischen Bereich Ende 1982 zurückgebliebenen Deutschen würde sich dadurch auf 1.3 Millionen erhöhen und der im gesamten östlichen Bereich auf 4.0 Millionen.

Quellen: Albertus-Magnus-Kolleg (Hrsg.): Die Deutschen in Ost- und Südosteuropa, Königstein 1984; – Jörg Kudlich: Die deutschen Aussiedler und die Lage der deutschen Volksgruppen in Ost-Südosteuropa, Weiden 1981 (Blätter der Deutschen Gildenschaft, 23. Jahrgang, F.2); – Der Niedersächsische Minister für Bundesangelegenheiten (Hrsg.): 30 Jahre Friedland, Hannover 1975; – Gerhard Reichling; Gemeindeverzeichnis für die Hauptwohngebiete der Deutschen außerhalb der Bundesrepublik Deutschland, Frankfurt am Main 1982; – Gerhard Reichling: Licht- und Schattenseiten der Aussiedlung der Deutschen aus Ost- und Südosteuropa und bei der Eingliederung in der Bundesrepublik Deutschland. In: AWR-Bulletin Nr. 4/1983, S. 201–206; – Bernd Schlegel: Die deutschen Aussiedler 1950–1982 unter besonderer Berücksichtigung der Jahre 1976–1980 im Spiegel der amtlichen Statistik. In: Die Aussiedler in der Bundesrepublik Deutschland, 2. Ergebnisbericht, S. 27–59; – Povl Skadegard: Wie ist die völkerrechtliche Lage des heutigen Europas, Mailand 1972; – Schnurr, Die Aussiedler in der Bundesrepublik Deutschland, 1. Ergebnisbericht.

Tabelle 9a: In der Bundesrepublik Deutschland eingetroffene Aussiedler und Vertriebene 1951–1984

Gesamtzahlen

Jahr	Eingetroffene Aussiedler[1]	davon aus[2]						Über das westliche Ausland eingetroffene Vertriebene[4]	Eingetroffene Aussiedler und Vertriebene zusammen
		dem polnischen Bereich	der Tschechoslowakei	dem sowjetischen Bereich	Ungarn	Rumänien	Jugoslawien[3]		
1	2	3	4	5	6	7	8	9	10
1951	19.711	10.791	3.524	1.721	157	1.031	2.487	3.698	23.409
1952	3.779	194	146	63	30	26	3.320	9.321	13.100
1953	5.646	147	63	–	15	15	5.406	7.114	12.760
1954	7.288	662	128	18	43	8	6.429	5.032	12.320
1955	9.369	860	184	154	98	44	8.029	2.586	11.955
1956	22.940	15.674	954	1.016	160	176	4.960	6.043	28.983
1957	106.031	98.290	762	923	2.193	384	3.479	6.256	112.287
1958	128.133	117.550	692	4.122	1.194	1.383	3.192	2.573	130.706
1959	25.886	16.252	600	5.563	507	374	2.590	1.314	27.200
1960	17.091	7.739	1.394	3.272	319	2.124	2.243	998	18.089
1961	16.405	9.303	1.207	345	194	3.303	2.053	747	17.152
1962	15.721	9.657	1.228	894	264	1.675	2.003	682	16.403
1963	14.854	9.522	973	209	286	1.321	2.543	614	15.468
1964	20.093	13.611	2.712	234	387	818	2.331	743	20.836
1965	23.854	14.644	3.210	366	724	2.715	2.195	475	24.329
1966	27.780	17.315	5.925	1.245	608	609	2.078	380	28.160
1967	26.213	10.856	11.628	1.092	316	440	1.881	248	26.461
1968	23.195	8.435	11.854	598	303	614	1.391	196	23.391
1969	29.868	9.536	15.602	316	414	2.675	1.325	166	30.034
1970	18.581	5.624	4.207	342	517	6.519	1.372	359	18.940
1971	33.249	25.241	2.337	1.145	519	2.848	1.159	365	33.614
1972	23.574	13.476	894	3.426	520	4.374	884	315	23.889
1973	22.721	8.902	525	4.494	440	7.577	783	331	23.052
1974	24.294	7.825	378	6.541	423	8.484	646	192	24.489
1975	19.312	7.040	514	5.985	277	5.077	419	328	19.640
1976	44.229	29.366	849	9.704	233	3.764	313	154	44.383
1977	54.162	32.861	612	9.274	189	10.989	237	87	54.249
1978	58.052	36.102	904	8.455	269	12.120	202	68	58.120
1979	54.781	36.274	1.058	7.226	370	9.663	190	85	54.866
1980	51.969	26.637	1.733	6.954	591	15.767	287	87	52.056
1981	69.317	50.983	1.629	3.773	667	12.031	234	119	69.436
1982	47.976	30.355	1.776	2.071	589	12.972	213	177	48.153
1951 bis 1982	1.066.077	681.724	80.202	91.541	13.816	131.920	66.874	51.853	1.117.930
1983	37.841	19.122	1.176	1.447	458	15.501	137	81	37.922
1984	36.360	17.455	963	913	286	16.553	190	72	36.432
1951 bis 1984[5]	1.140.278	718.301	82.341	93.901	14.560	163.974	67.201	52.006	1.192.284

Anmerkungen s. Tabelle 9b

Tabelle 9b: Herkunftsgebiete der Aussiedler in Prozentzahlen

Jahr	Eingetrof-fene Aus-siedler[1]	dem polni-schen Bereich	der Tsche-choslowakei	davon % aus [2] dem sowjeti-schen Bereich	Ungarn	Rumänien	Jugosla-wien[3]
1	2	3	4	5	6	7	8
1951	19.711	54.8	17.9	8.7	0.8	5.2	12.6
1952	3.779	5.1	3.9	1.9	0.8	0.7	87.8
1953	5.646	2.6	1.1	–	0.3	0.3	95.7
1954	7.288	9.1	1.8	0.2	0.6	0.1	88.2
1955	9.369	9.2	2.0	1.6	1.0	0.5	85.7
1956	22.940	68.3	4.2	4.4	0.7	0.8	21.6
1957	106.031	92.7	0.7	0.9	2.1	0.3	3.3
1958	128.133	91.8	0.5	3.2	0.9	1.1	2.5
1959	25.886	62.8	2.3	21.5	2.0	1.4	10.0
1960	17.091	45.3	8.2	19.1	1.9	12.4	13.1
1961	16.405	56.7	7.4	2.1	1.2	20.1	12.5
1962	15.721	61.4	7.8	5.7	1.7	10.7	12.7
1963	14.854	64.1	6.6	1.4	1.9	8.9	17.1
1964	20.093	67.7	13.5	1.2	1.9	4.1	11.6
1965	23.854	61.4	13.5	1.5	3.0	11.4	9.2
1966	27.780	62.3	21.3	4.5	2.2	2.2	7.5
1967	26.213	41.4	44.3	4.2	1.2	1.7	7.2
1968	23.195	36.4	51.1	2.6	1.3	2.6	6.0
1969	29.868	31.9	52.2	1.1	1.4	9.0	4.4
1970	18.581	30.3	22.6	1.8	2.8	35.1	7.4
1971	33.249	75.9	7.0	3.4	1.6	8.6	3.5
1972	23.574	57.2	3.8	14.5	2.2	18.5	3.8
1973	22.721	39.2	2.3	19.8	1.9	33.3	3.5
1974	24.297	32.2	1.6	26.9	1.7	34.9	2.7
1975	19.312	36.4	2.7	31.0	1.4	26.3	2.2
1976	44.229	66.4	1.9	22.0	0.5	8.5	0.7
1977	54.162	60.7	1.1	17.1	0.4	20.3	0.4
1978	58.052	62.2	1.6	14.5	0.5	20.9	0.3
1979	54.781	66.2	1.9	13.2	0.7	17.6	0.4
1980	51.969	51.3	3.3	13.4	1.1	30.3	0.6
1981	69.317	73.5	2.4	5.4	1.0	17.4	0.3
1982	47.976	63.3	3.7	4.3	1.2	27.1	0.4
1951–1982	1.066.077	63.9	7.5	8.6	1.3	12.4	6.3
1983	37.841	50.5	3.1	3.8	1.2	41.0	0.4
1984	36.360	48.0	2.7	2.5	0.8	45.5	0.5
1951–1984	1.140.278	63.0	7.2	8.2	1.3	14.4	5.9

[1] Ohne 518 Aussiedler aus China und 341 aus Bulgarien und Albanien sowie ohne 51 Aussiedler, für die statistisch kein Herkunftsgebiet nachgewiesen ist.
[2] Länder und Machtbereiche in den nach 1945 gezogenen Grenzen bzw. Demarkationslinien.

³) Einschließlich neun Sammeltransporten mit 1.489 elternlosen Kindern z. T. nicht-deutscher Volkszugehörigkeit; – Von der amtlichen Aussiedlerstatistik wurden jedoch 20.000 ehemalige deutsche Kriegsgefangene abgerechnet, die in Jugoslawien private Arbeitsverträge abgeschlossen hatten und nach deren Ablauf nach der Bundesrepublik Deutschland bereits als Zivilpersonen zurückkehrten und dementsprechend – aber sachlich nicht zutreffend – als „Aussiedler aus Jugoslawien" registriert wurden.

⁴) Von den hier erfaßten rund 52.000 Personen kamen rund 36.000 aus Österreich und rund 16.000 aus Frankreich sowie anderen westeuropäischen und überseeischen Ländern. Es handelt sich um Deutsche, die nach der Flucht oder Vertreibung aus östlichen Ländern zunächst Zuflucht in einem dieser Länder gefunden hatten, nach 1950 aber die Bundesrepublik Deutschland als endgültiges Aufnahmegebiet vorzogen.

⁵) In den Monaten Januar bis Oktober 1985 trafen 32.740 weitere Aussiedler ein, darunter 18.769 aus dem polnischen Bereich, dagegen nur 379 aus der Sowjetunion.

Quellen: Bundesminister des Innern (Hrsg.): Amtliche Verlautbarungen AZ.: Vt I 6c – 6838 über die Aussiedlerzahlen bis 1973; – Bundesausgleichsamt (Hrsg.): Statistische Berichte über die Aussiedlerzahlen 1974ff. sowie Sonderberichte über die Gesamtzahlen der Aussiedler seit 1950; – Die Aussiedler in der Bundesrepublik Deutschland. Forschungen der AWR Deutsche Sektion. 1. Ergebnisbericht: Herkunft, Ausreise, Aufnahme, hrsg. von Wilhelm Arnold, Wien 1980, 2. Ergebnisbericht: Anpassung, Umstellung, Eingliederung, hrsg. von Hans Harmsen, Wien 1983 (Abhandlungen zu Flüchtlingsfragen Bde. XII/1, XII/2; – Jürgen Haberland: Eingliederung von Aussiedlern und Zuwanderern. Sammlung von Texten, die für die Eingliederung von Aussiedlern aus den osteuropäischen Staaten und von Zuwanderern aus der DDR und aus Berlin (Ost) von Bedeutung sind, 3. überarbeitete und erweiterte Auflage, Leverkusen 1983; s. auch Quellenangaben Tabelle 10.

Tabelle 10: Die Zahlenentwicklung der Vertriebenen und heimgekehrten Verschleppten aus östlichen Bereichen 1951–1982 – Zahlen in 1.000 Personen

Aufnahme-gebiete	Vorkriegswohn-gebiete der Vertriebenen und Verschleppten in den 1945 gezogenen Grenz- bzw. Demarkationslinien	Vertriebene und heimge kehrte Verschleppte 1950¹)	Zahlenentwicklung bis 1982				Vertrie-bene⁵) und heimge-kehrte Verschleppte 1982 (Spalten 3–7)
			Zuzüge		Fortzüge	Gebur-tenüber-schuß⁴)	
			Aussiedler und Heim-kehrer²)	Zuzüge aus ande-ren Auf-nahmege-bieten³)	nach an-deren Aufnahme-gebieten³)		
1	2	3	4	5	6	7	8
Bundes-republik Deutsch-land	Polnischer Bereich	4.424	700	564	130	909	6.467
	Tschechoslowakei	1.895	80	154	93	209	2.245
	Sowjetischer Bereich	827	94	24	150	158	953
	Ungarn	175	14	5	15	27	206
	Rumänien	94	132	15	15	34	260
	Jugoslawien	145	67	38	17	36	269
	Andere Gebiete⁶)	340	–	40	55	25	350
	Zusammen	7.900	1.087	840	475	1.398	10.750

Aufnahme-gebiete	Vorkriegswohn-gebiete der Vertriebenen und Verschleppten in den 1945 gezogenen Grenz- bzw. Demarkationslinien	Vertriebene und heimgekehrte Verschleppte 1950[1]	Zahlenentwicklung bis 1982				Vertriebene[5] und heimgekehrte Verschleppte 1982 (Spalten 3–7)
			Zuzüge		Fortzüge nach anderen Aufnahmegebieten[3]	Geburtenüberschuß[4]	
			Aussiedler und Heimkehrer[2]	aus anderen Aufnahmegebieten[3]			
1	2	3	4	5	6	7	8
DDR	Polnischer Bereich	2.591	194	–	546	268	2.507
	Tschechoslowakei	850	70	–	106	80	894
	Sowjetischer Bereich	415	8	–	30	79	472
	Ungarn	10	3	–	5	1	9
	Rumänien	39	8	–	15	5	37
	Jugoslawien	40	5	–	18	4	31
	Andere Gebiete[6]	120	–	–	40	10	90
	Zusammen	4.065	288	–	760	447	4.040
Österreich	Polnischer Bereich	5	–	–	–	1	6
	Tschechoslowakei	195	10	40	75	25	195
	Sowjetischer Bereich	30	–	–	20	2	12
	Ungarn	20	13	–	5	6	34
	Rumänien	20	4	–	5	4	23
	Jugoslawien	100	8	–	25	17	100
	Andere Gebiete[6]	–	–	10	–	–	10
	Zusammen	370	35	50	130	55	380
Andere westeuropäische und überseeische Länder	Polnischer Bereich	–		130	18	20	132
	Tschechoslowakei	50	–	88	8	37	167
	Sowjetischer Bereich	40	–	177	1	60	276
	Ungarn	5	–	21	1	5	30
	Rumänien	5	–	21	1	5	30
	Jugoslawien	15	–	23	1	8	45
	Andere Gebiete[6]	–	–	45	–	5	50
	Zusammen	115	–	505	30	140	730
Insgesamt	Polnischer Bereich	7.020	894	694	694	1.198	9.112
	Tschechoslowakei	2.990	160	282	282	351	3.501
	Sowjetischer Bereich	1.312	102	201	201	299	1.713
	Ungarn	210	30	26	26	39	279
	Rumänien	158	144	36	36	48	350
	Jugoslawien	300	80	61	61	65	445
	Andere Gebiete[6]	460	–	95	95	40	500
	Zusammen	12.450	1.410	1.395	1.395	2.040	15.900

¹) Die Zahlen der deutschen Ostvertriebenen sind abgeleitet aus den Spalten 5 bis 9 der Tabelle 4 (Gebiete, aus denen die Deutschen unmittelbar vertrieben wurden) und der Spalte 6 aus Tabelle 6 (Vorkriegswohngebiete der vertriebenen und zurückgekehrten verschleppten Deutschen). Neu ist die Umstellung der Vorkriegswohngebiete auf die nach 1945 gezogenen Grenzlinien (vgl. Begleittext zu Tabelle 8).

²) Die Zahlen sind aus den Spalten 5 bis 7 der Tabelle 8 entnommen. Da für die vorliegende Übersicht die Vorkriegswohngebiete der Deutschen die Grundlage bilden, sind die 27.000 aus der Sowjetunion zurückgekehrten Reparationsverschleppten, deren Heimat die deutschen Ostgebiete und Polen sind, dem polnischen Bereich zugeordnet worden. Von ihnen haben 18.000 in der Bundesrepublik Deutschland und 9.000 in der DDR Aufnahme gefunden.

³) Die Spalten 5 und 6 geben die Wanderungen der Vertriebenen zwischen den in Spalte 1 genannten Aufnahmegebieten im Zeitraum von 1951 bis 1982 wieder. Die Zahlen für die Bundesrepublik sind der Notaufnahmestatistik (über die Zuzüge aus der DDR), der Statistik des Grenzaufnahmelagers Friedland (über die Zuzüge aus den anderen europäischen und überseeischen Ländern – vgl. Tabelle 9 Spalte 9) und den allgemeinen Wanderungsstatistiken (über die Fortzüge ins Ausland) entnommen und durch teilweise Schätzungen ergänzt. Die DDR veröffentlichte keine Wanderungsstatistiken, doch ergeben sich die dortigen Fortzüge aus den entsprechenden Zuzügen in der Bundesrepublik Deutschland. Für Österreich liegen – verstreut in der Literatur – Zahlenangaben über die Zugänge von Volksdeutschen aus den Vertreibungsgebieten vor.

⁴) Der Geburtenüberschuß ist über drei Rechenvorgänge ermittelt. 1. Von der Zahl der Fortzüge (Spalte 6) wurde der Geburtenüberschuß von 1951 bis zum Zeitpunkt des Fortzugs errechnet und von ihr abgezogen. 2. Die auf diese Weise auf 1950 zurückgerechnete Zahl der Fortgezogenen wurde von der Gesamtzahl 1950 (Spalte 3) abgesetzt; für die verbleibende Zahl wurde der Geburtenüberschuß für die Zeit von 1951 bis 1982 errechnet. 3. Für die Zuzüge (Spalten 4 und 5) wurde der Geburtenüberschuß vom Zeitpunkt der Ankunft an bis zum Jahre 1982 errechnet und dem Geburtenüberschuß gemäß 2. zugeschlagen. Die Summe erscheint in Spalte 8. Der Überschuß der Geborenen gegenüber den Gestorbenen wurde in Anlehnung an die Geburten- und Sterbeziffern der Gesamtbevölkerung der jeweiligen Aufnahmegebiete angesetzt. Damit dürften Abweichungen nach oben oder unten bei den Vertriebenen von den Durchschnittswerten der Gesamtbevölkerung während der verschiedenen Phasen der Anpassung, Umstellung und Eingliederung gegenseitig ausgeglichen sein.

⁵) Die sich aus dem Wanderungssaldo und dem Geburtenüberschuß ergebenden Endzahlen der deutschen Vertriebenen im Jahre 1982 werden für die Bundesrepublik Deutschland durch die Ergebnisse der Volkszählungen von 1961 und 1970 in Verbindung mit den Ergebnissen der Statistik über die Ausstellung von Vertriebenenausweisen gestützt. Für die DDR, die keinerlei Vertriebenenstatistiken besaß, muß ein größerer Unsicherheitsfaktor in Betracht gezogen werden. Was Österreich betrifft, befinden sich die Zahlen mit Verlautbarungen der österreichischen Regierung und mit leider nur seltenen Zahlenangaben in der Literatur in Übereinstimmung. Die Zahlen der in andere westliche oder überseeische Länder ausgewanderten vertriebenen Deutschen bis 1950 (Spalte 3) und von 1951 bis 1982 beruhen ausschließlich auf Zahlenunterlagen, über die die Bundesrepublik Deutschland verfügt. Eine Bestätigung aus den Evidenzen über die deutsche Nachkriegseinwanderung wenigstens in den Hauptaufnahmeländern Kanada, USA, Brasilien, Australien und Südafrika durch eine besondere ergänzende Untersuchung wäre anzustreben.

6) Überwiegend die ehemaligen Besatzungszonen Deutschlands und Österreichs.

Quellen: Bundesausgleichsamt (Hrsg.): Zahlenmaterial für Verlautbarungen über Aussiedler und Zuwanderer. Statistischer Bericht Vt – 8/76, Bad Homburg v. d. H. 1976; – Bundesausgleichsamt (Hrsg.): Aussiedler nach Herkunftsgebieten 1950–1982. Statistischer Bericht Vt – 5/83, Bad Homburg v. d. H. 1983; – Statistisches Bundesamt (Hrsg.): Volkszählung vom 27.05.1970. Heft 22: Vertriebene und Deutsche aus der DDR, Stuttgart und Mainz 1974; – Präsident des Bundesausgleichsamtes (Hrsg.): Weitere Ergebnisse der Volkszählung vom 27.05.1970 über Vertriebene und Flüchtlinge. Amtliche Verlautbarungen lfd. Nrn. 29/74, 40/74, 44/74, 15/74, Bad Homburg v. d. H. 1974/75; – Jon W. Kiser: Emigration from the Soviet Union. The Case of the Soviet Germans. In: Analysis Nr. 57, Juni 1976. Washington D. C.; – Gerhard Reichling: Die Aussiedlung von Deutschen aus Osteuropa im Lichte der europäischen Nachkriegsentwicklung. In: A. W. R.-Bulletin 1979, S. 201–2207; – Brunhilde Scheuringer: 30 Jahre danach. Die Eingliederung der volksdeutschen Flüchtlinge und Vertriebenen in Österreich, Wien 1983 (Abhandlungen zu Flüchtlingsfragen Bd. XIII); – Yvonne von Stedingk: Die Organisation des Flüchtlingswesens in Österreich seit dem Zweiten Weltkrieg, Wien 1970 (Abhandlungen zu Flüchtlingsfragen Bd. VI).

Tabelle 11: Die Gesamtzahlen der Vertriebenen nach der Vertriebeneneigenschaft im Sinne des BVFG 1950 und 1982

Heimatvertriebene und ihre verlorenen Heimatgebiete[1]) Vertriebene, die keine Heimatvertriebenen sind	Insgesamt		In den Aufnahmegebieten lebende Vertriebene							
			Bundesrepublik Deutschland		DDR und Berlin (Ost)		Österreich		Westeuropäische Länder und Übersee	
	1.000	%	1.000	%	1.000	%	1.000	%	1.000	%
1	2	3	4	5	6	7	8	9	10	11
Stand Ende 1950										
A. Heimatvertriebene[2]) Deutsche Ostgebiete	6.980	54.7	4.380	54.1	2.600	63.4	–	–	–	–
Freie Stadt Danzig	290	2.3	220	2.7	70	1.7	–	–	–	–
Polen	690	5.4	410	5.1	265	6.5	10	2.3	5	4.2
Tschechoslowakei	3.000	23.5	1.900	23.4	850	20.7	200	46.5	50	41.6
Baltische Staaten	170	1.3	110	1.3	50	1.2	–	–	10	8.3
Sowjetunion[3])	100	0.8	70	0.9	5	0.1	–	–	25	20.8
Ungarn	210	1.6	175	2.2	10	0.2	20	4.7	5	4.2
Rumänien	250	2.0	145	1.8	60	1.5	40	9.3	5	4.2
Jugoslawien	300	2.4	150	1.8	35	0.9	100	23.3	15	12.5
Österreich	80	0.6	70	0.9	10	0.2	–	–	–	–
Übrig. Europa	135	1.1	70	0.9	15	0.4	50	11.6	–	–
Übersee	20	0.2	15	0.2	5	0.1	–	–	–	–
Zusammen	12.225	95.9	7.715	95.3	3.975	96.9	420	97.7	115	95.8
B. Vertriebene[4])	525	4.1	385	4.7	125	3.1	10	2.3	5	4.2
Insgesamt	12.750	100	8.100	100	4.100	100	430	100	120	100

189

Heimatvertriebene und ihre verlorenen Heimatgebiete[1]	Insgesamt		In den Aufnahmegebieten lebende Vertriebene							
			Bundesrepublik Deutschland		DDR und Berlin (Ost)		Österreich		Westeuropäische Länder und Übersee	
Vertriebene, die keine Heimatvertriebenen sind	1.000	%	1.000	%	1.000	%	1.000	%	1.000	%
1	2	3	4	5	6	7	8	9	10	11
Stand Ende 1982										
A. Heimatvertriebene[2]										
Deutsche Ostgebiete	8.850	54.6	6.150	55.9	2.550	62.6	–	–	150	20.0
Freie Stadt Danzig	357	2.2	275	2.5	62	1.5	–	–	20	2.7
Polen	1.000	6.2	640	5.8	284	7.0	7	1.8	69	9.2
Tschechoslowakei	3.521	21.7	2.252	20.5	894	22.0	205	51.3	170	22.6
Baltische Staaten	200	1.2	120	1.1	50	1.2	–	–	30	4.0
Sowjetunion[3]	250	1.5	170	1.6	15	0.4	–	–	65	8.7
Ungarn	279	1.7	206	1.9	9	0.2	34	8.5	30	4.0
Rumänien	498	3.1	318	2.9	55	1.4	24	6.0	101	13.4
Jugoslawien	445	2.7	269	2.4	31	0.7	100	25.0	45	6.0
Österreich	100	0.6	90	0.8	10	0.25	–	–	–	–
Übrig. Europa	115	0.7	90	0.8	10	0.25	10	2.5	5	0.7
Übersee	25	0.2	20	0.2	–	–	–	–	–	–
Zusammen	15.640	96.4	10.600	96.4	3.970	97.5	380	95.0	690	92.0
B. Vertriebene[4]	580	3.6	400	3.6	100	2.5	20	5.0	60	8.0
Insgesamt	16.220	100	11.000	100	4.070	100	400	100	750	100

[1]) Alle Anmerkungen und Quellen sind im Anschluß an die Ergänzungstabelle 12 abgedruckt.

Tabelle 12: Die Heimatvertriebenen aus den deutschen Ostgebieten in der Gliederung nach den historischen preußischen Ostprovinzen 1950 und 1982

Preußische Provinzen[1]	Heimatvertriebene[2]											
	1950						1982					
	in der Bundesrepublik Deutschland		in der DDR		Zusammen		in der Bundesrepublik Deutschland		in der DDR		Zusammen[5]	
	1.000	%	1.000	%	1.000	%	1.000	%	1.000	%	1.000	%
1	2	3	4	5	6	7	8	9	10	11	12	13
Ostpreußen/ Westpreußen	1.330	30.4	560	21.5	1.890	27.1	1.730	28.1	530	20.8	2.260	26.0
Pommern	890	20.3	580	22.3	1.470	21.0	1.140	18.5	570	22.3	1.710	19.7
Brandenburg	150	3.4	260	10.0	410	5.9	170	2.8	320	12.6	490	5.6
Niederschlesien	1.490	34.0	920	35.4	2.410	34.5	1.940	31.6	870	34.1	2.810	32.3
Oberschlesien	520	11.9	280	10.8	800	11.5	1.170	19.0	260	10.2	1.430	16.4
Deutsche Ostgebiete zusammen	4.380	100	2.600	100	6.980	100	6.150	100	2.550	100	8.700	100

¹) Länder, Landesteile und Provinzen in den Grenzen vom 31.12.1937.

²) Heimatvertriebene im Sinne von § 2 BVFG, die in den Gebieten, aus denen sie vertrieben worden sind, am 31.12.1937 oder bereits einmal vorher ihren Wohnsitz hatten. Nach § 15 Abs. 2 Nr. 1 BVFG erhalten die Heimatvertriebenen den Vertriebenenausweis A.

³) Für die Sowjetunion werden die aus dem westlichen Polen vertriebenen rußlanddeutschen Administrativumsiedler als Heimatvertriebene nachgewiesen, obwohl sie nach der gesetzlichen Definition (s. § 2 BVFG) nicht zu dieser Gruppe gehören. Im Hinblick auf die später eingetroffenen rußlanddeutschen Aussiedler, die nach dem Gesetz Heimatvertriebene sind und zahlenmäßig überwiegen, werden die Administrativumsiedler gleichwohl hier miterfaßt.

⁴) Vertriebene im Sinne von § 1 BVFG, die die Wohnsitzvoraussetzungen zur Anerkennung als Heimatvertriebene nach § 2 BVFG nicht erfüllen. Die „Vertriebenen ohne Heimatverlust" im Sinne des Gesetzes erhalten nach § 15 Abs. 2 Nr. 2 den Vertriebenenausweis B.

⁵) Ende 1982 haben außerdem 150.000 Heimatvertriebene aus den deutschen Ostgebieten im westeuropäischen oder überseeischen Ausland Aufnahme gefunden (vgl. Tabelle 11 Spalte 10). Ihre Aufteilung nach den Herkunftsprovinzen ist nicht möglich.

Quellen: Bundesausgleichsamt (Hrsg.): Ausstellung der Ausweise nach dem Bundesvertriebenengesetz (BVFG). Statistischer Bericht Vt – 18/84, Bad Homburg v.d.H. 1984; – Der Bundesminister des Innern (Hrsg.): „betrifft": Eingliederung der Vertriebenen, Flüchtlinge und Kriegsgeschädigten in der Bundesrepublik Deutschland, Bonn 1982; – Statistisches Bundesamt (Hrsg.): Vertriebene und Deutsche aus der sowjetischen Besatzungszone und dem Sowjetsektor von Berlin. Ergebnis der Volkszählung am 06.06.1961. In: Wirtschaft und Statistik, N. F., 15. Jahrgang, 1963, S. 742–747; - Statistisches Bundesamt (Hrsg.): Herkunftsgebiete der Vertriebenen. Ergebnisse einer im Rahmen des Mikrozensus 1964 durchgeführten Zusatzbefragung. In: Wirtschaft und Statistik, 18. Jahrgang N. F., 1966, S. 565–570; – Heimold Helczmanowski: Flüchtlinge und Heimatvertriebene in der österreichischen Statistik. In: 25 Jahre Flüchtlingsforschung, Wien 1975 (Abhandlungen zu Flüchtlingsfragen Bd. X); s. auch Quellenangaben zu Tabellen 4, 5, 6 und 7.

4. Vertriebenentransporte

Die sudetendeutschen Vertriebenentransporte 1946 nach Schwaben

Zielbahnhof für den größten Teil der Vertriebenentransporte nach Schwaben war Augsburg. Nur ein geringer Teil, meist kleinere Transporte, gingen an die Zielbahnhöfe Dillingen, Illertissen, Kaufbeuren, Kempten, Markt Oberdorf, Memmingen, Neu-Ulm oder Sonthofen. Die Transporte kamen in der Regel über Furth i. W. Jeder Transport umfaßte meist 1.200 Personen. In jedem Waggon waren 30–40 Personen mit je 50 kg Gepäck.

Datum des Grenzübertrittes:	Abgangsbahnhof	Zahl der beförderten Ausgewiesenen
1946		
30. Januar	Reichenau (LK Gablonz, RB Aussig)	1201
14. Februar	Freudenthal (RB Troppau)	1196
26. Februar	Saaz (RB Eger)	1197
04. März	Prachatitz (Böhmerwald)	1210
10. März	Budweis (Böhmerwald)	1202
16. März	Mährisch-Schönberg (RB Troppau)	1200
20. März	Komotau (RB Aussig)	1201
24. März	Freudenthal (RB Troppau)	1203
28. März	Tachau (RB Eger)	1200
31. März	Nikolsburg (Südmähren)	1200
04. April	Kralowitz (Protektorat)	1200
07. April	Freudenthal (RB Troppau)	1200
10. April	Mißlitz (Südmähren)	1202
13. April	Reichenau (LK Gablonz, RB Aussig)	1200
14. April	Neutitschein (RB Troppau)	1200
16. April	Tetschen (RB Aussig)	1201
18. April	Mährisch-Ostrau (Protektorat)	1200
20. April	Neudek (RB Eger)	1223
21. April	Eisenstein (Böhmerwald)	1200
24. April	Warnsdorf (RB Aussig)	1209
26. April	Hohenelbe (RB Aussig)	1200
28. April	Müglitz (LK Hohenstadt, RB Troppau)	1197
30. April	Schluckenau (RB Aussig)	1202
02. Mai	Zwittau (RB Troppau)	1206
04. Mai	Neutitschein (RB Troppau)	1169
07. Mai	Stefanau (Protektorat)	1189
08. Mai	Jägerndorf (RB Troppau)	1188
09. Mai	Nikolsburg (Südmähren)	1160
10. Mai	Taus (Böhmerwald)	1200
11. Mai	Mißlitz (Südmähren)	1190
13. Mai	Landskron (RB Tropau)	1208
14. Mai	Komotau (RB Aussig)	1204
	Reichenberg (RB Aussig)	264
16. Mai	Holleischen (LK Mies, RB Eger)	1229
17. Mai	Stefanau (Protektorat)	1209
18. Mai	Halbstadt (LK Braunau, RB Aussig)	1221

Datum des Grenzübertrittes:	Abgangsbahnhof	Zahl der beförderten Ausgewiesenen
20. Mai	Krummau a. d. M. (Böhmerwald)	1227
21. Mai	Schüttenhofen (Böhmerwald)	1205
22. Mai	Nikolsburg (Südmähren)	1206
23. Mai	Leitmeritz (RB Aussig)	1196
24. Mai	Olmütz (Protektorat)	1218
25. Mai	Prachatitz (Böhmerwald)	1232
27. Mai	Stefanau (Protektorat)	1200
	Kuttenplan (LK Plan, RB Eger)	1200
28. Mai	Königswart (LK Marienbad, RB Eger)	1220
30. Mai	Neusattl (LK Elbogen, RB Eger)	1223
01. Juni	Mies (RB Eger)	1217
03. Juni	Tachau (RB Eger)	1221
04. Juni	Kuttenplan (LK Plan, RB Eger)	1214
05. Juni	Asch (RB Eger)	1200
06. Juni	Holleischen (LK Mies, RB Eger)	1259
	Graslitz (RB Eger)	1212
07. Juni	Krummau a. d. M. (Böhmerwald)	1204
08. Juni	Neutitschein (RB Troppau)	1200
11. Juni	Stefanau (Protektorat)	1207
12. Juni	Königswart (LK Marienbad, RB Eger)	1218
13. Juni	Zwittau (RB Troppau)	1221
14. Juni	Neusattl (LK Elbogen, RB Eger)	1215
15. Juni	Nikolsburg (Südmähren)	1216
17. Juni	Jägerndorf (RB Troppau)	1210
18. Juni	Tachau (RB Eger)	1199
	Prachatitz (Böhmerwald)	1217
19. Juni	Troppau (RB Troppau)	1219
20. Juni	Reichenberg (RB Aussig)	241
	Neusattl (LK Elbogen, RB Eger)	1210
21. Juni	Mährisch-Schönberg (RB Troppau)	1214
	Bärn-Andersdorf (RB Troppau)	1213
22. Juni	Freudenthal (RB Troppau)	1212
24. Juni	Jägerndorf (RB Troppau)	1202
	Modrany (Protektorat)	1185
25. Juni	Niklasdorf (LK Freiwaldau, RB Troppau)	1204
	Neudek (RB Eger)	1217
26. Juni	Eisenstein (Böhmerwald)	1174

Datum des Grenzübertrittes:	Abgangsbahnhof	Zahl der beförderten Ausgewiesenen
26. Juni	Stefanau (Protektorat)	1207
27. Juni	Römerstadt (RB Troppau)	1211
28. Juni	Reichenberg (RB Aussig)	290
	Neutitschein (RB Troppau)	1200
29. Juni	Freudenthal (RB Troppau)	1211
	Karlsbad (EB Eger)	1217
01. Juli	Niklasdorf (LK Freiwaldau, RB Troppau)	1212
	Marienbad (RB Eger)	1204
02. Juli	Jägerndorf (RB Troppau)	1222
03. Juli	Karlsbad (RB Eger)	1215
	Olmütz (Protektorat)	1198
04. Juli	Stefanau (Protektorat)	1212
	Wigstadtl (LK Troppau, RB Troppau)	1155
05. Juli	Graslitz (RB Eger)	1215
06. Juli	Trottau (RB Troppau)	1226
	Bärn-Andersdorf (RB Troppau)	1206
08. Juli	Niklasdorf (LK Freiwaldau, RB Troppau)	1231
	Kuttenplan (LK Plan, RB Eger)	1204
09. Juli	Neutitschein (RB Troppau)	1211
	Mies (RB Eger)	1195
10. Juli	Freudenthal (RB Troppau)	1209
11. Juli	Falkenau a. d. E. (RB Eger)	1211
	Karwin (Protektorat)	1215
12. Juli	Karlsbad (RB Eger)	1210
13. Juli	Deutschbrod (Protektorat)	1312
	Tepl (RB Eger)	1216
15. Juli	Neusattl (LK Elbogen, RB Eger)	1216
17. Juli	Winterberg (Böhmerwald)	1237
18. Juli	Sternberg (RB Troppau)	278
19. Juli	Holleischen (LK Mies, RB Eger)	1218
20. Juli	Karlsbad (RB Eger)	1218
22. Juli	Kaplitz (Böhmerwald)	1200
23. Juli	Tachau (RB Eger)	1179
24. Juli	Freudenthal (RB Troppau)	1206
25. Juli	Neudek (RB Eger)	1201
27. Juli	Karlsbad (RB Eger)	1224
30. Juli	Falkenau a. d. E. (RB Eger)	1211

Datum des Grenzübertrittes:	Abgangsbahnhof	Zahl der beförderten Ausgewiesenen
30. Juli	Braunau (RB Aussig)	282
31. Juli	Freudenthal (RB Troppau)	1218
01. August	Troppau (RB Troppau)	1019
03. August	Jägerndorf (RB Troppau)	1232
07. August	Hohenelbe (RB Aussig)	309
12. August	Freudenthal (RB Troppau)	265
13. August	Niklasdorf (LK Freiwaldau, RB Troppau)	1220
15. August	Neudek (RB Eger)	1226
16. August	Odrau (LK Neutitschein, RB Troppau)	1177
17. August	Karlsbad (RB Eger)	1231
19. August	Troppau (RB Troppau)	1226
21. August	Niklasdorf (LK Freiwaldau, RB Troppau)	1210
	Reichenberg (RB Aussig)	318
22. August	Tepl (RB Eger)	1240
23. August	Mies (RB Eger)	1177
24. August	Niklasdorf (LK Freiwaldau, RB Troppau)	1233
26. August	Müglitz (LK Hohenstadt, RB Troppau)	1218
27. August	Neudek (RB Eger)	1255
28. August	Eger (RB Eger)	1162
29. August	Brünn (Protektorat)	1244
30. August	Römerstadt (RB Troppau)	235
31. August	Iglau (Protektorat)	1274
02. September	Freudenthal (RB Troppau)	1243
03. September	Karlsbad (RB Eger)	1275
05. September	Niklasdorf (LK Freiwaldau, RB Troppau)	1091
07. September	Freudenthal (RB Troppau)	1264
09. September	Falkenau a. d. E. (RB Eger)	1250
11. September	Karlsbad (RB Eger)	1217
13. September	Niklasdorf (LK Freiwaldau, RB Troppau)	1246
14. September	Hohenelbe (RB Aussig)	281
	Jägerndorf (RB Troppau)	306
16. September	Karlsbad (RB Eger)	1259
17. September	Krummau a. d. M. (Böhmerwald)	450
19. September	Bärn-Andersdorf (RB Troppau)	1270
20. September	Gablonz (RB Aussig)	298
23. September	Althabendorf (LK Reichenberg, RB Aussig)	1027
24. September	Zwittau (RB Troppau)	1211

Datum des Grenzübertrittes:	Abgangsbahnhof	Zahl der beförderten Ausgewiesenen
25. September	Krummau a. d. M. (Böhmerwald)	1219
	Hohenelbe (RB Aussig)	858
26. September	Trübenwasser (LK Trautenau, RB Aussig)	1204
27. September	Karlsbad (RB Eger)	1296
28. September	Jägerndorf (RB Troppau)	1214
30. September	Althabendorf (LK Reichenberg, RB Aussig)	979
02. Oktober	Sternberg (RB Troppau)	76
03. Oktober	Niklasdorf (LK Freiwaldau, RB Troppau)	1253
04. Oktober	Jägerndorf (RB Troppau)	667
07. Oktober	Niklasdorf (LK Freiwaldau, RB Troppau)	1203
	Hohenelbe (RB Aussig)	339
11. Oktober	Neudek (RB Eger)	323
12. Oktober	Podersam (RB Eger)	1218
	Alt-Habendorf (LK Reichenberg, RB Aussig)	894
15. Oktober	Stefanau (Protektorat)	1197
16. Oktober	Jägerndorf (RB Troppau)	319
17. Oktober	Deutsch-Gabel (RB Aussig)	319
18. Oktober	Niklasdorf (LK Freiwaldau, RB Troppau)	1169
22. Oktober	Freudenthal (RB Troppau)	1216
23. Oktober	Grulich (RB Troppau)	289
25. Oktober	Mährisch-Schönberg (RB Troppau)	1204
26. Oktober	Alt-Habendorf (LK Reichenberg, RB Aussig)	714
29. Oktober	Kaplitz (Böhmerwald)	1206
02. November	Aussig (RB Aussig)	299
05. November	Troppau, (RB Troppau), Krakau (Polen)	258
07. November	Niemes (LK Deutsch Gabel, RB Aussig)	301
18. November	Trübenwasser (LK Trautenau, RB Aussig)	1187
21. November	Elbogen (RB Eger)	317
	Falkenau (RB Eger)	361
26. November	Graslitz, Asch (RB Eger)	98
27. November	Jägerndorf (RB Troppau)	36
28. November	Neudek (RB Eger)	110
	Neutitschein, Jägerndorf (RB Troppau)	298
29. November	Mährisch Schönberg (RB Tropau)	1221
28. Dezember	Schattendorf (Österreich)	361

b) Vertriebenentransporte in den Altlandkreis Sonthofen

Trans-port-Nr.	Datum des Ein-treffens	Heimatkreis oder Heimatort (im Sudetenland)	Anzahl der Personen
	1946		
BRK	27.03.	Krs. Freudenthal	69
	11.04.	Krs. Eger, Freudenthal und Bärn	9
	14.04.	Böhmerwald	31
	17.04.	Krs. Friedland und Freudenthal	8
	23.04.	Kindertransport (Flü.-Kinder)	40
25	26.04.	Krs. Reichenberg	8
25	27.04.	Krs. Warnsdorf	13
27	01.05.	Egerland, Olmütz, Krs. Mährisch Schönberg	11
	04.05.	Sudetenland	240
	27.05.	Krs. Leitmeritz und Olmütz	139
51	30.05.	Krs. Tachau und Tepl	82
52/53	31.05.	Krs. Neudek	188
57	06.06.	Krs. Tachau	19
60	09.06.	Krs. Bischofteinitz	34
63	14.06.	Sudetenland	17
64	15.06.	Sudetenland	5
68/69	17.06.	Krs. Mähr. Trübau und Elbogen	53
70	19.06.	Sudetenland	3
71	18.06.	Krs. Karlsbad und Neudek	131
	20.06.	Krs. Jägerndorf	29
87	28.06.	Sudetenland	22
87	28.06.	Krs. Neudek	295
89/90	02.07.	Krs. Römerstadt u. Markt Eisenstein	125
92	03.07.	Krs. Freudenthal	79
92	04.07.	Krs. Graslitz	64
92	05.07.	Krs. Graslitz	41
	06.07.	Krs. Karlsbad	10
	06.07.	Krs. Jägerndorf	17
102	08.07.	Krs. Freudenthal, Graslitz u. Troppau	181
102	08.07.	Krs. Graslitz	64
107	12.07.	Krs. Reichenberg, Neutitschein u. Mies	26
109	13.07.	Preßburg, Krs. Schluckenau und Böhm. Leipa	33
111	14.07.	Krs. Falkenau	164

Trans-port-Nr.	Datum des Ein-treffens	Heimatkreis oder Heimatort (im Sudetenland)	Anzahl der Personen
114	5.07.	Krs. Karlsbad	121
115	17.07.	Sudetenland	5
116	18.07.	Krs. Karlsbad, Elbogen und Mies	160
118	20.07.	Krs. Prachatitz	155
118	20.07.	Krs. Prachatitz	147
	24.07.	Krs. Neudek	162
126	28.07.	Krs. Neudek, Böhm. Leipa und Brüx	264
127	30.07.	Krs. Karlsbad	31
130	03.08.	Krs. Freudenthal	14
133	05.08.	Krs. Jägerndorf	40
138	6.08.	Krs. Freiwaldau	62
139	19.08.	Krs. Neudek	202
141	20.08.	Krs. Karlsbad	97
142	22.08.	Sudetenland	3
146	25.08.	Krs. Freiwaldau und Mies	52
147	28.08.	Krs. Freiwaldau	48
148	29.08.	Krs. Hohenstadt	46
149	30.08.	Krs. Neudek	88
150	03.09.	Krs. Brünn	95
151	03.09.	Krs. Nikolsburg, Iglau u. Aussig	56
152	05.09.	Krs. Freudenthal	67
153	06.09.	Krs. Karlsbad, Jägerndorf und Mähr. Schönberg	79
154	07.09.	Krs. Freiwaldau	146
156	10.09.	Krs. Freiwaldau und Freudenthal	12
157	11.09.	Krs. Falkenau	19
	15.09.	Krs. Karlsbad	43
160	17.09.	Krs. Freiwaldau	122
169	28.09.	Krs. Mhr. Trübau und Zwittau	50
171	28.09.	Krs. Krummau	26
172	02.10.	Krs. Karlsbad und Komotau	13
174	02.10.	Krs. Jägerndorf	32
177	09.10.	Krs. Freiwaldau	355
179	09.10.	Krs. Freiwaldau	28
181	11.10.	Lettland/Estland	17
184	16.10.	Krs. Freudenthal, Troppau, Teplitz-Schönau, Reichenberg, Tetschen-Bodenbach, Budweis und Znaim, Orte Prag und Brünn, aus Estland	204

Trans-port-Nr.	Datum des Ein-treffens	Heimatkreis oder Heimatort (im Sudetenland)	Anzahl der Personen
189	19.10.	Krs. Deutsch Gabel	317
192	26.10.	Sudetenland	107
194	28.10.	Krs. Mährisch Schönberg (Blaichach ausgel.)	249
194	28.10.	Krs. Mährisch Schönberg (Immenstadt ausgel.)	249
198	07.11.	Sudetenland	10
199	09.11.	Sudetenland	3
Permitt	21.11.	Krs. Aussig, Reichenberg u. Karlsbad	14
202	29.11.	Breslau/Schlesien	5
Antifa	11.12.	Krs. Reichenberg	29
208	05.12.	Krs. Aussig und Gablonz	17
	11.12.	Krs. Reichenberg	29
	12.12.	Krs. Reichenberg	20
	1947		
212	12.01.	Krs. Tetschen-Bodenbach	16
	01.05.	Krs. Aussig und Tetschen-Bodenbach	13
4984	27.11.	Ungarn, Rumänien, Jugoslawien, Österreich	335
	1948		
267	20.02.	Krs. Neudek	3
277	30.04.	Krs. Neudek	12
281	02.06.	Krs. Luditz	3
6–2021	27.05.	Sudetenland (Krs. Tetschen-Bodenbach, Reichenberg, Gablonz, Landskron, Asch, Eger, Mies, Tachau)	154
281	04.06.	Krs. Karlsbad, Asch, Graslitz, Prachatitz, Tachau, Luditz und Neudek, Triest (Italien) und aus Jugoslawien	135

Mit den Transporten eingetroffene Vertriebene insgesamt   7.031

Die Transportlisten von 1945–1949 der Akte „Lager Sonthofen", aus denen die obige Zusammenstellung erfolgte, erfassen nur 7.031 Vertriebene. Nach einer Flüchtlingserhebung des Staatssekretariats für Flüchtlinge (Bayern) leb-ten am 01.01.1948 im Altlandkreis Sonthofen 14.154 Vertriebene. Daraus ergibt sich, daß in den Transportlisten der Akte des „Lagers Sonthofen" vermutlich nur die Transporte erfaßt wurden, deren Aufnahme, auch vorübergehend, im Lager Sonthofen vorgesehen waren.

5. Schilderungen von Flucht, Vertreibung und Aufnahme im Oberallgäu oder in westlichen Aufnahmegebieten

„Von der Heimat gehen
ist die schwerste Last,
die Götter und Menschen beugt,
und unstet zu schweifen
ist allen verhaßt,
die die grüne Erde gezeugt!"

Agnes Miegel, ostpreußische Dichterin

Jahr und Jahr verrinnt seit den Tagen der Vertreibung. Die Zeit läßt das damalige düstere Geschehen immer weiter zurücktreten und viele Wunden vernarben. Die nachfolgenden Schilderungen sollen der geschichtlichen Wahrheit dienen, persönliche Erlebnisse von Menschen aufzeigen, die als Vertriebene ins Allgäu kamen und hier leben oder lebten und allen Nachgeborenen vor Augen führen, welche tatsächlichen Verhältnisse und Vorgänge bei der Vertreibung bestanden (Hunger, Willkür, Mord und Totschlag, blindwütiger Haß auf alles Deutsche, Raub und Plünderung, der Deutsche war vogelfrei usw.). Im wesentlichen sind es Schilderungen von Sudetendeutschen, da die meisten Berichte vor etwa 20 Jahren von der Egerländerin Frau Herta Huber (jetzt in Martinszell) aufgezeichnet wurden.
– Bericht von Frau R. P. aus Johannisburg/Ostpreußen (Januar 1945)
– Bericht von Herrn M. S. aus Schneckendorf/Nordböhmen (April 1945)
– Bericht (Tagebuchaufzeichnungen) von Dir. Dr. J. W. aus Aussig-Kleische/ Nordböhmen (09.05.–27.06.1945)
– Bericht von Frau G. W. aus Gablonz/Nordböhmen (Juni 1945)
– Bericht von Frau H. H. aus Schönbach/Egerland (1945)
– Bericht von Herrn A. St. aus Karbitz/Nordböhmen (Juni 1945)
– Bericht von Herrn Dr. J. W. aus Aussig/Nordböhmen (Juni 1945)
– Bericht von Frau M. P. aus Aussig-Schreckenstein/Nordböhmen (Juli 1945)
– Bericht von Frau H. H. aus Schönbach/Egerland (August 1945)
– Bericht von Herrn E. N. aus Oppelitz/Böhmerwald (Mai 1945)
– Bericht von Frau M. A. aus Gossengrün bei Falkenau/Egerland (1945/1946)
– Bericht von Frau M. W. aus Gablonz/Nordböhmen (Juni 1945)
– Bericht von Frau Th. aus Brenntenberg/Böhmerwald (1945-Juni 1946)
– Bericht von Frau Sch. aus Bergstadt-Platten/Erzgebirge (Weihnachten 1946)
Nach dem Lesen vorstehender Berichte fallen einem die Worte des Böhmerwäldlers Prof. Erich Hans aus Gutwasser bei Bergreichenstein wieder ein. Er sagte: „Es gibt viele, die meinen, leugnen zu müssen, daß sie Vertriebene sind.

Doch könnten sie stolz sein, daß sie ein Schicksal gemeistert haben, das andere nicht einmal verstehen."

Bericht von Frau R. P. aus Johannisburg/Ostpreußen (Januar 1945)

„Am 22. Januar 1945 verließ ich mit einem Pferdefuhrwerk Drigelsdorf, Kreis Johannisburg/Ostpreußen.
Wir fuhren mit wenigen Wagen quer durch Ostpreußen bis nach Frauenburg. Von dort ging es über das noch zugefrorene Frische Haff auf die Frische Nehrung bis Danzig.
Ab Danzig zogen wir als geschlossener ziviler Treck Richtung Westen; Wagen an Wagen.
Wir waren neun Wochen unterwegs, immer der Front davongefahren; Kinder starben, wurden im Schnee begraben, da der Boden hart gefroren war.
Geschlafen haben wir in dieser Zeit in Scheunen, Ställen, auf den Wagen und unter Bäumen.
Nach Schweiburg, Kreis Jade, südlich des Jadebusens, wurde unser Treck aufgelöst und vom Bürgermeister auf die einzelnen Gehöfte verteilt. Nach und nach erhielten wir Zimmer und halfen bei den Bauern.
Im Zuge der Familienzusammenführung erhielt mein Mann 1947 für mich den Zuzug nach Sonthofen."

Bericht von Herrn M. S. aus Schneckendorf/Nordböhmen (April 1945)

„April 1945. Wir sind Schüler der AHS auf der Ordensburg in Sonthofen. Jahrgang 1931. In unserer Klasse – 27 Schüler – sind Jungen aus Westfalen, Württemberg, Berlin und sechs aus dem Sudetengau. Ich bin aus dem Kreis Deutsch Gabel. Unsere älteren Jahrgänge sind Mitte März zum Volkssturm eingerückt.
Es herrscht Aufbruchstimmung. Schüler, die nicht mehr heimfahren können, werden in Gruppen zusammengestellt und unter der Leitung eines Erziehers auf den Weg mit unbekanntem Ziel geschickt. Es heißt, daß sie im Raum Oberbayern unterkommen. Ich bin mit ca. 15 anderen Jungen aus den verschiedensten Gauen der letzte, der die Burg verläßt. Wir kommen fast alle bei einheimischen Bauern unter; bei Bauern, bei denen wir im Jahr vorher als Erntehelfer tätig waren. Ich lande in Berghofen.
Aus den Nachrichten entnehmen wir, daß Deutschland nun fast ganz besetzt ist. Am Abend des 30. April stehen auch in Sonthofen die ersten französischen Panzer. An eine Heimkehr ist vorläufig nicht zu denken. Die letzte Post von meinen Eltern habe ich Mitte März bekommen.
Vorläufig bin ich gut aufgehoben. In zwei bis drei Monaten will ich versuchen, mich in meine Heimat durchzuschlagen. Im Juli treffe ich in Sonthofen eine Frau aus dem Sudetengau, ganz aus der Nähe meines Heimatortes, die von

dort geflüchtet ist. Sie erzählt mir, daß die Deutschen aus dem Sudetengau alle vertrieben würden. Ich jedoch glaube, daß es sich um Einzelfälle handelt.

Erst als über die „Potsdamer Konferenz" der Siegermächte berichtet wird, es gibt inzwischen wieder Zeitungen, erfahre ich über die Vertreibung und Aussiedlung der Sudetendeutschen. Ich habe aber trotzdem eine schwache Hoffnung, daß meine Eltern daheim bleiben können.

Die Ehefrau meines Onkels war eine Tschechin, vielleicht hatte sie ein gutes Wort eingelegt.

Von Flüchtlingen oder Vertriebenen ist hier noch nicht viel zu merken. Ich horche immer, ob ich in Sonthofen vielleicht Dialekt aus meiner Heimat höre. Beim Suchdienst des Deutschen Roten Kreuzes gebe ich eine Suchmeldung auf. Im März 1946 beschließe ich, auf eigene Faust meine Familie zu suchen. Wir waren sechs Geschwister und meine älteste Schwester hatte eine vierjährige Tochter. Ich will mich über Sachsen bis zu meinem Heimatort durchschlagen, der nur ca. zwanzig Kilometer von der sächsischen Grenze entfernt ist.

Nach einer abenteuerlichen Reise bin ich nach zehn Tagen in Zittau. In Eichgraben, drei Kilometer vor der tschechischen Grenze, suche ich Bekannte auf, die mir berichten, daß sie meine Familie im Juli 1945 in Zittau im Lager getroffen hätten. Wo sie dann allerdings hingekommen seien, wüßten sie nicht. Ich brauche also nicht über die tschechische Grenze. Unterwegs treffe ich viele Transporte und einzelne Familien aus dem Sudetengau und Schlesien, nur aus meiner Gegend ist niemand dabei.

Nach drei weiteren Tagen lande ich in einem Quarantänelager in Pirna. Nicht weit von dort waren zwei Schwestern von mir bei einem Bauern zum „Landjahr". Ich mache das Dorf und den Bauern ausfindig. Nachdem ich der Bäuerin meine abenteuerliche Reise erzählt habe, erfahre ich, daß sie den Aufenthaltsort meiner Familie kennt. Die Adresse steht auf einer Geburtstagskarte von einer Schwester. Ein Glücksfall!

Nachdem ich meine Zeit in Pirna „abgesessen" habe, mache ich mich auf den Weg. Ich finde meine Familie vollzählig in Eckartsberga, Kreis Naumburg, vor. Dort wohnen wir zehn Personen in einem etwa zwanzig Quadratmeter großen Dachzimmer. Im Mai gehe ich mit zwei Geschwistern wieder illegal über die Zonengrenze nach Hessen, dann nach Bayern. Ich will versuchen, meine Familie in Sonthofen unterzubringen. Wir bekommen aber als „Illegale" keine Zuzugsgenehmigung und somit keine Lebensmittelkarten. Inzwischen sind hier viele Transporte aus dem Egerland und dem Böhmerwald eingetroffen. So gehen wir „schwarz" zurück in die russisch besetzte Zone.

Im April 1950 verlasse ich die Familie wieder, nachdem mir eine Arbeitsverpflichtung in das Uranbergwerk nach Aue bevorsteht. Ich hatte mich einige Male politisch gegen das Regime ausgesprochen.

Meine zweite Heimat ist seitdem Sonthofen."

*Bericht (Tagebuch-Aufzeichnungen) von Dir. Dr. J. W. aus Aussig-Kleische/
Nordböhmen (09.05.–27.07.1945)*

„09. Mai   Mit dem heutigen Tage begann die Gewaltherrschaft der Tschechen in Aussig.

11. Mai   Russische Truppen sind in Kleische eingerückt.

19. Mai   Überall werden die deutschen Anschriften heruntergerissen.

24. Mai   Befehl, wir Deutschen haben weiße Armbinden zu tragen. In den leeren Wohnungen der geflüchteten Altreichsdeutschen nisten sich überall Tschechen ein.

26. Mai   Aussigs deutsche Bevölkerung muß weiß flaggen. Ganz Aussig ist ein weißes flatterndes Tüchermeer.

31. Mai   Immer mehr kommt seitens der Tschechen eine gehässige Stimmung auf. In den Straßen werden den Deutschen Hutschnüre und Dirndlkleider heruntergerissen. Der Stadtpark wird in „Stalinpark" umbenannt. Der Langemarckplatz soll fortan „Lidiceplatz" heißen. Immer mehr Tschechen machen sich in den Häusern der Deutschen breit, auf den Straßen liegen zerrissene und halb verkohlte deutsche Bücher herum. Angst geht um, die Furcht vor noch Schrecklicherem.

03. Juni   Man kann kaum mehr Schlaf finden. Tschechische Trupps ziehen durch die Straßen, lärmen, schreien, schimpfen.

05. Juni   Ein Schreckensgerücht eilt durch Aussig: Alle Deutschen aus Karbitz sollen ausgetrieben worden sein und gegen das Erzgebirge ziehen. Man spricht von der Aussiedlung. Alle Deutschen, so heißt es, sollen ihre alte Heimat verlieren.

06. Juni   Gemüse und Kirschen werden auf dem Markt nur mehr an Tschechen verkauft. Unser Theater trägt nun die Aufschrift: „Ceske Divadlo Benesa a Stalina". Alle Deutschen halten sich zurück. Ich verlasse das Haus nur noch ohne Uhr und Ehering, mit einem Stock bewaffnet. Im alten Anzug. Überall macht sich zunehmend Unsauberkeit breit, der Hof ist voll Unrat, denn an eine Ascheabfuhr denkt offenbar niemand mehr. Die Straßenbahn fährt mit tschechischen Schaffnern, Fähnlein und Aufschriften. Herb und düster ist die Zeit; die Stimmung erinnert an Goethes „Egmont".

07. Juni   Ich habe einen größeren Spaziergang gewagt. Als alter Mann. Die Eindrücke sind kaum wiederzugeben. Von durchgetriebenen Kuhherden ist die ganze Stadt verdreckt. Die Schicht-Fabrik in Schreckenstein hat nur noch tschechische Anschriften. Die schöne Schule dort ist ein einziger Trümmerhaufen. Särge stehen umher. Polster, Nähmaschinen, Wagen – es ist ein wildes Durcheinander. Und da-

zwischen, wie höhnisch, die alten Aufschriften: „Wir kapitulieren nicht!" – „Hitler bedeutet Sieg!". Der Kirchturm von Aussig steht schief. Panzersperren stehen noch. Überall zerschellte verbrannte Wagen. Rüstzeug liegt wild umher. Auf der Elbe ist ein Dampfer „Plzen" über und über weiß-blau-rot beflaggt. Von Teplitz her kommen neue Schauernachrichten. Überall Ausweisungen! An einen Nachtschlaf ist nicht mehr zu denken.

10. Juni   Wenn man nur wüßte, was eigentlich in der Welt vorgeht!

11. Juni   Pockau wird geräumt. Die Straßenbahn verkehrt nicht. Der örtliche Drahtfunk bringt nur noch tschechische Nachrichten. Morgen soll Kleische drankommen. Fieberhaft wird gepackt. In Pockau sollen nur die Parteiführer ausgewiesen worden sein. Aber auch das Altersheim ist schon völlig leer.

12. Juni   Wir sind um ½2 Uhr aufgestanden, fanden einfach keine Ruhe. Alle Fenster ringsum sind hell erleuchtet. Die Leute erwarten in Angst die Partisanen. Wir packen weiter. Allmählich dämmert es. Aber wir bleiben unbehelligt. Das Tageslicht verscheucht die Angst wieder. Aus Pockau kommen schaurige Nachrichten. Es heißt aber, die Ausweisung sei durch Amerika und unsere Kommunisten gestoppt worden. In Pockau sollen viele Deutsche, vor allem ältere, Selbstmord verübt haben. Die Wälder auf dem Kamm des Erzgebirges, besonders bei Zinnwald, sollen voll Gehängter sein. Fortwährend treffen neue tschechische Trupps ein. Was soll mit uns geschehen? Wohin mit all den Briefen und Tagebüchern, Urkunden und Andenken? Wovon sollen wir drüben leben, wenn die Mark gleich der Krone wird und wir nur 200 Mark mitnehmen dürfen?

13. Juni   Gestern ist Prödlitz an der Reihe gewesen.

14. Juni   Wir verbrennen, wie auch schon gestern, alles, was hundertjähriger Sammelfleiß meiner Ahnen zusammengetragen hat. Meine eigenen Tagebücher, Bilder, Andenken, Schulakten. Den ganzen Tag trage ich die Asche hinaus auf den Hof; dort zerstäubt sie der unbarmherzige Wind überallhin. Dr. Tauber hat sich selbst den Tod gegeben; Wilhelm Künstner ist nach schweren Mißhandlungen gestorben.

15. Juni   Ich habe wieder etwas besser geschlafen. Die Ausweisung soll abgestoppt sein. Aber wohin ich komme, überall herrscht tiefe Niedergeschlagenheit. Die Flucht aus dem Leben ist längst keine Einzelerscheinung mehr. Alle Tafeln und Aufschriften hinaus nach Tellnitz sind nur noch in tschechischer Sprache gehalten. Überall weiße Fahnen. Immer noch wird viel Vieh über die verschmutzten Straßen hereingetrieben. Höhnische Parteizettel auf Deutschlands Tod hän-

gen herum. Am Abend berichtet der Rundfunk von einer Beratung der Siegermächte.

17. Juni   Wir schreiben wieder Abschiedsbriefe an die Kinder. Post bekommen wir aber keine mehr. Täglich habe ich an meine Tochter in Prag geschrieben. Keine Antwort. Ich fragte nun auf dem Postamt nach. Antwort: Deutschen wird keine Post zugestellt.

20. Juni   Gefangene deutsche Mitbürger werden in ganzen Zügen durch die Stadt geführt. Manch guter Freund befindet sich unter ihnen. Und ich kann nicht helfen, andere wieder sehe ich auf den Straßen schwer arbeiten. Nur ich bleibe mit meinen 75 Jahren verschont. Nun ist auch die Bräuhausschenke für Deutsche ganz gesperrt.

21. Juni   Das ehedem so saubere Kleische ist kaum wiederzuerkennen. Unrat auf den Straßen, Unrat auf den Höfen. Alles leidet, alles klagt.

23. Juni   Heute nacht um 11 Uhr wurden wir aus den Betten geklingelt; tschechische Beutesucher verlangten bei uns Unterkunft. Wir gewährten sie notgedrungen. Alle deutschen Bauern werden enteignet. Befehl Beneschs. Ich pilgere auf die Strisowitzer Höhe, um von Flur und Blumenwelt Abschied zu nehmen.

24. Juni   Um 8 Uhr schläft die Stadt noch. Niemand weiß, für wen gearbeitet wird. Und es gäbe doch so viel zu tun!

25. Juni   In der Stadt wimmelt es heute von Frauen und Mädchen mit weißen Armbinden. Männer werden wie Sklaven abgeführt. Die Straßenbahn nach Wannow verkehrt wieder. Ich wage den Gang nach Sebusein. Die Straße ist mit zertrümmerten Wehrmachtwagen über und über bedeckt. Uniformen liegen noch da, auch Waffen, selbst Kanonenrohre. Längs der Elbe ziehen lange Trecks mit tschechischen Landsleuten nordwärts. In Sebusein habe ich bei Bekannten geborgen geglaubtes Gepäck holen wollen. Alles schon geraubt. Von durchziehenden Partisanen. Die Sebuseiner loben die Russen, die durch den Ort kamen.

26. Juni   Auf dem früheren Horst-Wessel-Platz stehen überall Posten. Dazwischen Frauen mit Kinderwagerln und Rucksäcken. Wird heute bei uns in Kleische ausgesiedelt? Nun wird es wirklich ernst. Totenstille ringsum. Reiter sprengten umher. Kleine Gruppen ziehen hausweise, schwer bepackt, auch mit Wägelchen fort. Ins Ungewisse. Eine unheimliche Gewitterschwüle herrscht. 38 Grad in der Sonne. Keine Straßenbahn fährt heute durch Kleische mehr. Nun sind schon die Nachbarn an der Reihe. Bald müssen wir drankommen. Stumm ergeben wir uns in unser Los. Was liegt schließlich am Leben, wenn all unsere Arbeit vernichtet ist!

27. Juni   Nach schlafloser Nacht dämmert der letzte Tag in der Heimat. Um 5 Uhr werden wir aus den Betten getrommelt. Sie kommen mit Gewehr und Peitsche. Alles öffnen! heißt es. Binnen einer halben Stunde müssen wir das Haus verlassen haben. Hoffnungslos verlassen wir die hinter uns verschlossene Wohnung und wandern mit Sack und Pack schwer beladen zur Sammelstelle, wo wir neuerlich beraubt und dann dem herzlosen Kohlenwagen übergeben werden, der uns aus der teueren Heimat hinausreißt ins Elend. An 3.000 Deutsche aus dem Stadtteil Kleische haben heute gleich uns die Heimat verloren …"

Bericht von Frau G. W. aus Gablonz/Nordböhmen (Juni 1945)

„Am Nachmittag des 15. Juni 1945 saßen meine Mutter und ich beim Kaffeetrinken, als es läutete. Wir waren zu dieser Zeit „Besuche" von Russen und Tschechen schon gewohnt; also, glaubte ich, daß es auch diesmal wieder eine Routine-Inspektion sei, bei der man jedes Mal einiges mitgehen ließ. Ich öffnete, draußen standen zwei Tschechen in schwarzer Uniform. Ich fragte sie tschechisch nach ihrem Begehr. Da sagte der eine: „Sind Sie Tschechin oder Deutsche?" Ich antwortete: „Deutsche" und wollte wissen, was diese Frage zu bedeuten habe. Darauf erhielt ich eine Antwort – diesmal erstmalig in deutscher Sprache – die ich mein Lebtag nicht vergessen werde: „Fragen Sie nicht! Packen Sie! Zenn Minnutten furrt!" In diesem Augenblick erschien meine Mutter in der Zimmertür und fragte: „Du bist ja käsweiß im Gesicht, was ist denn geschehen?" Da ertönte schon wieder das ungeduldige: „Packen Sie! Zenn Minnutten furrt!"
Meine Mutter war wie versteinert und fragte immer wieder: „Was hat er gesagt? Warum sollen wir fort? Was haben wir denn getan? Wohin sollen wir denn?"
Die beiden Tschechen aber schnarrten nur eiskalt: „Nicht fragen, packen, nur sibben Minutt!"
Wir taumelten völlig kopflos ins Schlafzimmer, um irgendwas einzupacken, ohne zu wissen was. Wenn wir irgendwelche neue Kleidungs- und Wäschestücke bereitlegten, nahmen sie uns die Tschechen gleich fort, steckten sie in riesige Säcke, die sie mitgebracht hatten. Zwischendurch klingelte es einige Male und plötzlich war unsere Wohnung voller „Partisanen".
Ich wollte mich umziehen, aber dauernd rannten zwei bis drei dieser Kerle hinter mir her und beobachteten jeden Handgriff. Meiner Mutter ging es nicht besser.
Schließlich hatten wir jede unseren Luftschutzkoffer, der seit dem Krieg noch bereitstand, in der Hand und einen Rucksack, in den wir wahllos ein Kostüm

und drei Garnituren Wäsche hineingestopft hatten. Wir wagten nicht, unseren in den Übergardinen versteckt eingenähten Schmuck herauszuholen, er wäre ja sowieso nur in den Beutesäcken der Plünderer gelandet. Als die Zeit um war, schob man uns förmlich zur Tür hinaus. Die „Partisanen" waren verschwunden bis auf einen, der unsere Wohnung versiegelte. Ich hatte gerade noch die Zeit, unseren Hund an die Leine zu nehmen.

Auf dem Platz vor unserem Haus strömten inzwischen mehr und mehr Leute zusammen; manche weinten, alle schauten verstört drein. Nach einer halben Stunde des Wartens mußten wir uns zu einer Kolonne formieren. Ich hielt mich mit meinem Hund an der Außenseite. Da kam ein Tscheche und nahm mir den Hund weg. Ich wollte ihm hinterher eilen, um meinen Hund wieder zu holen, aber ein anderer „Partisan" trieb mich mit bösen Flüchen in die Reihe zurück. In der Ferne sah ich meinen Hund langsam verschwinden, sah ihn an der Leine zerren und den Kopf zu mir wenden, es nützte ihm nichts, er wurde fortgezogen. Ich aber mußte weiter in der Kolonne gehen über die Bastei in Richtung Schule an der Falkengasse.

Wie wir dahin gelangten, weiß ich nicht mehr, mir war alles so gleichgültig geworden. Ich schaute nicht mehr rechts und links. Ich glaube, es ging allen so, es breitete sich eine Stumpfheit über die tausend Menschen aus. Es war auch gut so, sonst hätten wir die Qualen, die noch auf uns warteten, nicht ertragen können."

Bericht von Frau H. H. aus Schönbach/Egerland (1945)

„Mit einem Ziehwagerl zogen zwei befreundete junge Menschen durchs Egerland. Es ging auf den Winter zu, doch blieb uns keine Wahl mehr. Die Heimat war eine Bedrohung, wir mußten sie schweren Herzens ganz schnell verlassen. Wir beluden den kleinen klapprigen Wagen mit dem Nötigsten, zogen uns warm und wetterdicht an, denn es regnete in Strömen und verließen den Heimatort. Auf Umwegen, alle Ortschaften auslassend, begannen wir den Marsch. Er dauerte acht Stunden. Wie Bettler schlichen wir an Hörsin, Klinghart, Wildstein, Altenteich, Seeberg vorüber – überall hatten sich schon vereinzelt Tschechen eingenistet – der bayerischen Grenze zu. Es war ein überaus trauriger Auszug. Nie werde ich das Gefühl vergessen, das mir die Sicherheit in der Heimat nahm. Es war an einem frühen Morgen, ich schaute zum Fenster meiner Jungmädchenkammer hinaus und sah, wie man die Menschen in ein primitives „Lager" zusammenholte. Der Schreck, in der Heimat gefangengenommen zu werden, in der bis jetzt alle Sicherheit und Geborgenheit war, prägte sich mir fest ein bis auf den heutigen Tag.

Mein Heimatort liegt nahe der sächsischen Grenze. In einer knappen Stunde hätten wir das reichsdeutsche Gebiet, die damalige Ostzone, erreicht gehabt. Doch keinem wäre es in den Sinn gekommen, nach dieser Richtung zu laufen.

Denn nur von Bayern, das von den Amerikanern besetzt war, erhofften wir uns Rettung. Im Grenzort, nachdem wir den achtstündigen Regenmarsch hinter uns hatten, versteckten uns Bekannte in ihrem Häuschen und ließen uns um Mitternacht zu ihrem Schlafzimmerfenster hinausschlüpfen. Wir kannten den Weg zur Grenze nicht, aber Herr Grüner gab uns eine Skizze mit, auf der wir uns ab und zu mit einer Taschenlampe informierten. Alle Sinne waren angespannt; das war kein romantisches Abenteuer, das war Angst mit unbedingtem Überlebenwollen. Es ging dort, wo man uns hinwies, kein Weg den Berg hinauf. Es schien ein Kahlschlag zu sein; man hatte die Baumstümpfe gesprengt, tiefe Löcher blieben zurück und wir fielen, so sehr wir auch aufpaßten, in der Dunkelheit immer wieder hinein. Bei jedem Sturz machte sich der Rucksack selbständig, flog über den Kopf hinweg und es dauerte jedesmal eine Weile, bis wir uns aus der Vertiefung herausgewühlt hatten. Auf beiden Seiten der Lichtung konnten wir den Hochwald als dunkle Wand erkennen. Erst ging es steil bergauf, dann auf einer Hochfläche kreuz und quer über ein Felsenstück bergab. Ich hatte einen großen Furunkel an einer Stelle, die ich nicht näher bezeichnen möchte, rutschte auf dem Felsen aus und fiel genau auf dieses Ungeheuer. Vor Schmerz wollte ich schreien, doch geistesgegenwärtig wurde mir hart der Mund verschlossen, so daß ich nur noch wimmern konnte. Nahe liegt das Groteske dem Tragischen.

So schwer der Anfang in Bayern war, das Land, aus dem einst unsere Vorfahren kamen, hat uns nicht im Stich gelassen. Es war damals, in der chaotischen Zeit nach dem Krieg, kein Land, in welchem Milch und Honig flossen; die Gegenwart war trostlos, die Zukunft schien hoffnungslos. Es kostete viele Tränen, bis wir den Zuzug hatten. Wir hungerten, wir froren und zum Schwarzhandel hatten wir leider nicht das richtige Talent, das merkten wir sehr bald. Wir gehörten in der damals gültigen Größenordnung zu den ganz Kleinen, gaben mehr als wir bekamen: eine Flauschjacke für zwei Pfund Butter und waren noch glücklich darüber.

Jedoch nicht lang, denn dieses trübe Spiel, so leuchtete uns ein, ist ganz rasch ausgespielt für jemanden, der mit einem Rucksack und einigen anderen Säcken aus dem Chaos auftaucht. Wir versuchten es anders, doch es sprang auch hier nicht viel heraus; alles in allem ist der Schwarzmarkt an uns Dilettanten ziemlich ergebnislos vorübergegangen. Schade! Wir hätten gerne und ohne Gewissensbisse etwas weniger gehungert. Und etwas feudaler gelebt; doch schon der Erwerb eines Bezugsscheines für eine Glühbirne kostete den vollen Einsatz von Überredungskunst und Charme.

Wenn ich heute in alten Briefen lese, so kommt mir erst richtig zu Bewußtsein, in welcher trostlosen Lage wir uns damals befanden, da wir nicht einmal mehr willens waren, Zuflucht zu Illusionen zu nehmen. Wir waren bei der „Philosophie des Unvermeidlichen" angelangt.

Doch das Schlimmste war nicht der Hunger, waren nicht die fremden Straßen und Wälder, das Bedrückendste waren die fremden Menschen. Nicht etwa, daß sie schlecht gewesen wären. Heute, da wir selbst wieder Besitz haben und Distanz zu den damaligen Vorkommnissen, ist es uns verständlicher, daß man die Häuser nicht für uns öffnen wollte. Als wir mit unseren Säcken ankamen, nannte man uns Dahergelaufene und Zigeuner, man sagte: „Die Böhmischen kommen", und es hatte keinen Zweck, ihnen zu erklären, daß wir Besitz hatten. Abgerissen und armselig, wie wir nach den Schrecken in der Heimat, den Strapazen und Irrfahrten, dem Lagerleben und Viehwagentransporten, der letzten Habe oft beraubt, aussahen, hätte uns das doch niemand geglaubt. Ja, manchmal mußten wir von den weniger Gebildeten erfahren, daß sie nicht einmal wußten, ob wir Deutsche waren. Hätten sie erfassen sollen, warum wir kamen? Man nannte uns irreführend Flüchtlinge, mit diesem Ausdruck das Vertreibungsschicksal noch verschleiernd und unbegreiflicher machend.

Und in der damaligen verworrenen Zeit gegen Worte ganz besonders mißtrauisch, hatten es die Einheimischen schwer, uns zu glauben. Dann tauchten wir in einer verzweifelten und verbissenen Arbeitswut jahrelang wie in einem tiefen Brunnen unter.

Ein Teil unserer Landsleute lebte sich in dieser Zeit in der „neuen Heimat" ein, „assimilierte sich bis zur Unkenntlichkeit". Einem anderen Teil wird das nie gelingen."

Bericht von Herrn A. St. aus Karbitz/Nordböhmen (Juni 1945)

„Wir schrieben den 04.06.1945. Seit dem Einmarsch der Russen waren etwa vier Wochen vergangen. Aber es verging kaum ein Tag, an dem wir nicht neue Schrecken erlebt oder erfahren hätten. Karbitz, das vor 1939 etwa 16 v. H. Tschechen aufwies, sollte nun von den Deutschen befreit werden. In den Vortagen hatte der Národni výbor (tschechischer Nationalausschuß) von Karbitz einen Geheimbefehl der Revolutionsregierung erhalten, in dem es hieß, daß alle Deutschen, ohne Unterschied des Alters und Geschlechts, rücksichtslos nach Sachsen zu vertreiben seien.

An den Vortagen des 04.06.1945 hatte das damalige Revolutionskomitee bewaffnete Gruppen nach Karbitz gesandt, die in den Schulen Quartier bezogen. Sofort setzte eine Verhaftungswelle ein.

Am frühen Morgen des 04.06.1945 weckte Trommelwirbel jäh alles aus dem ruhelosen Schlaf. Dann ging es wie ein Lauffeuer durch die Stadt, daß Karbitz auf allen Wegen und Straßen ringsum gesperrt und von Bewaffneten umstellt sei.

Es wurden in allen Straßen und Gassen Befehle in tschechischer Sprache verlesen, die von den meisten Deutschen nicht verstanden wurden. Aber dann wußten es bald alle: Alle Deutschen – ohne Ausnahme – haben sich innerhalb einer halben Stunde auf der Wiese an der Straße nach Priesten zu versammeln. Mitzunehmen ist eine Decke, einmal Leibwäsche, ein Eßbesteck und für drei Tage Verpflegung. Außerdem sind alle Geldbeträge, Sparkassenbücher, Schmucksachen und Uhren mitzubringen.

Der Weg zu der im Räumungsbefehl angegebenen Wiese war ein Weg des Jammers. Kinder schrieen, alte und kranke Leute weinten und der Ausdruck großer Angst zeichnete die Gesichter. Die Wiese selbst bot im Nu den Anblick eines Massenlagers. Dann wurden die Frauen von den Männern getrennt. Es mußten Reihen gebildet werden und dann begann die Wegnahme allen Geldes, des Schmuckes, der Uhren und alles anderen, was von Wert erschien. Die Leibesvisitationen erfolgten gleich zwei-, selbst dreimal hintereinander. Selbst bei Kleinstkindern wurde nach Verborgenem gesucht. Wir sahen uns nur Haß und Habgier gegenüber. Selbst den Kindern, die in den Kinderwagen lagen, wurden die Decken weggenommen.

Am Nachmittag ging man erst an die eigentliche Austreibung. Wir warteten auf der Wiese, ringsum bewacht, was nun mit uns geschehen werde. Dann wurden Kolonnen gebildet, mehrere gleich auf einmal, und dann wurden wir mit Peitsche und Gewehrkolben in Marsch gesetzt.

Die Grenze nach Sachsen verläuft in einer Entfernung von etwa zehn Kilometern. Alle Straßen ins Gebirge, zur Grenze, waren nun mit den Kolonnen zur Austreibung kommender Karbitzer belebt. Man trieb uns über Nollendorf – Tellnitz – Priesten – Hohenstein und Graupen. Stehenbleiben durfte niemand; auch nicht austreten. Kauernd gehend mußte die Notdurft verrichtet werden, wollte man nicht geschlagen werden. Dazu eine glühende Hitze, denn die Sonne stand hoch am Himmel. Die Wege übers Erzgebirge waren noch blokkiert. Baumstämme und Barrikaden erschwerten das Weiterkommen.

Aber Peitsche und Gewehrläufe wurden nur immer einmal drohend erhoben, beim nächsten Mal wurde erbarmungslos zugeschlagen und zugestoßen.

Gegen 8 Uhr abends erreichten wir mit unserer Kolonne hungrig, todmüde und abgehetzt die Grenze. Die Tschechen kehrten um.

Die Aufnahme in Sachsen war bemerkenswert kühl. Die Bevölkerung hatte freilich auch ihre schweren Sorgen und Nöte. Und eine Propaganda stellte uns fälschlich bewußt als Schuldige dar. So schleppte sich Häufchen um Häufchen Ausgetriebener von Dorf zu Dorf weiter, um immer wieder zumeist nur in Massenunterkünften eine Bleibe über Nacht zu finden.

Mit diesen Zeilen sind die ersten drei Tage meines Vertriebenendaseins angedeutet. Die folgende Zeit, die ganz ohne Zukunftsaussichten war, immer nur voll Elend, Hunger und Verzweiflung vor Augen, trieb manche noch in den Selbstmord."

Bericht von Herrn Dr. J. W. aus Aussig/Nordböhmen (Juni 1945)

„Am 27.06.1945 wurden meine Frau und ich (68 bzw. 75 Jahre alt) ohne vorherige Verständigung morgens um fünf Uhr aus den Betten getrieben und von einem tschechischen Beamten und vier Soldaten, von denen uns einer das Gewehr vorhielt, zur sofortigen Räumung unserer Vierzimmerwohnung (Aussig, Schubertstraße 1) barsch aufgefordert.

Alle Wertsachen, wie Uhren, Schmuck, Geld, Sparkassenbücher, Münzen – manch wertvolles Erbgut dabei – wurden von ihnen in Säcke gefüllt, alle Schubladen wurden entleert und immer drohte man uns aufs Neue Waffengewalt an, wenn wir versuchen würden, etwas zu verheimlichen.

Nur unsere Alltagskleider durften wir anziehen und darin so schnell wie möglich die Wohnung verlassen. Wir kamen gar nicht mehr dazu, an ein Frühstück zu denken. Einen Ballen mit etwas Wäsche durften wir mitnehmen, etwas Reisezeug, dann wurde die Wohnung hinter uns abgeschlossen. Wir wurden in eine entfernte große Halle eingewiesen, zu der Scharen Vertriebener gejagt wurden. Wir wurden nochmals untersucht und des letzten Taschengeldes beraubt.

Hunderte Vertriebener wurden nun in Fuhrwagen auf der Hauptstraße eingewiesen und wagenweise durch die belebten Straßen zum Aussig-Teplitzer Bahnhof geführt, wo uns ein langer Zug mit offenen, schmutzigen Kohlenwagen aufnehmen mußte. Sobald ein Wagen gefüllt war, wurde er abgeschlossen. Die so Eingesperrten mußten nun hier den ganzen restlichen Tag ohne Sitzgelegenheit verbringen. Um Verköstigung und eine sonstige Fürsorge kümmerte sich niemand. Neben dem Zug gingen Bewaffnete auf und ab, ließen niemand aus dem Zug heraus. Bekannte und Verwandte, die Lebensmittel in die Wagen hineinzureichen versuchten, durften nicht an den Zug heran.

Erst spät abends fuhr der lange Zug, der wohl ca. 15 Wagen zählte, ab und durch das Elbtal nordwärts; und niemand kümmerte sich mehr um uns. Erst am nächsten Nachmittag brachten uns Schwestern auf dem Dresdner Bahnhof etwas Kaffee. Wir aßen und tranken auf Säcken und Taschen sitzend.

Wir fuhren dann durch öde Kohlenbezirke bis Kottbus, wo der Zug geräumt wurde und die Insassen in alte zerstörte Fabrikgebäude eingewiesen wurden. In arg beschmutzten Arbeitsräumen mußten wir nächtigen, auf kaltem Steinboden unser Lager aufschlagen. Auf dem Fabrikhof bereiteten fleißige Frauen kleine Feuerchen, um aus erbettelten Rüben und Kartoffeln ein Notessen zuzubereiten.

Dann wurde uns bedeutet, weiter nach dem Westen zu ziehen. Die im Stich gelassenen Scharen schlossen sich zu kleinen Gruppen zusammen, die nun unter selbstgewählter Führung den Marsch durch die verwüstete und ausgeplünderte Gegend antraten. Gar mancher blieb im Straßengraben liegen.

Völliger Mangel an Unterkünften und Lebensmitteln ließ jede Familie bald nur noch an sich denken. Bettelnd verloren sich die gequälten Heimatgenossen.

Unterwegs hatten wir, meine Frau und ich, Gelegenheit, mit einem Kohlenzug nach Dresden zurückzukommen. Das war am vierten Tag unserer Austreibung. Wir waren durch Gewittergüsse völlig durchnäßt; es fror uns. Wir fanden keine Hilfe. Nur ein russischer Soldat schenkte uns eine Brotschnitte; so faßten wir wieder den Mut, die Rückkehr zu versuchen. Umsonst brachte uns die Bahn nach Gottleuba, wo wir die erste Hilfe fanden.

Bei Peterswald versuchten wir, über die Grenze zurückzukommen. Aber wir wurden mit Spott und Hohn von tschechischen Grenzwächtern zurückgetrieben. Im nahen Ferienheim des Aussiger Großhändlers K. R. fanden wir Unterkunft und auch die Mittel, um nun unseren Weg nach dem fernen Westen zu unserer Tochter anzutreten."

Bericht von Frau M. P. aus Aussig/Nordböhmen (Juli 1945)

„Wir wurden am 10.07.1945 um fünf Uhr früh aus unserem Heim in der Tellstraße binnen zehn Minuten herausgejagt und mit über 3.000 Schreckensteinern in 47 offenen Kohlenwaggons verladen, in denen noch der Kohlenstaub zehn Zentimeter hoch lag, und mußten, eng zusammengepfercht, bei sengender Sonnenglut unsere erst um 18 Uhr erfolgte Abfahrt abwarten. Die letzten Sonnenstrahlen vergoldeten Strom und Berge unserer herrlichen Elbtalheimat, als wollten sie uns diesen letzten, unvergeßlichen Anblick unauslöschlich in die Seele brennen. Beim Verlassen der Landesgrenze – in Schöna – sank die Sonne hinter die geliebten Berge, verdunkelte die Landschaft und uns war es, als könnte sie für uns überhaupt nie mehr scheinen. Trostlos starrten wir ins Dunkel und fuhren einer ungewissen, unbekannten Zukunft entgegen.

Sechs Tage und Nächte fuhren wir über Dresden, Königswusterhausen, Berlin und Nordosten kreuz und quer durch Deutschland. Nie stand der Zug in einer Station, immer auf offener Strecke, außer in Wusterhausen. Niemand wußte, wohin es geht, keiner wollte uns aufnehmen. Schon glaubten wir, über Polen nach Rußland verschleppt zu werden, als unser Zug bei Scheune dann doch die Richtung nach Westen nahm. Über Pasewalk ging es dann nach Mecklenburg, wo wir an einem Sonntag morgens um 6 Uhr in Bützow auswaggoniert und von dort in der Umgebung auf dem Lande einquartiert wurden.

Der größte Teil von Tellhang kam mit uns nach Tarnow. Während der ganzen sechstägigen Fahrt sahen wir nicht einen Menschen, der uns auch nur einen Tropfen Wasser gereicht hätte. Der Proviant war auch bei den Bestversorgten zu Ende, die kleinen Kinder waren zumeist krank, die Erwachsenen standen vor dem völligen seelischen und körperlichen Zusammenbruch.

Von all den seelischen und körperlichen Qualen, durch die wir Ausgestoßenen auf dieser sechstägigen Fahrt mit unserem fünf Monate alten Enkel, den wir mit uns führten, hindurch mußten, von unserem Erleben in dem einen, in Mecklenburg verbrachten Jahr und von der anfangs Juni 1946 unter neuerlichen Strapazen, nach Überwindung unzähliger Hindernisse zurückgelegten Reise nach dem Westen zu unserer Tochter, will ich gar nicht erst schreiben. Nach vier, auf dem Lande verbrachten, Jahren gelang es uns, im November 1950 in Bayern endlich wieder Fuß zu fassen und so etwas wie eine Heimat zu finden. Die alte freilich ist es nicht…"

Bericht von Frau H. H. aus Schönbach/Egerland (August 1945)

„Anfang August 1945 kamen fünf junge Tschechen, drei Burschen und zwei Mädchen, zu uns und erklärten, daß unser Haus mit allem Inventar nun ihnen gehöre. Die Mutter weinte. Einer der Jungen „tröstete".

„Weinen Sie nicht Frau, übers Jahr sind alle Deutschen aus ihren Häusern und aus dem Land dazu!"

Wir hörten es; wir glaubten es und glaubten es auch nicht. Innerlich ungläubig ob der Ungeheuerlichkeit des Gedankens, die Heimat zu verlieren, handelten wir äußerlich, als ob es dennoch Tatsache würde. Diese Bewußtseinsspaltung ließ uns, ohne Kenntnis des „Transfers der Deutschen" oder der „humanen Aussiedlung", wie man es auch nannte und wovon wir erst viel später erfuhren, die Grenznähe unseres Heimatortes dahingehend nützen, daß wir einen Teil unserer Habe nach Bayern in Sicherheit brachten, ohne Ahnung, daß dreißig bis siebzig Kilogramm „Aussiedlungsgepäck" das Maximum für alle Landsleute sein würde, wenn erst der offizielle „odsun", der Abschub, wie die Tschechen es nannten, begonnen haben würde.

Andererseits verlebten wir, von dieser „Schizophrenie" befangen, die Tage, die uns der Sommer bot, so, als ob wir niemals die Heimat zu verlassen gezwungen sein würden. Unterstützt wurde diese Hoffnung von den Gerüchten, das Egerland solle dem Deutschen Reich angegliedert werden. Welche frühen Pläne des Hauptaustreibers Benesch feierten hier plötzlich Auferstehung in den Köpfen der Menschen, die doch andererseits, den Zeichen der Zeit folgend, keinerlei Hoffnung für ihr Verbleiben in der Heimat mehr haben konnten. Es war die „Vogel-Strauß-Politik der menschlichen Seele", wenn sie vor etwas Schreckliches gestellt wird, das sie nicht erfassen kann. Der Rettungsanker, der den Menschen vor der Selbstvernichtung bewahrt.

So fanden wir uns, ein junges Ehepaar, eines Tages im Oktober 1945 nahe des Grenzortes Liebenstein auf einem Hochstand sitzend, die Nacht abwartend, die unseren letzten Grenzgang decken sollte. Unweit unseres Jägersitzes, ein Stück im Wald versteckt, war eine Erdaushebung, in der unsere Fahrräder, notdürftig mit Fichtenreisig getarnt, lagen.

Ein Liebespaar in der Abenddämmerung auf einem Hochsitz; ein romantisches Motiv. Plötzlich hörten wir Stimmen; tschechische Laute und Gewehrschüsse. Die Schonung herauf kamen zwei Männer, knallten sinnlos um sich und einer bog, kurz vor unserem Baum, in den Wald ein, auf die Stelle zu, wo unsere Räder lagen. Rund um die Fahrräder stapelte sich das Gepäck, das uns als Grenzgänger verraten hätte. Es waren angstvolle Minuten, bis wir erleichtert sahen, daß der Mann sein dringendes Geschäft gleich am Waldesrand, seinen Freund als Zuschauer, verrichtete.

Das war ein winziges Zwischenspiel, doch waren unsere Knie hinterher butterweich, da wir erkennen mußten, an welchen Kleinigkeiten unsere Sicherheit hing.

Früh gegen ein Uhr erreichten wir endlich bayerischen Boden. Wer dachte in solchen Momenten an Heimatlosigkeit, wenn es um das nackte Leben ging.

Bayern war fürs Erste einmal Sicherheit; Glaube an Loyalität: man wird uns schon nicht verhungern lassen! Man wird uns schon aufnehmen.

Auch Bayern hatte den Krieg verloren, es war von einer fremden Militärmacht besetzt, doch welch ein Unterschied zu unserer Heimat!

Alle Erlebnisse der folgenden Monate waren hart, doch niemals lebensbedrohend.

Wir zogen von Ort zu Ort. Das Wichtigste wäre für uns ein Registrierschein gewesen; aber kein Bürgermeister fand sich bereit, uns einen auszustellen. Als Konsequenz hätten wir das Wohnrecht in seiner Gemeinde beanspruchen können.

Die Bürgermeister waren weder grob noch unmenschlich, sie schützten lediglich ihr Gemeinwesen vor Eindringlingen, von denen sie nicht wußten, warum sie kamen. Von den Vorgängen in unserer Heimat drang nichts an die Außenwelt. Und wir selbst waren mit der Zeit zu müde, davon zu sprechen. Es klang alles so unglaubwürdig. Unsere Hoffnung, Glauben zu finden, war erschöpft. Auf Verständnis wagten wir nicht zu hoffen. So jung wir waren, diese Erkenntnis hatten wir sehr bald gewonnen. Die Zeit war auch hart, der Krieg erst wenige Monate zu Ende, das Chaos noch nicht überwunden.

Und trotzdem war damals, als wir so mit unseren Rädern von Dorf zu Dorf um einen Registrierschein betteln gingen, keine Bitterkeit in uns. Es war eine Art Lotteriespiel: Wann werden wir auf ein Gemeindeoberhaupt treffen, der menschliches Mitempfinden über sein Pflichtbewußtsein stellt?

Amberg war unser vorläufiges Ziel, dort hatten wir Freunde. Doch auch da gab es für uns nur kurzfristige Aufenthaltsgenehmigungen – drei Tage, sechs Tage, dann eine Verlängerung auf vier Wochen, jedoch mit der strengen Auflage, wir sollten uns nicht einbilden, daß das eine Zuzugsgenehmigung wäre, in diesen Tagen müßten wir unbedingt andernorts weitersuchen. Doch wo hätten wir suchen sollen?

Wir saßen vor den Beamten, redeten nichts mehr, wichen nicht. Wir hatten nichts anderes zu tun, als zu warten. Unsere Habe lag in einer Dachkammer, vermittelt durch unsere Freunde, dort stand auch eine Pritsche, auf der wir schliefen. Früh schlichen wir uns mit Handtuch und einem Stück Seife in eine öffentliche Bedürfnisanstalt und wuschen uns verstohlen, dann gingen wir auf die Ämter.

Arbeitsamt: Sie bekommen Arbeit, wenn Sie Zuzug haben.

Einwohneramt: Sie erhalten Zuzug, wenn Sie Arbeit nachweisen.

Arbeitsamt: Sie bekommen Arbeit, wenn…

Einwohneramt: Sie erhalten Zuzug, wenn…

Arbeitsamt: Sind Sie schon wieder da?

Einwohneramt: Wie oft kommen Sie denn noch?

Wir schauten stumm, saßen, warteten. Nach etwa drei Wochen hatten wir den Registrierschein. Das Glück war riesengroß! Doch nur von kurzer Dauer, denn nun begann ein anderer Kampf. Im Verlaufe dieses folgenden Kampfes finden wir uns auf einem Kartoffelacker wieder. Jeder hatte einen alten Wehrmachtsbeutel umhängen, es war Nacht. Plötzlich ein wüstes Geschrei: „Hoh" und „hüh" und „jetzt haben wir euch"!

Wir springen wie die Hasen über hohes Kartoffelkraut, hinter uns zwei Bauern mit Mistgabeln. Sie hätten uns nicht erwischt, wenn ich nicht meinen Schuh verloren hätte. Mit schlimmen Drohungen trieben sie uns auf die Straße: „Jetzt geht's zum Ami!" Die Sperrstunde war überschritten, für uns ein schwereres Delikt als der geplante Kartoffeldiebstahl. Die Männer drohten und schimpften, im Rücken spürten wir die Mistgabeln. Da setzte ich mich in den Straßengraben und sagte – und meinte es ernst –: „Hier sitze ich und geh nicht weiter. Stecht mich nur tot. So stecht mich doch tot!"

Da bettelte der Vater den Sohn, er möge uns laufen lassen: „Was können die denn schon stehlen, sie haben ja nur den Beutel mit."

Nach langem Hin und Her willigte der junge Bauer ein.

Ich sehe mich beim Arzt, ihn um ein Medikament gegen meine Schwindelanfälle bittend, ich bin einundzwanzig Jahre und wiege dreiundachtzig Pfund. Der Doktor schaut mich mitleidig an und spricht: „Mädchen, Sie brauchen kein Medikament, Ihnen verschreibe ich etwas anderes" und er verschrieb mir Nährmittel, Vollmilch und Butter.

Wir sitzen in der öffentlichen Wärmestube, sie ist angefüllt mit alten Menschen; wir sind die einzigen Jugendlichen. Hie und da kommt ein Neueintretender an unseren Tisch und will sich bei uns anmelden. Keiner kann sich anscheinend vorstellen, daß wir nur der Wärme wegen hier sind. Wir gehen daraufhin nicht mehr dorthin, gehen wieder zum Holzstehlen in den winterlichen Wald. Es gibt keine Kohlezuteilung für uns, diese Aktion läuft nicht so schnell an bei Neuzugängen, es bleibt uns nichts anderes übrig, als jede freie Minute im Bett zu verbringen.

Hunger, Kälte, alles ließ sich im Laufe der folgenden Jahre beheben. Schmerzlicher empfanden wir die Verachtung uns Habenichtsen gegenüber, die ein permanentes, und in den Augen der Heimatvertriebenen ungerechtes, Verhalten und Verkennen unserer Lage bedeutete.

Wir hatten mit unseren Hausleuten keine Schwierigkeiten, bis eines Tages die Hausfrau ein Ansinnen an uns stellte, das nicht ganz legal war. Wir sollten etwas unterschreiben, das nicht den Tatsachen entsprach. Und als wir uns dazu nicht bereitfanden, staunte die Frau mehr als daß sie boshaft sein wollte: „Aber euch Dahergelaufenen kann das doch nichts ausmachen?!" Das tat bitter weh. Monate des friedlichen Zusammenlebens schienen ausgelöscht, hatten wir denn aufgrund unseres anständigen Verhaltens in all der Zeit unseren Habenichtsstatus nicht ausgeglichen? Wir hatten jahrelang an diesem bösen Ausspruch zu kauen. Vielleicht war das ein Ansporn, mehr zu leisten, das Äußerste zu tun, um diese Geringschätzung zu überwinden. Und als die Besitzlosenperiode überwunden war, kamen die bösen Witze: Wie nennt man jemanden, der ein Haus besitzt? Einen Hausbesitzer. Und wer ein Auto besitzt? Einen Autobesitzer. Und wer beides besitzt? Einen Flüchtling.

Auch diese Zeit ist vergangen. Wir haben schon seit Jahren nicht mehr das Gefühl, daß das Wort Heimatvertriebener oder Flüchtling eine abwertende Klassifizierung bedeutet. Wir haben Freunde unter den Einheimischen, auf die wir uns verlassen können. Nur in einem müssen wir etwas vorsichtig mit ihnen sein: Wir dürfen nicht deutlich erkennen lassen, daß wir unsere verlorene Heimat nicht vergessen können. Sie meinen, allen Ernstes und durchaus nicht ohne Freundschaft und Zuneigung: „Hier seid ihr daheim. Es ist jetzt Euere Heimat genauso wie unsere. Ihr seid schon so lange da und das Land ist so schön. Ihr könnt nicht undankbar gegenüber diesem Land sein."

Es bleibt uns nichts anderes zu tun, als mit Willenskraft unserer Tränen Herr zu werden und ja zu sagen. Ein einfaches „Ja" genügt. Einer, der seine Heimat liebt und sie vor uns so preist, wird zufrieden damit sein.

Wir aber können danken, daß wir Freunde fanden, obwohl in den ersten Jahren unseres Hierseins alles so hoffnungslos aussah. In den vielen Jahren des Zusammenlebens haben wir jedoch eingesehen, daß wir ihnen nicht klarmachen können, was uns fehlt und daß sie uns in diesem Falle auch nicht entscheidend helfen können.

Ein Beispiel mag für viele stehen. Hier führt ein Tscheche, der frühere Chefredakteur einer tschechischen Zeitung, ein Gespräch mit einem sudetendeutschen ehemaligen Journalisten, mit dem ihn eine Jugendfreundschaft verbindet: „Was soll ich Dir erzählen. Brünn war und ist die schönste Stadt, die ich kenne. Ich war wieder einmal glücklich. Überall Freunde, das wunderbare Milieu, der herrliche südmährische Wein. Was soll ich dir erzählen... auf dem Rathaus habe ich mich erkundigt, ob ich als Rentner zurückkehren könnte. Meine

Rente würde man mir von hier in Mark überweisen." „Aber Erwin, München ist doch auch eine schöne Stadt." „Meine Frau stammt auch aus der Tschechoslowakei, sie spricht noch ganz gut tschechisch. Ich bin Deutscher, aber meine Heimat bleibt Brünn. Ich kehre zurück und damit basta!"

Es ist gut, daß wir seit einigen Jahren wieder dorthin dürfen, wo wir geboren sind und ich habe es erneut gespürt, als wir in der Heimat waren: nirgends kann man so von Grund auf glücklich sein. Selbst wenn der Schmerz uns überfällt, bedrängt er uns daheim nie so hoffnungslos und wild. Das heimatliche Land legt sich wie eine milde Hand auf unser gekränktes Gemüt, der Schmerz wird sachte und verschwindet allmählich wie hinter einem Schleier. Ich habe das nie in unserer „zweiten Heimat" in solcher Intensität erlebt. Wir wohnen in einer sehr schönen Gegend. Ich liebe dieses Land; aber nur, wenn ich auf einem sehr hohen Berg stehe, den ich aus eigener Kraft bestieg, spüre ich so etwas wie ein heimatliches Gefühl, bin ich fast so glücklich wie im Wald meines Kindheitslandes. Denn ich weiß, hier herauf kommen nur wenige, die mir diesen Platz als ihre Heimat streitig machen könnten. Die Einheimischen sagen natürlich nicht: das ist meine Heimat… meine Heimat…, nur in uns lebt dieses: ihre Heimat, das ist ihre Heimat…

Es ist wie ein Alpdruck: überall ist fremde Heimat. Seit die Grenze sich nach dem Osten geöffnet hat, ist dieser Druck gemildert. Wir erleben jedes Jahr ein neues Glück. Und wir antworten allen, die uns fragen und die uns zürnen: „Wie kann man denen Devisen hintragen? Wie kann man in ein Land fahren, in welchem uns so Entsetzliches geschah?": „Es ist die Heimat"."

Bericht von Herrn E. N. aus Oppelitz/Böhmerwald (Mai 1945–1946)

„Meinem Bericht möchte ich vorausschicken, daß die Idee zur Entnationalisierung der Deutschen und zu ihrer Vertreibung weit älter ist, als es nach den Ereignissen von 1938 und 1945/46 zu sein scheint.

Eingeleitet wurde die Vertreibung – keiner ahnte es – durch die amerikanische Besetzung unseres Heimatgebietes in den ersten Maitagen 1945. Nach Oppelitz kamen sie am 05.05.1945, am nächsten Tag zogen sie wieder ab.

In den nächsten Tagen und Wochen suchte alles wieder seinen alten Gang, nur die Behördengeschäfte wurden umständlicher. Der Schulbetrieb, der bereits Mitte April eingestellt worden war, weil die Front immer näher kam, wurde nicht wieder aufgenommen.

Es dürfte Mitte Mai gewesen sein, da hieß es, der Böhmerwald werde wieder ein Teil der Tschechoslowakei. Wir stellten uns darauf ein, wieder tschechische Staatsbürger zu sein. Eines Tages fuhr eine lange Kolonne Lastautos der aufgelösten deutschen Wehrmacht mit lautem Gedröhn den Innersberg hinauf nach Bergreichenstein. Sie waren mit tschechischen Soldaten oder Polizisten besetzt, so genau konnten wir das nicht feststellen. Uns wurde klar, daß das die neuen Herren waren.

An einem Spätnachmittag wurde auf der großen Anschlagtafel am Inwohnerhaus des Schofferhofes ein Plakat mit tschechischem und deutschem Text angeheftet. Der deutschen Fassung konnten wir entnehmen, daß die Deutschen keinerlei Bürgerrechte mehr besaßen. Es wurde eine strenge Ausgangssperre über sie verhängt. Sie wurden aufgefordert, alle Wertgegenstände, Schmuck, Sammlungen, Fotoapparate, Rundfunk- und Sportgeräte, auch Fahrräder usw. bei der Polizei abzuliefern. Außerhalb der Häuser mußten sie eine weiße Armbinde in einer vorgeschriebenen Breite tragen.

Das war der Anfang einer schrecklichen Zeit.

In den nächsten Tagen schreckten uns die Tschechen mit der ersten Hausdurchsuchung. Sie wurde von jungen Uniformierten durchgeführt, die wir als Gendarmerie-Schüler bezeichneten. Ich weiß heute nicht mehr, was uns damals auf diese Vermutung brachte. Sie trugen eine rote Armbinde mit den Buchstaben SNB. Ihre Hausdurchsuchungen gehörten von da an zu ihren wöchentlichen Gepflogenheiten. Sie umstellten zunächst das Dorf, dann drangen sie von allen Seiten in den Ort ein. Hof um Hof und Haus um Haus wurde von ihnen sozusagen auf den Kopf gestellt. Mitgenommen wurde alles, was neu oder wertvoll aussah: Schuhe, Kleidung, Wäsche, Uhren usw. Später, als alle Verstecke, in welchen die Leute ihre Habseligkeiten zu retten glaubten, ausgehoben waren, wurden die Durchsuchungen seltener.

Dafür mußten die Deutschen, vor allem aber die Jugendlichen, mit anderen Schikanen rechnen: beim Friseur wurden uns gegen unseren Willen Glatzen geschnitten, ein üblicher Haarschnitt war den Deutschen anscheinend auch nicht erlaubt. Es konnte passieren, daß wir jungen Leute in Bergreichenstein zum Reinigen der Aborte in der Kaserne (früher Fachschule) oder zum Straßenkehren abkommandiert wurden.

Ganz schlecht erging es den ehemaligen Führern der Hitlerjugend. Sie wurden in Schüttenhofen eingesperrt und mußten bei wenig Brot und ein bißchen Wasser im Steinbruch schwerste Arbeit leisten. Thurner Franz aus Bergreichenstein war nach 8 Wochen Haft ein physisches Wrack. Vom Rathaus, wo er wohnte, bis zur Kirche mußte er sich zweimal hinsetzen, obwohl der Weg nur etwa 100 m lang ist und er von seinen Brüdern gestützt wurde. Der junge Mann hatte keinem Tschechen auch nur das geringste Leid zugefügt.

Ab Oktober 1945 arbeitete ich in der Glashütte Klostermühle als Eintragbub, weil Jugendliche, die keinen Arbeitsplatz vorweisen konnten, ins Landesinnere deportiert wurden, wo sie meist in der Landwirtschaft, und nur für die Verpflegung, aber ohne Lohn, arbeiten mußten. Die Arbeit als Eintragbub oder Modelhalter, was ja dasselbe ist, war die gleiche, wie sie seit Generationen in den Glashütten von den Schulentlassenen verrichtet wurde. Schlimm war nur, daß

218

uns auf unsere deutschen Lebensmittelkarten keine kraftspendenden Nahrungsmittel zustanden, also kein Fleisch und Fett, nur ein bißchen Zucker und ein paar Nudeln. Die sogenannte „Judenkarte" erlaubte uns Deutschen nur den Bezug einer Hungerration. Alle paar Wochen gab es als Sonderzuteilung einen Salzhering pro Person, der als ein wahres Festessen angesehen wurde, wenn er auf den Tisch kam. Bei solch magerer Kost waren unsere Kräfte gering, das Arbeiten fiel uns deshalb nicht leicht.

Eine Episode zum Thema Essen:

Mein Vater arbeitete damals im Sägewerk der Klostermühle. Zur Brotzeit setzten sich die Arbeiter, lauter Deutsche, auf einen Bretterstapel, verzehrten ihr trockenes Brot und tranken dazu schwarzen Malzkaffee. Jeden Tag kam um diese Zeit der tschechische Verwalter des Sägewerkes mit seinem Dackel und nahm ihnen gegenüber Platz. Dann packte er feierlich zwei Knackwürste aus dem Papier und fütterte damit seinen Hund, während die Deutschen kaum ihren Hunger stillen konnten. Eines Tages beschlossen die Arbeiter, sich diese Provokation nicht länger gefallen zu lassen. Bald war ein Plan ausgeheckt und beschlossen, der allerdings den Dackel das Leben kostete; kurz vor Arbeitsschluß traf ihn eine umfallende Latte. Einer der Verschwörer packte das tote Tier in seinen Rucksack und briet es daheim mit viel Knoblauch, Kümmel und Pfeffer zu einer wahren Gaumenfreude. Am nächsten Tag bekam jeder aus dem Verschwörerkreis ein Stück Braten zur Brotzeit.

Wie üblich stellte sich auch der Gast ein, jedoch ohne Hund. Er fragte, ob ihn einer gesehen habe. „Seit gestern abend nicht mehr", berichteten wahrheitsgemäß die Arbeiter. Jeder wickelte sein Brot und dazu den Braten aus dem Papier und begann, den ungewohnten, köstlichen Schmaus mit sichtlichem Appetit zu verzehren. Auf die neugierige Frage, was denn das sei, antworteten sie einmütig: „Schweinernes". Daraufhin ging der Verwalter wortlos davon und ließ sich im Sägewerk lange nicht mehr blicken.

Im Laufe des Winters 1945/46 setzte sich bei den Deutschen von Tag zu Tag mehr die Erkenntnis durch, daß die Vertreibung unabwendbar feststehe. Viele der aus Kriegsgefangenschaft entlassenen Soldaten, vor allem ledige, blieben aus diesem Grunde in Bayern und kehrten nicht nach Hause in den Böhmerwald zurück.

In nächtlichen, illegalen Grenzgängen holten sie nach und nach mit dem Rucksack ihre persönliche Habe zu sich nach Bayern. So entwickelte sich in jenen Wintermonaten ein reger Grenzverkehr. Mit den vom Krieg abgehärteten, ehemaligen Soldaten gingen auch Jugendliche, welche einen Arbeitseinsatz im Landesinnern fürchteten und davor ausrissen. Als im Februar der Schnee in der Grenzzone verharschte und dadurch die Grenzer beweglicher wurden, entwickelte sich das „Grenzgehen" bald zu einem Risiko, das nicht selten einen tödlichen Ausgang fand. Es verging nahezu keine Woche, wo nicht die Meldung von einem weiteren Toten eintraf. Die tschechischen Grenzer schossen in einigen Fällen angeblich ohne vorherigen Anruf.

Nach all den Plünderungen, den Enteignungen, den Demütigungen und dem bitteren Erleben, rechtlos den Tschechen ausgeliefert zu sein, empfanden es die Deutschen schon fast als Erleichterung, als es im April 1946 hieß, der Abtransport begänne.

Am Freitag, dem 10.05.1946, wurden in Oppelitz 14 Haushalte per Handzettel davon informiert, daß sich die Haushaltsvorstände am nächsten Tag, dem 11.05.1946, um 10 Uhr in der Gemeindekanzlei in Duschowitz zur Erfassung für den Abschub einzufinden hätten. Unsere Familie war auch unter den Aufgerufenen.

Nachdem alle Vorgeladenen und ihre Angehörigen registriert waren, ergab sich beim Zusammenzählen, daß 20 Personen zu viel aufgerufen worden waren. Der Kommissar der Klostermühle, der in Schröbersdorf wohnte und zur Erfassungskommission gehörte, bestimmte deshalb, daß die Familien Franz Niebauer, Oppelitz – das waren wir –, Johann Schmiedl, Schröbersdorf, und noch andere wieder gestrichen wurden. Als unser Vater und Herr Schmiedl daheim ihren Angehörigen von der Zurückstellung berichteten, war die Enttäuschung groß, denn man fürchtete sich sehr, nun ins Landesinnere abtransportiert zu werden und dort einem unbekannten Schicksal entgegenzusehen.

Nach einer mehrmaligen Vorsprache bei der Kommission machte diese die Wiederaufnahme in die Transportliste davon abhängig, daß die betroffenen Arbeitskräfte an ihrem Arbeitsplatz in der Klostermühle nicht mehr gebraucht würden.

Durch einen Trick, bei dem die Sekretärin in der Direktion, eine hilfsbereite, österreichische Staatsangehörige, eine wichtige Rolle spielte, kamen wir schließlich zu den erforderlichen Papieren. Sie stellte Bescheinigungen aus, die besagten, daß wir in der Klostermühle nicht mehr benötigt würden und schmuggelte sie in die Unterschriftenmappe. Es war bekannt, daß die Papiere üblicherweise ungelesen abgezeichnet wurden. Am späten Nachmittag konnten mein Vater und Herr Schmiedl die für uns nun so wichtigen Schriftstücke heimlich am Fenster der Sekretärin in Empfang nehmen. Der Gemeindekommissar akzeptierte die Bescheinigungen und so kamen auch wir, wie zuerst vorgesehen, zum Transport. – Wie die Überzahl ausgeglichen wurde, ist mir nicht bekannt geworden. Am späten Nachmittag des 13.05.1946 kam mein Vater mit zufriedenem Gesicht vom Gemeindeamt nach Hause und begann unverzüglich in fieberhafter Eile Kisten zu zimmern. Meine Mutter suchte die wichtigsten Sachen zusammen, die wir mitnehmen wollten, und verpackte sie gleich. 50 kg Gepäck pro Person waren erlaubt, das ergab für unsere sechsköpfige Familie eine Menge von 300 kg. Ich war hauptsächlich damit beschäftigt, die Kisten zu beschriften. Mein Bruder schlachtete unsere fünf Hühner;

sie wurden gebraten und mitgenommen. Während unseres Aufenthaltes im Lager, das man in den Baracken des ehemaligen Reichsarbeitsdienstes in Langendorf für uns Deutsche eingerichtet hatte, waren sie eine wichtige Zulage zu der Verpflegung, die man uns dort reichte. – Bis in die frühen Morgenstunden des 14.05.1946 war die ganze Familie mit dem Packen und Vorbereiten beschäftigt, nur die Kleinen haben zwischendurch ein wenig geschlafen.

Am Sonntag zuvor las unser Seelsorger, der Erzdechant Msgr. Spannbauer aus Bergreichenstein, in der Dorfkapelle in Oppelitz eine Heilige Messe, die letzte Messe, für die gesamte Einwohnerschaft unseres Dörfleins. Bereits zwei Tage später sollte die Dorfgemeinschaft auseinandergerissen und ihre Mitglieder zerstreut werden.

Der kleine Kapellenraum konnte die Gottesdienstbesucher nicht fassen, denn es waren auch Landsleute aus den Nachbardörfern gekommen, die Menschen standen bis zum „Dorfgrand" hinunter. Der Erzdechant reichte allen noch den Leib des Herrn als heilige Wegzehrung auf den Weg in die Fremde und in eine ungewisse Zukunft. Nach dem „Ite missa est" bat er uns, seine Pfarrkinder, mit aller Eindringlichkeit um zwei Dinge: um die Bewahrung des christlichen Glaubens und um ein felsenfestes Gottvertrauen. Kaum ein Auge blieb bei diesem Abschied trocken.

In den frühen Morgenstunden des 14.05.1946 wurde Oppelitz von tschechischem Militär umstellt, welches dann gegen halb sechs Uhr in das Dorf eindrang und die Verladung des Gepäcks auf den bereitgestellten Leiterwagen überwachte. Um halb acht Uhr mußte alles abmarschbereit sein. Ein Offizier ging dann die Reihe entlang und nahm uns die Wohnungsschlüssel ab. Vergessenes durfte nicht mehr aus den Wohnungen geholt werden.

Mit dem Kommando „Vorwärts!" zogen die Pferde des ersten Wagens an. Als der traurige Zug das „Rückl" am Samerweg erreichte, hielten die Wagen für einen Augenblick an. Die Oppelitzer blickten noch einmal zurück auf ihr Dorf, auf ihre Häuser und nahmen mit schweren, wunden Herzen Abschied von daheim. – Ein entlassener Soldat namens Prokop, der auf der Suche nach seiner evakuierten Familie eine Zeitlang beim Ketzerbauer als Knecht gearbeitet hatte, zog seine Mundharmonika heraus und spielte „Muß i denn, muß i denn zum Städtele hinaus" und „Kehr ich einst in meine Heimat wieder".

Auf der Insel zwischen dem Gasthaus Puchinger und Schröbersdorf war für die aufgerufenen Bürger der Gemeinde Duschowitz eine Sammel- und Filzstation eingerichtet worden. Hier wurden alle Kisten, Koffer und Säcke geöffnet und nach Dingen durchsucht, die von der Mitnahme ausgeschlossen waren. Das Augenmerk der Kontrolleure richtete sich aber vornehmlich auf Stoffe, neue Kleidung und neue Schuhe sowie auf Sparkassenbücher, die sie dann auch an sich nahmen. Zwischen vier Bäumen waren Zeltplanen gespannt, hinter denen bei den Frauen die Intimkontrolle durchgeführt wurde. Weiter wurden alle Dokumente wie Geburts- und Heiratsurkunden, Heimatscheine, Kaufverträge usw. mit einem Stempel versehen und für ungültig erklärt.

Wer schon abgefertigt war, wurde samt seinem Gepäck auf ein Lastauto verladen und nach Langendorf in das Sammellager verfrachtet. Das Gepäck wurde in die Schell-Fabrik gebracht. Dort wurde es in den nächsten Tagen nach Waggonnummern sortiert. Es wurden auch Waggonführer bestimmt, welche für die Ordnung in den betreffenden Wagen sorgen mußten und gleichzeitig Sprecher für diese Gruppe waren, bis sie an ihrem Bestimmungsort ausgeladen wurde.

Die rüstigen Männer waren während des Lageraufenthaltes als Arbeitskommando zum Ordnen des Gepäcks eingesetzt, Frauen und Kinder durften das Lager nicht verlassen.

Die Verpflegung war miserabel. Zum Frühstück gab es trokkenes Brot und dazu schwarzen Malzkaffee, zum Mittag- und Abendessen erhielten wir einen Eintopf aus Wasser, alten Kartoffeln und angefaulten Dorschen. Viele, vor allem alte Leute, zogen sich durch dieses Essen schwere Erkrankungen des Verdauungstraktes zu. Wer sich von daheim nichts Eßbares mehr hatte mitnehmen können, der war sehr arm dran.

Lagerleiter war ein Offizier der „Tschechischen Legion". Im Lager ging er nur mit gezogener Pistole umher. Sprach er mit uns Insassen, so hielt er uns stets diese Pistole unter die Nase, egal, ob er einen Mann, eine Frau oder ein Kind vor sich hatte.

Am 20.05.1946 war es dann soweit. Gleich nach dem Frühstück mußten die Männer mit dem Verladen des Gepäcks beginnen. Die Personenverladung schloß sich an das Mittagessen an. Mit Lastkraftwagen wurden die Menschen und das Gepäck zum Bahnhof Schüttenhofen transportiert, wo ein Güterzug mit 40 Waggons auf uns wartete. Gegen 5 Uhr nachmittags war die Verladung beendet. Eine Stunde später setzte sich der Zug nach Horaschdowitz in Bewegung. Begleitet wurde er von zwei Wachmannschaften, eine an der Spitze, die andere am Ende des Zuges. Über Pilsen ging es nach Taus. Unterwegs gab es viele und zum Teil lange Haltezeiten, alle auf offener Strecke. In diesen Zeiten durften die Waggons nicht verlassen werden. In den frühen Morgenstunden des folgenden Tages gelangten wir in Taus an. Hier gab es noch einmal das bekannte Frühstück: trockenes Brot und Malzkaffee. Um 8 Uhr setzte sich der Zug abermals in Bewegung. Hinter Tschechisch Kubitzen blieb er in einem Durchstich stehen. Wir sahen, wie das Bewachungspersonal absprang und links und rechts der Gleise zurückging.

Ein Freudenschrei ging durch den ganzen Zug. Wir waren in Deutschland und aller Diskriminierungen und Widerwärtigkeiten ledig! Auf den Bahndamm ging ein wahrer Regen weißer Armbinden nieder, wir brauchten sie nicht mehr, wir waren frei!

Nachdem auch das Lokpersonal gewechselt hatte, setzte nach etwa 20 Minuten der Zug seine Fahrt fort. Gegen 10 Uhr vormittags blieb er auf dem Bahnhof in Furth i. Wald stehen. Wir schrieben den 21.05.1946.

Es war uns bewußt, daß eine schwere Zeit vor uns lag: Hunger, Wohnungsnot, Arbeitslosigkeit und dazu das Heimweh, das Weh um die verlorene Heimat in den Herzen. Aber es war auch die Schwelle zu einem besseren Leben, einem Leben in Freiheit.

In Furth i. Wald wurden wir als erstes „entlaust". Dann erfolgte die Registrierung. Gegen Mittag bekamen wir zum ersten Mal seit Tagen wieder genießbares Essen und für einen Tag Reiseverpflegung. Im Laufe des Nachmittags verließ der Zug Furth i. Wald in Richtung Regensburg. Am Güterbahnhof wurden wir abgestellt, gegen 22 Uhr setzte er sich in für uns unbestimmte Richtung erneut in Bewegung.

In einem Verteilungslager in Augsburg wurde der Transport innerhalb von zwei Tagen vor allem auf den Süden des Regierungsbezirkes aufgeteilt.

Eine Episode dieses Aufenthaltes: Uns Jungen gefiel die Herumlungerei in dem tristen Fabrikgelände nicht, so daß wir uns in einer Gruppe von zehn bis fünfzehn Jungen aufmachten und in die Stadt gingen, obwohl es uns nicht gestattet war, das Lager zu verlassen, da wir keine von den Amerikanern ausgestellten Ausweise besaßen. Wir gingen durch die total zerstörte Jakoberstraße in Richtung Stadtmitte, tief betroffen von der Zerstörung durch die Bombenangriffe. Als wir den Leonhardsberg hinauf gingen, wurden wir von der Polizei aufgegriffen, welche uns zurück ins Lager eskortierte.

In Augsburg wurden acht Waggons dem Landkreis Nördlingen zugeteilt, der Rest rollte in Richtung Allgäu. In Buchloe wurden die ersten acht Waggons für den Landkreis Memmingen abgehängt. Jeweils weitere acht Waggons wurden in Kaufbeuren und Kempten vom Zuge abgetrennt. Die restlichen acht waren für den Landkreis Sonthofen bestimmt.

Da uns in Augsburg mitgeteilt wurde, daß wir nach Sonthofen kommen sollten, war die Fahrt durch die Lechebene spannungsgeladen. Irgendwer sagte, daß man bald hinter Augsburg die Alpen zu sehen bekäme.

Als sich dann die Gebirgskette der Alpen zeigte, wurden die Erwartungen gedämpft, denn die Berge waren bis ins Tal, so schien es uns, mit Schnee bedeckt. Vor allem für unsere Alten war es unvorstellbar, um diese Jahreszeit noch eine geschlossene Schneedecke vorzufinden.

Als der Zug gegen 21 Uhr in den Bahnhof von Immenstadt einfuhr, bot sich uns im Dämmerlicht, unheimlich aber beeindruckend, die Kulisse des Immenstädter Horns. Vom Mittag leuchteten noch große Schneefelder ins Tal.

Unsere Eltern und Großeltern waren dem Verzagen nahe: „Wo kommen wir hin, das ist ja das Ende der Welt."

Am 25. Mai gegen 22 Uhr war der Rest des langen Vertreibungszuges aus dem Böhmerwald an seinem Ziel. Im Bahnhof Sonthofen wurde er an der Güterrampe abgestellt. Mittlerweile war es stockdunkel geworden und als im Nachbarwaggon die Tür aufgeschoben wurde, sahen die Leute nicht, daß die Rampenkante auf einen Meter Länge beim Bombenangriff abgesprengt worden war. Als die ersten Leute den Waggon verlassen wollten, traten sie ins Leere und stürzten unter den Wagen. Gott sei Dank wurde niemand ernsthaft verletzt. Zu Fuß erreichten wir die Turnhalle in der Frühlingstraße, welche unser erstes Nachtquartier im Allgäu sein sollte. Auf Strohschütten verbrachten wir die Nacht. In der Frühe gab es für jene, welche am nächsten zu den Klosetts lagen, ein böses Erwachen. Einige der Toiletten waren verstopft und das Spülwasser suchte sich seinen Weg unter den Strohschütten durch.

Nach dem Frühstück (schwarzer Kaffee und Brot, die kleinen Kinder bekamen Milch), traf ein Arzt ein und verabreichte jedem eine sogenannte Fünffachspritze. Viele von uns klappten nach der Spritze zusammen und eine Rotkreuzschwester hatte alle Hände voll zu tun, diesen Leuten wieder auf die Beine zu helfen. Diese Schwäche dürfte wahrscheinlich eine Folge der schlechten Verpflegung im tschechischen Sammellager in Langendorf gewesen sein.

Als wir nach den verschiedenen Pflichtprozeduren: Impfen, ärztliche Untersuchung, Registrierung usw., unsere ersten zaghaften „Gehversuche" in Sonthofen machten, wurden wir von einem für uns unbeschreiblich herrlichen Panorama der verschneiten Oberstdorfer Berge und der Hörnerkette überwältigt. Im Marktflecken selber waren überall die Spuren des Bombenangriffs noch deutlich zu sehen.

Am Nachmittag des 26. Mai wurden wir auf Lastwagen verladen, auf welchen sich bereits unsere Kisten und Koffer befanden, welche die Nacht über in den Waggons verblieben waren. Auf zwei Lastkraftwagen wurden wir nach Hindelang gefahren und hielten vor dem Rathaus. Während die Familienoberhäupter die Wohnungszuweisungen und Lebensmittelkarten entgegennahmen, blieben wir auf den Wagen sitzen. Es ereignete sich ein Vorfall, welcher vor allem bei unseren Großeltern und Eltern große Bestürzung hervorrief. Wir warteten etwa zehn Minuten vor dem Rathaus, als eine Frau, um die sechzig Jahre alt, das Kaufhaus Heider verließ und in Richtung Bäckerei Kaufmann ging, aus welcher ebenfalls eine Frau trat. Da rief die erste der anderen zu, auf uns deutend: „Luag Bina, Zigiener kummand!" Unseren Frauen und selbst gestandenen Männern traten, als sie diesen Zuruf hörten, Tränen in die Augen. Alle Erniedrigungen, welche wir in den letzten Tagen während des Lageraufenthaltes in Langendorf erdulden und erleiden mußten, taten nicht so weh wie dieser Augenblick. Während wir noch warteten, kamen zwei Frauen aus dem Rathaus (Hebamme Meier und wohl eine Freundin) und brachten zwei große Tabletts mit Broten, belegt mit „Molkewurst" und zwei Kannen Tee, welche sie uns anboten. Frau Schmidt, die Älteste von uns, sagte: „Leit, vozagts ned, es gibt a do guade Leit." Sie sagte diesen beiden Frauen im Namen aller ein herzliches Vergeltsgott.

Sechs Familien (Riederer, Mandl, Schlechter, Hofmann, Niebauer, Niebauer) wurden bei der Firma Wachter Wohnung und Arbeit zugewiesen. Die Familien Wachter waren sehr hilfreich und nobel zu uns. Sie halfen, wo sie nur konnten; stellten Bretter in großer Menge zur Verfügung, damit wir primitiven Hausrat schaffen konnten, wie Tische, Bänke, Schränke usw.

Zwischen den Familien Wachter und uns hat sich in der Folge ein freundliches und gutes Verhältnis entwickelt; wir sind noch heute dankbar für die Chance, welche uns geboten wurde.

Die Lebensmittelkarten für den Monat Juni waren noch ausreichend, doch ab Juli kam für uns alle eine schwere Zeit. Die Lebensmittelzuteilungen wurden drastisch gekürzt. Von August bis Mitte Oktober bestand unsere Hauptnahrung vorwiegend aus roten Rüben mit winzigen Kartoffelstückchen als Beilage. Brot gab es zwei dünne Scheiben am Tag. Unsere Mutter verzichtete ein ganzes Vierteljahr uns zuliebe auf ihre Ration. Erst im September 1947 änderte sich diese Situation, wir bekamen wieder mehr zu essen.

Was unsere Mutter an Opfern und an Leistungen in dieser Zeit für ihre große Familie erbrachte, läßt sich in Worten nicht beschreiben."

Bericht von Frau M. A. aus Gossengrün bei Falkenau/Egerland (Juli 1946)

„Einige Monate nach Kriegsende kam mein Mann aus russischer Gefangenschaft. Die Tschechen hatten die Grenze nach Sachsen, wohin er entlassen wurde, schon geschlossen und er schlich heimlich durch den Wald in die Heimat zurück. In seinem Beruf als Bahnbeamter durfte er nicht mehr arbeiten, so ging er ins Kohlenbergwerk. Das Leben war armselig. Unsere Wohnung war beschlagnahmt, wir bezogen daraufhin zwei Räume in einem alten Haus; der Ofen fiel eines Tages ein, aber zu kochen gab es sowieso nicht mehr viel. Ein Jahr lang sahen die Kinder kein Fleisch, es tat einem das Herz weh, wenn man den Kleinen nichts Rechtes zu essen geben konnte. Auch graute es uns, auf die Straße zu gehen und erst recht vor den amtlichen Wegen. Tschechisch konnte ich nicht und deutsch sprechen war verbrecherisch.

Es gab so viele kleinlich bösartige Schikanen, daß man manchmal den Wunsch hatte, recht bald fortzukommen. Natürlich war uns bange vor der Ausweisung, aber unsere Heimat war uns plötzlich so fremd geworden. Diese bösen, harten Laute von allen Seiten, die Not und die Angst, alles zusammen ergab eine Mischung, der man entrinnen wollte, viel weiter konnte man nicht denken. Vielleicht brauchten die Kinder in Deutschland nicht mehr zu hungern? Einem tschechischen Aufruf konnten wir entnehmen, daß es nun bald ernst werden würde: „... Es ist gestattet, Gepäck im Höchstgewicht von 50 kg pro

Person mitzunehmen. Das Handgepäck darf höchstens Zudecke, ein Besteck, Personalausweise, Seife, Handtuch und Zahnbürste enthalten, alles im Höchstgewicht von 5 kg, worauf besonders aufmerksam gemacht wird. Das Gepäck muß mit der genauen Adresse des Besitzers in Druckschrift versehen und gut transportfähig verpackt sein. Gepäck, welches dieser Vorschrift nicht entspricht, wird nicht befördert.

Die ärztliche Untersuchung der Transportfähigkeit erfolgt im Lager. Besorgung ärztlicher Zeugnisse in der Aufenthaltsgemeinde ist nutzlos.

Jeder hat im Lager ordentlich gekleidet, mit gutem Schuhwerk versehen und gründlich gewaschen – Männer rasiert – zu erscheinen. Persönliche Dokumente (z.B. Tauf- und Heimatschein, Kennkarte) sind mitzunehmen. Die Haushaltskarte ist der Mistni správni komise abzugeben.

Vor dem Verlassen der Wohnung ist der Haushaltsvorstand verpflichtet, alle Zugänge zur Wohnung zu versperren. Das Schlüsselloch ist mit einem Streifen zu überkleben, welcher ihnen von der Mistni správni komise übergeben wird. Die Schlüssel werden in einen Umschlag gegeben, welcher mit ihrer genauen Adresse versehen
a) Mitgliedern des MSK,
b) im Sammellager abgegeben wird.
Im Sammellager legt der Haushaltsvorstand eine Bestätigung vor, daß er die Miete, das Wassergeld und den elektrischen Strom bezahlt hat.

Achtung!

Nichtbefolgung der Vorschriften zur Aussiedlung, Beschädigungen, Vernichtungen oder Beseitigung des zurückgebliebenen Besitzes sowie Mithilfe zu solchen Handlungen wird gesetzmäßig bestraft. Besonders wird auf das vorgeschriebene Gewicht des Gepäcks und Handgepäcks aufmerksam gemacht."

Im Juli 1946 schlug uns dann die Stunde. Um 8.00 Uhr früh mußten wir mit unseren 50 kg "Aussiedlungsgepäck pro Person" vor dem Bürgermeisteramt gestellt sein, dann wurden wir auf Lastwagen nach Falkenau geschafft.

Die alten Eltern blieben zurück, die Geschwister... ich zwang mich, nicht zu denken, nichts zu fühlen, das Nächstliegende zu tun, geschäftig zu sein, die Kinder zu ermahnen, die Säcke zusammenzuhalten.

Die größten Wunden schmerzen nicht sogleich, wenn man zur Ruhe kommt, dann erst wird es schlimm.

In Langquaid in Niederbayern lud man uns endgültig aus, wir kamen ins Lager. Wir verblieben aber nicht lange dort, dann schaffte man uns in die umliegenden Dörfer. An der Kegelbahn eines dieser Orte stiegen wir vom Lastwagen, unsere Landsleute wurden von den Einheimischen, denen man sie zugewiesen hatte, abgeholt.

Nur für uns wurde es Abend und niemand erschien. Erst standen wir da, dann wurden wir müde und setzten uns auf unsere Säcke. Es kam die Nacht, die

Kinder schliefen ein, auch wir beide müssen eingenickt sein, es wurde früh, wir saßen immer noch im Freien. Niemand ließ sich blicken und wir getrauten uns auch nirgends hin, nicht einmal in den Pfarrhof oder in die Kirche, in der es die Nacht über doch etwas wärmer gewesen wäre.

Auch am folgenden Tag standen wir bei der Kegelbahn und warteten. Als niemand auftauchte, um uns abzuholen, nahm ich mir am Abend dieses zweiten Tages ein Herz und ging zum Bürgermeister, erklärte ihm, daß ich zwei Tage und eine Nacht mit zwei kleinen Kindern auf der Straße sitze. Neben der Kegelbahn stand ein Gasthaus, der Bürgermeister bat die Wirtsleute, sie möchten uns doch wenigstens die Nacht über ins Gastzimmer hineinlassen.

Dann ging der Bürgermeister und die Wirtin weinte, weil sie uns aufnehmen mußte. Sie stach mich fast auf mit ihren Augen voller Haß, sperrte gleich die Kasse beim Bier ab und sprach mit uns nichts. Ich hörte lautes Weinen in der Küche, es kam der Wirt und besichtigte uns. Ich fragte, warum seine Frau weine, er gab mir zur Antwort: „Weil ich Sie ins Gastzimmer herein ließ."

Ich sagte ihm, ich bliebe lieber auf der Straße, wenn ich meine Kinder nicht hätte. Er hörte sie die ganze Nacht husten, es war zwar Sommer, aber die Kinder hatten sich erkältet von der Nacht im Freien. Als es zu dämmern begann, waren wir froh, denn uns taten alle Knochen weh von dem Lager auf den harten Bänken.

Mein grüngeblumtes Seidenkleid hatte ich immer noch an, es war Tageskleid und Nachthemd in einem.

Endlich kam der dritte Tag, an dem wir Heimatvertriebenen in der Kreisstadt vorsprechen durften. Ohne gefrühstückt zu haben, ohne gewaschen zu sein, machten wir uns auf den Weg. Zwölf Kilometer waren zu marschieren. Im ersten Dorf taten mir meine Kinder so leid, daß ich allen meinen Mut zusammennahm, in das kleinste Höflein im Ort ging und für die Kleinen ein wenig Milch und Brot erbettelte. Nun waren die Kinder etwas gestärkt und wir konnten unseren Marsch fortsetzen.

In der Kreisstadt standen schon viele Vertriebene, die beim Flüchtlingskommissar vorsprechen wollten. Nach etwa einer Stunde war ich an der Reihe; man gab mir ein Schreiben für den Bürgermeister meines neuen „Heimatortes" mit.

In der dritten Nacht wurden wir in den Tanzsaal dieses uns schon bekannten Gasthauses eingewiesen und wir schliefen etwas besser, wir lagen auf unseren Säcken, die wir diesmal mit hereinnehmen durften.

Am anderen Morgen – einem Sonntag – kam dann der Flüchtlingskommissar. Er ging mit uns zum Bürgermeister und dann zu dem Bauern, der uns aufnehmen sollte. Er war gerade in der Kirche, aus der er herausgeholt wurde. Sie zwangen ihn, uns aufzunehmen. Das war für alle ein schlechter Beginn. Doch allmählich schwand das Mißtrauen dieser Leute. Ich arbeitete auf dem Bauernhof als Magd; Bezahlung war das Essen. Mit der Zeit wurde die Bauersfrau so zutraulich, daß sie mich in ihre Kümmernisse einweihte und mich auf ihrem Herd kochen ließ, da wir keinen eigenen Ofen besaßen.

Das Zimmer, das man uns zur Verfügung stellte und das die gute Stube der Leute war, enthielt bei unserem Einzug zwei Betten, einen Tisch, eine Bank, die rund um die Stube lief, einen großen Kachelofen und einen Brunnen, aus dem die Bäuerin frühmorgens immer das Wasser pumpte.

Alles, was wir bisher erlebten seit unserer Vertreibung, erschien uns so eigenartig und traurig, daß wir unsere Säcke erst gar nicht auspacken wollten. Wir konnten nicht daran glauben, daß wir hierbleiben sollten in diesem fremden, feindlichen Dorf, daß wir fern unserer Heimat und weit weg von unseren Verwandten ein neues Zuhause suchen sollten.

Doch die Zeit lief weiter, wir mußten uns eben einrichten. Heute, nach mehr als zwanzig Jahren, erscheint mir vieles wie ein Spuk: die Kälte in dem riesigen Pumpenwohnzimmer, die Wanzenplage, der Haß des Bauern, dem die Kinder wehrlos ausgeliefert waren, während wir auf den Feldern arbeiteten, die Einsamkeit und die Sehnsucht nach den Geschwistern und Eltern.

Nach vierzehn Jahren durften wir sie erstmals wiedersehen, als die Grenze in die Heimat sich öffnete. Ein schmerzvolles Nachhausekommen und doch auch wieder ein glückliches. Wir konnten durch die Grenzöffnung unseren Angehörigen, die als Facharbeiter und als Antifaschisten in der Heimat bleiben konnten, ein wenig helfen. Sie mit Wollkleidung und anderen Artikeln, die es in der jetzigen CSSR nicht gibt, versorgen, denn mittlerweile war aus dem armen, darniederliegenden Nachkriegsdeutschland ein wohlhabendes Land geworden. Auch für uns Heimatvertriebene.

Für mich hat die alljährliche Reise in die Heimat nichts mit Politik zu tun, ich frage nicht nach Devisen und nicht nach Tourismus, wenn ich Sehnsucht nach den Geschwistern und nach unserem schönen Leibitschtal habe, dann fahre ich schnell einmal heim."

Bericht von Frau M. W. aus Gablonz/Nordböhmen (Juni 1945 – März 1946)

„Uns gehörte das Haus Schützengasse 26 und wir bewohnten in diesem Haus das erste Stockwerk und das ausgebaute Dachgeschoß. Im Sommer 1945 wohnten nur noch meine Tochter und ich in unserer Wohnung, mein Mann war 1943 verstorben, mein Sohn in Gefangenschaft und unsere Untermieter, eine Berliner ausgebombte Familie und eine geflüchtete Ostpreußin, hatten schon im Mai Gablonz verlassen müssen.

Im September 1945 bekamen wir einen „správce" zugewiesen: er hieß Sedlák und hatte sich schon eine Tankstelle mit Reparaturwerkstatt in der Steingasse angeeignet. Unsere Wohnung gefiel ihm und so zog er mit seiner Familie –

Frau, Sohn und Tochter – ein. Die Sedláks brachten nichts mit als eine Ziege, mehrere Gänse, Kartoffeln, Säcke voll Mehl und Töpfe mit Schweinefett. Wir mußten sofort unsere Wohnung räumen und alles liegen lassen, wie es lag und stand und in zwei Dachzimmer ziehen. Da dort unsere Berliner Familie untergebracht gewesen war, hatten wir wenigstens die nötigsten Hausratsgegenstände zur Verfügung. Kleidung und Wäsche hatten wir in unserer Bodenkammer untergebracht, als wir unsere Untermieter aufnahmen. Das war unser Glück, denn die Bodenkammer entdeckten die Sedláks erst zwei Tage nach ihrem Einzug, so konnten wir Kleider und Wäsche noch retten. Denn sonst durften wir in unserem Haus nichts mehr anrühren, unseren Garten, in dem nun die Ziege und die Gänse weideten, nicht mehr betreten. Bad und Klosett durften wir nicht mehr benutzen; wir hatten auch keinen Wasseranschluß in unseren Dachzimmern. Wir mußten uns das Klosett im Erdgeschoß mit der hier wohnenden deutschen Familie teilen und auch aus dem Erdgeschoß Wasser holen.

Als wir Wäsche zum Trocknen im Hof aufhängten, nahmen die Sedláks uns die Wäsche von der Leine und sagten, sie gehöre ja jetzt ihnen. Ihr Radio, das sie von irgendwoher angeschleppt hatten, brüllte den ganzen Tag und die halbe Nacht, die Tochter klimperte fast ununterbrochen mit einem Finger auf unserem Klavier herum, spielen konnte sie nicht. Wir aber mußten uns ganz ruhig verhalten.

Unter Androhung von Schikanen zwangen sie mich, als Putzfrau für sie meine eigene Wohnung zu reinigen. Mit Vorliebe dann, wenn sie ihre Verwandtschaft zu Besuch hatten und der „ihre" neue Wohnung vorführten. Ich mußte auf den Knien rutschend die Wohnung säubern, sie stiegen dabei über mich hinweg, als ob ich ein lästiges Hindernis, ein Stück Holz wäre.

Eines Tages meinte ich, ich könnte das nicht mehr aushalten und machte meiner Tochter den Vorschlag, wir wollen aus dem Leben gehen. Meine Tochter sagte: „Das kommt gar nicht in Frage, den Triumph gönnen wir denen nicht, wir halten durch!" Als wir im März 1946 ins Lager Reinowitz zum Abtransport abgeholt wurden, atmeten wir auf, obwohl wir uns bewußt waren, daß uns noch viel Schweres bevorstehen würde."

Bericht von Frau Th. aus Brenntenberg/Böhmerwald (Juni 1946)

„Nie werde ich die angsterfüllten Minuten vergessen, die uns Tschechen, Slowaken und Partisanen beim fast täglich plötzlichem Auftauchen bereiteten, wenn sie nach Brauchbarem in Haus, Hof und Stall suchten und mitnahmen, was ihnen gefiel. Wehrlos waren wir den brutalen Mächten ausgeliefert.
Die Gewißheit, daß dies noch nicht das Letzte sein werde, wurde uns eines Wintermorgens (22. Februar 1946) deutlich. Wir mußten von weitem zu-

schauen und konnten nicht helfen, wie unsere Nachbarn, alte Menschen, in kürzester Zeit – durch Schüsse zur Eile getrieben – auf einen Schlitten verfrachtet und, auf ihren wenigen Habseligkeiten sitzend, abtransportiert wurden, begleitet von weiteren Schüssen.

Wie berührte es mich schmerzlich, als es auch bei unserem Nachbarn Bergfischer so weit war. Nie werde ich vergessen, wie der Fischer Werchtl, die Hausschlüssel in der Hand, vom Haus weg in Richtung Dorf, wo er sie abgeben mußte, jeden Schritt erkämpfend, auf halber Höhe zum Marterl sich noch einmal umdrehte, einen letzten Blick auf Haus und Garten warf und gequält hervorbrachte: „Döi Oubstbam druckant mir's Harz o!" (Die Obstbäume drücken mir das Herz ab). Ich würgte mein Mitleid hinunter, um nicht lauthals schreien zu müssen, wußte ich doch, was ihm sein Obstgarten bedeutete.

Am 12.06.1946 war es auch bei uns soweit. Familie Wostl leistete uns noch letzte Nachbarschaftshilfe und fuhr unsere insgesamt 300 kg schwere Habe (für sechs Personen) in Richtung Oberhaider Bahnhof. Der Wagen war geladen. Herr Wostl trieb schon die Pferde an, da lief ich noch einmal um das ganze Haus, sah den Obstgarten, das Bienenhaus, den Beeren-, Gemüse- und Blumengarten um das Haus, die frisch gewaschenen Schaffl und das Milchgeschirr zum Trocknen auf der Hausbank, so als ob wir mittags schon wieder daheim wären. Auch im Haus hatten wir alles in Ordnung gebracht: die Frühstückstassen gewaschen und wie gewohnt an den Ständer gehängt, frische Leintücher über die Matratzen gebreitet...

Ich sah die bestellten Felder. Wir hätten es als Vergehen gegenüber der Scholle verstanden, hätten wir sie brach liegen lassen.

Herr Wostl fuhr mit unseren Habseligkeiten schon in unser Waldstück hinein, da vermißte mich meine Mutter; sie ging zurück und fand mich weinend vor dem Haus: „So seh ich das Haus nie mehr wieder!" „Jetzt geh, in zwei Jahren sind wir wieder zurück. So kann man uns nicht vertreiben", tröstete mich meine Mutter. Ich ließ sie bei ihrer Zuversicht, ahnte aber die Wirklichkeit.

Von Oberhaid wurden wir mit dem Zug nach Prachatitz (in die Kreisstadt) gebracht. Dort ausgeladen, ging es durch die Bahnhofstraße ins Lager hinauf. Überall militärische Bewachung; das ließ keinen Widerstand, nicht einmal ein Schimpfwort, einen Seitenblick zu. Es war alles wie ein böser Traum. Durch das Mitgebrachte und die warme Suppe gab es noch keinen Hunger. Doch die bedrückenden Szenen mit den ganz alten, braven Leutln und den Kleinkindern blieben haften.

Immer wieder erfolgten Gepäckdurchsuchungen und Registrierungen. Vieles war nicht „zulässig". Fotos etc. wurden abgenommen, Sparkassenbücher mußten abgegeben werden. Wer der Vorschrift nach zuviel hatte, dem wurde weggenommen. Nach und nach füllte sich das Aussiedlerlager und nach vier oder fünf Tagen wurde unser Transport von ungefähr zwölfhundert Personen zu-

230

sammengestellt. Für jeden Güterwaggon wurde die „Ladung" bestimmt und ein jüngerer Mann ausgesucht, der die Verantwortung für den Waggon mit den Leuten und dem Vertreibungsgepäck übertragen bekam. Jede Familie saß oder lag auf Bündeln und Koffern. Kleinkinder weinten und mußten versorgt werden. Zur Notdurft war ein Eimer aufgestellt.

Die Waggons ratterten dahin, wir wußten nicht, wohin wir fuhren. Als die große, schwere Schubtüre des Waggons zum ersten Male geöffnet wurde, befanden wir uns am Bahnhof in Furth i. Walde, auf deutschem Boden! Das Rote Kreuz war zur Stelle, es gab Tee und Suppe. Wir wurden registriert und nach Vorschrift amerikanischer Besatzungstruppen mit einem Schwall Chemiestaub „entlaust", obgleich niemand von Ungeziefer befallen war. Nach vielen Stunden setzte sich der Güterzug erneut in Bewegung und als er wieder hielt, befanden wir uns am Bahnhof des zerbombten Augsburg. In einer Textilfabrik war Auffanglager. Unvergeßlich bleibt mir dieser Fronleichnamstag 1946. Die einzelnen Familien – nur durch hängende Decken getrennt – harrten der „Zukunft" entgegen.

Von Augsburg aus wurden wir auf vier Transporte verteilt: Neuburg, Ulm, Kempten und Füssen. Das traf mich besonders schwer. Nun waren die allermeisten Bekannten und Verwandten, die bisher noch bei uns waren, von uns getrennt worden. In der Füssener Turnhalle verbrachten wir die nächste Nacht. Am anderen Morgen – es regnete in Stömen – wurden wir auf offene Lastwagen verteilt und in die einzelnen Orte transportiert. Platzregen und der fünf Zentimeter dicke Kohlenstaub auf dem Lastwagen taten das Übrige, so daß der erste Eindruck von uns in Lechbruck nicht der beste sein konnte. Schmutzig und durchnäßt kamen wir in der Lechhalle an. Dort übernachteten wir auf Ami-Betten. Es war Samstag, der 22.06.1946.

Am nächsten Morgen getrauten wir uns nur zögernd in die Sieben-Uhr-Frühmesse und blieben verschämt ganz hinten stehen. Nach der Messe begann in der Lechhalle der „Kauf" der Arbeitskräfte. Die Bauern kamen und suchten sich die ihnen nützlich erscheinenden Leute aus. Mein jüngerer Bruder und ich waren bald ausgesucht. Doch alte und gebrechliche Menschen blieben übrig und hatten zunächst keine Bleibe."

Bericht von Frau Sch. aus Bergstadt-Platten/Erzgebirge (Weihnachten 1946)

„Mit den Eltern, einem jüngeren Bruder und einer Schwägerin hatte ich im August 1946 im Allgäu Obdach gefunden; Vater und ich und die Schwägerin auch gleich Arbeit. So litten wir an Weihnachten 1946 keine materielle Not mehr, aber an gegenseitiges Beschenken war nicht zu denken. Trotzdem verbrachten wir das Fest in Freude und Zufriedenheit, konnten wir doch wieder ohne Angst vor Schikanen und Bedrohungen – wie es 1945 zu Weihnachten der Fall war – leben. Die wiedergewonnene Freiheit und Zuversicht wogen alle Armut auf, die uns noch begleitete. Freilich bedrückte uns alle sehr, daß in unserer Familienrunde um den schlichten Christbaum in der warmen Stube noch mein Bruder fehlte, der am Heiligen Abend 1944 als 17-jähriger Student zur Wehrmacht befohlen wurde und noch als Kriegsgefangener schwere Frondienste in einem französischen Kohlenbergwerk leisten mußte.

Als sangesfreudige Familie verbrachten wir den Heiligen Abend mit Weihnachtsliedern der Heimat, der auch wehmütig unsere Gedanken und Gespräche galten. Wieder einen feierlichen Weihnachtsgottesdienst miterleben zu können, erhöhte unser Gefühl der Geborgenheit. Trotz aller eigenen Not gelang es uns doch, gar mancher Familie eine Weihnachtsfreude zu bereiten – wenn auch nicht ohne Eigennutz. Vater hatte als Schreiner Holzpantoffeln angefertigt und ich als Schneiderin aus Textilresten Puppenkleidchen sowie Baby-Bekleidung oder für Erwachsene Kleider aus beigestellten Stoffen.

In der für die Vertriebenen des Ortes der Gemeinde gestalteten Weihnachtsfeier erhielten sie auch kleine Geschenke, und ich freute mich über das Heft mit Nähnadeln, ebenso wie mein Bruder über die Dose Erdnüsse. Auch schenkte uns diese Begegnung mit den Ortsbewohnern neue Hoffnung für die Zukunft.“

6. Flucht und Vertreibung in Bildern

Trecks ostpreuß. Flüchtlinge über das zugefrorene Frische Haff. Januar/Februar 1945
(Bild oben/unten)

Trecks ostpreuß. Flüchtlinge über das zugefrorene Frische Haff. Januar/Februar 1945

In endlosen Trecks ziehen Frauen, Kinder und Greise aus Ostpreußen gegen Westen.
Januar/Februar 1945

Im eisigen Schneesturm auf dem großen Treck nach Westen. Januar/Februar 1945 (Ostpreußen)

Im eisigen Schneesturm ziehen die Flüchtlinge mit ihrem Hab und Gut auf dem großen Treck nach Westen. Januar/Februar 1945 (Ostpreußen)

Von Russen zusammengeschossener Treck in Ostpreußen im Februar 1945

Ein Flüchtlingstreck im Spreewald (Anfang 1945)

Flüchtlingstreck aus Schlesien auf dem Weg nach Nordwesten (Anfang 1945)

Der lange Weg nach Westen. Ganze Dorfgemeinschaften brechen auf und verluden ihr
Hab und Gut auf Ackerwagen. Frühjahr 1945

Schlesische Trecks, die nach Sachsen, in Richtung Sudetenland oder nach Berlin zogen.
Frühjahr 1945

Der mühsame und lange Weg nach Westen. Ganze Dorfgemeinschaften brachen auf,
meist nur Frauen, Kinder und Greise, und verluden ihr Hab und Gut auf Ackerwagen.
Frühjahr 1945

Der lange Weg nach Westen. Schlesische Trecks bei einer Rast im Mai 1945

Trecks bei einer Rast auf dem Weg ins Ungewisse. Mai/Juni 1945

Schlesische Trecks, die nach Sachsen, in Richtung Sudetenland oder nach Berlin zogen.
Frühjahr 1945

Flüchtlinge auf der Flucht vor den anrückenden sowjetischen Truppen. 1945

Warten auf einen rettenden Zug im halbzerstörten Bahnhof in Berlin. 1945

Szene im Mai 1945 in Berlin. Bewachung des letzten Hab und Guts und schlafen dabei im Stehen ein. Es geht dann ins nächste Lager

Wilde Vertreibung aus Nordböhmen nach Sachsen. Mai/Juni 1945

Exodus von Vertriebenen, vermutlich „Brünner Todesmarsch". Mai/Juni 1945

Sudetendeutsche Vertriebene in Sachsen. Juni/Juli 1945

Szenen der sogenannten wilden Vertreibung, Nordböhmen Mitte 1945

Mitglieder eines sogenannten Volksgerichts (Blutgerichts) in Landskron, die für die blutigen Massaker in dieser Stadt verantwortlich zeichneten. Mai 1945

Mißhandlung und Ermordung von Deutschen in einem Löschwasserbecken in Landskron, Opfer dieser Blutjustiz. Mai 1945

Aussiedlungslager Reichenau bei Gablonz an der Neiße 1946

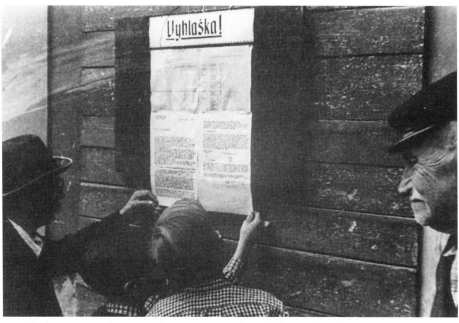

„Vyhláska" – „Bekanntmachung" Deutsche erfahren durch Anschlag von ihrem „Abschub"

Sie haben sich am *15.5.46* um 8 Uhr mit allen Ihren Familienmitgliedern, welche für den Abtransport bestimmt sind, auf der Sammelstelle in Ihrer Gemeinde einzufinden.

Sie und jedes Familienmitglied hat mitzunehmen:

2 Decken, 4 Wäschegarnituren, 2 gute Arbeitsanzüge, 2 Paar gute Arbeitsschuhe, einen guten Arbeitsmantel (Winterrock), Essschüssel, Esstopf und Essbesteck, 2 Handtücher und Seife, Nähbedarf (Nadel und Zwirn), Lebensmittelkarten und die amtlichen Personalpapiere, etwas Lebensmittel, alles zusammen in einem Gesamtgewichte von 50 kg pro Person. Weiters können Sie pro Kopf 1000 RM mitnehmen.

Weiters haben Sie dreifach ein genaues Verzeichnis Ihrer Wohnungseinrichtung, welche nach Ihrem Abgange in der Wohnung verbleibt, aufzustellen. Eine Durchschrift dieses Verzeichnisses übergeben Sie einem čechischen Volkszugehörigen, der im Hause oder in der Nachbarschaft wohnt und der auch für alle im Verzeichnisse angeführten Gegenstände verantwortlich sein wird. Im Verzeichnis ist gleichzeitig der genaue Name und der Wohnort dieses čechischen Volkszugehörigen anzuführen, dem dieses Verzeichnis übergeben worden ist. Diese Gegenstände verbleiben in Ihrer Wohnung bis zur Entscheidung des MNV. Die übrigen zwei Durchschriften bringen Sie mit.

Alle Schmucksachen, Bargeld in fremder Währung und alle Sparkassenbücher liefern sie mit einem besonderen Verzeichnis persönlich ab. Ebenso die Haus- und Wohnungsschlüssel, welche sie mit einem Pappschildchen mit Name und Adresse versehen, legen Sie in einen Briefumschlag.

Nachdrücklichst werden Sie aufmerksam gemacht, daß aus Ihrem Besitze nichts verkauft, verschenkt, verborgt oder entwendet werden darf.

Die Nichtbefolgung obiger Aufforderung wird strenge bestraft!

Z příkazu Okresního národního výboru

Ausweisungsbescheid für Sudetendeutsche im Bezirk Prachatitz. 1946

Vertreibung aus Marienbad. Die deutschen Bewohner verlassen ihre Heimatstadt. 25.01.1946

Vertreibung aus Marienbad. Bei der Verladung von Deutschen aus Marienbad auf dem dortigen Bahnhof zum Transport nach Deutschland. 25.01.1946

Die organisierte Ausweisung mit Güterzügen und 30–50 kg Gepäck pro Person aus der CSR ab Januar 1946

Vertreibung (Auszug) der deutschen Bevölkerung aus Karlsbad. 1946

Vertreibung (Auszug) der deutschen Bevölkerung aus Karlsbad. 1946

Vor dem Abtransport. 1946

Auf dem Weg zum Sammelplatz in Bergreichenstein. Die kärgliche Habe wird vom
Tschechen, der das Anwesen übernommen hat, auf dem Mistwagen zum Sammelplatz
gefahren. Ein tschechischer Soldat als Bewacher. 1946

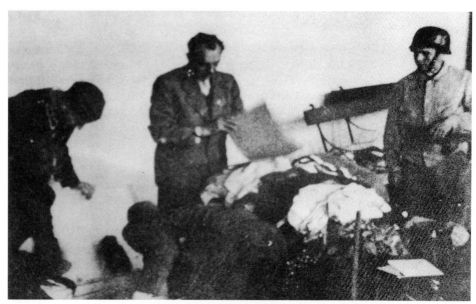

Gepäckkontrolle vor dem Abtransport. Durchsuchungen. Was den Durchsuchern ge-
fällt, wird beschlagnahmt. Die Durchsuchungen fanden im Werkraum der Bürgerschule
in Bergreichenstein statt. Auch das Handgepäck wird untersucht. 1946

Mit weißen Armbinden gekennzeichnete deutsche Bürger von Bergreichenstein warten
auf ihren Abtransport aus der Heimat. Die Lkws zum Abtransport ins Sammellager
stehen schon bereit. 1946

Vertreibung Bergreichenstein. Sammelstelle auf dem Stadtplatz. Der Abtransport.
Unter strenger militärischer Bewachung wird das Lastauto beladen. 1946

Das Gepäck der Vertriebenen aus Bergreichenstein auf der Fahrt zur Verladung auf die
Bahn in Schüttenhofen. Pro Person 50 kg, manchmal nur 30 kg. 1946

Vertreibung Bergreichenstein. Verladung auf dem Bahnhof von Schüttenhofen in Vieh-
waggons zum Transport über die Grenze nach Deutschland nach Furth im Wald. 1946

Sudetendeutsche aus Nordböhmen wurden auch mit Lastkähnen auf der Elbe nach
Sachsen transportiert. 1946

Jenseits der tschechisch-amerikanischen Demarkationslinie werfen die „Transferierten"
ihre Armbinden aus dem Zug, die sie in der ČSR tragen mußten, um als Deutsche
erkennbar zu sein

Ein Vertriebenentransport aus dem Egerland ist in Furth im Wald angekommen. 1946

Die ordnungsgemäße „Überführung" der Deutschen aus der CSR. Ankunft in Deutschland. 1946

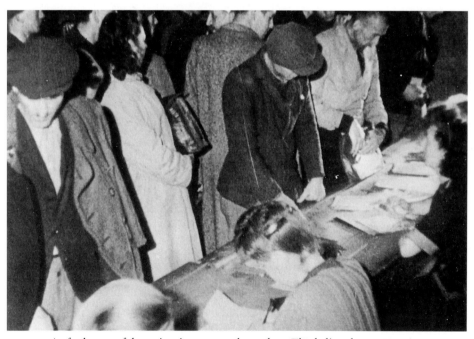

Aufnahmeverfahren in einem westdeutschen Flüchtlingslager. 1945/46

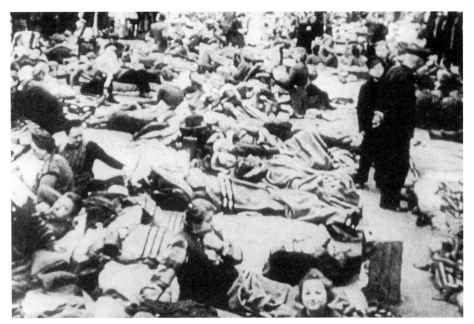

Auffanglager für Vertriebene in Deutschland. 1945/46

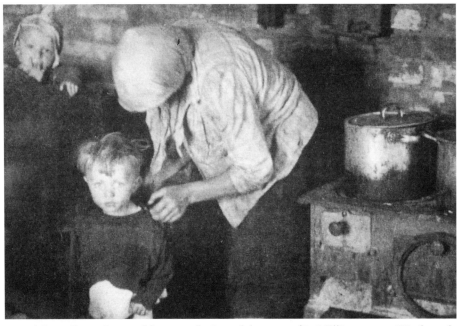

Lagerleben. Das triste und beengende Lagerleben war für Millionen von Kindern der Vertriebenen der prägende und bestimmende Eindruck ihrer Kindheit

Lagerleben. Das triste Lagerleben war für Millionen von Vertriebenenkindern der prägende Eindruck der Nachkriegszeit

Lagerleben. Es dauerte oft Jahre, bis die Vertriebenen aus Wellblechbaracken und Lagerstädten herauskamen. Unerträglich heiß im Sommer, eisige Kälte im Winter, die durch alle Ritzen drang

Nissenhütten, Baracken und selbstgezimmerte Buden sind oft auf viele Jahre hinaus die Unterkunft der Flüchtlinge und Vertriebenen

Baracken und Barackenlager sind für viele Jahre die einzigen Unterkünfte für einen Großteil der Vertriebenen gewesen

Neben den offiziellen Lagern gibt es die „wilden" Siedlungen am Rand der Städte

Selbstgezimmerte Buden geben den „wilden" Siedlungen am Rand der Städte ein eigenes Gesicht und den Vertriebenen ein Dach überm Kopf. Schönheit war dabei nicht gefragt

Trotz umfassender Hilfsmaßnahmen der westdeutschen Behörden ist das Vertriebenenleben von Improvisation und Selbsthilfe gekennzeichnet und bestimmt

Das Herrichten von Unterkünften in Baracken und Bunkern war für die besitzlosen Vertriebenen mit großen Schwierigkeiten verbunden. Doch mit Einfallsreichtum, handwerklichem Geschick, Organisationstalent gelang es ihnen, bewohnbare Behausungen zu schaffen, wie nebenstehendes Bild beweist. Einzelheiten werden nachfolgend aufgezeigt

259

Das Herrichten von Unterkünften in Baracken und Bunkern war für die besitzlosen Vertriebenen mit großen Schwierigkeiten verbunden. Doch mit Einfallsreichtum, handwerklichem Geschick, Organisationstalent, und, in geringem Maße, mit Unterstützung der Behörden, gelang es Ihnen, bewohnbare Behausungen zu schaffen.

Die Einrichtung der hier gezeigten Unterkunft besteht aus:

Munitionskiste der Wehrmacht: als Vorratsschrank verwendet

Heizofen:	hergestellt aus Metallabfällen, gefunden in Ruinen
Bügeleisen:	aus Metallabfällen und aus einer Panzerplatte hergestellt, gefunden im Schießstand des DAG-Geländes (handpoliert)
Bett („Ami-Bett"):	aufgeklappt und zusammengelegt, Spenden der US-Armee
Bettbezug:	beschafft aus Beständen des ehemaligen Reichsarbeitsdienstes
Spind:	beschafft aus Beständen des ehemaligen Reichsarbeitsdienstes
Wandbehang:	genäht aus Taschenklappen von Wehrmachtsuniformen, gefunden in einer ehemaligen Wehrmachtsschneiderei
Lampe:	aus Metallabfällen
Vertriebenenkiste:	verwendet beim Abtransport aus der Heimat, nunmehr Wäschekiste
Wassertopf:	aus Metallabfällen, gefunden in Ruinen
Brotbeutel:	Militärbrotbeutel, als Einkaufstasche verwendet
Rucksack:	mitgebracht aus der alten Heimat
Uhr:	selbst gebastelt
Regal:	selbstgebastelt, Vorhangstoff ein Geschenk
Radio:	selbst gebastelt
Butterfassel:	nach Angaben hergestellt von einem Allgäuer Schreiner
Tisch:	auf Bezugschein erworben
Heimarbeit:	Glasknöpfe zum Aufnähen, hergestellt 1947 von Gablonzer Betrieben in Kaufbeuren-Hart (Neugablonz)
Sitzgelegenheiten:	aus Holzabfällen hergestellt
Teller:	aufgelesen auf der Abfallhalde in Hirschzell
Bestecke:	Geschenke von Einheimischen
Regal:	aus Holzabfällen

1. Reihe: Milchkanne aus Blechabfällen, Quirle, geschnitzt aus Astgabeln, Büchsen aus US-Armee-Konservenbüchsen, Kuchenblech aus US-Armee-Konservenbüchsen, beschafft am Fliegerhorst in Kaufbeuren

2. Reihe: Geschirr aus Beständen der US-Armee und der Deutschen Wehrmacht, Bestecke aus sowjetischer Gefangenschaft mitgebracht

3. Reihe: Teller auf Bezugschein erworben

4. Reihe: Schuhe aus Wehrmachtsbeständen

Bügelbrett:	aus Holzabfällen, Abstellplatte aus amerikanischen Konservenbüchsen
Wanne:	aus Metallabfällen
Waschbrett:	handgeschnitzt
Wasserkanne:	Geschenk von Einheimischen
Kochofen:	auf Bezugschein erworben, geeignet für Brennmaterial wie Zapfen, Holzspäne, Reisig, Papierabfälle usw.
Kochtopf:	aus Metallabfällen
an der Wand:	selbstgefertigter Kartoffelstampfer und Reibeisen, „Pletschl" aus dem Vertreibungsgepäck, Sägen erbettelt unterwegs

IV. Aufnahme der Flüchtlinge und Heimatvertriebenen im Landkreis

1. Situation im Gebiet des Landkreises Oberallgäu 1945–1947

In den letzten Monaten des Krieges und in den Monaten danach, bis Dezember 1945, waren es verhältnismäßig kleine Gruppen von Flüchtlingen, meist aus Schlesien und Österreich, die in den Altlandkreisen Kempten und Sonthofen aufgenommen wurden. Niemand, auch nicht die von der amerikanischen Besatzungsmacht neu eingesetzte bayerische Regierung wußte, wieviele Flüchtlinge und Vertriebene nach Bayern und an die verschiedenen Orte geschleust werden sollten. So war es damals zu keiner Zeit abzusehen, welche Schwierigkeiten auftreten werden und zu welchem Problem sich die Flüchtlingsfrage entwickeln würde. Lange blieb oder mußte aus diesem Grunde die bayerische Flüchtlings- und Vertriebenenpolitik konzeptlos bleiben. Viele der getroffenen Maßnahmen hatten deshalb den Charakter des Provisorischen. Obwohl es seit dem November 1945 in Bayern eine durch die Amerikaner eingesetzte eigene Flüchtlingsverwaltung gab, fehlten ihr 1946, als die Massentransporte nach Bayern kamen, angemessene statistische Kriterien für den Verteilerschlüssel. Das führte dann auch dazu, daß die Wohnungen stets nach Bedarf beschlagnahmt wurden, das heißt, erst nach Eintreffen eines Vertriebenen-Transportes. Dies schlug immer neu auftretende Konfliktwellen zwischen Wohnungsinhabern und Wohnraumermittlungskommissionen, was sich letzlich in der Stimmung gegenüber den Heimatvertriebenen ungünstig auswirkte. Es mangelte auch an genauen Vorstellungen, wie das Flüchtlingsproblem zu lösen sei, so daß regionale Ungleichheiten in der Belastung des verfügbaren Wohnraums, des Arbeitsmarktes und der überkommenen sozialen Struktur entstehen mußten.

Für das Gebiet des Oberallgäus lassen sich drei Phasen des Zuzugs beziehungsweise der Zuwanderung erkennen:

Die erste Phase war der zahlenmäßig geringe Zuzug von Flüchtlingen im Jahre 1945 und in den ersten Monaten 1946. Zum Teil kamen die Flüchtlinge noch aus eigener Initiative ins Oberallgäu. Die zweite Phase war der sprunghafte Anstieg der Vertriebenentransporte von März 1946 bis zur Mitte des Jahres 1947 aus dem Sudetenland oder der übrigen CSR (vorwiegend). Das Gebiet des Oberallgäus zählte damals einen Zugang von ca. 25.000 Vertriebenen.

Die dritte Phase war die Zeit von Mitte 1947 bis 1950 in der die Anzahl der Heimatvertriebenen nur allmählich weiter stieg und am 13.09.1950 einen Stand von 26.474 Personen erreichte, das waren damals 23 Prozent der Bevölkerung.

Unter den Zugezogenen befanden sich auch schon die ersten Ostzonenflüchtlinge.

Wie die Flüchtlings-/Vertriebenen-Situation in den Jahren 1945 bis 1949 wirklich war, ist aus den beiliegenden Berichten der damaligen Flüchtlingskommissare Theo Rössert (Landrat von 01.05.1970–30.04.1978) und Erhard Ludwig am besten zu erkennen.

Das Flüchtlingsproblem des Landkreises Sonthofen

Meine Tätigkeit an verantwortlicher Stelle des Flüchtlingswesens im Landkreis Sonthofen und die dauernde Beschäftigung mit der Flüchtlingsfrage geben mir Veranlassung, an der Schwelle des Frühjahrs 1947 erneut die Besonderheiten des Flüchtlingsproblems im Landkreis Sonthofen zu beleuchten. Ich tue das zu einem Zeitpunkt, in dem von vorgesetzter Stelle dem Landkreis zur Unterbringung die Wahnsinnszahl von 13.000 Menschen verkündet wird. Die Festlegung dieser Zahl beweist, daß weder den Verantwortlichen für das Flüchtlingswesen im Landkreis, noch viel weniger den höheren Dienststellen auch nur annähernd die Lage des Landkreises Sonthofen bekannt ist. Es dürfte angebracht sein, noch mal die seit Oktober 1945 immer wieder gespielte Walze aufzulegen und den Versuch zu machen, den verantwortlichen Persönlichkeiten wenigstens gedanklich die Sorgen und Nöte des Landkreises nahezubringen, um eine Katastrophe auch für die Flüchtlinge zu vermeiden.

Als ich als Flüchtlingskommissar im Herbst 1945 mit der Arbeit begann, war es mir sofort klar, daß der Gebirgslandkreis Sonthofen in Bezug auf die Flüchtlingsbelegung anders zu behandeln sei, als sämtliche übrigen Landkreise des Bezirks Schwaben, Füssen ausgenommen. Auf die Gründe dieser Sonderbehandlung darf ich später näher eingehen. Ich hatte das Glück, in dem damaligen Regierungskommissar, Herrn Vohland, einen weitblickenden und verständigen Mann zu finden, welcher meine Ideen in kurzer Zeit annahm und dann mit dem Einsatz seiner ganzen Person unterstützte. Das für den Landkreis vorgesehene Sonderprogramm lief darauf hinaus, die charakteristischen Einrichtungen des Landkreises und die naturgegebenen Bedingungen so zweckmäßig, wie nur möglich, einzusetzen. Zwangsläufig ergab es sich daher, daß der Fremdenverkehrskreis zu einem Flüchtlings-Erholungskreis werden mußte. Die Eröffnung einer großen Anzahl der verschiedenartigsten Erholungsheime wurde geplant und vorbereitet. Darüber hinaus wurden die Grundlagen geschaffen, bis zu 5.000 Flüchtlinge außerdem aufzunehmen, für welche besondere Beschäftigungsgrundlagen geschaffen werden sollten, um ihnen das Leben in unseren abgelegenen, klimatisch rauhen Gebieten zu ermöglichen. In dieser Beziehung begann ich die Vorbereitungen zur Gründung einer Heimarbeits-Genossenschaft zu treffen, welche bei meiner Entlassung kurz vor der Gründung stand. Der Regierungskommissar unterstützte diesen Plan dadurch, daß er auf Anforderung bestimmte Kategorien von Spezialarbeitern auf die normale Flüchtlingsquote in den Landkreis schickte. Die Allgäuer Baumwollspinnerei mag bezeugen, inwieweit sie dadurch in die Lage versetzt wurde, den derzeitigen Betrieb aufzunehmen. Leider stak die Verwirklichung dieses Sonderprogramms bei meiner Entlassung in den Kinderschuhen, wurde anschließend nicht mehr mit derselben Zielstrebigkeit verfolgt und ist seit dem Ausscheiden des Herrn Regierungskommissars restlos verloren gegangen.

Von dem einst sogar von Herrn Staatskommissar anerkannten, für den Landkreis Sonthofen einzig richtigen Weg zur Bewältigung des Flüchtlingsprogramms blieb folgendes übrig: Eine im Vergleich zu den anderen Landkreisen riesige Anzahl von Heimen aller Art für Flüchtlinge befindet sich zur Zeit im Betrieb.

Es handelt sich dabei um 15 Heime der verschiedensten Art, die mit 620 Flüchtlingen belegt sind.

Die ursprünglich zugestandene Zahl von 5.000 Flüchtlingen wurde unter Hintanstellung aller Zusagen auf bisher 12.300 erhöht, während außerdem immer noch 6.500 Evakuierte hier leben. Arbeitsbedingungen für diese Menschenmasse wurden nicht geschaffen. Der gegenwärtige Winter läßt die Flüchtlinge in unseren Bergdörfern büßen, was die Verantwortlichen für das Flüchtlingswesen durch Unzulänglichkeiten aller Art heraufbeschworen haben. Es ist eindeutig festzustellen, daß der Landkreis auf deutsch gesagt von den vorgesetzten Dienststellen hintergangen wurde. Er ist nicht nur normal mit Flüchtlingen belegt, sondern hat darüber hinaus noch für eine größere Anzahl von Flüchtlingsheimen zu sorgen, als alle anderen Kreise. Die erneute Aufführung der von mir immer wieder ins Treffen geführten Gründe mag im folgenden das oben Gesagte erhärten:

Beim Landkreis Sonthofen handelt es sich um das schneereichste Gebiet Deutschlands, welches die höchste menschliche Siedlung Deutschlands überhaupt birgt (Einödsbach). ⅔ seiner menschlichen Siedlungen liegen abseits von Verkehrslinien in Höhen über 850–900 m. Die Form seiner Siedlungen ist die Streusiedlung. Die Bauernhäuser des Landkreises besitzen eine heizbare Stube und sind im übrigen nicht heizbar. Behelfsmäßig können sie nicht heizbar gemacht werden, da die Stuben holzgetäfelt sind und der Oberbau der Häuser überhaupt ausschließlich aus Holz besteht. Die Einrichtung von Wärmestuben und Gemeinschaftsküchen hat sich infolge der Streulage der Gemeinden in keiner Weise gelohnt. Im Allgäuer Winter ist praktisch jedes Bauernhaus auf sich allein angewiesen und es besteht tageweise keine Verbindung zur Umwelt. Daraus ergibt sich schon, daß die Masse der Flüchtlinge zum mindesten im Winter einer geregelten Arbeit nicht nachgehen kann, ganz abgesehen davon, daß es außer der Landwirtschaft und einigen kleineren Industriezweigen keinen Arbeitsmarkt gibt. Die Beschäftigung hunderter von Menschen bei der Besatzungstruppe darf über diesen Zustand nicht hinwegtäuschen. Es gäbe zwar die Möglichkeit, durch Heimarbeit den Flüchtlingen Verdienst zu geben, dieses Ziel könnte aber nur dann erreicht werden, wenn ausgewählte Flüchtlinge – wie es früher der Fall war – geschickt werden könnten. Der auch im Allgäu vorhandene Geldüberhang bringt es mit sich, daß noch verhältnismäßig viele Flüchtlinge in Gewerbe und Landwirtschaft beschäftigt werden. Man kann sich an den Fingern abzählen, wie lange diese Flüchtlinge sich auf diese Art und Weise ihr Brot verdienen können, nachdem ja der Gewerbetreibende und Landwirt von der rasch zusammenschmelzenden Substanz lebt. Die Substanz könnte sich nur erhalten, wenn der Fremdenverkehr wieder aufgenommen würde. Dies ist aber unmöglich, da ja die Flüchtlinge arbeitslos und unlustig in den Betten liegen, in denen einst geldbringende Fremde schliefen.

Es wäre an der Zeit, daß man sich höherenorts darüber Gedanken macht, inwieweit der Landkreis Sonthofen durch amerikanische Belegung Wohnraum verloren hat, ich gehe nicht fehl mit der Behauptung, daß in ganz Schwaben, die Stadt Augsburg evtl. ausgenommen, kein Landkreis annähernd soviel von den Amerikanern beschlagnahmte Häuser auf seiner Liste hat, wie Sonthofen. Dies müßte billigerweise Berücksichtigung finden, wenn sich die vorgesetzten Stellen ein wahres Bild von der Belegungsdichte und der Zahl der vorhandenen Wohnungen machen wollen. Ich habe den Eindruck, daß dieses Bild von den bisher veröffentlichten Statistiken nicht gegeben werden kann.

Zur Zeit sind 95 Häuser der Beschlagnahme durch die Besatzung verfallen. In diesen Häusern könnten mindestens 1.000 deutsche Menschen untergebracht werden. Die ehemaligen Bewohner dieser Häuser mußten im Landkreis anderweitig untergebracht werden. Durch Beschlagnahme von Hotels sind dem zivilen Wohnungsmarkt zur Zeit etwa 500 Betten entzogen. Außerdem ist die ehemalige Ordensburg und die Artilleriekaserne in Sonthofen von Amerikanern belegt. Durch Fürsorgeeinrichtungen, die nach dem Kriege geschaffen wurden, ist eine Kaserne in Sonthofen und das Hotel „Luitpoldbad" in Hindelang belegt. Dadurch geht die Unterbringungsmöglichkeit von rund 1.000 Menschen verloren. Erfahrungsgemäß zieht die Anwesenheit von Besatzungstruppen einen Strom von Arbeitssuchenden an sich. Zur Zeit sind im Dienst der Besatzung 1.600 Menschen beschäftigt, von denen 1.400 von außerhalb kamen, und infolge ihrer Anstellung im Besetzungsdienst Zuzug erhalten mußten. Der monatliche Zuzug beträgt 450 Personen. Von diesen ziehen allein etwa 200 nur als Arbeitskräfte für die Besatzung zu. Das ergibt in einem Jahr die Summe von 2.400 Personen, welche außerhalb der Flüchtlingsquote im Landkreis aufgenommen werden müssen. Ich glaube nicht, daß irgendein Landkreis Schwabens mit derartigen Zahlen aufwarten kann auf einem Gebiet, das den Flüchtlingsverteilern vom grünen Tisch bisher wahrscheinlich fremd war.

Es sei mir gestattet, im folgenden eingehend auf die verantwortlichen Persönlichkeiten noch einige vielleicht interessante Gesichtspunkte herauszustellen: Im Gegensatz zu Herrn Vohland setzt sich der derzeitige stellvertretende Regierungskommissar, Dr. Groß, nicht der Gefahr aus, durch allzu scharfes Eintreten für eine Idee allenthalben anzuekken und sich Feinde zu schaffen. Aus meiner früheren Tätigkeit weiß ich, daß er dem Kreis angehörte, welcher von jeher das „Bevorzugen" des Landkreises Sonthofen durch Herrn Vohland mißtrauisch beobachtete. Daß es sich dabei nicht um Bevorzugung handelte, sondern nur um die Erkenntnis der wahren Tatsachen, dürfte ich oben klargestellt haben. Herr Dr. Groß macht sich bei der Masse der im Flüchtlingswesen des Bezirks Schwaben arbeitenden Leute nur beliebt, wenn er den Landkreis Sonthofen nun, nachdem die Macht in seinen Händen liegt, tüchtig belegt. Auf die Idee, daß ein Amtsnachfolger sich in gewissem Sinne auch für die Zusagen seines Vorgängers nach Treu und Glauben einzusetzen hätte, ist Herr Dr. Groß bisher nicht gekommen.

Was den Flüchtlingskommissar Sonthofen anbelangt, so dürfte er auch lieber durch Gefügigkeit nach oben hin seine Existenz zu erhalten suchen, als sich durch Einsetzen für einen ihm nicht verbundenen Landkreis Feinde und aufregende Zeiten zu machen. Die Zahl von 450 monatlich genehmigten Zuzügen beweist, mit welcher „Strenge" z. B. die Zuzugssperre gehandhabt wird. Der Flüchtlingskommissar ist nun einmal Interessenvertreter der Flüchtlinge und nicht der Vorkämpfer für die Belange der Einheimischen.

Der Herr Staatssekretär für das Flüchtlingswesen ist seit einem Vierteljahr genau über den Plan des Landkreises Sonthofen, die Flüchtlingserholung betreffend, orientiert. Über die Widerstände beim Regierungskommissariat und in den Vorzimmern des Herrn Staatssekretärs hinweg ist es letzten Endes durch Einschaltung privater Bekannter des Herrn Staatssekretärs gelungen, ihm diesen Plan vorzulegen. Er hat diesen Plan nicht nur gebilligt, sondern sogar für die Zeit der Beendigung des Streites um seinen Posten und für das Frühjahr 1947 eine Neubehandlung der Frage in Aussicht gestellt. Das Wirtschaftsministerium ist nach wie vor stark an der Förderung interessiert. Es wäre nun an der Zeit, mit allen Mitteln und unter Aufbietung aller zuständigen Stellen und interessierten Parteien erneut den Kampf um die Sonderbehandlung des Landkreises Sonthofen im Flüchtlingswesen aufzunehmen. Können die verantwortlichen Stellen ihr durch Unzulänglichkeit oder Nachlässigkeit bestimmtes Verteilungsspiel weitertreiben, so muß nicht nur für die Wirtschaft, die Finanzkraft und das gesamte Leben des Landkreises gefürchtet, sondern vor allem um die Zukunft der im Landkreis lebenden und noch einzuschleusenden Flüchtlinge größte Sorge gehegt werden.

gez. Rössert

Bericht

des

Flüchtlingsamtes Sonthofen

für die Zeit vom 1. 12. 1945 bis 30. 6. 1947

Vorliegender Bericht war gleichzeitig das Referat des Flüchtlingskommissars vor dem Kreistag Sonthofen am 3. Juli 1947.

Jm Jahre 1946 wurde der größte Teil der Deutschen und Volksdeutschen aus den bisherigen Ostgebieten, der Tschechoslowakei, Ungarn und Jugoslawien ausgewiesen und in die vier, von den Alliierten besetzten Zonen hereingeführt.

Diese Massenbewegung mehrerer Millionen Menschen ist vielleicht vergleichbar mit der großen Völkerwanderung im früheren Mittelalter. Doch man wird damit nicht den unerhörten Vorgängen und Tatsachen gerecht, welche die gegenwärtige Ausweisung und Neueinbürgerung für Flüchtlinge und Alteingesessene mit sich bringt.

Die meisten Personen standen und stehen auch heute noch dem Flüchtlingsproblem fassungslos gegenüber. In der Tat sind wir Zeugen, aber auch Mitleidende und Mithandelnde eines Vorganges, der in der Geschichte der Menschheit nicht seinesgleichen hat. Die meisten vergessen immer wieder — und es kann ihnen darum nicht oft und deutlich, ja drastisch genug ins Gedächtnis gerufen werden —, daß diese Flüchtlinge nicht freiwillig gekommen sind und auch weiterhin nicht freiwillig kommen werden, sondern daß sie vielmehr einem Gesetz gehorchen, das nicht für sie allein unantastbare Gültigkeit verlangt, sondern, das für die Gesamtheit der Deutschen, für die Deutschen als Volk, völlig neue Bedingungen schafft, von denen sich keiner ausschließen kann, der zu diesem Volk gehört. Die Lasten, die nunmehr auf die Schultern der Deutschen gelegt wurden, sind von Allen, und nicht nur von denen allein zu tragen, denen nichts geblieben ist als nur das Leben.

Dabei muß noch berücksichtigt werden, daß mit dem Einschleusen und der Unterbringung der Ausgewiesenen und Flüchtlinge erst der kleinere und leichtere Teil des Problems erledigt ist. Viel größere Schwierigkeiten entstehen bei dem Auftrag, alle diese Personen einer g e e i g n e t e n Arbeit zuzuführen. Die Umwandlung dieses Provisoriums in einen für alle erträglichen Dauerzustand wird die unermeßliche Aufgabe der kommenden 2 Jahre sein, deren befriedigende Lösung zunächst unmöglich erscheint.

Nach der letzten Mitteilung des Arbeitsamtes sind z.Zt. von den im Kreis Sonthofen eingeschleusten arbeitspflichtigen Flüchtlingen nur 566 Flüchtlinge, und zwar 383 Männer und 183 Frauen, als arbeitslos gemeldet, von denen wiederum etwa 25% infolge ihrer schwächlichen körperlichen Konstitution nur zu leichteren Arbeiten herangezogen werden können. Ein Großteil der in Arbeit stehenden Personen mußte allerdings mangels geeigneter Arbeit berufsfremd eingesetzt werden. Bei den rund 12 600 Flüchtlingen, die im Kreis Sonthofen untergebracht sind, ist vorgenannte Zahl von arbeitslosen, arbeitspflichtigen Flüchtlingen als sehr gering zu bezeichnen. Dieses ist ein fast einmütiges Bekenntnis unserer Neubürger, mitzuhelfen am Aufbau einer neuen Demokratie in Deutschland.

Unsere Aufgabe ist nicht nur die Unterbringung der Flüchtlinge, sondern Heimat zu schaffen für ein ganzes Volk.

Die maßgeblichen Stellen waren sich von vornherein dessen bewußt, daß dieser menschliche Umwandlungsprozeß nicht allein vom wirtschaftlichen Gesichtspunkt aus zu betrachten ist. Es handelt sich ja um Menschen aus Fleisch und Blut, deren kulturelles Niveau im allgemeinen dem süddeutschen Lebensstandard nicht nachsteht..

Am 6. Februar 1946, anläßlich einer Tagung der schwäbischen Flüchtlingskommissare in Augsburg, erklärte der damalige Flüchtlingsoffizier, Herr Leutnant Schneider (Augsburg), der seinerzeit die Verhandlungen in Prag mitgeführt hat, daß das Flüchtlingsproblem eine rein deutsche Angelegenheit ist, die ausschließlich von den Deutschen gelöst werden muß. An der Lösung dieser Aufgabe wird man erkennen, ob die Deutschen den Platz unter den anderen Nationen der Welt wieder einzunehmen im Stande sind. Sollte den Deutschen eine glückliche Lösung nicht gelingen, so wird Deutschland ein Chaos in seinem Lande nicht aufhalten können. Diese schwerwiegenden Worte sagen viel und bedürfen keines weiteren Kommentars.

2

So stellte sich uns zu Beginn des Jahres 1946 das Staatsproblem Nr. 1 als eine wirtschaftliche, politische, kulturelle und soziale Aufgabe vor, deren Bewältigung für uns alle von entscheidender Bedeutung war.

Alle diejenigen, die im Januar und Februar 1945 Augenzeugen der überstürzten Flucht der Bevölkerung aus den schlesischen, pommerschen, ost- und westpreußischen Gebieten waren, können ermessen, welche psychische Belastung der Einzelne auszuhalten hatte. Die schlesische Bevölkerung z. B. begann ihre Flucht bei 13 Grad Kälte und 35—40 cm Schnee.

In meiner Heimatstadt Liegnitz, einer Stadt von etwa 90 000 Einwohnern, waren Mitte Januar 1945 sämtliche Wohnungen restlos mit Flüchtlingen überbelegt. Darüber hinaus wurden Werkstätten, Fabrikgebäude, Hotels, Gaststätten, Kinos, Theater, sowie Kirchen in Flüchtlingslager umgewandelt und belegt. Auf Hauptstraßen und Chausseen, Richtung Westen, wälzten sich Menschentransporte und Trecks in unabreißbarer Kette. Vorbildlich verhielt sich die schlesische Stadt- und Landbevölkerung, die in den Dörfern und Städten den durchwandernden und durchfahrenden Flüchtlingen heiße Getränke, Suppen und Lebensmittel aller Art spendeten.

Es wurde des öfteren beobachtet, daß die Bevölkerung in Leinen gepackte Bündel von den Flüchtlingstrecks aus den Händen weinender Mütter übernahm, welche den erfrorenen Leichnam eines kleinen Kindes bargen. Die Eltern der Kinder konnten sich von dem fahrenden Treck nicht entfernen und werden nie erfahren, wo ihre kleinen Lieblinge begraben liegen.

In Mitteldeutschland traf man sehr oft auf lange Züge ehemaliger KZ-Insassen und ähnlicher Nazi-Haftanstalten. Diese armseligen Kreaturen, ohne Mantel, zum Teil ohne Schuhe und Strümpfe, wurden über Hunderte von Kilometern durch SS-Leute nach dem Westen getrieben; barfüßig bei 13 Grad Kälte und Schnee.

So sah im allgemeinen und unter jeweils anderen unangenehmen Begleitumständen die Flucht vor dem Zusammenbruch aus. Nach der Kapitulation erfolgte die sogenannte Ausweisung in geregelteren Formen, die allerdings bei den Personen aus den ehemals deutschen Ostgebieten unter polnischer Verwaltung an Humanität sehr zu wünschen übrig ließ.

Beim Staatssekretariat in München liegen authentische Berichte vor, aus denen ersichtlich ist, daß bei einem Transport nicht weniger als 67 Personen in Waggons erfroren aufgefunden wurden. Unter anderem wurde eine entbundene Mutter aufgefunden, die in ihrem eigenen Blut angefroren und erfroren war.

Im November 1945 entschloß sich die Bayerische Staatsregierung, einen Staatskommissar für das Flüchtlingswesen zu ernennen und hat diesen mit jenem schwerwiegenden und weittragenden Problem beauftragt, das heute nun mehr und mehr zur Lebens- und Schicksalsfrage des Bayerischen Staates geworden ist. Es entstanden in Bayern im November 1945 in kurzer Zeit unter dem Staatskommissar

5 Regierungskommissariate für das Flüchtlingswesen

und in den

166 Landkreisen ebensoviele Flüchtlingskommissare,

die unter Leitung des vom Bayerischen Innenministerium bestallten Staatskommissar, dem heutigen Staatssekretär, Herrn Dr. Wolfgang J a e n i c k e, stehen.

Die Regierungskommissare empfangen ihre Anweisungen direkt von München, während die Flüchtlingskommissare dem Regierungskommissar direkt unterstellt sind.

Unter den schwierigsten Voraussetzungen mußte in ganz kurzer Zeit eine leistungsfähige Flüchtlingsverwaltung aus dem Boden gestampft werden. Für den Landkreis Sonthofen wurde damals die Zahl von 18 000 aufzunehmenden Flüchtlingen benannt. Wenn man diese Zahl hört und sich vor Augen führt, daß über ⅔ dieser Menschenmasse bereits hier im Landkreis Sonthofen, und ich glaube sagen zu können, soweit wie

3

irgendwie denkbar, verhältnismäßig gut und reibungslos untergebracht wurde, so sieht man nicht das Ausmaß von oft weit über die Kräfte der Einzelnen gehenden wochen- und monatelangen Arbeit und den damit verbundenen Ärger. Es wird Allen aus eigener Erfahrung bekannt sein, welche Schwierigkeiten die Unterbringung von Flüchtlingen in den Häusern bedeutet.

Im zeitigen Frühjahr 1946 wurde die Errichtung eines Flüchtlings-Durchgangslagers in Sonthofen in Angriff genommen. Den Grundstock dafür bildeten die auf dem Gelände des Hüttenwerkes in Sonthofen, Riedenerweg, stehenden 2 älteren Baracken. In unermüdlicher Arbeit wurde ein Durchgangslager mit einem Fassungsvermögen von 500 Personen, mit Tagesraum, Bad- u. Duschvorrichtungen, Kinderspielplatz, Garten und Blumenanlagen geschaffen.

Auf meine besondere Einladung hin statteten im Laufe des Monats Mai verschiedene Dienststellen der Militärregierung, unter anderem der Herr Gouverneur Cpt. Urtes, sowie Vertreter der deutschen Dienststellen, Herr Landrat Ditterich mit einigen seiner Herren, die Vertreter der politischen Parteien und Gewerkschaft, die Mitglieder des Kreisflüchtlingsausschusses und der Presse dem Lager einen Besuch ab. Das Lager mit seinen sozialen Einrichtungen fand in jeder Beziehung den ungeteilten Beifall der Besucher.

Einer einheimischen Bevölkerungszahl von 47 997 Personen, gezählt im Dezember 1939 (ohne die Bevölkerung der jetzt zu Österreich gehörenden Gemeinden Mittelberg und Jungholz), stehen heute 21 759 Nichteinheimische gegenüber.

Das ist eine Gesamtbelastung des Kreises von 45,3%. In der Zahl von 21 759 sind

      12 622 Ausgewiesene und Neubürger,

      6 717 Evakuierte und

      2 420 Ausländer enthalten.

An Evakuierten aus anderen Zonen beherbergt der Kreis Sonthofen (die Zahlen in Klammern entsprechen dem Stand vom 1. Juli 1946): 164 (148) Personen aus der französischen Zone,

      978 (1095) Personen aus der russischen Zone,

      1 444 (1483) Personen aus Groß-Berlin und

      1 869 (2578) Personen aus der englischen Zone.

Diese Personenzahlen sind in den vorgenannten Zahlen der Evakuierten mitinbegriffen.

Der auffallend stärkere Abgang der Personen aus der englischen Zone ist auf die offiziellen Rückführungen im Sommer 1946 zurückzuführen. Die verhältnismäßig starke Belegung des Kreises mit Amerikanern und polnischen Wachmannschaften ist zahlenmäßig in dieser Aufstellung nicht berücksichtigt.

Alle im letzten Jahre eingeschleusten Flüchtlinge wurden fast reibungslos in den einzelnen Gemeinden des Landkreises Sonthofen untergebracht. Außer dem erwähnten Durchgangslager wurden im Kreis Sonthofen

      das Flüchtlings-Hilfskrankenhaus „Sonnenblick", Oberstdorf,

      das Flüchtlings-Entbindungs- und Müttererholungsheim „Bergkranz",

die Flüchtlings-Altersheime: „Rubihaus", Oberstdorf,   [Oberstdorf,

      „Erika", Oberstdorf,

      „Rosenkranz", Oberstdorf,

      „Alpenblick" mit Nebenhaus „Elisabeth", Fischen,

      „Viktoria", Bad Oberdorf,

      „Nordpol", Bad Oberdorf,

      „Ostrachwellen", Bruck bei Hinterstein,

      „Steinadler", Hinterstein,

      „Sonnenalp", Ofterschwang,

      „Adler", Oberstaufen,

      „Schmidt", Oberstaufen,

      das Flüchtlings-Siechenheim „Arete", Oberstdorf und die Flüchtlings-

Kindererholungsheime: „Altwürttembergerhaus", Unterjoch, sowie

      „Seppelerhaus" u. Haus „Ifenblick" in Balderschwang

4

geschaffen. Mit Frau Saathoff, der Inhaberin des Stillachhauses in Oberstdorf, wurde eine Vereinbarung getroffen, daß dort regelmäßig 10 Flüchtlingskinder zur 6-wöchentlichen Erholung aufgenommen werden. Das Alpenhotel „Luitpoldbad" in Bad Oberdorf, vordem Flüchtlingsaltersheim, wurde am 1. Oktober 1946 dem schwäb. Fürsorgeverband übergeben und dient seit diesem Zeitpunkt als Tbc-Heilstätte für Flüchtlinge. 2 Flüchtlingsärzte und eine Fürsorgerin wurden eigens zur Betreuung von Lager und Heimen eingestellt.

Da das Flüchtlings-Durchgangslager in Sonthofen im Sommer 1946 auf Grund der Schlag auf Schlag eintreffenden Transporte nicht ausreichte, wurden zeitlich als Behelfs-Durchgangslager

> die Turnhalle in Sonthofen,
> die Gaststätten „Reichsadler" u. „Gemse" in Blaichach,
> die Gaststätten „zum Hasen" und „Marienbrücke" in
> Bihlerdorf und die Schule in Immenstadt

herangezogen. Kurzfristig dienten die ehemaligen Berliner Physikalischen Werkstätten in Immenstadt als Quarantänestation. Letzteres wurde innerhalb einer Nacht mit Hilfe freiwilliger BRK-Helfer mit einer Aufnahmefähigkeit von 1300 Personen errichtet.

Im Laufe der Berichtszeit wurden in der Dienststelle des Flüchtlingsamtes ungefähr 22 000 Personen abgefertigt und unter anderem einige 10 000 Schriftstücke bearbeitet. Das Flüchtlingskommissariat in Sonthofen beschäftigt z. Zt. hauptamtlich 105 Personen, und zwar 56 Angestellte und 49 Arbeiter, von denen wiederum 8 Angestellte und 1 Arbeiter beim Flüchtlingsamt selbst tätig sind, während die anderen im Lager und in den Heimen ihren Pflichten nachkommen. Von diesen genannten Personen sind

> 55 Flüchtlinge,
> 34 Bayern und
> 16 Evakuierte.

Außerdem arbeiten im Landkreis Sonthofen 35 ehrenamtlich tätige Flüchtlingsobmänner, die aus Flüchtlingskreisen gestellt werden, sowie 4 hauptamtlich eingesetzte Flüchtlingsbetreuer, deren Zahl demnächst auf 6 erhöht wird.

Die im Kreis zurückgelegten Fahrtkilometer von Kraftwagen und Motorrad beziffern sich auf rd. 30 000 km. Was das bedeutet, monatelang, ja man kann sagen, 1½ Jahre lang tagaus und tagein unterwegs zu sein, überall Anordnungen zu treffen, die Eingriffe in das persönliche menschliche Leben darstellen, also eine Tätigkeit auszuüben, die sowohl an den ausführenden als auch an den gebenden Teil Nervenbelastung darstellen, kann sich ein Außenstehender nie vorstellen. Denn dieser sieht nur seinen eigenen Kreis und den Eingriff einer fremden Macht in seine persönliche Interessensphäre; er sieht aber nicht immer die zwingende Notwendigkeit für die Dienststelle des Flüchtlingskommissars, in sämtlichen Fragen der Gesamtheit gegenüber gerecht zu werden. Ich habe im verflossenen Jahre des öfteren meine eigenen Angehörigen nur schlafend gesehen, denn in aller Frühe wurde der Dienst angetreten und bei Einlaufen größerer Transporte kam ich oft erst um 4 oder 5 Uhr früh nach Hause.

Dabei handelt es sich bei der Flüchtlingsverwaltung nicht, wie in einem sonstigen normalen Bürobetrieb, um eine mehr oder weniger übliche Tätigkeit am Schreibtisch, sondern um ein unaufhörliches Verhandeln, oder besser gesagt Ringen mit Menschen, die im wesentlichen immer versuchen, aus persönlichen egoistischen Motiven für ihre Situation das Beste herauszuholen und meist Unmögliches verlangen, sei es, daß es sich um Zuzugsgenehmigung oder um Gesuche, um Aufhebung von Beschlagnahmungen usw. handelt, sei es Hilfe in anderen körperlichen oder seelischen Nöten. Dazu kommt das täglich vor Augen tretende menschliche Leid, das sich bei jedem Flüchtling offenbart und dem sozusagen mit einem Nichts geholfen werden soll.

Wenn diese hier nur kurz skizzierte Arbeit im großen gesehen in einer durchaus zufriedenstellenden Weise geleistet werden konnte, so ist das nicht zuletzt auch auf die verständnisvolle Einstellung des Herrn Landrats persönlich zurückzuführen. Ich bin im besonderen dankbar, daß eine so denkbar harmonische Zusammenarbeit mit dem Herrn Landrat und darüber hinaus mit der Militärregierung und den anderen deutschen

5

Behörden besteht und ich möchte von dieser Stelle aus dem Herrn Landrat Ditterich und dem vormaligen Herrn Militärgouverneur Major Rhea und dem jetzigen Herrn Gouverneur Capt. Urtes, bei denen ich stets ein offenes Ohr für alle meine Nöte fand, für die verständnisvolle Mitarbeit herzlichst danken. Ich danke des weiteren allen Herren Bürgermeistern des Kreises, die in ihren Gemeinden die großen Mengen von Ausgewiesenen aufnehmen mußten. Ich bin mir bewußt, wie schwer es für den Einzelnen gewesen ist, sich den Angriffen seiner Gemeinde gegenüber durchzusetzen und zu rechtfertigen. Ich weiß auch, welche schweren Sorgen unabhängig davon jeder Bürgermeister einer Gemeinde hat, mit denen er fertig werden muß und ich bin diesen Herren Bürgermeistern für jede Hilfe dankbar gewesen, die mir bei der größten Zahl der Bürgermeister zuteil wurde. In diesem Zusammenhang möchte ich besonders an die Unterbringung der mir im Herbst zugewiesenen Flüchtlingstransporte mit Möbel denken, deren Unterbringung den einzelnen Gemeinden viel Sorge gemacht hat.

Die innere Flüchtlingsverwaltung hatte bis zum 30. Juni 1947 einen Kostenaufwand von 74 641,32 RM. Die Einrichtung des Flüchtlingslagers und der Heime aus Staatsmitteln erforderten weitere 581 373,85 RM. Allein die Flüchtlingstransportkosten vom Flüchtlingslager in die einzelnen Gemeinden betrugen in der Berichtzeit 59 853,90 RM. Die Gesamtausgaben beziffern sich somit auf 715 869.07 RM.

Im Februar 1946 wurde im Landkreis der Flüchtlingsnotpfennig geschaffen, an dem sich alle Erholungssuchenden im Landkreis Sonthofen beteiligen müssen. Dieser Flüchtlingsnotpfennig und diverse Spenden erbrachten einen Betrag von 195 023.— RM. Aus diesem Betrag werden laufend Haushaltsgeräte usw. beschafft und den Flüchtlingen unentgeltlich zur Verfügung gestellt.

An die Flüchtlinge konnten im Laufe der letzten 1½ Jahre abgegeben werden:

  520 Stck. Bettwäsche und Handtücher,
 4 947 ,,   Unterwäsche für Herren,
 1 886 ,,   Bekleidungen für Herren,
 1 757 ,,   Frauenbekleidung,
 3 124 ,,   Damenwäsche,
 3 241 ,,   Kinderbekleidung einschl. Babywäsche,
 1 975 ,,   Wolldecken
  580 ,,   Betten wie: Oberbetten, Unterbetten und Kissen,
 1 005 kg kunstseidenes Handarbeitsgarn,
  318 Paar gebrauchte Schuhe,
  70 ,,   Filzschuhe,
 1 986 ,,   alte und neue Strümpfe,
  200 m Stoffe.
 2 657 Stck. Haushaltsgeräte und Geschirr,
  900 ,,   Bestecke,
  20 ,,   Nähkästen,
  450 Paar Skier,
  205 Stck. Möbelstücke wie z. B.: Tische, Stühle und Schränke,
  1 ,,   komplettes Schlafzimmer,
  311 ,,   Kleinherde bezw. Öfen,
  6 ,,   elektr. Kochherde
  209 ,,   elektr. Kochplatten
  637 ,,   sonstige Gegenstände, als da zu benennen sind: Wandschoner, Matratzen, Bettstellen, Pelze, Tischtücher und Mützen,
  500 ,,   Taschentücher,
  19 ,,   Wanduhren,
  900 ,,   Strohsäcke,
  170 ,,   Wäscheleinen

6

```
  7 000 Stck. Zigaretten und Tabake,
  5 750   ,,   Eier,
  2 000   ,,   Puddingpulver,
    300  kg  Mehl,
  1 000   ,,   Äpfel sowie
     50   ,,   Malzextrakt und weitere
    187   ,,   Lebensmittel.
```

Die gesamten Sachspenden können insgesamt mit 90 000,— RM. veranschlagt werden.

Der 1. Iuni 1947, der Tag der Flüchtlinge in Bayern, erbrachte im Landkreis Sonthofen das gute Sammelergebnis von 70 076,65 RM. Das sind pro Kopf der Bevölkerung einschließlich Kindern im Durchschnitt 1,09 RM. Mit diesem Betrag steht der Landkreis Sonthofen bei den 19 Kreisen im Reg.-Bez. Schwaben an fünfter Stelle. Das Durchschnittsergebnis im Regierungsbezirk Schwaben betrug pro Kopf der Bevölkerung 74 Pfennig und im Land Bayern etwa 84 Pfennig. Die im Landkreis eingegangenen Spendengelder sind bei der Landratskasse deponiert und werden den Bürgermeistern der einzelnen Gemeinden für Flüchtlinge zur Verfügung stehen. Genaue Anweisungen über die Verwendung dieser Gelder sind bisher bei meiner Dienststelle noch nicht eingegangen.

An Fürsorgeunterstützungen für bedürftige Flüchtlinge wurden insgesamt 953 720.— RM. durch das Fürsorgeamt ausgezahlt.

Obwohl der Landkreis Sonthofen in seiner Struktur auschließlich ein Fremdenbeherbergungsgebiet ist. gelang es immerhin, mehrere größere Flüchtlingsbetriebe zu errichten. Als größter anlaufender Betrieb ist hier im besonderen die Firma K u n e r t, Immenstadt, ehem. größte Strumpffabrik Europas in Warnsdorf-Sudetenland, mit z. Zt. etwa 200 Arbeitern zu benennen. Weiterhin stehen im Kreise etwa 400 Klöpplerinnen in vollbeschäftigter Heimarbeit.

Anläßlich einer Tagung der schwäbischen Flüchtlingskommissare in Günzburg im März ds. Js. wurde bekanntgegeben, daß im Jahre 1947 in die US-Zone 300 000 Flüchtlinge eingeschleust werden sollen. Dem Land Bayern ist die Zahl von 150 000 auferlegt worden.

Die Aufteilung in Bayern ist folgendermaßen vorgesehen:

Oberbayern	50 000	Flüchtlinge
Nieberbayern	10 000	,,
Pfalz und Oberpfalz	40 000	,,
Franken	20 000	,,
und Schwaben	30 000	,,

Die Aufteilung für Schwaben wird auf Grund der jetzigen Belegungsstärke der einzelnen Kreise voraussichtlich folgende Aufteilung erfahren:

Augburg-Land	5000	Flüchtlinge
Füssen	2400	,,
Illertissen	1400	,, .
Kempten-Land	7 800	,,
Kempten-Stadt	1400	,,
Kaufbeuren	300	,,
Krumbach	600	,,
Markt Oberdorf	700	,,
Mindelheim	2000	,,
Nördlingen	200	,,
Schwabmünchen	600	,,
Sonthofen	7000	,,
Wertingen	300	,,

7

Die Kreise Dillingen, Donauwörth, Günzburg, Neu-Ulm, Friedberg und Neuburg werden mit neuen Transporten nicht belegt, da diese Kreise auf Grund statistischer Erhebungen bereits überbelegt sind und deshalb von weiteren Transporten verschont bleiben müssen. In den Kreis Sonthofen werden voraussichtlich 2 Antifa-Transporte mit Möbeln mit etwa 600 Personen geleitet werden. Diese Zahl 600 ist in der Quote von 7000 mitenthalten.

Die Flüchtlingstransporte, die für das Jahr 1947 bereits im März anlaufen sollten, sind zunächst bis Ende August abgestoppt. Mit welchen Zahlen nunmehr in diesem Jahre überhaupt noch gerechnet werden kann, steht vollkommen offen. Es ist auch damit zu rechnen, daß die Neueinschleusung von Flüchtlingen erst im kommenden Jahre wieder beginnt.

Durch verschiedene Dienststellen, insbesondere durch den Herrn Landrat, sind bereits mehrfach bei den zuständigen Stellen Vorstöße unternommen worden mit dem Ziel, den Landkreis auf Grund seiner besonderen Struktur von dem Einströmen weiterer Flüchtlinge freizuhalten, da ein Großteil der Flüchtlinge, welche in den entlegenen Gebirgstälern und Gebirgsorten untergebracht werden müssen, eines Tages zu Fürsorgeempfängern gestempelt werden. Die Begründung liegt unter anderem darin, daß diesen Personen geeignete Arbeitsplätze zu oft nicht zugewiesen werden können. Ob und inwieweit bei diesen Einwendungen mit Erfolg zu rechnen ist, kann heute noch nicht beurteilt werden.

Ich bitte nun alle Bürger des Kreises Sonthofen, an diesem überaus schweren Problem mitarbeiten zu helfen und bitte dieselben, im engeren Kreise dafür Sorge zu tragen, daß die einzelnen Gemeinden im vollsten Verständnis zur Lösung dieser wohl schwersten und belastendsten Frage unseres Volkes beitragen. Das bedeutet, daß jeder für seine Person selbst mit gutem Beispiel vorangehen möchte und daß jeder ebenso seinen persönlichen Einfluß bei allen seinen Mitarbeitern zu einem persönlichen Verständnis geltend machen soll u. mit dazu beiträgt, daß die verschieden auftretenden Schwierigkeiten in den Gemeinden mit großem Bereitwillen aus dem Wege geräumt werden. Es muß in Zukunft in noch schärferem Maße der noch vorhandene Wohnraum erfaßt und bereitgestellt werden.

Abschließend möchte ich hierbei allen caritativen Verbänden, den politischen Parteien, dem BRK, den Flüchtlingsobmännern und allen mir unbekannten Helfern und Helferinnen herzlichst für die geleistete Arbeit im Aufbau einer Flüchtlingsverwaltung bezw. einer lebendigen und sozialen Flüchtlingsfürsorge danken.

Wenn weiterhin in diesem Geiste gearbeitet wird, dann wird auch der Tag kommen, der uns allen eine bessere Zukunft verheißt.

Möge unsere entsagungsvolle und aufreibende Arbeit unter der Devise stehen:

„Zum Wohle der Neubürger, zum Wohle des Vaterlandes."

Sonthofen, im Juli 1947.

Erhard Ludwig
Flüchtlingskommissar.

Teilansicht   Speiseraum

Allgäuer Anzeigeblatt J. Eberl, K.-G.
Filiale Sonthofen
7 47 500

8

Bericht

des

Flüchtlingsamtes

bei dem Landratsamt Sonthofen

für die Zeit vom 1. April 1948 bis 31. März 1949

Im mitteleuropäischen Raum vollzog sich in den letzten Jahren ein Vorgang, der einst in der Geschichte der Menschheit als Rechtsbruch in einem bisher nie gekannten Ausmaß eingehen wird.

Während in den ehemals deutschen Ostprovinzen und im Sudetenland infolge der Ausweisung von rund 13 Millionen Deutschen große Felderflächen völlig versteppen und Industriewerke immer mehr und mehr zum Erliegen kommen, kämpft das Heer der heimatlos gewordenen Menschen einen verzweifelten Kampf um die primitivsten Menschenrechte, um Bestand oder Untergang. Wie schwer der Lebenskampf der Flüchtlinge war und heute noch ist, kann daraus entnommen werden, daß viele Arbeitskräfte, trotz größter Anstrengung in ein geregeltes Arbeitsverhältnis zu kommen, noch brach liegen. Dieser Zustand ist u. a. darauf zurückzuführen, daß zum Teil geeignete Berufsarbeit am Wohnort fehlt und zum anderen Teil der Arbeitsuchende verkehrstechnisch zur Arbeitsstelle ungünstig wohnt, eine Umquartierung jedoch infolge fehlender Gesetze nicht erfolgen kann. Die nunmehr oft auftauchende Frage, ob die Oeffnung der französisch besetzten Zone in Deutschland, eines Gebietes, das bisher nur knapp 3 % Flüchtlinge aufgenommen hat, eine Auflockerung der überfüllten Gemeinden und Lager bedeute und für viele Arbeit und Verdienst bringen werde, kann nur die Zukunft beantworten.

Die Absicht der Regierung, für die in Bayern zuzugsberechtigten Personen die Umzugssperre aufzuheben, wird sich voraussichtlich für die Flüchtlinge günstig auswirken. Durch Aufhebung dieser, seit 1945 bestehenden Einschränkung, wird mancher Flüchtling Gelegenheit haben, bei Bekannten oder durch Vermittlung des Arbeitgebers, Wohnraum, wenn auch nur in beschränktem Maße, in Industriegegenden zu erhalten und somit ein geregeltes Arbeitsverhältnis aufnehmen können.

Eine Enttäuschung ersten Grades war für unsere Flüchtlinge die Währungsreform. Nicht nur, daß praktisch über Nacht ein großer Teil der Gesamtbevölkerung, insbesondere jedoch die Flüchtlinge, an den Bettelstab gebracht wurden, haben die bereits bestehenden Flüchtlingsbetriebe, die über keinerlei Reserven verfügten, einen schweren Schlag erlitten, der nur durch großzügige Gewährung von billigen Krediten abgeschwächt werden kann.

Auch die proklamierte Gewerbefreiheit wird den Flüchtlingen den erforderlichen Auftrieb nur verschaffen, wenn genügend Geldmittel in Form von langfristigen Krediten bereitgestellt werden.

Inwieweit der bevorstehende Lastenausgleich der Privatinitiative des Einzelnen Vorschub leisten wird, hängt vollkommen von der Durchführung des Lastenausgleiches und den dafür freizumachenden Mitteln ab.

Führende deutsche Politiker haben oft zum Ausdruck gebracht, daß die Lösung der Flüchtlingsfrage die deutsche Kraft übersteige, aber sie haben sich von OMGUS Berlin sagen lassen müssen, daß diese Frage eine rein deutsche Angelegenheit sei, die ausschließlich von den Deutschen gelöst werden müsse. Die Inbesitznahme der ehemaligen deutschen Ostprovinzen und des Sudetenlandes mit der darauf folgenden Ausweisung deutscher Einwohner war allerdings keine deutsche Angelegenheit. Aber sie ist uns als Folge des Kriegswahnsinns auferlegt worden und muß vom Gesamtvolk der Deutschen getragen werden.

Von 3 Millionen Deutschen, die vor dem Zusammenbruch 1945 in den jetzt abgetretenen Gebieten gelebt haben, fehlt jede Spur. Diese Zahl entspricht einem Viertel der Gesamtflüchtlinge in Deutschland. Ein hoher Blutzoll, den die Flüchtlinge für Deutschland entrichtet haben.

Die Flüchtlingsverwaltung in Sonthofen hat auch im vierten Jahre ihres Bestehens nach besten Kräften und Ermessen versucht, den Heimatlosen und Ausgewiesenen durch Unterstützungen finanzieller und materieller Art, durch Beratungen, Vermittlungen und anderen aktiven Einsätzen zu helfen, um die Not dieser Personengruppe zu lindern, die ausschließlich ihres Deutschtums wegen Heimat, Vermögen, Existenz, Haus und Hof verlassen mußten, um sich in Restdeutschland eine neue Lebensexistenz aufzubauen. Die Kreisflüchtlingsverwaltung in Sonthofen war stets bemüht, alle vorgelegten Fälle gerecht zu entscheiden.

Im Nachfolgenden soll allen Außenstehenden eine gedrängte Uebersicht über die vom Flüchtlingsamt Sonthofen im letzten Jahr geleistete Arbeit vermittelt werden:

Verwaltungs-angelegenheiten

Die Beschäftigtenzahl im Flüchtlingsamt Sonthofen ist gegenüber dem Jahre 1947 von 105 Personen auf 35 Personen und zwar

21 Angestellte und 14 Arbeiter

herabgesunken. Die Verminderung um 70 Arbeitskräfte ist auf die Ueberführung der von der Flüchtlingsverwaltung eingerichteten Flüchtlingsaltersheime und des Entbindungsheimes in den Bezirksfürsorgeverband, bezw. das BRK zurückzuführen.

Die Belegschaft der Sonthofener Flüchtlingsverwaltung teilt sich jetzt wie folgt auf:

Flüchtlingsamt: 8 Angestellte, 5 Außenangestellte und 1 Kraftfahrer;

Flüchtlingslager Sonthofen: 3 Angestellte und 6 Arbeiter;

Flüchtlings-Kindererholungsheim Balderschwang: 5 Angestellte und 7 Arbeiter.

Von den 35 Beschäftigten sind

32 Personen Flüchtlinge.

In den 35 Gemeinden des Kreises sorgen ebensoviele ehrenamtlich gewählte Flüchtlings-Vertrauensmänner für die Betreuung der Flüchtlinge in ihren Gemeinden.

Im Berichtsjahr wurden rund

13 000 Menschen

in der Dienststelle des Flüchtlingsamtes beraten und rund

21 000 Schriftstücke,

ausschließlich der Formanträge in der Zuzugsabteilung, bearbeitet. Allein in der Zuzugsabteilung gingen im Berichtsjahr

1 877 Zuzugsanträge

ein, von denen

889 Anträge

mit dem Zuzug von

1 477 Personen   genehmigt worden sind.

Zudem wurden

1 124 Aufenthaltsgenehmigungen für die die Dauer der Beschäftigung,
130 Aufenthaltsgenehmigungen für unbestimmte Dauer. (Asylrecht für illegale Grenzgänger) und
2 263 Kuraufenthaltsverlängerungen erteilt.

Mit Transporten gelangten ferner

391 Personen   in den Landkreis.

8 Außenangestellte, hauptamtlich arbeitende Flüchtlings-Obmänner, deren Zahl am Ende der Berichtszeit auf 5 zusammengeschmolzen ist, führten

ca. 7 000 Erhebungen durch.

Eine Ueberprüfung sämtlicher Flüchtlingsausweise fand im letzten Quartal statt. Sie umfaßte

8 794 Ausweise.

3

Flüchtlings-vertretung

Dem Amt stand in beratender Weise ein 12-köpfiger Kreisflüchtlingsausschuß, dessen Zusammenstellung im Berichtsjahr mehrfach wechselte und der nunmehr paritätisch aus Einheimischen und Flüchtlings-Kreistagsmitgliedern zusammengesetzt ist, zur Seite. Ein daraus gebildeter Viererausschuß trat regelmäßig alle 2 bezw. 4 Wochen zusammen, um eingelaufene Kreditanträge, Anträge auf einmalige Beihilfe usw. zu prüfen.

Zahl der Einheimischen, Flüchtlinge und Evakuierten

Der Landkreis Sonthofen beherbergt nunmehr insgesamt
67 857 Personen,
von denen   46 607 Einheimische,

               15 115 Flüchtlinge,

                4 290 Evakuierte und

                1 845 Ausländer sind.

Die Bevölkerungszunahme des Kreises, bestehend aus Flüchtlingen, Evakuierten und Ausländern mit insgesamt 21 250 Personen, im Verhältnis zu den Einheimischen, beträgt somit 45,59 %.

Die Flüchtlingsbevölkerung setzt sich zahlenmäßig aus nachfolgenden Gebieten zusammen:

CSR	10 040
Ehem. deutsche Ostprovinzen östlich der Oder/Neiße	3 667
Oesterreich	300
Ungarn	33
Jugoslawien, Rumänien, Elsaß-Lothringen usw. . . .	1 075
	15 115

Lager

Das Flüchtlingslager ist seit dem 25. 5. 1948, nachdem es nahezu ein Jahr lang nur zu Uebernachtungszwecken für Durchwanderer und Erholungsgäste diente, durch Eintreffen neuer Transporte wieder belegt. Am 31. 3. 1949 zählte das Lager:
219 Flüchtlinge und 50 Türken.

Durch das Lager wurden, seit dessen Errichtung im März 1946 bis 31. 3. 49 rund
11 000 Personen   durchgeschleußt.

Im Rahmen der Winterfestmachung wurden im Flüchtlingslager innerhalb der Baracken
16 Einzelzimmer für Familien und
1 Krankenzimmer

mit einem Gesamtflächenausmaß von 222 qm ausgebaut. Die Kosten zur Winterfestmachung, einschl. Reparaturen und Verbesserungen der Räumlichkeiten, erforderte einen Aufwand in Höhe von
DM 13 034.58.

Eine neu eingerichtete Bücherei mit einem Bücherschatz von 102 Bänden trug zur kulturellen Betreuung der Lagerinsassen bei.

Teilansicht des Flüchtlings-Lagers
in Sonthofen

4

Das Zusammenleben zwischen Deutschen und Türken konnte als einwandfrei bezeichnet werden. Die Türken sind ausschließlich in Gemeinschaftsräumen untergebracht. Ein Flüchtlingsarzt betreute die Lagerinsassen und hielt regelmäßig zweimal in der Woche Sprechstunden im Lager ab.

Arbeitsmäßige Unterbringung

Am 31. März 1949 registrierte das Arbeitsamt in Sonthofen

    512 arbeitslose, arbeitspflichtige männliche und

     88 weibliche Flüchtlinge,

2 502 männliche Flüchtlinge standen in einem geregelten Arbeitsverhältnis, wovon allerdings

    419 berufsfremd eingesetzt waren.

Die Beschäftigtenzahl bei den Frauen betrug

1 752, wovon

    146 einer berufsfremden Arbeit nachgingen.

Um Genehmigung auf

     52 Gewerbelizenzen

wurde nachgesucht. Insgesamt befinden sich jetzt im Landkreis Sonthofen 186 Flüchtlings-Handels-, Handwerks-, Gewerbe- und Industriebetriebe mit

    887 Beschäftigten.

Ferner haben sich aus Flüchtlingskreisen

     21 Aerzte,

      1 Zahnarzt,

      1 Tierarzt,

      5 Dentisten und

      2 Rechtsanwälte   niedergelassen.

Kredite

6 Kleindarlehensanträge im Gesamtbetrage von DM 12 000 und 18 Anträge auf Flüchtlingsproduktivkredite im Gesamtbetrage von DM 297 000.— wurden genauestens überprüft und an die zuständige Behörde mit entsprechender Stellungnahme weitergereicht.

Finanzielle Zuwendungen

Ein eigens eingerichteter Notstock, der unter dem Namen „Flüchtlingsnotfond" kurz nach Erstehen des Flüchtlingsamtes eingerichtet worden ist und aus Sammlungen, Spenden, Veranstaltungen und dem bekannten „Flüchtlingsnotpfennig" gespeist wurde, wirkte sich auch im Berichtsjahr 1948/49 äußerst segensvoll aus. Der bereits traditionell gewordene „Rosenmontagsball zu Gunsten notleidender Flüchtlinge", am 28. 2. 1949 in Oberstdorf veranstaltet, erbrachte allein einen Reinerlös von DM 3 294.57.

Aus dem „Flüchtlingnotfond" wurden an

	vor	nach
	der Währungsreform	
150 Flüchtlingsheimkehrer . . . . . . RM	2 550.-	DM 540.-

ausgegeben.

1 119 Personen erhielten aus diesem Fond

in Form von einmalig. Spenden u. Beihilfen RM 43 750.- DM 11 126.-

An Ausweisungsgeldern aus Staatsmitteln wurden RM 272 700.— an 909 Personen ausgezahlt.

Sachspenden

Eine vor Ostern 1949 durchgeführte Eiersammlung erbrachte

7 404 Stück Eier.

Dieses Ergebnis entspricht einem derzeitigen Wert von rund DM 2 500.—. Durchschnittlich konnte jedes Flüchtlingskind 3 Eier in Empfang nehmen.

5

An bedürftige Flüchtlinge, an Lager und Flüchtlingskinderheime gelangten nachstehende Warenspenden zur Ausgabe:

3	Stück	Handleiterwagen
3	Stück	Kochherde mit Rohren und Knie
8	Stück	Kinderbetten
8	Stück	Kinderbettmatratzen
19	Paar	Schuhe
20	Stück	elektrische Geräte
30	Stück	Kinderbücher
24	Stück	Gesellschaftsspiele
27	Stück	Bekleidungen
41	Stück	Holzschemel
47	Stück	Kinderspielzeuge
66	Stück	Geräteschnüre
109	Paar	Kinderhausschuhe
162	Paar	Gummiabsätze
270	Paar	Schuhsohlen
334	Stück	Haushaltsgeräte
10	kg	Wurstwaren
141	kg	Hirschfleisch, sowie einige Kartons Süßigkeiten.

Jugend-Fürsorge

In Balderschwang, inmitten herrlicher Lage im Hochallgäu, an einem Ausläufer des Bregenzer Waldes, liegt das Flüchtlings-Kindererholungsheim „Ifenblick" mit dem dazugehörigen „Seppelerhaus". In diesem Heim und in Oberstaufen im Haus „Schmidt", wurden in der Berichtszeit

480 erholungsbedürftige Flüchtlingskinder im Alter von 6—13 Jahren jeweils auf 6 Wochen und

240 jugendliche Flüchtlinge im Alter von 13—17 Jahren auf je 4 Wochen

unentgeltlich zur Erholung aufgenommen.

Die Gewichtszunahmen je Kind betrugen 1 bis 8 Pfund, im Durchschnitt 3½ Pfund. Nach Beendigung der Erholungszeit verabschiedeten sich die Kinder

Flüchtlingskinderheim „Ifenblick" in Balderschwang, 1105 Meter über dem Meer. Links auf dem Bilde die Schweizer Berge Säntis und Altmann.

6

fast immer unter Tränen von ihren Betreuern. Dankschreiben von Kindern und deren Eltern liefen noch lange nach Beendigung des Kurses bei der Heimleitung ein, zumeist mit der Bitte, die Kinder im kommenden Jahre bei Aufnahmen wieder zu berücksichtigen. Die Auswahl der Kinder erfolgte nach gesundheitlichen und sozialen Gesichtspunkten durch Flüchtlingsärzte. Für laufende ärztliche Betreuung und Kontrolle war gesorgt. Leider mußte das Kinderheim „Schmidt" in Oberstaufen am 30. 9. 1948 als Folge der Währungsreform aufgegeben werden.

Mit großzügiger Hilfe österreichischer Dienststellen und Privatpersonen gelang es, mit den zuständigen und maßgeblichen Stellen in St. Gallen in der Schweiz sowie in Vaduz, im Fürstentum Liechtenstein, im Herbst 1948 durch persönliche Vorsprachen Verhandlungen aufzunehmen, um Aufnahme von Flüchtlingskindern zu Erholungszwecken auf jeweils ¼ Jahr zu ermöglichen. Die Verhandlungen mit der Schweiz sind vorerst zum Stillstand gekommen, während dieselben mit Liechtenstein vor einem positiven Abschluß stehen.

Fürsorge

Durch Entgegenkommen des Besitzers vom Berghotel „Alpe Eck" in der Gemeinde Ofterschwang war es möglich,

42 erholungsbedürftige Flüchtlinge

zu je einem 14-tägigen Erholungsaufenthalt dort einzuweisen.

In fast sämtlichen Gemeinden des Kreises fanden im Dezember 1948 Weihnachtsfeiern statt, in denen die Flüchtlinge und deren Kinder zum Teil beschenkt, zum Teil mit Kaffee und Kuchen bewirtet wurden.

Siedlungswesen

Durch Vermittlung des Amtes ist der Flüchtlingssiedlergenossenschaft in der Marktgemeinde Sonthofen ein Gelände von 2 500 qm erschlossen worden. Eine weitere Siedlungsgenossenschaft in Oberstdorf, die aus Einheimischen, Flüchtlingen und Evakuierten gebildet worden ist, hat bereits ein Haus bezugsfertig hergerichtet. In Altstädten, Fischen und Vorderburg sind Flüchtlingssiedlungsgenossenschaften im Entstehen begriffen.

Flüchtlings-versammlungen

Der Flüchtlingsamtsleiter hat an 22 größeren Flüchtlingsversammlungen in den Gemeinden des Kreises teilgenommen. Im Rahmen dieser Versammlungen wurde über Aufbau und Tätigkeit der Flüchtlingsverwaltung referiert, akute Tagesfragen behandelt und Fragen aus dem Kreise der anwesenden Flüchtlinge beantwortet. In weiteren 18 Versammlungen erteilten Vertreter des Flüchtlingsamtes bereitwilligst Auskunft.

Eingliederung in die innere Verwaltung

Durch Entschließung des Bayer. Staatsministeriums des Innern vom 24. 11. 1948 wurde die Eingliederung der Flüchtlingssonderverwaltung in die allgemeine Verwaltung angeordnet. Die Eingliederung im Landkreis Sonthofen vollzog sich am 1. 1. 1949.

Wie sich in Zukunft die Eingliederung auf die Flüchtlinge in Gesamtbayern auswirken wird, bleibt abzuwarten. Vom Kreis Sonthofen ist zu sagen, daß negative Auswirkungen für die Belange der Flüchtlinge nicht zu erwarten sind, dies umsoweniger, als schon immer die Zusammenarbeit mit dem Herrn Landrat Ditterich und seinen Amtsstellen ausgezeichnet war, zumal der Herr Landrat stets vollstes Verständnis für die Notstände unter den Flüchtlingen zeigte, sowie immer persönlich bemüht ist, Uebelstände abzuschaffen und ausgleichend zu wirken.

7

Finanzielle Aufwendungen

Ueber die finanziellen Aufwendungen für die Dienststelle, das Flüchtlingslager und die Flüchtlingskinderheime gibt nachstehende Aufstellung Aufschluß:

	vor	nach der Währungsreform
a) Verwaltungskosten für: Flüchtlingsamt, Flüchtlingslager, Kinderheime „Ifenblick" und „Schmidt"	RM 33 687.76	DM 77 445.43
b) Kosten der Gemeinschaftsverpflegung für: Flüchtlingslager, Kinderheime „Ifenblick" und „Schmidt"	RM —.—	DM 84 088.35
c) Beschaffungen für: Flüchtlingslager, Kinderheime „Ifenblick" und „Schmidt"	RM 2 992.75	DM 595.81
d) Transportkosten für: Flüchtlingslager, Kinderheime „Ifenblick" und „Schmidt"	RM 15 925.67	DM 13 771.46
	52 606.18	175 901.05

Folgerung

Die örtliche Militärregierung, deutschen Behörden und caritativen Verbände haben ebenfalls beigetragen, die Lebensbedingungen der Flüchtlinge und Ausgewiesenen erträglicher zu gestalten. Trotz unermüdlichem Eifer, bei größter Anstrengung, werden die Erfolge jedoch weit hinter den Erwartungen zurückbleiben, die ein ausgesiedeltes Volk auf Grund demokratischer Rechte fordern kann.

Es wäre zu wünschen, daß die Siegerstaaten recht bald zu der Erkenntnis kommen, daß eine umfassende Hilfe nur auf internationaler Basis möglich ist. Die Heimatvertriebenen erwarten, daß der Tag nicht mehr fern sei, an welchem auch ihnen Gerechtigkeit wiederfahren wird.

Sonthofen, im April 1949.

Erhard Ludwig,

Leiter des Kreisflüchtlingsamtes.

Druck: Allgäuer Anzeigeblatt J. Eberl K.-G., Filiale Sonthofen

8

2. Flüchtlingsverwaltung (Organisation zur Aufnahme, Unterbringung und Versorgung der Flüchtlinge und Heimatvertriebenen)

Aufbau, Organisation und Gliederung der Flüchtlingsverwaltung

Bei Kriegsende befanden sich im Gebiet Bayerns neben den eingesessenen Bewohnern noch mehrere Millionen Ausländer, die aus Zwangsarbeit und Lagern befreit worden waren. Dazu kamen nochmals mehrere Millionen Evakuierte, die in ihre Heimatorte, soweit sie in den westlichen Besatzungszonen lagen, zurück drängten.

Nur vor diesem Hintergrund wird die Größe der Aufgabe, eine Millionenzahl von Vertriebenen aufzunehmen und einzugliedern, voll erkennbar.

Unter solchen Voraussetzungen mußte es in der ersten Zeit nach dem Kriegsende vor allem darauf ankommen, bei den Flüchtlingen und Heimatvertriebenen, deren Zahl sich ständig ohne Vorankündigung erhöhte, durch vorläufige, oft improvisierte Maßnahmen die schlimmsten Notstände zu beseitigen. Am dringendsten war dabei eine Unterbringung in Wohnungen, und wenn sie auch nur vorläufig oder in Notunterkünften oder im Lager war.

Zu einer Planung der Eingliederungsmaßnahmen kam es erst allmählich und auch erst dann, als eine eigene Flüchtlingsverwaltung aufgebaut war. Man hatte bald erkannt, daß die bestehenden Verwaltungseinrichtungen nicht in der Lage waren, diese riesige organisatorische Aufgabe der Aufnahme und Eingliederung der Vertriebenen zu bewältigen. Bayern war mit eines der ersten Länder, in dem eine eigene Flüchtlingsverwaltung aufgebaut wurde. Das Flüchtlingsnotgesetz vom 14.12.1945 und das auf Anordnung der amerikanischen Militärregierung erlassene Gesetz vom 19.02.1947 – Flüchtlingsgesetz – regelten die organisatorischen Einzelheiten für den Aufbau der Flüchtlingsverwaltung und die Aufnahme und Eingliederung der Flüchtlinge und Heimatvertriebenen. So wurden ab Dezember 1945 in Bayern auf allen staatlichen Ebenen, Land, Regierungsbezirk und Kreis, Dienststellen für das Flüchtlingswesen errichtet, die unter der Leitung eines Staats-, Regierungs- oder Kreisbeauftragten für das Flüchtlingswesen standen. Es waren dies der Staatskommissar, die Regierungskommissare und die (Kreis-)Flüchtlingskommissare. Nachstehend, da sie die ehemaligen Landkreise des Oberallgäus betreffen, die Aufgaben des Flüchtlingskommissars:

- Übernahme der Flüchtlinge im Kreis und ihre Weiterleitung an die hierfür errichteten Auffang- oder Kreislager
- Registrierung der Flüchtlinge und Ausstellung der Flüchtlingsausweise
- Unterbringung der Flüchtlinge in Einzelquartieren, Wohnlagern oder Heimen

- Beschlagnahme der hierzu erforderlichen Wohnräume, Gebäude und Gegenstände (die vorhandenen Wohnungskommissionen und Wohnungsämter werden hinsichtlich der gesamten Wohnraumbewirtschaftung dem Flüchtlingskommissar unterstellt)
- Verpflegung und gesundheitliche Überwachung der Flüchtlinge auf dem Transport und in den Lagern
- Versorgung der Flüchtlinge mit Kleidung und Hausrat und ihre fürsorgerische Betreuung
- Förderung der Flüchtlinge bei ihrer Eingliederung in das Berufs- und Wirtschaftsleben und die Mitwirkung bei ihrem Arbeitseinsatz
- Rückführung der außerbayerischen Evakuierten.

Zur Unterstützung des Flüchtlingskommissars und um die Vertriebenen/Flüchtlinge selbst an der Flüchtlingsverwaltung zu beteiligen, wurde in jedem Kreis ein Flüchtlingsausschuß gebildet, der zu gleichen Teilen mit Vertriebenen und Einheimischen besetzt war. Er diente in erster Linie zur Beratung der Vertriebenen/Flüchtlinge.

Als unmittelbares Verbindungsglied zwischen dem Flüchtlingskommissar und den Flüchtlingsausschüssen zu den Vertriebenen/Flüchtlingen war in jeder Gemeinde ein Flüchtlingsvertrauensmann/-Obmann eingesetzt. Er wurde von den Vertriebenen durch eine geheime Wahl gewählt. Mit der Person des Flüchtlingsvertrauensmannes hatten die Heimatvertriebenen ein „Sprachrohr" zu den Gemeinde- bzw. zu den Kreisbehörden. Die offiziellen Aufgaben des Flüchtlingsvertrauensmannes waren:
- Mitwirkung in den Ausschüssen, in denen nach dem Flüchtlingsgesetz und seinen Ausführungsbestimmungen die Beteiligung von Flüchtlingsvertrauensleuten vorgesehen ist
- Beratung und Betreuung der Vertriebenen/Flüchtlinge
- Mitteilung ihrer Erfahrungen und Wahrnehmungen in allen Flüchtlingsfragen an die Flüchtlingsämter.

Im Grunde genommen war der Vertrauensmann, der in selbstloser und nervenaufwendiger Art und Weise und als wahrer Idealist seine Aufgaben wahrnahm, in der Gemeinde für die Heimatvertriebenen das „Mädchen für Alles"; Seelentröster, Mutmacher, Helfer, Berater, Ersatz für Eltern, Geschwister und Bekannte, usw. Die Leistungen dieser Männer und Frauen, die als Flüchtlingsvertrauensleute gewirkt haben, dürfen nicht unterschätzt werden, denn sie waren es in erster Linie, die eine Radikalisierung der Heimatvertriebenen verhindert hatten. Für die Heimatvertriebenen war eine geordnete Welt zusammengebrochen, sie hatten zu niemandem mehr Vertrauen, vor allem nicht zu staatlichen Institutionen und fühlten sich von Gott und der Welt verlassen. Nur der Vertrauensmann, der ein Leidensgenosse war und das gleiche Schicksal teilte, war der Mensch, dem man glaubte und auf den man hörte und damit auch die einzige Person, die den persönlichen und engen Kontakt zu den Vertriebenen in der Gemeinde hatte und für diese gleichzeitig etwas wie ein Stück alte Heimat war.

Die Flüchtlingssonderverwaltung, die zunächst als kommissarischer Apparat durch ihren direkten Instanzenweg und ihre Sondervollmachten neben der allgemeinen Verwaltung stand, wurde mit der Verordnung vom 12.10.1948 in die Innere Verwaltung eingegliedert. Damit löste man den Verwaltungsdualismus zwischen sich tendenziell verselbständigender Flüchtlingssonderverwaltung und Innerer Verwaltung auf. Der Flüchtlingskommissar wurde dem Landrat unterstellt und später wurde aus ihm der Leiter des Flüchtlingsamtes. Im Laufe der Zeit gewann die Lastenausgleichsverwaltung immer mehr an Bedeutung, so daß es zu einer Zusammenlegung der Aufgaben der bisherigen Flüchtlingsverwaltung mit denen der Lastenausgleichsbehörde kam. Am 01.09.1969 wurden die Flüchtlingsämter aufgehoben und deren Aufgaben auf die Ausgleichsämter übertragen.

Die Flüchtlingsverwaltung im Gebiet des Landkreises Oberallgäu

Etwa im Juni 1945 wurde vom BStMdI als Flüchtlingskommissar Herr Theo Rössert, Verwaltungsjurist, bestellt.

Mit Entschließung des BStMdI vom 13.06.1946, Nr. I/6–453, des Staatskommissars für das Flüchtlingswesen wurde Herr Erhard Ludwig als Flüchtlingskommissar für den Landkreis Sonthofen bestellt. Herr Ludwig war seit Nov. 1945 als Angestellter in Verg. Gr. VII TOA beschäftigt.

Die Zusammenarbeit zwischen dem Flüchtlingskommissar Ludwig und den Flüchtlingsvertrauensleuten oder den hilfesuchenden Vertriebenen gestaltete sich oft sehr schwierig, da bei Herrn Ludwig erst das verwaltungstechnisch Formale kam und dann erst die menschliche Seite. So sind bei vielen Entscheidungen des Herrn Ludwig die menschlichen Anliegen auf der Strecke geblieben. Das traf vor allem bei Anträgen auf Zuzugsgenehmigung zu. In den meisten Fällen mußte sich erst der Kreisflüchtlingsausschuß für einen Antragsteller einsetzen, damit sich etwas zu dessen Gunsten bewegte. Die Flüchtlingsvertrauensleute arbeiteten deshalb auch mehr mit den Bürgermeistern zusammen, als mit dem Flüchtlingsamt. Von den Bürgermeistern wurde in dieser Zeit auch mehr Verständnis bei Notlagen oder Notfällen von Vertriebenen entgegengebracht.

Herr Ludwig wurde etwa 1954 nach Lindau versetzt, sein Nachfolger war ein Herr Paul, der nach etwa zwei Jahren aus Altersgründen ausschied. Bis zur Auflösung der Flü-Ämter 1969 war ein Herr Horchler als Flü-Kommissar tätig.

Im Flüchtlingsamt waren vier Angestellte und ein Kraftfahrer beschäftigt (Herr Scharf, Frl. Betz, Frl. Schmuck und Herr Müller). Dem Flü-Kommissar unterstanden die Lagerleiter der Flü-Lager und die Heimleiter der Flü-Heime.

Der im Altlandkreis Sonthofen zur Unterstützung des Flüchtlingskommissars gebildete Kreisflüchtlingsausschuß setzte sich wie folgt zusammen:

Wahl am 30.10.1946		Neuwahl im Oktober 1947
CSU	Anton Schubert, Sonthofen	Josef Langhans
	Fritz Storim, Oberstdorf	Fritz Storim
SPD	Kurt Atzler, Immenstadt	Langosch jun.
	Walter Heger, Immenstadt	Paul Durchholz
KPD	Julius Krepelka, Blaichach	Rudolf Fuchs
WAV	Arthur Siebert, Oberstdorf	Arthur Siebert

Nach Auflösung des Flüchtlingsamtes 1969 gingen dessen Aufgaben auf das Soforthilfeamt in Sonthofen über. Leiter dieses Amtes war Herr Simpfendörfer, dessen Nachfolger kurze Zeit später Georg Fischer wurde. 1969 erfolgte auch die Umbenennung der Soforthilfeämter in Ausgleichsämter. Im Jahre 1972 wurden im Zuge der Gebietsreform die beiden Ausgleichsämter Sonthofen und Kempten zu einem Ausgleichsamt in Kempten zusammengelegt.

Laut Zeitungsvermerk vom 13.12.1945 wurde im Landkreis Kempten und für die Stadt Kempten als Flüchtlingskommissar zunächst Herr Eduard Dobmaier aus München eingesetzt. Aus der Zeitungsnotiz vom 11.01.1946 wurde für Herrn Dobmaier Herr Willy Bruchhausen aus Augsburg als Flü-Kommissar bis 30.11.1947 berufen. Ab diesem Zeitpunkt war für die Stadt Kempten und den Landkreis Herr Josef Kühnel, früher Beamter bei der AOK in Reichenberg, als Flüchtlingskommissar zuständig.

Der im Altlandkreis Kempten zur Unterstützung des Flüchtlingskommissars gebildete Kreisflüchtlingsausschuß setzte sich wie folgt zusammen:

Wahl Oktober 1946		Wahl Oktober 1947
CSU	Ferdinand Fuhrmann (1. Vors.)	Andreas Boneberg
	Rudolf Bodenstein	Sofie Biedermann
		Josef Renner (Flü.)
SPD	Gerhard Klust	Andreas Homaner
	Heinrich Pugl	Helmut Oberschilp (Flü.)
		Heinrich Pugl (Flü.)
KPD	Ingo Haltenberger (2. Vors.)	Ingo Haltenberger (Flü.)
WAV	Karl Ludwig	Karl Raue (Flü.)
FDP	Reinhold Schlegel	Georg Birnstiel
BRK		Ida Müller

Flüchtlingsausweis

Mit der Verordnung über die Einführung des Flüchtlingsausweises des Staatskommissars für das Flüchtlingswesen in Bayern vom 06.04.1946 wurde jeder Heimatvertriebene/Flüchtling gegen Strafandrohung (Geldstrafe bis zu RM 150,00 oder Haft) verpflichtet, einen Flüchtlingsausweis zu beantragen. Die Ausstellung erfolgte durch den Flüchtlingskommissar oder durch eine von ihm beauftragte Dienststelle. Zweck dieses Ausweises war es, eine genauere Erfassung der Flüchtlinge/Heimatvertriebenen zu ermöglichen und dadurch eine angemessene Betreuung zu gewährleisten. Der Ausweis hatte für den Vertriebenen folgende Wirkung: Zur Aushändigung von Lebensmittelkarten oder Bezugsausweisen für Bedarfsgegenstände (Bekleidung, Heizmaterial usw.) war die Vorlage des Flüchtlingsausweises erforderlich. Hilfsbedürftige Flüchtlinge durften nur eine Unterstützung von den Fürsorgeverbänden erhalten, wenn sie im Besitz des Flüchtlingsausweises waren.

Durch den § 15 des Bundesvertriebenengesetzes vom 19.05.1953 (BVFG) wurden die bisher einheitlichen Flüchtlingsausweise durch neue unterschiedliche Ausweise ersetzt. So erhielten:
- den Ausweis A Heimatvertriebene
- den Ausweis B Vertriebene, die nicht Heimatvertriebene sind
- den Ausweis C Sowjetzonenflüchtlinge, die nicht gleichzeitig Vertriebene (Heimatvertriebene) sind.

Diese Ausweise gelten noch heute. Die Ausweise waren die rechtliche Grundlage für Anträge auf Hausratsentschädigung, Unterhaltshilfe, Aufbaudarlehen, Wohnraumhilfe, Ausbildungshilfe usw.

Flüchtlingsvertrauensleute im Gebiet des Landkreises Oberallgäu

Nach dem Flüchtlingsgesetz vom 19.02.1947 – Bayerisches Staatsministerium des Innern – mußte in jeder Gemeinde, in größeren Gemeinden für je 1.000 Flüchtlinge, ein Vertrauensmann durch die Flüchtlinge/Heimatvertriebenen in geheimer Wahl gewählt werden. So auch im Gebiet des heutigen Landkreises Oberallgäu. Nachfolgend eine Aufstellung der gewählten Vertrauensleute der einzelnen Gemeinden, soweit sie jetzt noch herausgefunden werden konnten.

Flüchtlingsvertrauensleute

Bezirk Schwaben

Sulzberg   Karl Heinz Möller (1952–?) Bezirksflüchtlings-
              vertrauensmann aus Reichenberg/Sudetenland

Marktgemeinde Altusried

Altusried   Georg Keller (1946–48) aus Breslau/Schlesien
              Adolf Horn (1948–?) aus Reichenberg/Sudetenland
Frauenzell   Ernst Zirzow (1947–48) aus Obernigk/Trebnitz/Schlesien
              Franz Künzel (1948–?)
Kimratshofen Ferdinand Kölbel (?) aus Dux/Sudetenland
Krugzell   Richard Bienert (1946–50) aus Reichenberg/Sudetenland
              Josef Eckert (1950–?) aus Petersdorf/Freiwaldau/
              Sudetenland
Mutmannshofen Blasius Schimpf (?) aus Scheindorf/Siebenbürgen/
              Rumänien
              Karl Pisany (?)

Gemeinde Balderschwang

Balderschwang Hermann Jacob (1946–52)
              Hermann Neugebauer (1952–58)

Gemeinde Betzigau

Betzigau   Helmut Kalbhenn (1946–48) aus Breslau/ Schlesien
              Adolf Schmidt (1948–50) aus Rochlitz/ Hohenelbe/
              Sudetenland
              Adolf Sitte (1950–?) aus Kratzau/Reichenberg/
              Sudetenland
              Alfred Senftleben (?) aus Petscha/Glogau/Schlesien

Gemeinde Blaichach

Blaichach   Hubert Hauke (1946) aus Niederlindewiese/Freiwaldau/
              Sudetenland
              Adolf Zwetschke (1946–48) aus Hermersdorf/Liebau/
              Schlesien
              Anton Klement (1948–52) aus Asch/Sudetenland
              Ernst Schneider (1952–54) aus Neuburg/ Asch/
              Sudetenland
Gunzesried   Wilhelm Dylus (1946–47) aus Hindenburg/Schlesien
              Karl Pilz (1947-?) aus Bernau/Karlsbad/Sudetenland

Johann Enenkel (1949–58) aus Groß-Waltersdorf/Bärn/
Sudetenland

Gemeinde Bolsterlang

Bolsterlang   Josef Herbst (1946–55) aus Humwald/Prachatitz/
                    Sudetenland
                    Karl Lippert (?) aus Graslitz/Sudetenland

Marktgemeinde Buchenberg

Buchenberg   Gertrud Buhl (1946) aus Breslau/Schlesien
                    Josef Lehnhart (1946–48) aus Deutsch Liebau/Mährisch
                    Schönberg/Sudetenland
                    Herbert Jung (1948–50) aus Breslau/Schlesien
                    Josef Lenhart (1950–?) aus Deutsch Liebau/Mährisch
                    Schönberg/Schlesien
Kreuzthal   Paul Jarosch (1946–?)

Gemeinde Burgberg

Burgberg   Josef Forster (1950–54) aus Künast/Böhmisch Leipa/
                    Sudetenland
                    Alfred Tschinkel (1954–66) aus Hluboka/Luditz/
                    Sudetenland
                    Johann Eigel (1946–50) aus Oberdörfel/Leitomischl/
                    Ostböhmen

Marktgemeinde Dietmannsried

Dietmannsried   H. Kanjor (1946–48)
                    Josef Bittner (1948–49) aus Drausendorf/Reichenberg/
                    Sudetenland
                    Wolfgang Grüner (1949–?) aus Breslau/Schlesien
Probstried   Anton Tomko oder Trinko (?)
                    Alois Hagner (?)
Reichholzried   H. Bock (1946–?)
Schrattenbach   Richard Kirsch (1946–52) aus Hegewald/Friedland/
                    Sudetenland
                    Hans Salbmann (1952–?) Überbach
                    Fritz Hiller (1946–47) aus Platkow/Märkisch-Oderland/
                    Brandenburg
                    Stefan Kamior (1947–50) aus Bielitz/Falkenberg/Schlesien

Gemeinde Durach

Durach   Johann Richter (1946–47) aus Rosenthal/Reichenberg/
                    Sudetenland

Franz Petrov (1947–48) aus Mildenau/Friedland/
Sudetenland
Friedrich Reckziegel (1948–50) aus Nieder Hanichen/
Reichenberg/Sudetenland
Josef Benesch (1950–65) aus Mittelagenau/Hohenelbe/
Sudetenland

Gemeinde Fischen

Fischen   Karl Mrkwiczka (1946-?) aus Antoniwald/Gablonz
a. N./Sudetenland
Adolf Schnaubelt (?–65) aus Hermannstadt/Freiwaldau/
Sudetenland
Helmut Engler (1965–?) aus Trautenau/Sudetenland

Gemeinde Haldenwang

Haldenwang   Otto Hübner (1946–?) aus Johannesthal/Reichenberg/
Sudetenland
Anton Suchy (?)

Marktgemeinde Hindelang

Hindelang   Wilhelm Rief (1946–55) aus Auscha/Leitmeritz/
Sudetenland
Unterjoch   Theo Weiß (1946–?) aus Silberbach/Graslitz/Sudetenland

Stadtgemeinde Immenstadt

Immenstadt   Karl Leberecht (1946)
Dr. Herbert Zeiler (1946–47) aus Prag/Böhmen
Walter Heger (1947–48) aus Sebusein/Aussig/Sudetenland
Adolf Baier (1948–50 u. 51–52) aus Röchlitz/
Reichenberg/Sudetenland
Dr. Josef Lorenz (1950–51) aus Mastig/Hohenelbe/
Sudetenland
Josef Langhans (1952–55) aus Lindenau/Böhmisch Leipa/
Sudetenland
Paul Zeller (1955-?) aus Hindenburg/Schlesien
Akams   Max Gessner (?)
Bühl   Hermann Schreiber (1946–50)
Karl Mörtl (1950–?) aus Thierbach/Neudek/Sudetenland
Diepolz   Wilhelm Klesch (?) aus Schlesien
Eckarts   Michael Hogen (?)
Rauhenzell   Wenzel Tondl (?)
Stein   ? Fiebig (?)

Gemeinde Lauben

Lauben   Josef Sattler (?) aus Scherlowitz/Mies/Sudetenland
Othmar Schubert (?) aus Brünn/Mähren
Anton Maiwald (?) aus Porstendorf/Mährisch Trübau/
Sudetenland
Franz Wilhelm (?) aus Oberheinzendorf/Mährisch
Trübau/Sudetenland
Karl Kalfirst (?) aus Einsiedel/Reichenberg/Sudetenland
Richard Wolf (?) aus Weigelsdorf/Römerstadt/
Sudetenland
Siegfried Kunz (?) aus Neuoderberg/Tetschen/
Sudetenland
Nicht feststellbar, wann und in welchen Ortsteilen die
Flüchtlingsvertrauensleute eingesetzt waren.

Gemeinde Missen-Wilhams

Missen   Ernst Appel (1946–?) aus Landskron/Sudetenland
Hans Gast (Gemeindesekretär) aus Immenstadt, hatte
  die Geschäfte des Flüchtlingsvertrauensmannes wahr-
genommen
Wilhams   Roderich Bucksch (?) aus Czernowitz/Bukowina/
Rumänien

Gemeinde Obermaiselstein

Obermaiselstein Johann Schaffer (1946–48) aus Schönfeld/Elbogen/
Sudetenland
Alfred Ehrlich (1948–?)

Marktgemeinde Oberstaufen

Oberstaufen   Alfred Haessler (1946–47) aus Lodz/Polen
FranzHaupt(Febr.–Juli 47) aus Vierzighuben/Zwittau/
Sudetenland
AlfredMattern (Juli–Nov. 47) aus Breslau/Schlesien
Erich Kutzora (1947–49) aus Gleiwitz/Schlesien
Alfred Härtel (1949–52) aus Neudek/Sudetenland
Aach   Johann Pacner (1946–52) aus Iglau/Mähren
Stiefenhofen   Josef Mulzer (?)
Thalkirchdorf   Herbert Schulz-Hoesen (1946–47) aus Lodz/Polen
Georg Lippert (1947–53) aus Eger/Sudetenland

Marktgemeinde Oberstdorf

Oberstdorf   Paul Durchholz (1946–50)

	Max Taubmann (1950–52) aus Tetschen/Sudetenland
	Bruno Pohl (1952–55) aus Neiße/Schlesien
Schöllang	Wilhelm Morbitzer (1946–?)
Tiefenbach	Kurt Hirsch (1946–?)

Gemeinde Ofterschwang

Ofterschwang	Franz Schwarz (1946–55) aus Mährisch Lotschnau/ Zwittau/Sudetenland

Gemeinde Oy-Mittelberg

Mittelberg	Rudolf Dießner (1946–49) aus Reichenberg/Sudetenland
	H. Wiedemann (1949–?)
Petersthal	Ernst Kirchner (1946–48) aus Niemes/Deutsch Gabel/ Sudetenland
	Arthur Stieber (1948–59) aus Saaz/Sudetenland

Gemeinde Rettenberg

Rettenberg	Rudolf Joachimsthaler (1946–?) aus Bergreichenstein/ Sudetenland
	Emil Jauernig (1950–56) aus Dürrseifen/Freudenthal/ Sudetenland
	Otto Lehr (?) aus Sägendorf/Sudetenland
Untermaiselstein	Adolf Kulakofske (?) aus Breslau/Schlesien
	Rudolf Hujer (1950–56) aus Eichicht/Reichenberg/ Sudetenland
Vorderburg	Otto Schneider (?) aus Petersthal/Allgäu
	Hermann Lux (1950–56)
	Hans Henering (1956–59)

Stadtgemeinde Sonthofen

Sonthofen	Anton Schubert (1946–47) aus Aussig/Sudetenland
	Josef Zintner (1947–?) aus Groß Walten/Deutsch Gabel/ Sudetenland
Altstädten	Paul Papesch (1946–53) aus Hultschin/Troppau/ Sudetenland

Marktgemeinde Sulzberg

Sulzberg	Herbert Krause (1946–50) aus Alt Paulsdorf/ Reichenberg/Sudetenland
	RudolfKnedlitschek (1950–?)
Moosbach	Josef Zahn (1946–70) aus Michelsdorf/Podersam/ Sudetenland

| Ottacker | Bruno Schippl (1946–49) aus Bergstadt Platten/Neudek/ Sudetenland |

Gemeinde Waltenhofen

Waltenhofen	Otto Wilfing (1946–47) aus Arnsgrün/Ölsnitz/Sachsen
	Willi Burkert (1947–?)
	Johann Renner (?)
Martinszell	Hans Haas (1946–47)
	Josef Walter König (1947–59) aus Luxdorf/Reichenberg/ Sudetenland
Memhölz	Edwin Pilz (1947–65) aus Dörfel/Reichenberg/ Sudetenland
Niedersonthofen	Erich Erlhoff (?)

Marktgemeinde Weitnau

Weitnau	Dr. Franz Stuchlik (1946–48) aus Reichenberg/ Sudetenland
	Rudolf Hampel (1948–?) aus Schneckendorf/ Deutsch Gabel/Sudetenland
Wengen	Adolf Eichler (1946–?) aus Niemes/Deutsch Gabel/ Sudetenland

Marktgemeinde Wertach

| Wertach | Karl Haier (1946–54) |
| | Josef Wolfert (1954–60) |

Gemeinde Wiggensbach

Wiggensbach	Julius Pause (1946–48)
	Josef Mähner (1948–49) aus Kaaden/Sudetenland
	Paul Steinfels (1949–51) aus Beuthen/Oberschlesien
	Max Kretschmer (1951–?) aus Weigsdorf/Friedland/ Sudetenland

Gemeinde Wildpoldsried

Wildpoldsried	Rudolf Hahn (1946–47) aus Breslau/Schlesien
	Rudolf Jüttner (1947–49) aus Taubnitz/Jägerndorf/ Sudetenland
	Leo Seipel (1949–50) aus Klein Gerrlitz/Troppau/ Sudetenland
	Ferdinand Gren (1950–?) aus Poppitz/Nikolsburg/ Sudetenland

3. Die Aufnahme der Flüchtlinge/Heimatvertriebenen im Gebiet des Landkreises Oberallgäu

Da es in Bayern niemanden gab, der sagen konnte, wieviele Flüchtlinge/Vertriebene wann und wo eintreffen werden, wurden in allen Kreisen Bayerns vorsorglich Erstaufnahme- bzw. Durchgangslager geschaffen, von wo aus die Vertriebenen dann auf die einzelnen Gemeinden des Kreises verteilt wurden.

Altlandkreis Sonthofen:

Im Frühjahr 1946 wurde in Sonthofen mit der Errichtung eines Flüchtlingsdurchgangslagers begonnen. Den Grundstock bildeten die auf dem Gelände des Hüttenwerkes stehenden Baracken. Es waren zwei Baracken mit einer Aufnahmekapazität von 500 Personen. Erweitert wurde eine Baracke durch einen Tagesraum und ergänzt durch den Einbau von Bade- und Duschvorrichtungen. Da das Flüchtlingsdurchgangslager in Sonthofen im Sommer 1946 für die Schlag auf Schlag eintreffenden Vertriebenentransporte nicht mehr ausreichte, wurden zeitlich begrenzt Behelfsdurchgangslager geschaffen. Es waren dies: die Turnhalle in Sonthofen, die Gaststätten „Reichsadler" und „Gemse" in Blaichach, die Gaststätten „Zum Hasen" und „Marienbrücke" in Bihlerdorf und die Schule in Immenstadt. Kurzfristig dienten die ehemaligen Physikalischen Werkstätten in Immenstadt als Quarantänestation.

Im Durchgangslager am Hüttenwerk wurden im Herbst 1946, im Rahmen der Winterfestmachung der Baracken, 16 Einzimmer und ein Krankenzimmer ausgebaut (Gesamtfläche 222 qm). Die für das Flüchtlingsdurchgangslager Sonthofen geltende Lagerordnung ist auf Seite 297 abgedruckt.

Altlandkreis Kempten:

Für den Land- und Stadtkreis Kempten wurde im Juli 1945 ein Flüchtlingsdurchgangslager in der Keselstraße in Kempten errichtet. Etwa im Mai 1946 wurde aus Platzmangel das Lager in die Artillerie-Kaserne am jetzigen Berliner Platz verlegt, deren Aufnahmekapazität ca. 1.200 Personen betrug.

Im Jahr 1946 kamen 97 größere und kleinere Transporte mit 13.114 Personen nach Kempten, die alle durch das Kemptener Lager geschleust wurden. Allein 1946 gingen 18.594 Personen durch das Kemptener Lager, darunter waren auch Flüchtlingstransporte für andere Landkreise. Im Jahre 1946 wurden 1.274.470 Tagesverpflegungsportionen für die Erwachsenen und 4.659 Säuglingsverpflegungsportionen von der Lagerküche ausgegeben. Den höchsten Lagerstand verzeichnete das Flüchtlingslager, das für 1.200 Personen eingerichtet war, im Juli 1946 mit 1.618 Personen.

Das größte Problem für die Flüchtlingsverwaltung stellte die Bereitstellung und die Beschaffung von Wohnraum für die Flüchtlinge/Vertriebenen dar. Sie waren die dringendsten Aufgaben, denn die katastrophale Wohnungsnot belastete die Menschen am meisten und wog bei ihnen auch am schwersten. Von

44 Millionen Einwohnern im Gebiet der späteren Bundesrepublik Deutschland waren 20 Millionen, vorwiegend Flüchtlinge und Vertriebene, notdürftig in Lagern, Baracken und Massenunterkünften untergebracht oder als Untermieter in andere Wohnungen eingewiesen. Als 1950 im Bundesgebiet eine Gesamtbevölkerung von 50,3 Millionen gezählt wurde, fehlten selbst bei Anlegung bescheidener Maßstäbe mehr als fünf Millionen Wohnungen. Wenn man dabei eine Verhältniszahl annimmt, ergibt sich für das Oberallgäu eine Zahl von mehr als 10.000 Wohnungen, die fehlten. Bei einer Wohnbevölkerung von 122.247 Personen im Gebiet des Landkreises Oberallgäu, bei einem Anteil von 28.433 Heimatvertriebenen und bei einem Bestand von 30.992 Normal- und reinen Mietwohnungen ist die angenommene Zahl von 10.000 fehlenden Wohnungen eher zu niedrig als zu hoch angesetzt. Dazu kommt, daß das Allgäu ein Fremdenverkehrsgebiet war und ist und daß es für die Neubelebung des Femdenverkehrs wichtig war, durch die Aufhebung der Zwangsbelegungen in den Hotels, Gasthäusern und Pensionen, die Erwerbsfähigkeit der Besitzer wieder herzustellen. Was natürlich die Wohnungssituation im Allgäu verschlechtern mußte.

Im Statistischen Jahrbuch 1952 von Bayern werden im Gebiet des Oberallgäus 37.107 bestehende Haushalte angegeben. Bei einer Gegenüberstellung der dort genannten 30.992 Wohnungen und der Anzahl der Haushalte ergibt sich schon ein Fehl von 6.115 Wohnungen. Der Bedarf für erwachsen gewordene Kinder und für Neuverheiratete wird dabei nicht berücksichtigt. Die Haushaltszusammenstellung läßt auch die Personen, die in Lagern oder in anderen Gemeinschaftseinrichtungen leben, außer acht.

Diese katastrophale Notlage auf dem Wohnungssektor, besonders in den ersten Jahren nach dem Krieg, in Bayern und im Oberallgäu zwang zu einer staatlichen Wohnraumbewirtschaftung, um den Vertriebenen und den Ausgebombten bei deren Unterbringung umgehend, und wenn es nur notdürftig war, helfen zu können. Die gesetzliche Grundlage bildete das Kontrollratgesetz Nr. 18 vom 16.03.1946. Zur Unterstützung der Vollzugsorgane dieses Gesetzes, den Flüchtlingskommissaren und den Wohnungsämtern, wurde in jedem Kreis und in jeder Gemeinde ein Wohnungsausschuß gebildet, der aus 3–7 Personen bestand. Darunter mindestens ein Vertriebener. Bei Beschwerden gegen Anordnungen der Wohnungsbehörde mußten, als Vorlage für die Aufsichtsbehörde, diese dem jeweiligen Wohnungsausschuß zur Stellungnahme zugeleitet werden.

Organisation des Wohnungswesens (Wohnraumbewirtschaftung)

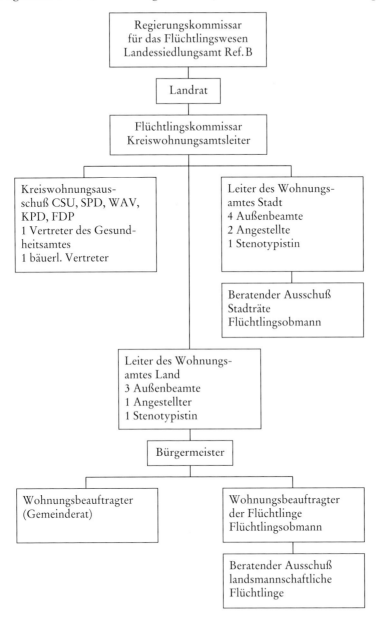

Nachstehend die Schilderung der Wohnraumbewirtschaftung im Altlandkreis Sonthofen in der Praxis von Wenzel Hrdina, der viele Jahre dem Wohnungsausschuß in Sonthofen angehörte. Die vom Wohnungsausschuß ermittelten

Räume wurden dem Wohnungsamt gemeldet, das durch förmliche Verfügung an den Einzuweisenden und an den Haus- oder Wohnungsbesitzer die Wohnräume den Flüchtlingen zuteilte und die Belegung an den Inhaber anordnete. Der Wohnungsinhaber konnte gegen diesen Bescheid innerhalb einer Frist von einer Woche nach Zustellung Beschwerde bei der Wohnungsbehörde einlegen. Falls das Wohnungsamt der Beschwerde nicht abgeholfen hat, wurde sie der Aufsichtsbehörde, dem Landratsamt, vorgelegt. Das Landratsamt hat die Einwände geprüft und entschieden. Gegen einen ablehnenden Bescheid war eine Anfechtungsklage möglich; sie hatte keine aufschiebende Wirkung.

In der Praxis konnten zwar oftmals Wohnräume bei Hauseigentümern oder Wohnungsinhabern erfaßt werden, jedoch waren die Räume oft nicht beheizbar oder es scheiterte an der Mitbenutzung der Küche, des Bades oder der Toilette. Dies war häufig in landwirtschaftlichen Anwesen der Fall. Nach Art. IV des Wohnungsgesetzes in Verbindung mit § 5 der DVO des Wohnungsgesetzes konnten die zu Sonderzwecken dienenden Räume mit angeordnet werden, jedoch gab dies oft Schwierigkeiten. Oft genug mußten Vertriebene unter Mitwirkung der Polizei eingewiesen werden.

Es ist ein Fall bekannt, daß ein Geschäftsinhaber zwei fast leere Räume verbarrikadiert hatte, um sie der Erfassung zu entziehen. Um die Räume oft beheizbar machen zu können, wurden Ofenrohre durch Fenster geleitet.

L A G E R O R D N U N G
für das Flüchtlingslager Sonthofen

Sämtliche Lagerinsassen haben sich für die Zeit des Lageraufenthaltes der
Lagerordnung zu fügen.
Es ist nur dann eine schnelle und reibungslose Unterbringung in die vorge-
sehenen Gemeinden möglich, wenn sämliche Punkte ordnungsgemäß befolgt werden.

Essenausgabe:

Morgens	8 Uhr Kaffee-Ausgabe
Mittags	12 - 13 Uhr Essenausgabe
Abends	17 - 18 Uhr Abendbrot

Ärztliche Untersuchungsstunden:

Dienstag	von 10 - 12 Uhr
Freitag	von 10 - 12 Uhr im Gasthaus "Zum Adler" Sonthofen

Punkt 1 Sauberkeit ist erstes Gebot

Unterkünfte, Waschräume, Aborte, sowie der Hof des Lagers und die nähere Umgebung der Baracken müssen in peinlichster Sauberkeit gehalten werden.

Punkt 2

Die Essenausgabe erfolgt nur in die dazu vorgesehenen Gefäße, welche nach
jeder Essenzeit sofort zu säubern sind.

Punkt 3

Sämtliche Gegenstände welche Eigentum des Lagers sind und vorübergehend an
Lagerinsassen ausgegeben werden, müssen auf das schonungsvollste behandelt
werden. Beschädigungen, die auf unvorsichtige Behandlung zurückzuführen
sind, müssen von den Lagerinsassen ersetzt werden.

Punkt 4

Das Herumlaufen außerhalb des Lagers, insbesonders des Marktes Sonthofen,
sowie in den Ortschaften der Umgebung ist den Lagerinsassen grundsätzlich
verboten. Jede Person welche das Lager verläßt, hat sich bei dem Lagerleiter
oder dessen Stellvertreter abzumelden.

Punkt 5

Ab 22 Uhr muß in dem Lager äußerste Ruhe herrschen. Ab 22.30 Uhr wird sämtliche Beleuchtung im Lager ausgeschaltet.

Punkt 6

Nachfragen oder Beschwerden aller Art können in der Zeit von 8 - 12 Uhr und
nachmittags von 14 - 17 Uhr im Büro des Lagerleiters zur Sprache gebracht
werden.

Punkt 7

Sämliche anfallenden Lagerarbeiten sind soweit wie möglich von den Lagerinsassen selbst zu bewältigen.

Der Flüchtlingskommissar

V. Eingliederung der Heimatvertriebenen im Landkreis

1. Lastenausgleich/Lastenausgleichsleistungen

Begriff, Vorgeschichte und Ablauf der Gesetzgebung

Unter dem Begriff „Lastenausgleich" wird ein Gesetzgebungswerk der Bundesrepublik Deutschland zusammengefaßt, das sich das Ziel setzte, in einheitlicher Planung die Eingliederung der durch Krieg, Kriegsfolgen und bestimmte Nachkriegsentwicklungen (z.B. Vertreibung) besonders schwer betroffenen Bevölkerungskreise durch gezielte Maßnahmen im sozialen und wirtschaftlichen Bereich wie auch durch individuelle Entschädigungsleistungen voranzutreiben. Diese Aufgabe erwies sich als äußerst umfangreich und langwierig.

Ein „Lastenausgleich" zwischen den von Krieg und Kriegsfolgen besonders schwer und den nicht oder nur wenig Geschädigten war schon bald nach Kriegsende von den Geschädigten gefordert, von der breiten Mehrheit der Bevölkerung und von den politischen und kirchlichen Stellen als Verpflichtung anerkannt worden.

Der Lastenausgleich wurde nicht in einem, sondern durch mehrere Gesetze geregelt, die in einem Zeitraum von mehr als einem Vierteljahrhundert erlassen und weiterentwickelt wurden. Ein erstes Gesetz zum vorläufigen Ausgleich von Kriegs- und Kriegsfolgeschäden wurde schon 1948 – wenige Monate nach der Währungsreform – beschlossen. Es konnte allerdings erst im August 1949 als Soforthilfegesetz (SHG) in Kraft treten, weil die Besatzungsmächte zunächst Bedenken hatten. Dieses Gesetz brachte lediglich Leistungen zur Notstandsbeseitigung und Eingliederung, jedoch noch keine Entschädigungsleistungen.

An Leistungen sah es vor: Unterhaltshilfe (Anm. 3) für Alte und Erwerbsunfähige, ferner Existenzaufbauhilfe (Anm. 5) zur Eingliederung in die gewerbliche Wirtschaft, für die freien Berufe und für die Landwirtschaft, schließlich Hausratshilfe (Anm. 1) und Ausbildungshilfe (Anm. 4). Außerdem gehörte dazu die sogenannte Gemeinschaftshilfe, aus der insbesondere der Wohnungsbau für Geschädigte gefördert und die Schaffung von Arbeitsplätzen für Unselbständige erleichtert wurde. Die erforderlichen Mittel wurden aufgebracht durch eine nach dem „Gesetz zur Milderung dringender sozialer Notstände (Soforthilfegesetz) vom 8. August 1949 zu leistende Soforthilfeabgabe", ergänzt durch eine „Soforthilfesonderabgabe". Diese Abgaben erbrachten bis zum 31.08.1952 5,1 Milliarden DM. Obwohl die Leistungen des Soforthilfegesetzes im Einzelfall aus heutiger Sicht bescheiden waren, haben sie doch damals zur Eingliederung der Geschädigten einen wesentlichen Beitrag geleistet. Insgesamt wurden etwa 6 Milliarden DM ausgezahlt.

Daran war die Unterhaltshilfe (Anm. 3) mit 2 Milliarden und 153 Millionen DM beteiligt, die Hausratshilfe (Anm. 1) mit 556 Millionen DM und die Ausbildungshilfe (Anm. 5) im gewerblichen Bereich in Höhe von 554 Millionen DM und im landwirtschaftlichen Bereich (weitgehend über das Flüchtlingssiedlungsgesetz) in Höhe von 213 Millionen DM. Ein hoher Anteil (insgesamt 2 Milliarden und 440 Millionen DM) entfiel auf die Förderung des Wohnungsbaus/Wohnraumhilfe (Anm. 6) für Geschädigte.

Das Soforthilfegesetz (SHG) wurde durch das Lastenausgleichsgesetz (LAG) abgelöst. Die Vorbereitung des Lastenausgleichsgesetzes nahm mehr als drei Jahre in Anspruch, nämlich vom Frühjahr 1949 bis zum Herbst 1952. Es trat am 01.09.1952 in Kraft.

In seiner Grundkonzeption entwickelte das Lastenausgleichsgesetz (LAG) die Regelungen des Soforthilfegesetzes weiter. Neben der Beseitigung von Notlagen und Eingliederung trat als zweite Aufgabe die Entschädigung für die erlittenen Vermögensschäden, die Hauptentschädigung. Sie setzte eine Feststellung der Schäden voraus. Als Verfahrensgrundsatz legt das Lastenausgleichsgesetz für die Bearbeitung der Einzelfälle das Antragsverfahren fest. Die Entscheidung über den Antrag trifft nach der bis heute gültigen Regelung grundsätzlich das örtlich zuständige Ausgleichsamt.

Ein nicht unbeträchtlicher Teil der Ausgleichsleistungen wurde als Darlehen gegeben, überwiegend unverzinslich. Bis Ende 1981 waren es über 18 Milliarden DM. Die Rückflüsse aus diesen Darlehen stehen erneut für Leistungen an die Geschädigten zur Verfügung. Der Betrag der Rückflüsse machte bis Ende 1981 etwa 13,8 Milliarden DM aus.

Leistungen nach dem Soforthilfegesetz (SHG) und dem Lastenausgleichsgesetz (LAG) im Landkreis Sonthofen bzw. im Landkreis Oberallgäu

Nach Durchsicht der Archive konnten leider nach 45 Jahren keine vollständigen Zahlen erstellt werden. Die Unterlagen aus der damaligen Zeit wurden bei verschiedenen Lastenausgleichsämtern in die Archive übernommen, so daß es schwierig war, die Gesamtmaterie zu erfassen. Die angegebenen Zahlen sollen nur verdeutlichen, welche Beträge damals für die Heimatvertriebenen und Flüchtlinge aufgebracht wurden. Konkrete Angaben konnten erst ab dem Jahre 1951 ermittelt werden.

Nach einer Erfassung der Bevölkerung in Bayern am 13.09.1952 waren im damaligen Landkreis Sonthofen 14.628 Vertriebene, im Landkreis Kempten 13.905 Vertriebene registriert. Das Landratsamt Sonthofen allein erwartete ca. 10.000 Anträge nach dem LAG. Im Landkreis Kempten dürfte die Zahl genau so hoch gewesen sein.

Bereits im Oktober 1952 wurde die erste Rate zur Hausratshilfe ausgezahlt. Hierbei wurde nach einem Punktsystem vorgegangen, wobei das Einkommen, das Alter und die Zahl der Familienangehörigen nach Punkten bewertet wurden. So wurden an 250 Antragsteller, die bei der Bewertung mehr als 75 Punkte erreichten, 100.000 DM ausgezahlt. Es erhielten Ledige 300 DM, Verheiratete 450 DM und für jedes weitere Familienmitglied wurden 50 DM gewährt. Weitere Auszahlungen folgten schon im Januar 1953. Insgesamt wurden bis zum Jahre 1955 750.000 DM an Hausratshilfe gezahlt.

Aus dem Tätigkeitsbericht des Ausgleichsamtes (AA) Sonthofen aus den Jahren von 1951–1956 konnten folgende Beträge ermittelt werden:
Bis zum Jahre 1956 wurden hier ca. 20.000 Feststellungsanträge, 4.150 Anträge auf Hausratshilfe, 3.216 Anträge auf Kriegsschadensrente (Anm. 2) und 68 Anträge für Aufbaudarlehen bearbeitet.

Für Soforthilfeleistungen, diese umfassen Unterhaltshilfe, Hausratshilfe, Aufbaudarlehen (Anm. 5) und Wohnraumhilfe, sowie Kriegsschadensrente, wurden in den Jahren von 1951–1954 folgende Beträge aufgebracht:

1951	2.465.540 DM
1952	2.117.845 DM
1953	3.045.374 DM
1954	2.896.346 DM
insgesamt	10.525.105 DM

davon an Unterhaltshilfe allein in den Jahren von 1949–1954 1.125.174 DM
Die Sätze der monatlichen Unterhaltshilfe betrugen

	für den Berechtigten	Ehegatten	je Kind
ab 01.04.1949	70,– DM	30,– DM	20,– DM
ab 10.08.1951	85,– DM	35,50 DM	27,50 DM
ab 01.07.1954	100,– DM	50,– DM	35,– DM
ab 01.04.1957	120,– DM	60,– DM	42,– DM

Beim Ausgleichsamt (AA) Kempten wurden in den Rechnungsjahren 1950/ 1951 folgende Leistungen erbracht:

	1950	1951
Unterhaltshilfe	744.328 DM	627.362 DM
Währungsentschädigung	37.631 DM	71.674 DM
Hausratshilfe	158.200 DM	96.300 DM
Aufbaudarlehen	130.645 DM	192.950 DM
Ausb.-Beihilfe	20.030 DM	21.170 DM

Im Tätigkeitsbericht des Ausgleichsamtes Kempten vom 01.09.1949 bis 28.02.1951 wurden folgende Zahlen belegt; es wurden an 1.100 Parteien mit 1.500 Personen gezahlt:

Unterhaltshilfe	1.042.438 DM
Unterhaltszuschuß	60.635 DM
Aufbaudarlehen	107.525 DM
Hausratshilfe	301.200 DM

Im Jahre 1955 zahlte das AA Kempten	1.185.402 DM,
im Jahre 1956	1.114.094 DM

an Unterhaltshilfe.

Bis 1956 wurden durch das AA Kempten von 240 Anträgen als Aufbaudarlehen für die Wirtschaft 57 genehmigt und 283.200 DM zur Auszahlung gebracht.

Für die Hauptentschädigung nach § 243 (Vertreibungsschäden, Kriegsschäden und Ostschäden) wurden im Jahre 1958 2.450.161 DM aufgebracht (AA Kempten).

Diese Zahlen können keinen Anspruch auf Vollständigkeit der Leistungen erheben. Sie verdeutlichen aber, auch auszugsweise, die Umschichtung des Vermögens, wie es durch das Lastenausgleichsgesetz vorgesehen war. Nach Abschluß der Gebietsreform im Jahre 1972 wurden auch die Ausgleichsämter Sonthofen und Kempten zusammengelegt. Von 1949–1973 wurden vom Ausgleichsamt Oberallgäu (Gebietsstand 1978) 334 Millionen nach dem Soforthilfe- und Lastenausgleichsgesetz erbracht, im Regierungsbezirk Schwaben waren es 2 Milliarden und 590,5 Millionen DM.

Ab dem Jahre 1955 wurden die ersten Zuerkennungen für die Hauptentschädigung versandt. Aufgrund der Schadensfeststellung wurde der Geschädigte in eine Schadensgruppe eingestuft. Es wurden nach dem 1. Entwurf des LAG 27 Schadensgruppen gebildet. Die kleineren Schadensgruppen erhielten prozentual mehr Entschädigung für ihre Verluste als die größeren.

Hier einige Beispiele:

Schadens-gruppe	Schadensbetrag	Grundbetrag
1	500 – 1.500 RM	800 DM
10	20.001 – 30.000 RM	5.500 DM
15	90.001 – 125.000 RM	13.000 DM
20	325.001 – 425.000 RM	27.500 DM
27	850.001 – 1.000.000 RM	50.000 DM

Bei Schadensbeträgen über einer Million RM betrug der Grundbetrag 50.000 DM und 3 v. H. des 1 Million und 2 v. H. des über 2 Millionen übersteigenden Betrages. Für Heimatvertriebene erhöhte sich der Grundbetrag um 10 v. H. Diese Grundbeträge im 1. Entwurf des LAG vom 14.08.1952 wurden nach Vorliegen hinreichender Unterlagen über die verfügbaren Mittel im Jahre 1957 erhöht.
Dabei wurden 30 Schadensgruppen festgesetzt, nach denen dann die Hauptentschädigung gezahlt wurde; z. B.

Schadens-gruppe	Schadensbetrag	Grundbetrag
6	bis 10.000 RM	8.050 DM
10	16.000 RM	11.250 DM
20	53.000 RM	19.400 DM
25	80.000 RM	22.550 DM
30	200.000 RM	25.750 DM

Die hier aufgeführten Beträge sollen nur verdeutlichen, wieviel Vermögen durch das Lastenausgleichsgesetz umgeschichtet wurde. Die Abgabe zum Lastenausgleich betrug im Schnitt 50% des Vermögens, wurde aber durch verschiedene Freibeträge gemindert.
Abschließend kann festgestellt werden, daß die finanzielle Unterstützung durch Soforthilfe, insbesondere durch den Lastenausgleich, eine entscheidende Integrationshilfe für die Heimatvertriebenen war. So machte die Soforthilfe, der „Vorläufer" des Lastenausgleichs, aus den „Almosenempfängern", wie sich viele Heimatvertriebene fühlten, Entschädigungsberechtigte und baute damals bestehende soziale Spannungen bei den Heimatvertriebenen und Flüchtlingen ab.

Anmerkungen (Begriffserklärungen):

1) *Hausratsentschädigung (HRE)/Hausratshilfe.* Die Hausratsentschädigung sollte eine gewisse Mittelstellung zwischen Entschädigungsleistung und gezielter Eingliederungshilfe einnehmen. Sie setzte zwar den Verlust von

Hausrat voraus, bezweckte aber vor allem die rasche Wiederbeschaffung von Hausrat. Sie wurde von der Hauptentschädigung aus folgenden Überlegungen abgetrennt:

- Keine exakte Ermittlung und Bewertung möglich
- Wiederbeschaffung der notwendigen Hausratsgegenstände besonders dringlich
- Die Höhe der Entschädigung soll nach dem gegenwärtigen Familienstand des Geschädigten erfolgen.

2) *Kriegsschadensrente (KSR).* Als eine der vordringlichsten und sozial wichtigsten Aufgaben des Lastenausgleichs wurde die Sicherung des Lebensunterhalts für Alte oder Erwerbsunfähige, die durch die Schädigung die Existenzgrundlage verloren hatten, betrachtet. Eine solche Sicherung konnte nur durch laufende Zahlungen in Rentenform erreicht werden; das Lastenausgleichsgesetz bezeichnete sie als „Kriegsschadensrente" (KSR). Die Entschädigungsrente sollte erlittene Vermögensschäden oder ihnen gleichgestellte Schäden in Rentenform abgelten.

3) *Unterhaltshilfe (UH).* Mit der Unterhaltshilfe sollte den alten oder erwerbsunfähigen Geschädigten, die nicht über ausreichende eigene Einkünfte verfügten, eine, die Kosten einer bescheidenen Lebenshaltung abdeckende Voll- bzw. Mindestversorgung gesichert werden. Dabei wurden andere Einkünfte, z. B. gesetzliche Rentenversicherung, angerechnet.

4) *Ausbildungshilfe.* Förderung der Ausbildung Jugendlicher, deren Eltern durch die Schädigung (Vertreibung usw.) die Möglichkeit verloren hatten, ihren Kindern eine angemessene Ausbildung zu sichern. Es sollte dadurch eine Chancengleichheit bei der Ausbildung zwischen Geschädigten und Nichtgeschädigten hergestellt werden.

5) *Aufbaudarlehen.* Durch niedrigverzinsliche Aufbaudarlehen mit einer Laufzeit von etwa 10 Jahren und einem Höchstsatz zwischen 35.000 DM, später 40.000 DM, im Einzelfall und 50.000 DM im Höchstfall sollte die Eingliederung der Geschädigten in die gewerbliche Wirtschaft und in die freien Berufe gefördert werden.

6) *Wohnraumhilfe.* Die Wohnraumhilfe bestand aus langfristigen unverzinslichen Aufbaudarlehen mit einer Laufzeit von 25 Jahren, der Durchschnittsbetrag lag bei etwa 8.500 DM.

2. Schulische und berufliche Eingliederung der Vertriebenen

Schulische Eingliederung

Ein großer Teil der Vertriebenenkinder hatte die Gewalttaten, Verbrechen und Ängste bei der Flucht oder Vertreibung bewußt miterlebt und dadurch für ihr ganzes Leben psychische Schäden davongetragen. Auch das plötzliche und schmerzliche Herausreißen aus der gewohnten Umgebung und der Verlust von liebgewordenen Menschen und Freunden hat tiefe seelische Wunden hinterlassen. Diese vorhandenen psychischen Schäden zeigten aber keine negativen Auswirkungen auf die Leistungsbereitschaft und den Lernwillen dieser Kinder in den Schulen der Aufnahmegebiete. Eher das Gegenteil war der Fall. Die Kinder hatten erkannt, daß sie sich in der neuen fremden Umgebung, die ihnen meist ablehnend gegenüberstand, nur durch mehr Wissen und bessere Leistungen behaupten und dadurch auch Anerkennung finden können. So ist auch der prozentual größere Anteil von Vertriebenenkindern an höheren Schulen, Mittel- und Fachschulen erklärbar. Denn die wirtschaftlich und entfernungsmäßig größeren Schwierigkeiten hatten die Vertriebenenkinder zu überwinden, um diese Schulen besuchen zu können, im Gegensatz zur einheimischen Bevölkerung. Die Masse der Vertriebenen wurde nach der Ausweisung bei ihrer Aufnahme in den westlichen Aufnahmeländern auf dem Land untergebracht. Für sie gab es dort weder ein berufliches Fortkommen für die Erwachsenen, noch schulisch die Möglichkeit für die Kinder, ihre in der alten Heimat begonnene schulische Ausbildung fortzusetzen. Es ist dabei wichtig zu wissen, daß zum Beispiel in Schlesien und im Sudetenland ein wesentlich größeres schulisches Angebot vorhanden war, auch zahlenmäßig pro Kopf der Bevölkerung, als in Bayern. Für die Vertriebenen gab es, wenn sie eine höhere Schule besuchen wollten, nur die Möglichkeit in einem größeren Ort, der meist sehr weit vom jetzigen Aufenthaltsort entfernt und oft nur unter schwierigsten Bedingungen zu erreichen war. Es standen kaum öffentliche oder sonstige Verkehrsmittel zur Verfügung. Die nachfolgenden Zahlen aus dem Oberallgäu und Bayern untermauern die vorstehenden Gedanken und Schlußfolgerungen.

Aufgrund des vorhandenen Zahlenmaterials als Beispiel das Schuljahr 1953/54:

Kreis/Land Schultyp	Schüler-anzahl insgesamt	Vertriebene (davon)	Prozent-zahlen Vertriebene Schüler	Prozentzahlen Vertriebene Gesamtbevöl-kerung
Oberallgäu				
Gymnasium Oberstdorf	565	178	31.5%	21.2%
Bayern				
Höhere Schulen	142.430	37.821	26.6%	20.1%
Mittelschulen	30.955	8.864	28.6%	
Handelsschulen	22.480	6.010	26.7%	

Berufliche Eingliederung

Aufgrund der Art der Verteilung der Vertriebenen in Bayern und auch im Oberallgäu (Altlandkreise Kempten und Sonthofen), die ohne Rücksicht auf die einzelnen Berufe und des Herkommens der Vertriebenen erfolgte, konnte es keine berufliche Eingliederung der Vertriebenen in den Aufnahmegebieten und -orten geben. Die Masse der Vertriebenen, meist aus Industriegebieten stammend, kamen in den Aufnahmegebieten aufs Land, so auch im Oberallgäu. Ein prozentualer Vergleich der Erwerbstätigen nach Wirtschaftsbereichen im Gebiet des jetzigen Landkreises Oberallgäu mit den Berufen der Heimatvertriebenen, ebenfalls nach Wirtschaftsbereichen aufgegliedert, zeigt, daß eine berufliche Eingliederung der Vertriebenen im Oberallgäu ohne die Schaffung neuer Arbeitsstätten/Arbeitsplätze in neuen Industriezweigen nicht möglich gewesen wäre.

Vergleichsaufstellung der Berufe in Prozenten

Wirtschafts-bereiche	Kempten 1946 (Alt-landkreis)	Sonthofen 1946 (Alt-landkreis)	Oberallgäu 1946	Berufe der Ver-triebenen bei Ausweisung*	Oberallgäu 1970
Landwirtschaft				12.4%	
Forstwirtschaft				4.5%	
Insgesamt	55.0%	34.6%	43.7%	16.9%	19.7%
Industrie				26.3%	
Handwerk				32.8%	
Insgesamt	28.8%	32.6%	30.9%	59.1%	40.0%
Handel/Banken				9.4%	
Verkehr	8.0%	14.0%	11.3%	2.0%	13.6%
Insgesamt	8.0%	14.0%	11.3%	11.4%	13.6%
Öffentl. Dienst				6.9%	
Dienstleistungen				3.5%	
Insgesamt	6.0%	15.0%	11.0%	10.4%	26.7%
Häusl. Dienste	2.2%	3.8%	3.1%	1.7%	–
Künstlerische Berufe	–	–	–	0.5%	–

* Grundlage für die Berechnung der Prozentzahlen der Berufe der Vertriebenen war die Mitgliedskartei der Sudetendeutschen Landsmannschaft, Kreisgruppe Sonthofen, in einem Umfang von 2.778 Karteiblättern (Personen).

Berufliche Umschichtung der Vertriebenen

Die berufliche Umschichtung der Vertriebenen hing in erster Linie mit der Berufsstruktur der Aufnahmegebiete zusammen, also an vorhandenen oder fehlenden Arbeitsplätzen, die dem erlernten oder ausgebildeten Beruf des Vertriebenen entsprach. Weitere Ursachen waren das fortschreitende Alter, die Weiterentwicklung der Wirtschaft (Entstehen neuer und Verkümmerung alter Wirtschaftszweige und Berufe, hier im Oberallgäu die Weber- und Spinnereien und die Papierverarbeitung), Abfall oder Anstieg der Leistungsfähigkeit durch Änderungen im Familienstand und auch durch die laufende natürliche Veränderung in der Berufsstruktur der Bevölkerung.

Als Beispiel und weil die Angaben dieser Zusammenstellung auch im wesentlichen mit den Veröffentlichungen des Statistischen Bundesamtes übereinstimmen, wurde diese nachfolgende Studie über „Die berufliche Umschichtung der Vertriebenen" von Dr. Alfred Bohmann aus dem Jahr 1955 ausgewählt. Die Studie wurde aufgrund eigener Angaben der Erfaßten und übernommener Eintragungen in der Aussiger Familienkartei erstellt und umfaßt die Berufszugehörigkeit von 1.243 Männern aus dem Aussiger Stadt- und Landkreis vor ihrer Vertreibung und ihre berufliche Tätigkeit im Jahre 1952.

Anmerkungen zur nachstehenden Aufstellung: In der Sparte „Berufsart" sind gleiche oder ähnliche Berufe vielfach zusammengefaßt, um eine übersichtliche Darstellung zu ermöglichen. Die Bezeichnungen „Werkmeister", „Werkarbeiter" weisen auf Beschäftigte in großgewerblichen Unternehmungen, also Fach- und Industriearbeiter, hin. Bei Angehörigen der Handwerksberufe handelt es sich jedoch vorwiegend um selbständige Gewerbetreibende oder deren Angestellte.

Berufsart	1945	1952	%
Unternehmer (Fabrikanten)	27	13	48,1
Betriebsleiter (Fabrikdir.)	19	7	36,8
Dipl.-Ingenieure, -Chemiker	40	26	65,0
technische Angestellte	20	7	35,0
Werkmeister	24	14	58,3
Werkarbeiter	89	64	71,9
Bauunternehmer	7	7	100,0
Baumeister, Architekten	19	15	78,9
Bauarbeiter	21	16	76,1
Bergarbeiter	25	16	64,0
Landwirte	91	1	1,1
Landarbeiter	12	7	58,3
Gärtner	14	7	50,0
Forstwirte	3	2	66,6
Waldarbeiter	2	1	50,0

Berufsart	1945	1952	%
Mechaniker	40	29	72,5
Schlosser	27	13	48,1
Buchdrucker	6	4	66,6
Sattler, Tapezierer	9	7	77,7
Schuhmacher	18	11	61,1
Schneider	19	13	68,4
Maler, Lackierer	22	17	77,2
Tischler	22	19	86,7
Müller, Brauer	4	2	50,0
Bäcker, Köche	24	16	66,7
Metzger	26	17	65,4
Gastwirte, Kellner	49	26	53,1
Friseure	14	10	71,4
Andere Handwerker	15	10	66,7
Großkaufleute, Großhändler	9	5	55,5
Kaufleute, Händler	64	31	48,4
Buchhalter	16	3	18,7
Kaufm. Angestellte	51	20	39,2
Vertreter	8	6	75,0
Fuhrunternehmer	12	10	83,3
Kraftfahrer	7	3	42,8
Straßenbahner	9	3	33,3
Bank-, Sparkassen-Angestellte	19	4	21,0
Wirtschaftsberater	4	1	25,0
Buchhändler	3	2	66,6
Journalisten	6	2	33,3
Künstler, Kunstschaffende	33	22	66,6
Seelsorger	5	5	100,0
Ärzte	23	22	95,6
Zahntechniker	9	8	88,8
Apotheker	9	9	100,0
Drogisten	10	7	70,0
Masseure	3	3	100,0
Richter, Rechtsanwälte	11	11	100,0
Lehrer, Studienräte	55	32	58,2
Verwaltungsbeamte	46	25	54,3
Behördenangestellte	12	6	50,0
Bahn-, Postbeamte	29	21	72,4
Bahn-, Post-Angestellte	62	39	62,9
Ruheständler	10	10	100,0
Rentner	10	10	100,0
Zusammen:	1.243	724	58,2

Die in der Studie ermittelten Prozentzahlen, besonders die Gesamtprozentzahl der nicht mehr in ihrem Beruf tätigen Vertriebenen, entsprechen den Prozentzahlen und der Durchschnittsprozentzahl des Statistischen Bundesamtes mit nur geringen Abweichungen.

Das Oberallgäu (Altlandkreis Kempten und Sonthofen) war am Ende der vierziger und am Anfang der fünfziger Jahre ein relativ industriearmes Gebiet, es ist anzunehmen, Unterlagen darüber sind nicht vorhanden, daß die nach hierher ausgewiesenen Vertriebenen prozentual einer größeren beruflichen Umschichtung unterworfen wurden, als im Durchschnitt für das Bundesgebiet (50–60%) errechnet. Es ist auch davon auszugehen, daß dabei gegenüber dem alten Ausbildungsberuf viele unterwertige Tätigkeiten wahrgenommen werden mußten, um zu überleben.

3. Eingliederung der vertriebenen Landwirte

Kaum eine Berufsgruppe unter den Vertriebenen und Flüchtlingen ist vom Schicksal der Vertreibung so hart betroffen worden wie die Landwirte. Keine andere Berufsgruppe der Vertriebenen hat seit dem Ende des 2. Weltkrieges in ihrem Lebensschicksal so tiefgreifende Veränderungen hinnehmen müssen, wie gerade die aus ihrer Heimat vertriebenen, ehemals selbständigen Bauern. Nicht nur, daß sie, wie alle anderen Vertriebenen und Flüchtlinge auch, ihre Heimat, das ihnen vertraute Lebensumfeld und ihren Besitz zurücklassen mußten, sondern zu dem ohnehin schmerzlichen Verlust der Heimat kam der ebenso schwerwiegende Verlust des oft über Generationen in der Familie gehaltenen Hofes und damit der Verlust der ureigensten Lebens- und Existenzgrundlage für die gesamte Familie.

Den Bauern waren nach Hofübergabe an ihre Nachfolger verbriefte Rechte in Geld- und Sachleistungen zugestanden, die durch deren Verlust des Hofes verloren gingen.

Von den 45.100 selbständigen Landwirten, die nach Bayern kamen (dazu 144.700 Mithelfende und 81.000 Abhängige), konnten nur etwa 6% wieder einen eigenen Hof erwerben. Nach der Statistik des Statistischen Bundesamtes arbeiteten im Jahre 1954/55 im alten Bundesgebiet von den ehemals Mithelfenden (Landarbeiter und -innen) noch etwa 27.4% in der Landwirtschaft. Diese Prozentzahl trifft in der gleichen Zeit etwa auch für Bayern zu.

Für die heimatvertriebenen Bauern war im Landkreis Oberallgäu (Altlandkreis Kempten und Sonthofen) ein beruflicher Neubeginn fast unmöglich, denn freie Höfe oder freier landwirtschaftlicher Grund und Boden waren so gut wie nicht vorhanden. Es gelang nur wenigen (die Ausnahme), mit staatlicher Hilfe eine Hofstelle zu erwerben oder einen Hof zu pachten. Einige Jungbauern konnten durch Einheirat zu einem Hof kommen.

Während andere Berufsgruppen in der neuen Heimat in ihrem erlernten Beruf verhältnismäßig bald eine Arbeitsstelle fanden, mußten die Landwirte in andere Berufe umsteigen oder als Hilfsarbeiter, insbesondere auf dem Bau, ihren Lebensunterhalt verdienen.

Ältere Landwirte, die keine Lohnarbeit mehr aufnehmen konnten, waren auf den Erhalt der Flüchtlingsfürsorge bzw. der Kriegsfolgehilfe angewiesen.

Durch das Soforthilfegesetz vom 08.08.1949 bekamen die ehemaligen Landwirte einen gesetzlichen Anspruch auf Unterhaltshilfe. Erst das „Lastenausgleichsgesetz" vom 01.09.1952 berücksichtigte die Vertreibungsschäden der Landwirte. Die Wertermittlung beim Grundvermögen erfolgte nach dem Stand der Einheitswerte im Jahre 1935/39, der jedoch nur zur Hälfte dem damaligen Verkehrswert entsprach, und läßt die Landwirte zwischen einem Entschädigungsbetrag oder der Zahlung einer Unterhaltshilfe/Kriegsschadensrente wählen.

Eine genaue Zahl der in den Jahren 1945–50 in den Landkreis Oberallgäu zugezogenen heimatvertriebenen Bauern konnte nach fast 50 Jahren nicht mehr ermittelt werden. Nach Auskunft der Gemeinden und Einwohnermeldeämter gaben beim Zuzug etwa 10–12% den Beruf Landwirt an, wobei die vielen Nebenerwerbslandwirte (Häusler), die einen Hauptberuf hatten, nicht erfaßt wurden.

Die im Oberallgäu lebenden vertriebenen Bauern und deren Nachkommen haben sich im Laufe der Jahre, auch durch Erlernen neuer Berufe, in die einheimische Gemeinschaft eingegliedert. Von der alten Heimat wird fast nicht mehr gesprochen, da die Erlebnisgeneration immer kleiner wird.

Ein junger Bauernsohn, der die Heimat seiner Eltern im Jahre 1988 kennenlernen wollte, kehrte schon nach einigen Tagen sehr enttäuscht zurück und gab folgenden Bericht:

„Das Elternhaus ist dem Verfall preisgegeben, von den Wirtschaftsgebäuden wird nur noch der Stadel von einigen Privatleuten als Kleintierstall genutzt, das Stallgebäude ist abgerissen, alle Feldwege und Feldränder sind verschwunden, die Grenzen der Flurstücke sind nicht mehr zu erkennen. Auf dem Friedhof wurden die Gräber der Vorfahren eingeebnet und auch der deutsche Ortsname ist verschwunden. Die Felder des väterlichen Hofes und die der Nachbarn bewirtschaftet heute eine Kolchose. Die alte Heimat, wie ich sie aus den Erzählungen und Schilderungen meines verstorbenen Vaters kenne, ist nicht mehr da."

Im Jahre 1948 wurden in der CSR die neuen „Besitzer" der enteigneten Höfe von den kommunistischen Machthabern wieder enteignet, die leerstehenden Gehöfte waren somit dem Verfall preisgegeben. Nach dem Verfall der kommunistischen „Planwirtschaft" wurden die im Jahre 1948 enteigneten Höfe wieder an die tschechischen Bauern zurückgegeben, die anderen Grundstücke sind im

Besitz des Staates und wurden im Zuge der „Privatisierung" an neu gegründete private Gesellschaften oder Genossenschaften verpachtet.

4. Eingliederung der gewerblichen Wirtschaft und der übrigen Wirtschaftsbereiche

Nach Unterlagen des Statistischen Landesamtes kamen 1.939.000 Heimatvertriebene nach Bayern – Stichtag: 01.04.1950 – darunter aus den Wirtschaftsbereichen Industrie und Handwerk, Handel und Verkehr und aus anderen Wirtschaftsbereichen (ohne Land- und Forstwirtschaft) 545.900 Erwerbspersonen. Einzelheiten in der nachfolgenden Aufstellung:

Wirtschafts- bereiche	Wert	Erwerbspers.	Soziale Struktur		
			Selbständige	Mithelfende	Abhängige
Industrie und Handwerk	100	329.700 (35%)	31.400 (10%)	7.200 (2%)	291.000 (88%)
Handel und Verkehr	100	118.900 (14%)	25.700 (22%)	12.000 (10%)	80.600 (68%)
Übrige Wirt- schaftsbereiche	100	97.300 (12%)	7.200 (7%)	4.000 (4%)	86.100 (89%)
Alle Wirtschaftsbe- reiche einschließ- lich der Land- und Forstwirtschaft		838.000 (100%)			

Der heutige Landkreis Oberallgäu war vor und nach dem Zweiten Weltkrieg ein industriearmes Gebiet. Die Bevölkerung lebte im wesentlichen von der Landwirtschaft und dem Fremdenverkehr. Die Heimatvertriebenen brachten eine große Zahl geschickter Fachkräfte und viele Menschen mit industrieller Handfertigkeit ins Land, da sie aus Gegenden kamen, die zu den höchst entwickelten und stärksten Industriegebieten Europas zählten. So lag der Grad der Industriealisierung im Sudetenland bei 51%, er war damit höher als in Deutschland (40.7%), in Großbritannien (46%), in der Schweiz (45%) und in Frankreich (35%). Aufgrund des großen Mangels an Industrie- und Handwerksbetrieben konnte es eine berufsbezogene Eingliederung der Vertriebenen im Oberallgäu nicht geben. Die Folgerung daraus, die Vertriebenen mußten, wenn sie in ihren gelernten Berufen arbeiten wollten, diese fehlenden Arbeitsplätze selber schaffen. Die überwiegend aus dem Sudetenland stammenden Heimatvertriebenen des Oberallgäus haben den Gewerbefleiß und die besonderen Fertigkeiten ihrer Heimat mitgebracht. Sie haben dann auch jede Möglichkeit ergriffen, um ihre alten Industrie- und Handwerksbetriebe neu zu gründen. So brachte die Eingliederung der Vertriebenen auch im Oberallgäu einen wirtschaftlichen Strukturwandel mit sich. Es wurde von einem agrarisch bestimmten Gebiet zu einem gemischtwirtschaftlichen.

Von den 31.400 Selbständigen mit 7.200 Mithelfenden und 291.100 Abhängigen aus der Industrie und dem Handwerk, die bis 1950 nach Bayern kamen, sind wieder 20.000 Handwerks- und 2.147 Industriebetriebe (mit mehr als 5 Beschäftigten) neu aufgebaut worden. Das heißt, daß sich 70.5% wieder selbständig machen konnten und daß die mithelfenden 7.200 Familienangehörigen wieder untergekommen sind. Dieser Prozentsatz trifft vermutlich auch anteilmäßig auf das Oberallgäu zu. Für viele Meister aus handwerklichen Berufen war die Wiedereingliederung in die gewerbliche Wirtschaft auch im Oberallgäu am leichtesten, vor allem dort, wo nur geringe Kosten anfielen, um einen neuen Betrieb aufzumachen. So zum Beispiel bei den Friseuren, die bald wieder einen Frisiersalon eröffneten. Auch bei den Meistern des Schneider- und Schuhmacherhandwerks sind die meisten wieder selbständig geworden, sie arbeiteten aber in der Regel allein, ohne Gehilfen und Gesellen. Ähnliches gilt von Sattlern und Tapezierern, Tischlern und Schreinern, Malern und Lackierern, wenngleich die Zahl jener, die in fremden handwerklichen Betrieben Beschäftigung gefunden hatten, größer ist.

Im Wirtschaftsbereich Handel und Verkehr kamen 25.700 Selbständige als Vertriebene nach Bayern. Bis 1950 wurden von ihnen 4.500 neue Geschäfte eröffnet (17.5%). Mit den mithelfenden Familienangehörigen konnten dadurch ungefähr 10.000 Erwerbspersonen wieder in ihrem früheren Wirtschaftsbereich Arbeit gefunden haben. Für den größten Teil der Abhängigen gab es nur die Möglichkeit, bei den bestehenden Handels- oder Verkehrsbetrieben eine Arbeit zu finden oder den Beruf zu wechseln. In den übrigen Wirtschaftsbereichen (Dienstleistungen, Gesundheitswesen, Öffentlicher Dienst usw.) kamen 7.200 Selbständige mit 4.000 Mithelfenden und 86.100 Abhängigen nach Bayern. Von diesen wurden bis 1950 wieder 4.000 selbständig (55.6%) und 7.000 Beamte fanden wieder eine Anstellung. Besonders die Erwerbspersonen aus den gehobenen Berufen (Ärzte, Apotheker, Wissenschaftler usw.) haben zum großen Teil wieder eine Existenz aufbauen können, während zum Beispiel im Gaststättengewerbe nur sehr wenige Neugründungen erfolgten. Dadurch konnten diejenigen, die in diesem Gewerbe bleiben wollten, meist nur als Kellner oder als Bedienung in fremden Betrieben Arbeit finden.

5. Gesellschaftliche Eingliederung

Für die 1945–1946 ins Oberallgäu einströmenden Flüchtlinge und Heimatvertriebenen mußte das neue Leben aus dem Nichts heraus beginnen. Die erste Sorge galt deshalb der Unterkunft und Nahrung, um einigermaßen leben zu können. Die gesellschaftlichen und kulturellen Aktivitäten waren deshalb nicht gefragt. Eine Integration mit der einheimischen Bevölkerung fand damals nicht statt. Die Einheimischen befürchteten, ihren Besitz mit den Vertriebenen teilen zu müssen und die Vertriebenen fühlten sich ausgegrenzt, sozial degradiert.

Viele Vereine, die nach dem Krieg wieder entstanden, waren meist restaurierte Vereine oder Organisationen aus der Weimarer Zeit und blieben bis in die 50er Jahre eine Sache der Altbürger, wo die Vertriebenen kaum mitsprachen. Dafür gründeten die Heimatvertriebenen ihre eigenen Gesangs-, Musik- und Theatergruppen und veranstalteten zur Faschingszeit Maskenbälle. So unter anderem die Spielschar in Immenstadt, die von Frau Inge Richter geleitet wurde, oder die Sing- und Spielschar (20–30 Kinder von 5–15 Jahren) unter der Leitung von Frau Anni Stengel, die Märchenspiele aufführte oder Altennachmittage und andere Veranstaltungen mitgestalteten. Im großen und ganzen suchten die Vertriebenen in den ersten Jahren nach der Vertreibung vor allem den Kontakt mit ihren Landsleuten, denen sie vertrauten und wo sie ein Stück ihrer alten Heimat wiederfanden. Durch die bittere und schmerzliche Erfahrung der Vertreibung und durch negative Erlebnisse hatten die Heimatvertriebenen wenig Vertrauen und distanzierten sich anfänglich gegenüber den Parteien und staatlichen Institutionen.

Die politische Beteiligung oder das Mitwirken auf dem kommunalen Gebiet war deshalb in den ersten Jahren nach der Vertreibung sehr spärlich und sehr zurückhaltend. So war auch der überparteiliche Kreisflüchtlingsausschuß die erste ordentliche Vertretung der Heimatvertriebenen in den Landkreisen. Die amerikanische Besatzungsmacht wollte die Integration der Flüchtlingsinteressen in das vorhandene Parteiensystem fördern und ließ deswegen bis 1950 keine Flüchtlingsparteien zu, die vor allem die Belange der Vertriebenen vertreten hätten. Von Beginn an waren die Vertriebenen deshalb nur auf die vorhandenen Parteien CSU, SPD, KPD, FDP und WAV angewiesen. Politisches Sammelbecken der Vertriebenen war zunächst die WAV – „Wiederaufbau Vereinigung" unter Alfred Loritz. Erst im Spätherbst 1950 erfolgte die Gründung des „Bundes der Heimatvertriebenen und Entrechteten (BHE)", einer Vertriebenenpartei. Der BHE war jene politische Kraft, die die Belange der Heimatvertriebenen am nachhaltigsten vertrat. Diese Partei konnte in allen Gemeinden des Landkreises Ortsgruppen gründen und entfaltete eine sehr lebhafte Versammlungstätigkeit. Mit der fortschreitenden Eingliederung der Vertriebenen und der Beseitigung der größten Not verschwand auch das Interesse an einer eigenen Partei.

In den Jahren 1948/49 wurden im Oberallgäu die ersten Landsmannschaften gegründet. Vor allem durch die Sudetendeutsche Landsmannschaft hat sich im Allgäu ein reges landsmannschaftliches Leben entwickelt, das viel zur eigenen Selbstfindung und zum eigenen Selbstwertgefühl der heimatvertriebenen Sudetendeutschen beitrug.

Bei einer Rückblende auf die ersten Jahre nach dem Krieg kann die Bedeutung der kirchlichen Mitwirkung bei der Bewältigung der gesellschaftlichen und geistig-kulturellen Eingliederung der Heimatvertriebenen kaum überschätzt werden. Durch das Koalitionsverbot der Besatzungsmächte waren es nur die Kirchen, die Möglichkeiten hatten, viele vor seelischer Not und geistiger Vereinsamung, und damit oft auch vor dem Abgleiten in politischen Radikalismus, zu bewahren. In diesem Zusammenhang darf die selbstlose und oft aufopfernde Arbeit der Flüchtlingsvertrauensleute nicht vergessen werden. Sie ergänzten vielfach die Arbeit der Kirchen bzw. mußten, wenn das Einwirken der Kirchen fehlte, die Aufgaben im geistig-kulturellen Bereich wahrnehmen und in vielen Situationen auch Seelentröster sein. Da sich die Ost- und Südostdeutschen in der Regel ihren Kirchen besonders eng verbunden fühlten, reicht die Bedeutung der kirchlichen Mitwirkung weit über den caritativ-seelsorgerischen Bereich hinaus (siehe S. 318/319 Aufruf der deutschen Bischöfe).

Der Aufgabe, Getrennte zusammenzuführen und Informationen über Schicksal und Aufenthalt Vermißter einzuholen, widmeten sich in den ersten Jahren nach dem Krieg vor allem die kirchlichen Wohlfahrtsverbände und das Deutsche Rote Kreuz mit ihren ohne sachliche und historische Vorbilder aufgebauten Suchdiensten.

Durch diese besonderen Hilfen in der Familienzusammenführung und die vielfachen caritativen und sozialen Maßnahmen der Kirchen und des Deutschen Roten Kreuzes wurden seelische und materielle Notlagen bei vielen Vertriebenenfamilien gelindert oder behoben und manche Ungewißheit über einen nahen Angehörigen beseitigt. Man muß auch erkennen, daß der christliche Glaube in den Jahren der Not und des Elends für viele Vertriebene eine starke Lebenshilfe war.

In beiden Kirchen erfolgte die Eingliederung der vertriebenen Geistlichen und Seelsorger ohne viel Aufhebens schnell und reibungslos. Im Gebiet des heutigen Landkreises Oberallgäu waren es allein von 1945–1960 insgesamt 16 vertriebene katholische Priester, die wieder eine Pfarrstelle erhielten. Schon ab 1946 gab es für die Diözese Augsburg einen Vertriebenenseelsorger, und im Oktober 1946 wurde die erste Vertriebenenwallfahrt nach Kloster Andechs durchgeführt. Die Leitung hatte Msgr. Norbert Hettwer, der aus Grottkau in Oberschlesien stammte und damals auch die Aufgaben eines Diözesanvertriebenenseelsorgers wahrnahm. Die ev.-luth. Landeskirche in Bayern hat es besser als andere Landeskirchen verstanden, die Vertriebenen zu integrieren. Es war auch die erste ev. Kirche, die vertriebene Pfarrer mit vollen Rechten aufnahm. Mit der Errichtung von „Amtshilfestellen" schaffte sie die organisatorischen Voraussetzungen einer flächendeckenden kirchlichen Versorgung der evangelischen Vertriebenen. Ihre Unvoreingenommenheit gegenüber den Vertriebenen zeigte die ev.-luth. Landeskirche auch dadurch, daß sie am 01.05.1952 den ehemligen Dompfarrer von Riga (Lettland), den baltendeutschen Pfarrer Arnold Schabert, zum Oberkirchenrat und Kreisdekan des Kirchenkreises München ernannte. Damit wurde ein Vertriebener Regionalbischof der evangelischen Christen im südbayerischen Raum, das heißt, von Berchtesgaden bis zum Bodensee.

Die Kirchen waren auch die ersten Institutionen, in denen die Vertriebenen von Anfang an gleichberechtigt mitarbeiten und auch schon sehr bald in vielen katholischen wie auch in evangelischen Gemeinden wichtige und leitende Funktionen wahrnehmen konnten. So zum Beispiel die des Pfarrgemeinderates, des Chorleiters oder des Organisten.

Die prozentuellen konfessionellen Stärken der einzelnen Kirchen zueinander hatten sich durch den Zustrom der Heimatvertriebenen kaum verändert. Die Anzahl der Mitglieder in beiden Kirchen hat sich erhöht und bewirkte die Gründung neuer Pfarreien.

Die Einstellung der einheimischen Bevölkerung gegenüber den Vertriebenen war meist abschätzend, in Einzelfällen sogar ablehnend. Den Heimatvertriebenen wurde viel Schlechtes nachgesagt, obwohl keine Gründe vorhanden waren.

Ein Faktor, der die gesellschaftliche Integration im Allgäu förderte und das gegenseitige Verstehen der Einheimischen mit den Vertriebenen erleichterte, war die Beilage „Die Stimme der Heimatvertriebenen" im „Allgäuer Anzeigeblatt" und in der „Allgäuer Zeitung".

Mit dem Zuzug der Vertriebenen kamen auch viele künstlerische Begabungen ins Oberallgäu, die dann später die Grundlagen für eine geistige und kulturelle Integration schafften und darüber hinaus dem Allgäuer Raum wichtige künstlerische Impulse gaben.

Um nur einige zu nennen: Othmar Fiebiger, Lyriker, Dichter des Riesengebirgsliedes „Blaue Berge, grüne Täler …", geboren in Altenbuch bei Trautenau, Sudetenland; Walter Kalot, Maler und Bildhauer, geboren in Glatz, Schlesien; Dr. Leonhard Metzner, Komponist und Arzt, geboren in Troppau, Sudetenland; Udo Scholz, akademischer Maler und Graphiker, anerkannter Geologe (Hobby), geboren in Schönbrunn, Mähren; Heinz Schubert, akademischer Maler, geboren in Zwettnitz bei Teplitz-Schönau, Sudetenland.

Während im wirtschaftlichen Bereich die Vertriebenen von Beginn an Zug um Zug integriert wurden, fand in den ersten Jahren nach dem Krieg die gesellschaftliche Integration kaum statt, man stand sich meist ablehnend gegenüber. Es war natürlich auch ein Generationsproblem. Die Vertriebenen, die im hohen Alter ihre Heimat verlassen mußten, fanden kaum die Möglichkeit, im westlichen Aufnahmegebiet wieder Fuß zu fassen. Neben dem Verlust der Heimat, der gewohnten Umgebung, der Bekannten und Freunde kam auch meist der berufliche und stellungsmäßige Abstieg. Sie fanden dadurch nur noch Freunde und Selbstbestätigung in der Erinnerung. Ein altes deutsches Sprichwort sagt ja auch: „Einen alten Baum verpflanzt man nicht mehr". Sie waren bis an ihr Lebensende meist Fremde in der neuen Umgebung. Auch die Schönheit des Allgäus konnte sie nicht über den Verlust ihrer alten Heimat hinwegtrösten. Vielfach war es nur ihr starker Gottesglaube, der sie am Leben bleiben ließ. Für eine Integrationsanalyse der Heimatvertriebenen im Landkreis Oberallgäu kommt eigentlich nur der Personenkreis in Frage, der bei der Vertreibung der mittleren und jüngeren Generation angehörte. Wer sich schon eine Stellung im Leben aufgebaut oder schon eine beruflich abgeschlossene Ausbildung hinter sich hatte, brachte auch die Kraft auf, sich wieder eine neue Existenz aufzubauen und seine Stellung im Leben neu zu erobern.

Bei den damaligen Kindern und Jugendlichen ging der gesellschaftliche Integrationsprozeß am schnellsten, da sie meist auf einheimische Kinder und Jugendliche trafen, die sie ohne Vorbehalte akzeptierten und annahmen. Dadurch sind sehr früh die Jugendlichen der Heimatvertriebenen in Sportvereinen oder anderen Organisationen aktiv tätig gewesen. Ein Indiz, daß es bei den jungen Menschen kaum Vorbehalte oder Animositäten gegenüber den Vertriebenen gab, zeigten die Eheschließungen zwischen den Einheimischen und den Vertriebenen in der nachfolgenden Aufstellung „Eingliederung durch Eheschließung". Im Oberallgäu gibt es kaum eine alteingesessene Sippe oder Großverwandtschaft, in der nicht ein Vertriebener, eine Vertriebene oder ein Vertriebenensproß eingeheiratet hat. Diese gesellschaftliche Eingliederung durch Einheirat hat hier im Allgäu bestimmt einen gesellschaftlichen Wandel und ein anderes Lebensgefühl hervorgebracht, da Menschen aus einem anderen Erlebnis-, Gesellschafts- oder Bildungsbereich nun zur eigenen Familie gehörten. Veraltete und einengende Familienstrukturen wurden dadurch im positiven Sinne aufgebrochen und der Blick für eine weitere und doch sehr unterschiedliche Welt geöffnet. Die davon ausgegangenen Impulse haben sich für alle, ob Einheimische oder Heimatvertriebene, als sehr nützlich und segensreich erwiesen.

Eingliederung durch Eheschließung

Ort oder Bereich und Eheschließungsjahre	Vertriebenen-ehen insgesamt	In den Ehepaaren waren	
		beide Ehegatten Vertriebene	Ehemann oder Ehefrau Vertriebene
Markt Altusried (Frauenzell, Kimratshofen, Krugzell, Muthmannshofen) 1945–1950	67 (100%)	2 (3.0%)	65 (97.0%)
Burgberg 1945–1960	73 (100%)	17 (23.3%)	56 (76.7%)
Verwaltungsgemeinschaft Hörnergruppe (Balderschwang, Bolsterlang, Fischen, Obermaiselstein) 1945–1960	57 (100%)	24 (42.0%)	33 (58.0%)
Stadt Immenstadt (Akams, Bühl, Diepolz, Eckarts, Rauhenzell, Stein) 1945–1955	445 (100%)	139 (31.0%)	306 (69.0%)
Markt Oberstdorf (Schöllang, Tiefenbach) 1945–1965	210 (100%)	72 (34.3%)	138 (65.7%)
Stadt Sonthofen 1945–1955	271 (100%)	142 (52.4%)	129 (47.6%)
Bayern 1948–1955	217.904 (100%)	62.623 (28.7%)	155.281 (71.3%)
Bundesgebiet (ohne Berlin und Saarland)	459.000 (100%)	108.000 (23.5%)	351.000 (76.5%)

In der Rückschau auf die ersten Jahrzehnte nach dem Krieg ist auch bei den Heimatvertriebenen im Oberallgäu zu erkennen, daß sie nicht nur eingegliedert worden sind, sondern, daß sie sich selbst eingegliedert haben, indem sie sich zum festen, nicht mehr wegzudenkenden Bestandteil des wirtschaftlichen, gesellschaftlichen und kulturellen Lebens dieses Gebietes gemacht haben. Sie gelten längst nicht mehr als Fremdkörper oder als eine andere Bevölkerungsgruppe im Allgäu, sondern als Teil der Allgäuer Bevölkerung. Es wurden fast Allgäuer aus ihnen, mit einer starken Heimatbindung zu diesem Land.

AUFRUF

der deutschen Bischöfe zur Behebung der Lagernot

Die am Grab des Hl. Bonifatius in Fulda vom 27. bis 30. September 1956 versammelten Bischöfe Deutschlands richteten an alle Gläubigen folgenden Aufruf:

Die deutschen Bischöfe halten es für dringend geboten, erneut auf einen Notstand hinzuweisen, der eine drückende Sorge für Staat und Kirche ist. Immer noch müssen in der deutschen Bundesrepublik und in West-Berlin an die 400 000 Menschen, darunter etwa 80 000 Familien, in Flüchtlingslagern oder Massenquartieren leben. Es handelt sich um Ostvertriebene, um Spätheimkehrer und heimatlose Ausländer, überwiegend aber um Flüchtlinge aus Mitteldeutschland, deren Zustrom nach wie vor anhält. Trotz aller Bemühungen der staatlichen Stellen, die Lager planmäßig aufzulösen und ihre Insassen in normale Lebensverhältnisse zu bringen, bleiben noch weiterhin hunderttausende für länger oder kürzer, oft bis zu zwei Jahren und darüberhinaus dem Lagerdasein unterworfen.

Diese Lager sind Herde schwerster menschlicher Not und sozialer Gefährdung. Hier geht es um Menschen, die Heimat und Habe verloren und zumeist unter einem marxistischen System leben mußten, dabei ständig der raffinierten Propaganda einer atheistischen Weltanschauung ausgeliefert waren und oft genug in bedrängten wirtschaftlichen Verhältnissen standen. Bei längerem Lageraufenthalt ist das Familienleben ernstlich bedroht und der einzelne verliert allzu leicht seine sittliche Widerstandskraft und die innere Freudigkeit, sich ein neues Leben aufzubauen. Für Katholiken bedeutet zudem die Lagerzeit vielfach schlimmste Diaspora und Glaubensgefährdung. Unabsehbarer Schaden an Leib und Seele droht besonders den Kindern und Jugendlichen.

Darum muß alles getan werden, um das Lagerleben möglichst abzukürzen und die Gefahren des Lageraufenthaltes durch gute Betreuung herabzumindern.

Wir erkennen dankbar an, daß die verantwortlichen Stellen in Bund und Ländern Großes leisten in der Bewältigung dieser Not.

Wir bitten aus unserer Hirtenverantwortung, all diese Bemühungen zu verstärken und vor allem den sozialen Wohnungsbau zu steigern und noch stärker als bisher auf das Ziel der Lagerauflösung auszurichten.

Im Geiste christlicher Caritas leistet seit Jahren der Katholische Lagerdienst, der von einer Arbeitsgemeinschaft verschiedener katholischer Verbände und Einrichtungen getragen wird, wertvolle seelsorgliche und fürsorgerische Arbeit. Den Priestern und Laien, die in der opfervollen und mühsamen Lagerbetreuung tätig sind, gebührt unser aufrichtiger Dank. Es ist dringend geboten, daß Seelsorge und Caritas ihre Bemühung in den Lagern weiterhin verstärken. Das kann aber nur geschehen mit der Unterstützung des ganzen katholischen Volkes.

Darum bitten wir die Seelsorger, unter den Gläubigen die Verantwortung für die Lagernot wach zu halten, zuziehende ehemalige Lagerinsassen mit besonderer Liebe zu betreuen und ihnen in der Kirche Heimat zu geben.

Unsere katholischen Gemeinschaften haben die große Aufgabe, mit den Lagerinsassen Kontakt zu schaffen, zumal wenn sich in der eigenen Pfarrei solche Massenunterkünfte befinden.

Jeder einzelne ist angerufen, seinen Teil beizutragen. Es seien nur einige Möglichkeiten der Hilfe genannt: Aufnehmen von Schulkindern in Gastfamilien für die Wintermonate, Patenschaften für Wohnungs- und Zimmerausstattungen, Spenden an Kleidung, Hausrat oder Geld. Vor allem aber sollen jene, die aus den Lagern kommen, im katholischen Volk gute Nachbarn und Arbeitskameraden finden.

Gott ruft uns an in der Flüchtlingsnot unseres Volkes. Seien wir barmherzig, damit wir selbst für eine ernste Zukunft Barmherzigkeit erlangen!

Wir bitten

um Ihre Hilfe und Unterstützung für die Anliegen der Lagernot:

SOZIALWERK

der Ackermann-Gemeinde e.V.

Postscheckkonto: München 5205   München 23, Beichstraße 1

VI. Wirken der Heimatvertriebenen im Landkreis

1. Politische und kommunale Mitwirkung der Heimatvertriebenen

Wenn man weiß, wie diesem Personenkreis mitgespielt wurde, Haus und Hof, die persönliche Habe zurückgelassen und Angehörige durch Terror verloren, sah die Situation für viele trostlos aus. Daß diese Heimatlosen sich gleich nach Flucht und Vertreibung sofort in ihrer neuen Heimat, in den Städten und Dörfern, um den Wiederaufbau unseres Staates durch aktives Mitwirken in den kommunalen Parlamenten bemühten, verdient gewiß große Beachtung. Deshalb soll in dieser Dokumentation mit Bekanntwerden der Namen, Herkunft und Einsatzzeit eine Anerkennung für dieses Wirken ausgesprochen werden und durch die Herkunft die weite Streuung aus den Ländern des Ostens aufgezeigt sein. Gleichermaßen soll bekannt werden, in wieviel Gemeinden Heimatvertriebene und Flüchtlinge eine besondere Ehrung für ihr Wirken erfahren durften. Auszeichnungen, die über die kommunale Ebene hinausgingen, sind nicht erfaßt, weil ihre Vollzähligkeit nicht erreichbar ist und Lücken in dieser Dokumentation, so weit möglich, vermieden werden sollen.

Die große Zahl der Gemeinde- und Stadträte (275, darunter auch Bürgermeister, 3 erste, 6 zweite, 3 dritte) und Kreisräte (46) sowie 1 Bezirksrat, zeigen ebenso wie die Gemeinden (es gab nur eine Ausnahme) die Breite, in der dieser Personenkreis von Altusried bis Oberstdorf tatkräftig mitwirkte:

21 Ehrungen	auf kommunaler Ebene wurden Heimatvertriebenen zuteil.
6 mal	wurde der Ehrenring des Landkreises an Heimatvertriebene und Flüchtlinge verliehen (bei insgesamt 31 Verleihungen).

Laßt uns den Landkreis einmal von Norden bis Süden durchwandern.

Kreisräte

aus den Altlandkreisen Kempten, Sonthofen und dem Landkreis Oberallgäu (die Orte hinter den Namen geben den Wohnsitz im Landkreis wieder, der Herkunftsort und das Herkunftsland sind angegeben, die Zeit ihres Einsatzes genannt).

Name/Vorname	Wohnort	Herkunftsort	Herkunftsland	von – bis
Baier Adolf	Immenstadt	Röchlitz/Reichenb.	Sudetenland	1948 – 49
Bartl Helga	Sonthofen	Zwickau	Sudetenland	1980 – 84
Beh Hans	Sonthofen	Krs.Reichenberg	Sudetenland	1948 – 52

Name/Vorname	Wohnort	Herkunftsort	Herkunftsland	von–bis
Bittner Karl	Sonthofen	Schweidnitz	Schlesien	1978–84
Brosig Dr. Hermann	Oberstaufen	Niederlindewiese (Freiwaldau)	Sudetenland	1966–72
Bruckner Michael	Immenstadt	Czernowitz	Rumänien	1948–52
Cieslar Erich	Seltmanns	Neu-Oderberg	Sudetenland	1960–72
Ecke Dr. Ralf	Oberstdorf	Stettin	Pommern	1984–96
Eicheler Adolf	Wengen	Deutsch Gabel	Sudetenland	1948–52
Fiegert Hans	Neuhausen bei Kempten	Breslau	Schlesien	1948–56
Gahler Josef	Durach	Dörfel/Reichenb.	Sudetenland	1956–60
Gimmler Wolfgang	Oberstdorf	Breslau	Schlesien	1990–96
Golda Robert	Sonthofen	Müglitz/ Hohenstadt	Sudetenland	1956–65
Grasse Eberhard	Sonthofen	Neusalz	Schlesien	1960–66
Grebenstein Dr. Rolf	Immenstadt	Plauen	Sachsen	1990–96
Harbarth Jürgen	Immenstadt	Riesenburg (Rosenberg) Danzig	Westpreußen	1972–96
Hesse Alfred	Blaichach	Langenbiela (Reichenbach)	Schlesien	1966–72
Horn Rudolf	Altusried	Reichenberg	Sudetenland	1952–56
Horna Erich	Sonthofen	Steinhof-Golddorf (Freiwaldau a. d. Eger)	Sudetenland	1951–52 1960–66 1972–78 1980–84
Hüttenrauch Hans Joachim	Immenstadt	Blankenhain	Thüringen	1966–78
Hujer Rudolf	Immenstadt	Luxdof (Gablonz)	Sudetenland	1952–60
Jahn Dr. Walter	Oberstdorf	Gera	Thüringen	1946–52
Kampe Heinz	Sonthofen	Breslau	Schlesien	1954–56 1972–78
Knobloch Dr. Arthur	Hindelang	Mährisch Schönberg	Sudetenland	1948–52
Krause Ernst	Weitnau	Barrdorf (Böhmisch Leipa)	Sudetenland	1952–61
Kutzora Erich	Oberstaufen	Gleiwitz	Schlesien	1948–54
Langhans Josef	Immenstadt	Lindenau (Böhmisch Leipa)	Sudetenland	1952–56
Langosch August	Fischen	Bauerwitz (Leobschütz)	Schlesien	1948–52
Langstein Kurt	Immenstadt	Zwickau	Sachsen	1956–80
Lenhart Josef	Buchenberg	Deutsch-Liebau (Mähr. Schönberg)	Sudetenland	1946–56
Lorenz Dr. Josef	Immenstadt	Mastig (Hohenelbe)	Sudetenland	1952–58
Martin Anke	Blaichach	Leipzig	Sachsen	1990–96

Name/Vorname	Wohnort	Herkunftsort	Herkunftsland	von – bis
Mengden Altenwoga				
Frhr. v., Felix	Sonthofen	Riga	Lettland	1978 – 84
Möller KarlHeinz	Sulzberg	Reichenberg	Sudetenland	1952 – 56
Molsen Otto	Oberstdorf	Kraschewo	Ostpreußen	1965 – 72
Raischner Josef	Immenstadt	Nixdorf/	Sudetenland	1956 – 59
		Schluckenau		
Rössler Kurt	Sonthofen	Gelenau/Erzgeb.	Sachsen	1966 – 72
Schienle Hans	Hegge	Freudenthal	Sudetenland	1948 – 56
Schubert Walter	Immenstadt	Brünn/Mähren	Mähren	1948 – 55
Schuh Rudolf	Bad Oberdorf	Schwaderbach	Sudetenland	1956 – 66
		(Graslitz)		
Stengel Anni	Sonthofen	Gelenau/Erzgeb.	Sachsen	1972 – 73
Taubmann Max	Oberstdorf	Tetschen-	Sudetenland	1952 – 54
		Bodenbach		
Voigt Katharina	Sonthofen	Breslau	Schlesien	1990 – 96
Winter Adolf	Oberstdorf	Asch	Sudetenland	1956 – 96
Zwetschke Adolf	Blaichach	Hermesdorf	Sudetenland	1948 – 52
		(Mähr. Schönberg)		

Bezirksräte

Name/Vorname	Wohnort	Herkunftsort	Herkunftsland	von – bis
Mengden Altenwoga				
Frhr. v., Felix	Sonthofen	Riga	Lettland	1978 – 82
				1986 – 96

Bundestagsabgeordnete

Name/Vorname	Wohnort	Herkunftsort	Herkunftsland	von – bis
Voigt Ekkehard	Sonthofen	Hälse (Königs-	Ostbranden-	1978 – 80
		berg/Neumarkt)	burg	1982 – 87

Den „Ehrenring des Landkreises" erhielten:

Name/Vorname	Herkunftsort	Herkunftsland
Dellner Otto	Königswerth (Falkenau a. d. Eger)	Sudetenland
Grundmann Werner	Hohenofen (Lauterbach) Krs. Sprottau	Schlesien
Kunert Julius	Warnsdorf	Sudetenland
Langstein Kurt	Zwickau	Sachsen
Rössler Emil Edwin	Gelenau/Erzgebirge	Sachsen
Schauer Dr. Helmut	Dresden	Sachsen

Dazu erließ der Landkreis eine besondere Satzung, die kurz ausgedrückt, folgendes aussagt:

1) Zur Würdigung von besonderen persönlichen Verdiensten um den Landkreis Oberallgäu stiftet der Landkreis einen Goldenen Ehrenring.

2) Der Goldene Ehrenring des Landkreises Oberallgäu wird an Personen verliehen, die sich im politischen, wirtschaftlichen, kulturellen, sportlichen oder sozialen Bereich in hervorragendem Maße um den Landkreis Oberallgäu und seine Bevölkerung verdient gemacht haben.

3) Über die Verleihung des Goldenen Ehrenringes entscheidet der Kreistag auf Empfehlung des Kreisausschusses in nichtöffentlicher Sitzung. Der Beschluß bedarf einer Mehrheit von zwei Dritteln der gesetzlichen Mitglieder des Kreistages.

Gemeinde- und Stadträte

Markt Altusried

Name/Vorname	Herkunftsort	Herkunftsland	von–bis
1. Altusried			
Ahne Emil	Günthersdorf (Tetschen)	Sudetenland	1972–78
Heyer Wilhelm	Polaun (Gablonz)	Sudetenland	1952–56
Horn Rudolf	Reichenberg	Sudetenland	1952–56
Lang Otto	Franzendorf (Reichenberg)	Sudetenland	1956–66
Lorenz Dietmar	Katharinenberg (Reichenberg)	Sudetenland	1966–71
			1978–84
Spitzbarth Gustav	Steinpöhl (Asch)	Sudetenland	1966–76
2. Frauenzell			
Slechsig Franz	Wehowitz (Wehen)	Oberschlesien	1948–52
Holdschick Anton	Witschin (Tepl)	Sudetenland	1960–66
3. Kimratshofen			
Forster Franz	Lanz (Falkenau)	Sudetenland	1948–52
Götz Franz	Sollmus (Luditz)	Sudetenland	1948–52
Kalhorn Martin	Kukehnen (Bartenstein)	Ostpreußen	1956–71
Kaut Franz	Neustift (Iglau)	Mähren	1956–60
Kraus Karl	Engelhaus (Karlsbad)	Sudetenland	1966–71
Pospischil Johann	Ober-Ullischen (Mähr. Schönberg)	Sudetenland	1952–54
Schorm Stefan	Hattendorf (Hohenelbe)	Sudetenland	1954–56
Weiser Felix	Ludwigsthal (Freudenthal)	Sudetenland	1952–56
4. Krugzell			
Appelt Franz	Röchlitz (Reichenberg)	Sudetenland	1948–51
Korb Ernst	Pirkenhammer (Karlsbad)	Sudetenland	1952–56

Durch die Gemeinde Altusried wurden mit der „Bürgermedaille in Silber" ausgezeichnet: Ahne Emil als Gemeinderat und Schulleiter, Zimmermann Josef aus Gablonz/Neiße, Sudetenland, als Regisseur der Freilichtspiele mit der „Bürgermedaille in Gold".

Gemeinde Betzigau

Name/Vorname	Herkunftsort	Herkunftsland	von–bis
Leukert Robert	Reichenberg	Sudetenland	1948–52
Schmidt Karl	Bärn	Sudetenland	1955–56
Senftleben Alfred	Petschau (Glogau)	Schlesien	1949–52
Sobania Wolfgang	Breslau	Schlesien	1983–84
Tokan Emil	Reichenberg	Sudetenland	1952–56

Gemeinde Blaichach

Name/Vorname	Herkunftsort	Herkunftsland	von–bis

1. Blaichach

Deistler Adam	Liebenstein (Eger)	Sudetenland	1948–56
Herrmann Gustav	Niemes (Deutsch Gabel)	Sudetenland	1952–56
Hesse Alfred	Langenbielau (Reichenberg)	Schlesien	1952–78
Hüttl Reinhold	Gängerhof (Tepl)	Sudetenland	1960–66
Klement Anton	Asch	Sudetenland	1960–72
Kovarik Rudolf	Weheditz (Karlsbad)	Sudetenland	1966–96
Schilbach Adolf	Graslitz	Sudetenland	1956–60
Schwab Johann	Nieder-Johnsdorf (Landskron)	Sudetenland	1966–72
Saase Erhard	Nieder-Kammnitz (Tetschen)	Sudetenland	1966–72

2. Gunzesried

Eckert Rudolf	Grafengrün	Sudetenland	1952–56

Markt Buchenberg

Name/Vorname	Herkunftsort	Herkunftsland	von–bis

1. Buchenberg

Antusch Adolf	Weisskirchen (Reichenberg)	Sudetenland	1978–82
Arlart Dr. Willi	Königshütte	Oberschlesien	1948–52
			1956–66
			1972–84
Fischer Siegfried	Pommerndorf (Hohenelbe)	Sudetenland	1960–62
Lenhart Josef	Deutsch Liebau (Mähr. Schönberg)	Sudetenland	1948–62
Piller Johann	Saitz (Nikolsburg)	Mähren	1962–72
Radtke Karl	Gollnow (Neugard)	Pommern	1952
Schwarzer Johann	Stubenseifen (Mähr. Schönberg)	Sudetenland	1952–56

2. Kreuzthal

Rimili Martin	Terem (Sathmar) 1. Bürgermeister	Rumänien	1960–71

Gemeinde Burgberg

Name/Vorname	Herkunftsort	Herkunftsland	von–bis
Than Fritz	Graslitz	Sudetenland	1952–66
Thuma Johann	Brenntenberg (Prachatitz)	Sudetenland	1960–84
Tschinkl Alfred	Elbogen	Sudetenland	1952–66
Tschinkl Roland	Elbogen	Sudetenland	1966–78

Markt Dietmannsried

Name/Vorname	Herkunftsort	Herkunftsland	von–bis
1. Dietmannsried			
Bittner Bruno	Johannisthal (Reichenberg)	Sudetenland	1949–54
Breitfeld Johann	Pürstein (Kaaden)	Sudetenland	1972–85
Greipel Rudolf	Braunsdorf (Jägerndorf)	Sudetenland	1960–66
Grüger Wolfgang	Breslau	Schlesien	1949–56
Hölzli Stefan	Erdeed	Rumänien	1966–71
Janka Dr. Josef*	Komotau	Sudetenland	1956–72
	3. Bürgermeister		1956–61
	2. Bürgermeister		1961–64
	1. Bürgermeister		1964–73
Reichel Josef	Böhmischdorf (Freiwaldau)	Sudetenland	1957–59
Schwarzbeck Karl	Kalsching (Krummau)	Sudetenland	1954–56
Wieland Franz	Reetz (Belzig)		1954–59
	Brandenburg		
2. Probstried			
Bodem Alfred	Grünberg (Graslitz)	Sudetenland	1957–58
Brauner Walter	Hohenfluss (Mähr. Schönberg)	Sudetenland	1958–61
Krause Alfred	Oberrosental (Reichenberg)	Sudetenland	1952–56
Trinko Anton	Freistadt	Schlesien	1952–61
3. Reicholzried			
Bock Max	Reval	Estland	1948–49
Hensel Helmut	Gülchen (Namslau)	Schlesien	1953–56
Reibl Franz	Eib	Jugoslawien	1948–50
Richter Bruno	Philippsdorf (Rumburg)	Sudetenland	1948
Schwandtner Josef	Stangendorf (Trautenau)	Sudetenland	1956
Stab Erich	Breslau	Schlesien	1952–53
Waschku Julius	Ojes (Komotau)	Sudetenland	1950–52

* Erhielt von der Gemeinde die „Bürgermedaille in Gold".

326

Gemeinde Durach

Name/Vorname	Herkunftsort	Herkunftsland	von–bis
Bloch Wilhelm	Brünn	Mähren	1972–90
Gahler Herta	Dörfel (Reichenberg)	Sudetenland	1956–60
Gahler Josef	Dörfel (Reichenberg)	Sudetenland	1960–72
Petruv Franz	Friedland	Sudetenland	1952–56
Peuker Dieter	Weissenkirchen a. d. Neiße	Schlesien	1960–72
Peukert Josef	Radl (Gablonz)	Sudetenland	1960–72
Seidl Lothar	(Vater aus Reichenberg)	Sudetenland	1990–96
	2. Bürgermeister		1984–90
Weber Maria	Karlsbad	Sudetenland	1966–84
	2. Bürgermeisterin		1990–96
Wünsch Josef	Alt-Harzdorf (Reichenberg)	Sudetenland	1960–66

Die Gemeinde verlieh Hans Zischka aus Dehenten (Tachau) Egerland die „Ehrenbürgerwürde" und Hildegard Ritter aus Breslau den „Ehrenkrug" der Gemeinde.

Gemeinde Haldenwang

Name/Vorname	Herkunftsort	Herkunftsland	von–bis
Allisat Kurt	Tilsit	Ostpreußen	1952–56
Berger Georg	Breslau	Schlesien	1948–52
Breitfeld Ludwig	Pürstein (Kaaden)	Sudetenland	1952–56
Hilke Hermann	Tetschen-Bodenbach	Sudetenland	1956–60
Hübner Otto	Altpaulsdorf (Reichenberg)	Sudetenland	1951–52
Klose Herbert	Breslau	Schlesien	1948–51
Langer Erhard	Spornhau (Mähr. Schönberg)	Sudetenland	1960–66
Wunderlich Johann	Asch	Sudetenland	1952

Die Gemeinde verlieh Franz Flach, Hauptlehrer, aus dem Sudetenland die „Ehrenbürgerwürde".

Markt Hindelang

Name/Vorname	Herkunftsort	Herkunftsland	von–bis
Knobloch Dr. Alfred	Mährisch Schönberg	Sudetenland	1948–52
Krüger Erich	Belgard	Pommern	1948–52
Rief Wilhelm	Schwaderbach (Graslitz)	Sudetenland	1948–60
Schindler Rudolf	Auscha (Leitmeritz)	Sudetenland	1952–66

Verwaltungsgemeinschaft Hörnergruppe

Name/Vorname	Herkunftsort	Herkunftsland	von–bis
1. Fischen			
Linke Rudolf	Bösenrode	Thüringen	1956–60
Schnaubelt Herbert (Sohn eines Heimatvertriebenen)	Hermannstadt (Freiwaldau)	Sudetenland	1978–96
Wittner Karl	Stelzengrün (Elbogen)	Sudetenland	1952–66
2. Balderschwang			
Beutel Herbert	Riesengebirge	Sudetenland	1950–52
Jaanson Viktor	Hagsal (Läänemaa)	Estland	1956–66
Pindl Theo	Scherlmühle (Eisenstein)	Sudetenland	1960–72
Ruschel Max	Leipzig	Sachsen	1952–55
3. Bolsterlang			
Herbst Josef	Humwald (Prachatitz)	Sudetenland	1951–56
Lippert Karl	Graslitz	Sudetenland	1951–56
Lippert Josef	Graslitz	Sudetenland	1972–90
Wanitschke Josef	Grulich	Sudetenland	1958–72

Stadt Immenstadt

Name/Vorname	Herkunftsort	Herkunftsland	von–bis
1. Immenstadt			
Baier Adolf	Röchlitz (Reichenberg)	Sudetenland	1948–52
Dinnebier Hans	Warnsdorf	Sudetenland	1972–78
Funk Horst	Lugau (Erzgebirge)	Sachsen	1978–96
Harbarth Jürgen	Riesenburg (Rosenberg) Danzig und 3. Bürgermeister	Westpreußen	1972–96
Heger Walter	Sebusein (Aussig)	Sudetenland	1946–78
Hesselbarth Otfried	Insterburg	Ostpreußen	1982–84
Hüttenrauch Hans Joachim	Blankenhain	Thüringen	1966–84
Klopstock Dr. Helmut	Prag	Böhmen	1972–78
Langhans Rudolf	Lindenau (Deutsch Gabel)	Sudetenland	1966–72
Langstein Kurt	Zwickau	Sudetenland	1956–72
Lorenz Dr. Josef	Mastig (Hohenelbe)	Sudetenland	1948–56
Pfister Doris	Trautenau	Sudetenland	1978–96
Plasa Wolfgang	Beuthen	Schlesien	1972–96
Rabel Klaus	Breslau-Goldschmieden	Schlesien	1978–96
Raischner Josef	Nixdorf (Schluckenau)	Sudetenland	1952–59
Richter Adolf	Böhm. Kamnitz (Tetschen)	Sudetenland	1956–66
Suck Wenzel	Triebl (Tachau)	Sudetenland	1968–70
Wenzel Herbert	Warnsdorf	Sudetenland	1956–62

Name/Vorname	Herkunftsort	Herkunftsland	von–bis
Wohner Wenzel	Bergstadt Platten (Neudek)	Sudetenland	1952–56
Würfel Walter	Warnsdorf	Sudetenland	1948–52
Zeller Paul	Hindenburg	Schlesien	1956–60

2. Akams

Meinlschmidt Anton	Graslitz	Sudetenland	1948–54

3. Bühl am Alpsee

Klopstock Dr. Edwin	Zwickau	Sudetenland	1956–60
Mörtl Karl	Thierbach (Neudek)	Sudetenland	1952–56
Zeidler Hans	Bad Königswart (Marienbad)	Sudetenland	1952–60

4. Diepolz

Hradek Leo	Albrechtsried (Bergreichenstein)	Sudetenland	1948–56
Wohner Wenzel	Bergstadt Platten (Neudek)	Sudetenland	1948–52

5. Eckarts

Heger Josef	Erasmus (Bischofteinitz)	Sudetenland	1948–56
Klenowsky Wilhelm	Wenussen (Mies)	Sudetenland	1948–52

6. Rauhenzell

Kariger Gustav	Zuckmantel (Freiwaldau)	Sudetenland	1952–66
Kunz Stephan	Christophhammer (Kaaden)	Sudetenland	1966–72
Mottl Franz	Landskron	Sudetenland	1966–72

7. Stein

Götzl Wilhelm	Triebitz (Landskron)	Sudetenland	1948–52
Heidrich Ferdinand	Oberberzdorf (Reichenberg)	Sudetenland	1954–66
Just Anton	Kunnersdor (Reichenberg)	Sudetenland	1956–66
Langhammer Richard	Schwaderbach (Graslitz)	Sudetenland	1954–56
Muck Konrad	Elbogen (Falkenau a. d. Eger)	Sudetenland	1948–55
Nather Adolf	Würbenthal (Freudenthal)	Sudetenland	1966–72
Schmidt Rudolf	Bennisch (Freudenthal)	Sudetenland	1948–54
Unzeit Franz	Oskau (Sternberg)	Sudetenland	1952–55
Wohlmann Anton	Wetzwalde (Reichenberg)	Sudetenland	1954–58

Ehrungen:

Julius Kunert erhielt von der Stadt das „Ehrenbürgerrecht" und die „Goldene Bürgermedaille" mit einer Straßenbenennung.

Mit dem „Goldenen Ehrenring" wurden ausgezeichnet: Walter Heger (Sebusein), Karl Herzig (Mährisch Lotschau, Zwittau), Karl Stempian (Unter Reichenau, Falkenau a. d. Eger), Wolfgang Plasa (Beuthen), Jürgen Harbarth (Riesenburg).

Die „Silberne" und die „Goldene Sportehrennadel" erhielt Klaus Rabel (Breslau).

Gemeinde Lauben

Name/Vorname	Herkunftsort	Herkunftsland	von–bis
Kalfirst Karl	Einsiedel (Reichenberg)	Sudetenland	1960–66
Knechtel Rudolf	Jablonez/Iser (Hohenelbe)	Sudetenland	1948–52
Maiwald Anton	Porstendorf (Mähr. Trübau)	Sudetenland	1956–60
Sattler Josef	Scherlowitz (Mies)	Sudetenland	1948–52
Schubert Othmar	Brünn	Mähren	1952–56
Uhl Josef	Dallwitz (Karlsbad)	Sudetenland	1966–78
Wilhelm Franz	Oberheinzendorf (Mähr. Trübau)	Sudetenland	1956–72
Wolf Josef	Ebersdorf (Mähr. Schönberg)	Sudetenland	1952–56

Gemeinde Missen-Wilhams

Name/Vorname	Herkunftsort	Herkunftsland	von–bis

1. Missen

Name/Vorname	Herkunftsort	Herkunftsland	von–bis
Appel Ernst	Landskron	Sudetenland	1948–52
Egerer Franz	Lusading (Tepl)	Sudetenland	1952–57
Grundmann Werner	Breslau	Schlesien	1948–50
Lindner Alois	Platten (Komotau)	Sudetenland	1951–52
Pössel Wenzel	Platten (Komotau)	Sudetenland	1950–51
Schilder Johann	Groß-Ullersdorf (Mähr. Schönberg)	Sudetenland	1948–49

2. Wilhams

Name/Vorname	Herkunftsort	Herkunftsland	von–bis
Altmann Ernst	Eulau (Tetschen)	Sudetenland	1948–52
Dotzauer Willibald	Eichelberg (Eger)	Sudetenland	1948–52
Schaul Kurt	Memel	Litauen	1956–58
Schubert Josef	Haslicht (Bärn)	Sudetenland	1948–52
Veit Ernst	Freiberg (Neutitschein)	Sudetenland	1952–56
	vorher 1. Bürgermeister		1948–52

Markt Oberstaufen

Name/Vorname	Herkunftsort	Herkunftsland	von–bis

1. Oberstaufen

Name/Vorname	Herkunftsort	Herkunftsland	von–bis
Brinkmann Karl	Halle (Saale)	Sachsen-Anhalt	1948–52
Brosig Dr. Hermann	Niederlindewiese (Freiwaldau)	Sudetenland	1952–56
Bubenik Rudolf	Mähr. Schönberg	Sudetenland	1956–60
Langer Alfred	Georgenthal (Liegnitz)	Schlesien	1952–56
Matern Alfred	Breslau	Schlesien	1948–52
Seeliger Detlef	Proseznice (Prag)		1952–56
Weinl Franz Josef	Kurschin (Tepl)	Sudetenland	1966–72
Weipert Konrad	Kunnersdor (Deutsch Gabel)	Sudetenland	1956–60

Name/Vorname	Herkunftsort	Herkunftsland	von–bis
2. Aach im Allgäu			
Brosch Grimolt	Freiburg	Sachsen	1948–52
Gottfried Hans	Neudek	Sudetenland	1948–52
Pachner Johann	Iglau	Mähren	1952–56
Pretsch August	Troppau	Sudetenland	1948–56
Schiller Richard	Iglau	Mähren	1952–56
Unterstab Anton	Schlaggenwald (Elbogen)	Sudetenland	1956–60
3. Thalkirchdorf			
Grasse Eberhard	Neusalz (Oder)	Schlesien	1948–50
Langhammer Alois	Schwaderbach (Graslitz)	Sudetenland	1948–58
Lippert Georg	Falkenau a. d. Eger	Sudetenland	1948–52
Lorenz Ernst	Grünberg	Schlesien	1952–60
Rotzoll Otto	Breslau	Schlesien	1948–52
Stempian Adolf	Königsberg (Falkenau a. d. Eger)	Sudetenland	1952–60

Ehrungen:

Dr. Hermann Brosig wurden das „Ehrenbürgerrecht" und der „Ehrenring" des Marktes verliehen. Anton Unterstab erhielt den „Silbertaler" des Marktes.

Markt Oberstdorf

Name/Vorname	Herkunftsort	Herkunftsland	von–bis
1. Oberstdorf			
Arminstead Sybille	Jena	Thüringen	1966–72
Ecke Dr. Ralf	Stettin	Pommern	1990–96
Geister Elfriede	Liegnitz	Schlesien	1952–56
Gimmler Wolfgang	Breslau	Schlesien	1990–96
Penke Emil	Seedorf (Flatow)	Pommern	1956–66
Taubmann Max	Tetschen	Sudetenland	1952–56
Wieczorkowski Erwin	Berlin		1952–56
Weißenberger Fritz	Breslau	Schlesien	1948–52
Winter Adolf	Asch	Sudetenland	1956–66
			1972–84
2. Schöllang			
Fritsch Franz	Spillendorf (Freudenthal)	Sudetenland	1956–60
Meffert Wilhelm	Scheureck (Prachatitz)	Sudetenland	1952–56

Der Markt Oberstdorf verlieh die „Bürgermedaille" an Werner Grundmann aus Hohenhofen (Komotau) und an Adolf Winter aus Asch, die „Gertrud von Le Fort Medaille" an Walter Müller aus Michelob (Saaz) und an Adolf Winter aus Asch, die „Verdienstmedaille" an Werner Dienel aus Sprensberg/Schlesien, die „Verdienstspange" an Thomas Müller (Sohn von Walter Müller, nach der Vertreibung geboren), 2-facher Europameister, 2-facher Weltmeister und Olympiasieger in der Disziplin „Nordische Kombination".

Gemeinde Oy-Mittelberg

Name/Vorname	Herkunftsort	Herkunftsland	von–bis
1. Oy			
Adolf Dietmar	Ochsengraben (Hohenelbe)	Sudetenland	1978–87
Schroeder Helmut	Ueckermünde	Pommern	1962–66
2. Petersthal			
Bieber Vincens	Nikolsburg	Mähren	1948–52

Gemeinde Rettenberg

Name/Vorname	Herkunftsort	Herkunftsland	von–bis
1. Rettenberg			
Geier Theodor	Saubsdorf (Freiwaldau)	Sudetenland	1953–56
GrÖger Dr. Emil	Groß-Kunzendorf (Freiwaldau)	Sudetenland	1948–66
Kraus Rudolf	Bullendorf (Friedland)	Sudetenland	1953–55
Nowotny Dr. Peter	Komotau	Sudetenland	1990–96
Pelz Ottmar	Kunzendorf (Freiwaldau)	Sudetenland	1953–60
Schulz Karl	Tetschen-Bodenbach 1. Bürgermeister	Sudetenland	1972–84
2. Untermaiselstein			
Schulz Karl	Tetschen-Bodenbach 1. Bürgermeister	Sudetenland	1966–72

Stadt Sonthofen

Name/Vorname	Herkunftsort	Herkunftsland	von–bis
1. Sonthofen			
Bittner Karl	Schweidnitz 2. Bürgermeister	Niederschlesien	1972–90
Engesser Erika	Karlsbad	Sudetenland	1966–72
Falta Josef	Braunau	Sudetenland	1952–60
Grasse Eberhard	Neusalz a. d. Oder	Niederschlesien	1952–69
Horna Erich	Golddorf	Sudetenland	1960–84
Hrdina Wenzel	Nieder-Rokitai/Münchengrätz	Sudetenland	1952–56 1959–60 1967–96
Kampe Heinz	Breslau	Schlesien	1966–72
Mehner Heinz	Gelenau (Erzgebirge)	Sachsen	1984–96
Mengden-Altenwoga Frhr. v. Felix	Riga	Lettland	1976–78 1990–96

Name/Vorname	Herkunftsort	Herkunftsland	von – bis
Rössler Kurt	Gelenau (Erzgebirge)	Sachsen	1956 – 84
	3. Bürgermeister		1969 – 72
Strauchner			
Maria Anna	Tepl	Sudetenland	1990 – 96
Strobach Hans	Groß-Schönau (Schluckenau)	Sudetenland	1984 – 96
Voigt Ekkehard	Hälse (Königsberg Neumark)	Ostbrandenburg	1972 – 90
Voigt Katharina	Breslau	Schlesien	1990 – 96

2. Altstädten

Peter Wolfgang	Partschendorf/Neu Titschein	Sudetenland	1949 – 59

Die Stadt Sonthofen hat Karl Bittner die „Silbermedaille" und den „Goldenen Ehrenring" der Stadt und Wolfgang Peter den „Goldenen Ehrenring" der Stadt verliehen.

Markt Sulzberg

Name/Vorname	Herkunftsort	Herkunftsland	von – bis

1. Sulzberg

Eppert Richard	Reichenberg	Sudetenland	1952 – 56
Möller Karl Heinz	Reichenberg	Sudetenland	1948 – 54
	später in Kempten Stadtrat		1966 – 90
	und 2. Bürgermeister		1972 – 84
Penker Anton	Aussig	Sudetenland	1948 – 52
Schneider Rudolf	Niemes (Deutsch Gabel)	Sudetenland	1955 – 56
Schubert Wenzel	Reichenberg	Sudetenland	1956 – 78
	2. Bürgermeister		1972 – 78
Wilhelm Helmut	Kriebethal (Waldheim)	Sachsen	1966 – 72

2. Moosbach

Hartmann Adam	Balten	Rumänien	1952 – 56
Zahn Josef	Michelsdorf (Karlsbad)	Sudetenland	1952 – 72

3. Ottacker

Brandl Josef	Königsberg (Falkenau a. d. Eger)	Sudetenland	1948 – 52
Burkl Ernst	Königsberg (Falkenau a. d. Eger)	Sudetenland	1952 – 56
Magerl Anton	Fünfhunden (Kaaden)	Sudetenland	1948 – 52
Schippel Bruno	Breitenbach (Neudek)	Sudetenland	1948 – 52
Schmidt Alfred	Allenstein	Ostpreußen	1960 – 72

Gemeinde Waltenhofen

Name/Vorname	Herkunftsort	Herkunftsland	von–bis
1. Waltenhofen			
Burkert Wilhelm	Johannesthal (Reichenberg)	Sudetenland	1948–56
Häusler Arthur	Riesenberg Gde. Ossegg (Dux)	Sudetenland	1982–85
Naber Dr. Viktor	Gradzanowo	Polen	1960–72
Pöllmann Johann	Werthengrün (Asch)	Sudetenland	1956–60
Schienle Hans	Freudenthal	Sudetenland	1952–60
Stöhr Rudolf	Freiwaldau	Sudetenland	1960–96
Wilfling Otto	Arnsgrün (Ölsnitz)	Sachsen	1948–60
Wollmann Wilhelm	Karolinsfeld (Reichenberg)	Sudetenland	1948–66
Wollmann Willi jun.	Tannwald (Gablonz/Neiße)	Sudetenland	1981–84
2. Memhölz			
Köhler Anton	Neustadt (Friedland)	Sudetenland	1948–52
Porsche Richard	Neuharxdorf (Reichenberg)	Sudetenland	1948–71
3. Niedersonthofen			
Feit Karl-Heinz	Würbenthal (Freudenthal)	Sudetenland	1956–60
Gaisbauer Josef	Birkenhaid (Prachatitz)	Sudetenland	1962–66
Scherbaum Josef	Falkenau a. d. Eger	Sudetenland	1952–56
Wohlrab Ernst	Schwaderbach (Graslitz)	Sudetenland	1952–56
4. Martinszell			
Bergs Bruno	Mildenau (Reichenberg)	Sudetenland	1958–76
Heupler Ernst	Ujest (Tachau)	Sudetenland	1972–76
König Josef Walter	Luxdorf (Reichenberg)	Sudetenland	1952–60
Neukirchner Karl	Altrohlau (Karlsbad)	Sudetenland	1960–76
Schierz Walter	Lobenda (Schluckenau)	Sudetenland	1952–56

Markt Weitnau

Name/Vorname	Herkunftsort	Herkunftsland	von–bis
1. Weitnau			
Hampel Rudolf	Schneckendorf (Deutsch Gabel)	Sudetenland	1948–60
Klose Fritz	Schweidnitz	Schlesien	1966–72
Klose Ilse	Barrdorf (Böhm. Leipa)	Sudetenland	1984–96
Krause Ernst	Barrdorf (Böhm. Leipa)	Sudetenland	1952–61
Settmacher Ferdinand	Landeshut	Schlesien	1960–66
Stuchlik Dr. Franz	Diethendorf	Sachsen	1948–50
2. Kleinweiler			
Grett Fritz	Ratibor	Oberschlesien	1966–72
Rennert Reinmund	Leitmeritz	Sudetenland	1960–66

334

Name/Vorname	Herkunftsort	Herkunftsland	von–bis
3. Seltmans			
Cieslar Erich	Neu-Oderberg (Freistadt)	Sudetenland	1966–72
			1978
			1979–82
4. Sibratshofen			
König Hans-Joachim	Haindorf (Friedland)	Sudetenland	1972–78
5. Wengen			
Bunke Reinhard	Altwohlau (Wohlau)	Schlesien	1972–79
Eicheler Adolf	Deutsch Gabel	Sudetenland	1948–58

Markt Wertach

Name/Vorname	Herkunftsort	Herkunftsland	von–bis
Großmann Alois	Mönchsdorf (Hohenelbe)	Sudetenland	1948–52
Haier Karl	Schindelwald (Neudek)	Sudetenland	1949–52
Stadtler Anton	Unterreichenau (Falkenau a. d. Eger)	Sudetenland	1956–66

Markt Wiggensbach

Name/Vorname	Herkunftsort	Herkunftsland	von–bis
Botsch Alfred	Dorf Ribben (Sensburg)	Ostpreußen	1954–56
Franz Otto Karl	Leimgruben (Karlsbad)	Sudetenland	1956–84
Kretschmer Max	Neundorf (Reichenberg)	Sudetenland	1948–56
Peter Josef	Horka (Saaz)	Sudetenland	1948–55
Prause Julius	Sochaczew (Warschau)	Polen	1948–51
Stelzig Rudolf	Ober-Wittig (Reichenberg)	Sudetenland	1951–54
Zuber Franz	Königsberg (Falkenau)	Sudetenland	1956–60

Gemeinde Wildpoldsried

Name/Vorname	Herkunftsort	Herkunftsland	von–bis
Aschenbrenner Franz	Aussig	Sudetenland	1950–52
Horn Ernst	Reichenberg	Sudetenland	1952–56
Keppler Karl	Liegnitz	Schlesien	1952–63
Machotta Albert	Hindenburg	Schlesien	1948–52
Preisler Alfred	Weißbach (Friedland)	Sudetenland	1956–60
Prokoph Rudolf	Raspenau (Friedland)	Sudetenland	1948–50
Stießl Dr.Margarete	Mähr. Trübau	Sudetenland	1948–50
Wollmann Bruno	Reichenberg	Sudetenland	1950–56

2. Mitwirken in Kirchen, kirchlichen Organisationen und Gremien

Eine Kirchenglocke aus Schlesien, die jetzt im Oberallgäu erklingt, oder der wundersame Weg einer schlesischen Glocke

Immer, wenn die vier Glocken im Turm der evangelischen „Täufer-Johannis-Kirche" in Sonthofen erschallen, schwingt auch eine Glocke aus Schlesien mit. Diese Glocke mit dem Schlagton „c" stammt aus der evangelischen Kirche der Kirchengemeinde in Königsbruch, Kreis Guhrau, in Niederschlesien und ist schon über 200 Jahre alt. Sie trägt die Beschriftung „Anno 1788 goss mich Johann Gottlieb Meyer in Liegnitz" und hat einen Durchmesser von 72 cm und ein Gewicht von 212 kg.

1.600 Glocken aus den deutschen Gebieten jenseits der OderNeiße-Linie wurden 1951/52 leihweise als sogenannte Patenglocken an Kirchengemeinden ausgegeben. Dabei wurden Glokken aus evangelischen Kirchen den evangelischen Kirchengemeinden und Glocken aus katholischen Kirchen den katholischen Kirchengemeinden angeboten.

Nach einem Klanggutachten erhielt die evangelische „TäuferJohannis-Kirche" 1952 die obige Patenglocke. Für die Patenglocken aus den Ostgebieten des Deutschen Reiches bestehen u. a. folgende Auflagen: Sie dürfen nicht veräußert, nicht verändert, nicht umgegossen, nicht umgesetzt oder getauscht werden. Für den Unterhalt sowie zur Pflege und Wartung ist die Patengemeinde verpflichtet.

Da diese schlesische Glocke bis heute nicht in ihre Heimatkirche zurückkehren konnte, erklingt sie weiterhin aus dem Kirchturm der Patengemeinde mit drei neuen Glocken aus dem Jahre 1956 über Sonthofen und das Allgäuer Land.

Heimatvertriebene Geistliche und andere Vertriebene in kirchlichen Funktionen in der Röm. Kath. Kirche im Gebiet des Oberallgäus

1) Vertriebenenseelsorger der Diözöse Augsburg (Zeit in Klammern)

Msgr. Norbert Hetter	aus Grottau/Oberschlesien, 29.01.1903–25.07.1981
Msgr. Rudolf Hacker	aus Zettlitz, Kreis Karlsbad/Sudetenland, 05.06.1895–08.07.1959 (1947–1959)
Msgr. Robert Franze	aus Rosendorf, Kreis Tetschen/Sudetenland, geb. 13.11.1910 (1961–1977)
Pater Jordan Fenzel	OSA Bischöfl. Geistl. Rat aus Roßhaupt, Kreis Tachau/Sudetenland, geb. 13.08.1930 (1977–1991)
Pater Norbert Schlegel,	OPraem aus Allenstein/Ostpreußen, geb. 09.03.1940. Vorsitzender des Sudetendeutschen Priesterwerks und Beauftragter der Deutschen Bischofskonferenz für die Sudetendeutsche Seelsorge (1991–).

2) Heimatvertriebene Seelsorger im Oberallgäu

Georg Heisig,	Kommorant in Altusried-Muthmannshofen, aus der Diözese Breslau/Schlesien
Franz Wittmann,	Pfarrverweser in Altusried-Muthmannshofen, aus der Diözese Budweis/Böhmen

Herbert Loska,	Geistl. Rat, Pfarrer in Buchenberg, aus Breslau/Schlesien, Diözese Breslau
Josef Hanus,	Kaplan in Fischen und 1. Dekanatsflüchtlingsseelsorger aus der Diözese Jassy/Rumänien
Gerhard Hundeck,	Pfarrer in Immenstadt, aus Katscher, Kreis Grulich/Sudetenland, Diözese Olmütz-Branitz/Mähren
Anton Langhans,	Geistl. Rat, Pfarrer i. R. in Immenstadt-Akams aus Lindenau, Kreis Böhmisch Leipa/Sudetenland, Diözese Leitmeritz
Josef Mühlbauer,	Kommorant in Oberstaufen, aus Sterndorf, Kreis Leitmeritz/Sudetenland, Diözese Leitmeritz
Bernhard Rogenstein,	Geistl. Rat, Oberstaufen, aus Ratiborhammer, Kreis Ratibor/Oberschlesien, Diözese Kattowitz
Horst Grimm,	Kaplan in Oberstaufen, aus Bergstadt-Platten, Kreis Neudek/Sudetenland, Diözese Prag
Emil Pompe,	Kommorant in Oberstaufen-Steibis, aus Parchen, Kreis Tetschen/Sudetenland, Diözese Leitmeritz
Emil Bernert,	Geistl. Rat, Pfarrer in Oberstaufen-Thalkirchdorf, aus Niederlindewiese, Kreis Freiwaldau/Sudetenland, Diözese Breslau/Schlesien
Johann Löffelmann,	Kommorant in Oberstdorf, aus Kladrau, Kreis Mies/Sudetenland, Diözese Prag
Anton Wild,	StudDir i. R. und Betreuer der Pfarrgemeinde Tiefenbach in Oberstdorf-Tiefenbach, aus Schankau-Zettlitz, Kreis Karlsbad/Sudetenland, Diözese Prag
Franz Xaver Langhans,	Geistl. Rat, Pfarrer i. R. in Ofterschwang, aus Lindenau, Kreis Böhmisch Leipa/Sudetenland, Diözese Leitmeritz
Alois Langhans,	Geistl. Rat, Pfarrer i. R. in RettenbergUntermaiselstein, aus Lindenau, Kreis Böhmisch Leipa/Sudetenland, Diözese Leitmeritz
Leo Ligon,	Pfarrer in Sonthofen, aus Königshütte/Oberschlesien, Diözese Kattowitz
Alois Krautwurst,	Mil.-Oberpfarrer i. R. in Sonthofen, aus Frankenstein/Schlesien, Diözese Breslau
Anton Weiß,	Pfarrvikar i. R. in Sonthofen, aus Heiligkreuz, Kreis Tachau/Sudetenland, Diözese Prag
Franz Seidl,	Kaplan in Sonthofen-Altstädten, aus Hirschau, Kreis Markt Eisenstein/Sudetenland, Heimatdiözese Leitmeritz

Josef Stenzel,	Kommorant in Sonthofen-Altstädten, aus der Diözese Breslau/Schlesien
Anton Schindler,	Kommorant in Waltenhofen, aus Grünwald, Kreis Teplitz-Schönau/Sudetenland, Diözese Leitmeritz
Kurt Gottwald,	Pfarrer in Waltenhofen, aus Mährisch Trübau/Sudetenland, Diözese Olmütz/Mähren
Franz Lissner,	Geistl. Rat, Stud. Prof. in Kempten, aus der Diözese Leitmeritz/Sudetenland
Anton Kuhn,	Prälat, Mil.-Dekan a. D. in Kempten, aus der Diözese Ermland/Ostpreußen
Konrad Heidrich,	Pater in Kempten, aus Troppau/Sudetenland, Diözese Olmütz/Mähren
Walter Schneider,	Stadtpfarrer in Kempten-St. Mang, aus Marienbad/Sudetenland, Diözese Prag

Primizianten (Neupriester)

Nikolaus Krefft	aus Damsdorf, Kreis Bütow/Pommern, Primiziant 1951 in der Pfarrei Haldenwang
Jordan Fenzel,	Pater, aus Roßhaupt, Kreis Tachau/Sudetenland, Primiziant 1957 in der Pfarrei Haldenwang
Rudolf Liebig	aus Gablonz a. d. Neiße/Sudetenland, Primiziant 1950 in der Stadtpfarrei Immenstadt
Alfons Sattler,	Herz-Jesu-Missionar (SMC), aus Frühbuß, Kreis Neudek/Sudetenland, Primiziant 1958 in der Stadtpfarrei Immenstadt
Gerolf Ernst Sattler	Herz-Jesu-Missionar (SMC), aus Frühbuß, Kreis Neudek/Sudetenland, Primiziant 1965 in der Stadtpfarrei Immenstadt

3) Heimatvertriebene in kirchlichen Funktionen

Eine große Anzahl von Heimatvertriebenen waren sehr früh in den einzelnen Pfarrgemeinden des Oberallgäus helfend tätig und hatten wichtige Funktionen in der kirchlichen Arbeit übernommen. Die nachfolgend genannten Personen sind nur beispielhaft aufgeführt, da in den Pfarreien aus den ersten Jahren nach dem Krieg kaum Unterlagen über die Tätigkeiten der Vertriebenen in den Pfarrgemeinden vorhanden sind.

Gregor Lorenz	aus Zwickau, Kreis Deutsch Gabel, Chorleiter des Kirchenchors Buchenberg (1946 – ?)
Ernst Meißl	aus Bergstadt-Platten, 15 Jahre Meßner in St. Ulrich in Burgberg

Johann Thuma	aus Brenntenberg, Kreis Prachatitz, sechs Jahre im Pfarrgemeinderat in der Kirchenverwaltung und zehn Jahre Lektor und Kommunionhelfer in St. Ulrich in Burgberg
Roland Tschinkel	aus Elbogen, ist seit 1977 Organist und Chorleiter des Kirchenchors von St. Ulrich in Burgberg
Josef Hauke	aus Setzdorf, Kreis Freiwaldau, war 20 Jahre als Totengräber bei der Pfarrgemeinde und der Gemeinde Fischen tätig. Ein Original und ein Meister der Pietät, beliebt bei allen Fischingern.
Franz Flach	aus dem Sudetenland, Chorleiter Kirchenchor Haldenwang (1948–74)
Franz Lorenz,	Kirchenpfleger (1964–77) in Hindelang
Franz Langer,	vier Jahre Organist in der Kath. Pfarrkirche in Hindelang
Marianne Kluger	aus Habelschwerdt/Schlesien, Ausschußmitglied, 2. und 1. Vorsitzende (1957–77) des Katholischen Deutschen Frauenverbandes der Diözese Augsburg der Zweigstelle Oberstdorf.

Heimatvertriebene Pfarrer und andere Vertriebene in kirchlichen Funktionen in den Evangelischen Diasporagemeinden im Gebiet des Oberallgäus

1) Heimatvertriebene evangelische Pfarrer und andere evangelische Amtsträger, die im Oberallgäu wirkten oder zuständig waren.

Arnold Schabert,	Oberkirchenrat und Kreisdekan aus Riga/Lettland (Baltikum), Regionalbischof für den südbayerischen Raum von 1952–61.

Nach Auskunft des Dekanats Kempten waren von 27 Pfarrern im Dekanat fünf Heimatvertriebene. Trotz mehrerer Schreiben wurden der Arbeitsgruppe die fünf Namen der heimatvertriebenen Pfarrer und deren Heimatorte durch das Dekanat nicht genannt, so daß nur die heimatvertriebenen Pfarrer der ev.-luth. Kirchengemeinde Oberstdorf aufgeführt werden konnten. Sie wurden durch Rektor a. D. Winter mitgeteilt.

Otto Heimann,	Pfarrer in Oberstdorf, aus Guben/Niederschlesien (1945–47)
Hans Richter,	Kirchenrat, Oberstdorf, aus Prittag/Schlesien (1945–47)

Joachim Geister,	Pfarrer in Oberstdorf, aus Liegnitz/Schlesien (1948–53)
Johannes Mrusek,	Pfarrer in Oberstdorf aus Oels/Schlesien (1957–61)
Woldemar Schildberg,	Pfarrer in Oberstdorf, aus Kempen, Kreis Posen/Warthegau (1965–72)

2) Heimatvertriebene in kirchlichen Funktionen

Arthur Benkendorf,	Kirchenvorsteher in der ev.-luth. Kirchengemeinde Oberstdorf, aus Säpzig, Kreis Weststernberg/Brandenburg (1952–64)
Werner Grundmann,	Kirchenvorsteher in der ev.-luth. Kirchengemeinde Oberstdorf aus Hohenofen, Kreis Sprottau oder Kreis Komotau (1952–64)
Erich Prohl,	Kirchenvorsteher in der ev.-luth. Kirchengemeinde Oberstdorf, aus Pasewark, Kreis Danzig/Westpreußen (1974–82)
Heinz Kappel,	Kirchenvorsteher in der ev. Kirchengemeinde in Altusried

3. Mitwirken in Sportvereinen oder in kulturellen Vereinen und Zusammenschlüssen oder deren Gründung durch Heimatvertriebene

Allgemeines

Nach der anfänglichen gegenseitigen Ablehnung, die einen, weil sie den Heimatvertriebenen mißtrauten und die anderen, weil sie nach ihren bitteren Flucht- und Vertreibungserfahrungen niemandem mehr trauten, außer den Menschen mit dem gleichen Schicksal, ging jede Gruppe ihren eigenen Weg. So kam es erst in den Fünfzigerjahren zu einer aktiven Mitarbeit in einheimischen Vereinen und Organisationen. Deshalb wurden von den Heimatvertriebenen vor dieser Zeit meist eigene kulturelle Vereinigungen und Zusammenschlüsse gebildet. Das waren Sing- und Musikgruppen, Theatervereine, Jugendgruppen, usw.

Sing- und Musikgruppen

Der Singkreis „Musici" (Immenstadt)

war eine von Frau Liesl Jungnickel aus Warnsdorf gebildete Singgemeinde, bei der sie ihr musikalisches Können und ihre Liebe zur Musik aufopfernd einsetzte.

Der Singkreis, dem auch Einheimische angehörten, stellte sich besonders den Heimatvertriebenen bei ihren Veranstaltungen zur Verfügung. Er wurde bereits 1948 gegründet und bestand 1957 noch.

Musik- und Liederabend des Singkreises „Musici" im Hofgarten Immenstadt

Außer der Mitgestaltung von Advents- und Weihnachsfeiern wurden auch gemeinsam mit den Musikschülern von Frau Jungnickel eigene Musik- und Liederabende durchgeführt.

Die Pflege der Geselligkeit stand beim Singkreis hoch im Kurs (Faschingsveranstaltungen), wofür Herr Jungnickel sich besonders einsetzte. Nach seinem Ableben löste sich der Singkreis „Musici" auf.

Sudetenchor Kempten

Frau Elisabeth Kryll und Frau Traudl Seemann trafen sich etwa im Jahre 1950 auf einer Wanderung. Sie waren beschwingt und glücklich über die Schönheiten der Natur und sangen, zusammen mit den anderen Wanderfreunden, aus vollen Kehlen. Aus diesem fröhlichen Zusammensein entstand die Idee, eine Sangesgruppe zu gründen. Frau Kryll besprach die Sache mit ihrem Mann, der Redakteur bei der Allgäuer Zeitung war. Er sagte seine Hilfe zur Gründung zu. Nachdem er sich mit anderen Landsleuten besprochen hatte, wurde die Idee mit Begeisterung in die Tat umgesetzt.

Alle, die singen wollten, kamen zur Gründung. Hans Kryll gelang es, Herrn Oskar Dimt als ersten Chorleiter zu gewinnen. Unter seiner Leitung erreichte der Chor ein beachtliches Niveau.

Weitere Chorleiter waren: Herbert Ihm und Otmar Habla. Ab 1980 leitet den Chor Frau Maria Hodel.

1950: Erster Vorsitzender des Chores war Hans Kryll, zweiter Vorsitzender Heinz Pischel. Nachdem Herr Kryll wieder in den Schuldienst ging und sein neuer Wohnsitz Donauwörth war, übernahm Herr Pischel den ersten, Frau Waltraud Teichmann den zweiten Vorsitz.

Die jetzige Führungsspitze: Erster Vorsitzender Norbert Lichter, Chorleiterin Frau Maria Hodel.

Das Liederrepertoire setzt sich zusammen aus Liedern des Sudeten- und Egerlandes, aus vierstimmig gesungenen gängigen Volksliedern, aus Neuzeitlichem, auch vierstimmig; größtenteils zur Advents- und Weihnachtszeit. Die Egerländer Volkssingmesse ist fester Bestandteil des Chores.

Die Mitwirkung an Veranstaltungen ist vielseitig: Tag der Heimat, Wallfahrten der Vertriebenen, Adventsfeier der Heimatgruppe Reichenberg-Jeschken-Iser sowie des Clubs „Aktiver Lebensabend e. V. Kempten". Gestaltung und Mitwirkung bei der Adventsfeier der SL-Ortsgruppe Kempten.

Der Chor besteht derzeit aus 24 Sängerinnen und Sängern.

Mitwirken Heimatvertriebener in Sportvereinen, Hilfsorganisationen oder kulturellen Vereinigungen.

Markt Altusried

- **Josef Zimmermann** aus Gablonz a. d. Neiße/Sudetenland. Spielleiter, Bühnenbauer und Regieassistent (1949–1982) der Altusrieder Freilichtbühne. Er machte als Spielleiter den Namen der Allgäuer Freilichtspiele Altusried über die Region hinaus bekannt.
- **Heinz Kappel,** Ortsvorstand des VdK

Gemeinde Betzigau

- **Ernst Höfer,** Dirigent der Musikkapelle
- **Emil Tokan,** Ortsvorsitzender des VdK
- **Fritz Primavesi,** Vorstand des Gartenbauvereins

Gemeinde Bolsterlang

- **Josef Lippert,** 20 Jahre Feuerwehrkommandant
- **Josef Herbst,** 12 Jahre Geschäftsführer des Verkehrsvereins Bolsterlang
- **Josef Wanitschke,** 16 Jahre 2. Vorsitzender des Veteranenvereins Bolsterlang

Markt Buchenberg

- **Johann Piller,** Obmann des Bayerischen Siedlerbundes (1958–88)
- **Edmund Simon** aus Alt Habendorf, Kreis Reichenberg/Sudetenland, Leiter eines Chors der Heimatvertriebenen in Buchenberg (1946–?), ab 1945 Lehrer, später Schulleiter.
- **Rudolf Herold** aus Josefsthal, Kreis Gablonz a. d. Neiße/Sudetenland, VdK-Vertrauensmann seit 1957.
- **Otto Eisenkolb** aus Zieditz, Kreis Falkenau a. d. Eger/Sudetenland, 1. Vorsitzender des Kreisimkervereins (1972–92).
- **Martha Fiedler** aus Tschermna, Kreis Hohenelbe/Sudetenland, von 1949–1974 Hebamme von Buchenberg.

Gemeinde Burgberg

Ernst Kottek mit seiner Musikkapelle Burgberg

Ernst Kottek in seinem Element als Ausbilder der Burgberger „Singföhla"

Burgberger Männerchor „Eintracht"

- **Ernst Julius Kottek,** Lehrer und Schulleiter, aus Wichstadl, Kreis Grulich/ Sudetenland. Ein begnadeter Musikpädagoge. Leiter und Dirigent der Musikkapelle Burgberg (1948–76) und viele Jahre stellv. Bezirksdirigent im Allgäu-Schwäbischen Musikbund. Langjähriger Leiter des Männergesangsvereins, des Kirchenchors, der Jodlergruppe, der Volksmusikgruppe und Ausbilder der Burgberger „Singföhla" und der „Milzbuben".
- **Roland Tschinkl** aus Elbogen, Kreis Elbogen/Sudetenland, Chorleiter und Dirigent des Burgberger Männerchors „Eintracht" (35 Jahre, von 1960– 1995), ab 1977 Organist und Leiter des Kirchenchors St. Ulrich.
- **Gernot Kraker** aus Gnadenfeld/Schlesien. 1. (1978–81) und 2. Vorstand (1988–89) des Ski-Clubs Rettenberg.
- **Johann Thuma** aus Brenntenberg, Kreis Prachatitz/Sudetenland. 1. (961– 71) und 2. Vorstand (1962–65) des TSV Burgberg.

Markt Dietmannsried

- **Josef Bittner,** Ortsvorsitzender des VdK (bis 1968)
- **Werner Dukatz,** Ortsvorsitzender des VdK (bis 1987)

Gemeinde Durach

- **Hans Zischka,** Leiter der Musikkapelle Durach

Gemeinde Fischen

- **Karl Mrkwiczka** aus Antoniwald, Kreis Gablonz a. d. N./Sudetenland. Wohnungsreferent (1946–56) und Leiter des Verkehrsamtes in Fischen (1956–64). Viele Jahre Schriftführer und Kassier des Verkehrsvereines.

Gemeinde Haldenwang

- **Franz Flach** aus dem Sudetenland, Hauptlehrer, Chorleiter Männerchor Börwang (1948–74)

Markt Hindelang

- **Franz Blumtritt,** Vorstand des Obst- und Gartenbauvereins Hindelang
- **Rudolf Schrammel,** Turnwart im Turnverein Hindelang

Markt Oberstdorf

- **Adolf Winter** aus Asch/Sudetenland. Präsident des Eissport-Club Oberstdorf (1971–77)
- **Werner Dienel** aus Sprensberg/Schlesien. Präsident des Eissport-Club Oberstdorf (1977–86)
- **Rudolf Kirstein** aus Lyck/Ostpreußen. Vorstand des Kleingartenvereins (1948–61)

- **Erich Prohl** aus Pasewark, Kreis Danzig/Westpreußen. Vorstand des Kleingartenvereins (1961–89)
- **Josef Hackenberg** aus Niederlindewiese/Sudetenland. Mitdirigent im Männergesangsverein 1868
- **Otfried Hesselbarth** aus Gumbinnen/Ostpreußen. Für längere Zeit Präsident des Rotary Club Oberstdorf
- **Dieter Hengst** aus Chemnitz/Sachsen. 2. Vorsitzender des Turn- und Sportvereins 1888 (1955–62)
- **Martin Schubert** aus Kroischwitz, Kreis Bunzlau/Schlesien. 2. Ortsvorsitzender des VdK (1948–74)
- **Adolf Winter** aus Asch/Sudetenland. 2. (1952–55 u. 1981-heute) und 1. Vorsitzender (1955–62) des Verbandes der Heimkehrer, Ortsverband Oberstdorf
- **Otto Molsen** aus Kraschewo, Kreis Lyck/Ostpreußen. 1. Vorsitzender (1962–80) des Verbandes der Heimkehrer, Ortsverband Oberstdorf
- **Theodor Brucksch** aus Breslau/Schlesien. 2. Vorsitzender (1980-heute) des Vereins der Gartenfreunde Oberstdorf

Markt Sulzberg

- **Alfred Langer**, Oberlehrer, aus dem Sudetenland, Leiter der Singgemeinschaft Sulzberg (1949–?)

Gemeinde Waltenhofen

- **Karl Seliger,** 1. Vorstand des Schützenvereins Memhölz
- **Günter Stransky,** 1. Vorstand der Soldaten- und Kriegerkameradschaft Martinszell

Gemeinde Wiggensbach

- **Karl Galansky,** Vorstand des Trachtenvereins Wiggensbach

Die vorstehend genannten Personen sind vermutlich nur der kleinste Teil der Heimatvertriebenen, die in Vereinen, Hilfsorganisationen oder kulturellen Vereinigungen mitgewirkt und mitgearbeitet haben, teilweise in herausgehobenen Ämtern. Das gründliche Meldeergebnis der Marktgemeinde Oberstdorf beweist diese Annahme.

4. Heimatvertriebene Lehrer an den Schulen und Ausbildungsstätten

Mit den Vertriebenen und Flüchtlingen kamen neben Bauern, Handwerkern, Arbeitern, Angestellten auch viele aus dem pädagogischen Bereich, sprich

Volksschulen und Gymnasien. Realschulen, die man mit den Bürgerschulen im Sudetenland ungefähr hätte gleichsetzen können, gab es 1945 noch nicht, sie wurden in Bayern erst installiert.

Hier im Allgäu trafen sich in den Schulen neben den sogenannten Einheimischen auch Flüchtlinge, Heimatvertriebene und Evakuierte (wegen des Bombenkrieges verschickt). Außer den staatlichen Schulen gab es klösterliche Schulen und private Schulen besonders als Kinderheime.

Die Klassen in den Schulen waren überfüllt mit Kindern, wie man es sich heute nicht mehr vorstellen kann. So zeigte die Regierung von Schwaben im Jahr 1952 zu einem Antrag der evangelischen Schule in Oberstdorf auf Zuteilung einer 6. Lehrkraft auf, daß dies nicht möglich sei, weil die Schülerzahlen an anderen Schulen weit über der Antragsschule lägen. Sie tat dies in folgender Aufstellung kund: Berghofen (5. m. 8. Jhg.) 68, Blaichach (7. u. 8. Jhg.) 61, Bühl (1. m. 4. Jhg.) 63, Fischen (3. u. 4. Jhg.) 71, Hindelang (1. m. 3. Jhg.) 61, Immenstadt (5. Kl. Mädchen) 64, Kalzhofen (1. m. 8. Jhg.) 79, Niedersonthofen (5. m. 8. Jhg.) 59, Sonthofen (4. Kl. Mdch.) 59, Sonthofen (5. Kl. Mdch.) 57, Sonthofen (6. Kl. Mdch.) 56, Steibis (1. m. 8. Jhg.) 67, Vorderburg (1. m. 4. Jhg.) 60, Vorderburg (5. m. 8. Jhg.) 68.

Trotz dieser Tatsache wurde dem einen oder anderen abgeraten, das Lehrerstudium zu ergreifen. Diese Verhältnisse haben sich zum Guten gewendet, wenn man die heutigen Schülerzahlen ansieht.

Neben den katholischen und klösterlichen Schulen wurden im Landkreis noch evangelische Schulen installiert, so in Sonthofen, Oberstdorf, Immenstadt und Hindelang. Wie stark Flüchtlinge und Heimatvertriebene als Lehrer und Lehrerinnen im Landkreis eingesetzt waren, beweist eine Statistik aus dem Jahre 1962, nach der im gesamten Oberallgäu 27 % aller Lehrer an den Volksschulen diesem Personenkreis angehörten. In einer Gesamtübersicht bis zum Jahre 1992 wird aufgezeigt, daß 167 Heimatvertriebenen- und Flüchtlingslehrer im Einsatz waren. Dabei war die Mehrzahl aus dem Sudetenland (112). Dazu kamen welche aus Mähren (4), der Tschechoslowakei (1), der Slowakei (2), Schlesien (24), Ostpreußen (7), Ungarn (2), Pommern (3), Rumänien (3), Warthegau (1), Westpreußen (1), Danzig (1), Lettland (2), Jugoslawien (1), Sachsen-Anhalt (1) und Thüringen (2).

Eine Übersicht besagt, daß im ehemaligen Landkreis Sonthofen bei 69 Schulen nur in 30 Schulen keine Heimatvertriebenen und Flüchtlinge eingesetzt waren, in dem Landkreis Kempten waren es bei 56 Schulen nur 33. Obwohl vom Lehrerstudium abgeraten wurde, studierten in den Jahren 1947–57 im Durchschnitt von den Studierenden 24,5 % Vertriebene dieses Fachgebiet.

In Bayern waren von den ca. 27.000 Volks-/Grundschullehrern (bis 1960) im Durchschnitt 27 % Heimatvertriebene, in Schwaben lag bei ca. 4.000 Lehrkräften die Prozentzahl bei 26 %.

Zusammengefaßt heißt das für das Oberallgäu, daß bei 125 Schulen in 62, also der Hälfte, Lehrer aus dem Kreis der Heimatvertriebenen und Flüchtlinge eingesetzt waren. Alle eingesetzten Lehrer und Schulleiter namentlich zu nennen, würde den gestellten Auftrag übersteigen.
Es sollen persönlich erwähnt werden

die Schulräte

Otto Dellner	von Günzach kommend ins Allgäu, stammend aus Königswerth im Sudetenland
Josef Raischner	von hier als Schulrat versetzt nach Weilheim, stammend aus Nixdorf im Sudetenland
Josef Thaute	von hier als Schulrat versetzt nach Lindau, stammend aus Reichenberg im Sudetenland
Dr. Josef Siegel,	Schulrat im Altlandkreis Kempten und später Oberallgäu, stammend aus Oberwersdorf bei Braunau im Sudetenland

die Rektoren

Name	Geburtsort	Land	zuletzt in
Ahne Emil	Gütersdorf	Sudetenland	Altusried
Gesewsky Paul	Polkehnen	Ostpreußen	evang. Schule Sonthofen
Grasse Eberhard	Neusalz	Schlesien	evang. Schule Sonthofen
Häusler Arthur	Riesenberg bei Ossegg/Dux	Sudetenland	Waltenhofen
Hackenberg Josef	Niederhude-Wiese/ Freiwaldau	Sudetenland	Lauben
Hofmann Emil	Reichenau/Gablonz	Sudetenland	Blaichach
König Hans Joachim	Haindorf Krs. Friedland	Sudetengau	Wiggensbach
Krupka Klaus	Gablonz	Sudetenland	Fischen
Plasa Wolfgang	Beuthen	Oberschlesien	Immenstadt
Schütz Horst	Bergstadt Platten	Sudetenland	Grundschule Sonth.-Mitte
Stephan Hans Günter	Iglau	Mähren	Weitnau
Thuma Johann	Brenntenberg/ Prachatitz	Sudetenland	Grundschule Sonth.-Ost
Winkler Ludwig	Budapest	Ungarn	Sulzberg
Winter Adolf	Asch	Sudetenland	Hauptschule Oberstdorf
Woidich Emmi	Prohorsch/Luditz	Sudetenland	Grundschule Immenstadt

Seminarrektor

Name	Geburtsort	Land	zuletzt in
Wagner Heribert	Reichenberg	Sudetenland	Schulamt Oberallgäu

die Konrektoren

Name	Geburtsort	Land	zuletzt in
Bandmann Klaus	Friedberg	Schlesien	Waltenhofen
Debray Peter	Liegnitz	Schlesien	Sonthofen
Förster Hans	Graslitz	Sudetenland	Hindelang
Gall Hans Jürgen	Danzig		Sonthofen
Grolig Franz	Reichenau/Gablonz	Sudetenland	Durach/Kreisbildstelle
Hüttl Reinhold	Gängerhof/ Teplitz-Schönau	Sudetenland	Blaichach
John Hans	Reischdorf/Preß- nitz (Ort ist im Stausee versunken	Sudetenland	Waltenhofen
Pindl Theo	Scherlmühle	Sudetenland	Fischen
Richter Walter	Reichenberg	Sudetenland	Hauptschule Oberstdorf
Schüssel Franz-Karl	Filippshütten/ Bergreichenstein	Sudetenland	Grundschule Immenstadt

die Hauptlehrer

Name	Geburtsort	Land	zuletzt in
Benkendorf Arthur	Säpzig Krs. Westenberg	Pommern	evang. Schule Oberstdorf
Hanig Karl	Brünn	Mähren	Bad Oberdorf
Hartig Franz	Radl	Sudetenland	Masers
Hermann Norbert	Guhrau	Schlesien	Petersthal
Kottek Ernst	Wichstadt	Sudetenland	Burgberg
Meffert Wilhelm	Scheureg	Sudetenland	Schöllang
Pohler Gustav	Wust-Seibersdorf	Sudetenland	Memhölz
Schmid Adalbert	Hartmanitz	CSR	Wildpoldsried
Schwarzbeck Walter	Kalsching	Sudetenland	Altstädten
Thiemer Jürgen	Marienburg	Westpreußen	Krugzell
Wasser Alfred	Antonia	Schlesien	Muthmannshofen

In den folgenden Gemeinden im Volksschulbereich waren darüber hinaus Hei-
matvertriebenen- und Flüchtlingslehrer als Leiter von ein- und zweiklassigen
Schulen eingesetzt:

Aus dem ehemaligen Landkreis Kempten in Bachtels, Börwang, Buchenberg, Eschach (Gem. Buchenberg), Faistenoy, Heising, Masers, Memhölz, Muthmannshofen, Petersthal, Reicholdsried, Ettensberg.

Aus dem ehemaligen Landkreis Sonthofen in Akams, Bad Oberdorf, Balderschwang, Bühl, Diepolz, Eckarts, Hindelang (evang. Schule), Kornau, Langenwang, Laufenegg, Ofterschwang, Ottacker, Schöllang, Sigishofen, Tiefenbach bei Sonthofen, Oberjoch.

Fassen wir für die Volksschulen zusammen, so gab es im Landkreis aus dem Personenkreis der Heimatvertriebenen und Flüchtlinge 15 Rektoren, 1 Seminarrektor, 11 Hauptlehrer, 28 Schulleiter an ein- und zweiklassigen Schulen und 10 Konrektoren an größeren Schulen, eine gewiß beachtliche Zahl.

Daß in einem reinen Vertrauensamt, Betriebsrat und späterem Personalrat, immerhin neun Lehrerinnen und Lehrer aus dem Volksschulbereich über Jahre hindurch vertreten waren, spricht für ihre berufliche und persönliche Anerkennung.

Zu ihnen:	Ahne Emil	Sudetenland
	Brettschneider Inge	Sudetenland
	Modrow Willi	Westpreußen
	Plasa Wolfgang	Schlesien
	Schwarzbeck Walter	Sudetenland
	Stephan Günter	Mähren
	Wagner Heribert	Sudetenland
	Winkler Ludwig	Ungarn
	Winter Adolf	Sudetenland

Dabei waren Winter und Plasa über viele Jahre als erste und zweite Vorsitzende tätig.

Wie sah es bei den weiterführenden Schulen aus?

Zunächst die Gymnasien: Nach Oberstdorf, das viele Jahre hindurch ein privates, später gemeindliches und schließlich staatliches Gymnasium hatte, wurden zunächst in Sonthofen und Immenstadt weitere höhere Schulen geschaffen.

Insgesamt waren aus dem Sudetenland und der CSR (11), aus Schlesien (3), aus Rumänien (2), aus Danzig und Stettin je (1) Lehrpersonen tätig. Als Oberstudiendirektor ist in Sonthofen Alfred Sommer aus Marienbad/Sudetenland eingesetzt.

Drei Realschulen waren im Landkreis etabliert. In Sonthofen und in Immenstadt und die klösterliche Realschule „Maria Stern" für Mädchen. Insgesamt 25 heimatvertriebene Lehrer aus dem Sudetenland, Ostpreußen, Schlesien, Rumänien und der ehemaligen DDR waren hier eingesetzt. Beispiel: 1953 unterrichteten 12 Lehrkräfte an der Realschule in Immenstadt, davon waren 6 Heimatvertriebene.

Leiter waren: Marek Viktor aus Troppau (Sudetenland). Viktor Marek war nach seiner Verwendung in Immenstadt Ministerialbeauftrager für die Realschulen; Krause Wilhelm aus Friedland (Sudetenland); Wirrwitz Herbert aus Liegnitz (Schlesien); Höcker Karl aus Nordböhmen (Sudetenland).

Konrektor: Farker Rudolf aus Hohenelbe (Sudetenland).

In den Berufsschulen (Städt. Berufsschule und Landwirtschaftliche Berufsschule) arbeiteten 15 Lehrpersonen, davon 9 aus dem Sudetenland, 2 aus Schlesien, je 1 aus Pommern, Mähren, Polen und dem Banat.

Hauswirtschaftsoberrätin Gertraud Friedrich aus Winkelsdorf/Altvatergebirge im Sudetenland war tätig am Amt für Landwirtschaft Kempten, Dienststelle Immenstadt/Alp- und Landwirtschaftsschule.

Die Handelsschule Merkur, als dreistufige Wirtschaftsschule in Oberstdorf stationiert, wurde 30 Jahre von Haidl Bernhard aus Rehberg im Sudetenland geleitet.

Wenn schon das Schulwesen im Oberallgäu behandelt werden soll, kann man die „Volkshochschule für den damaligen Landkreis Sonthofen" nicht ausschließen.

Die erste Absichtserklärung für eine Gründung trägt das Datum 01.12.1947. Am 19.12.1947 nahm der Kreistag in Sonthofen die Gründung einer „Arbeitsgemeinschaft der Volkshochschule" zur Kenntnis und bewilligte einen Zuschuß von 6.000.– RM.

Karl Stempian aus Königsberg an der Eger, erst zwanzigjährig, war ein Mann der ersten Stunde im Leben der Oberallgäuer Volkshochschule und erhielt das Amt des ersten Geschäftsführers dieser Einrichtung, nachdem er vorher in der Verwaltung der Immenstädter Kreisberufsschule tätig war. Der heimatvertriebene Stempian war zunächst ab 1947 Reporter und von 1960–1990 Verlagsleiter des Allgäuer Anzeigeblattes. Nachdem er 1963 die Theatergemeinde Immenstadt geschaffen hatte, gründete er, und das alles spricht für sein Engagement auf breiter Basis, im Jahre 1969 die Kulturgemeinde Oberallgäu.

Die Bundeswehr hatte mehrere Schulen in Sonthofen, die zunächst von verschiedenen Lehrern des Landkreises nebenamtlich versorgt wurden. Als man sich entschloß, hauptamtlich Anstellungen vorzunehmen, wurden als Fachoberlehrer bei der Heeresunteroffizierschule eingesetzt:

Modrow Willi	Graudenz	Westpreußen
Vogel Alfred	Troppau	Sudetenland

Diese Aufzeichnungen zeigen, daß im pädagogischen Bereich Heimatvertriebene und Flüchtlinge mit hohem Prozentsatz im Vergleich zu den Einheimischen eingesetzt waren, und so ein gutes Stück Arbeit bei der Erziehung der Jugend geleistet haben.

5. Kulturelle Einrichtungen und Vereinigungen der Heimatvertriebenen

Sudetendeutsche Heimatstube im Heimatmuseum „Hofmühle" in Immenstadt

„Mein Mund ist meine Waffe. So lange ich lebe,
will ich Zeugnis ablegen von dem, was war".

Ruth Elias-Israel

Diese Aussage kann als Motto über der Sudetendeutschen Heimatstube im Immenstädter Museum stehen.

1985 kam in einer Sitzung der Sudetendeutschen Landsmannschaft das erste Mal die Rede auf das neu zu errichtende Heimatmuseum.

Bei dieser Zusammenkunft faßten die Mitglieder der Vorstandschaft, nach Abwägen aller Möglichkeiten, gemeinsam den Entschluß, an den Herrn Bürgermeister Bischoff der Stadt Immenstadt mit der Bitte heranzutreten, einen Raum für die Heimatvertriebenen im neuen Museum einzuplanen.

In dieser Stube sollte sich die Sudetendeutsche Volksgruppe, wenn auch nur in kleinem Umfang, präsentieren können.

Nachdem uns diese Zusage gemacht worden war, konnten wir an unsere Landsleute mit Bitten um Sachspenden und um Verkäufe herantreten. Wir fanden Gehör, und so hatten wir in kurzer Zeit eine ansehnliche Sammlung von wertvollen und schönen heimatlichen Objekten beisammen. Wir sahen uns also in der Lage, unsere Stube zu verwirklichen, mittels derer wir auf unser Herkommen, unser Schicksal und unser kulturelles Erbe hinweisen wollten.

Im Rahmen der Gesamtpräsentation am 16.02.1990 bei der Einweihung des neuen Heimatmuseums „Hofmühle" in Immenstadt konnten wir dann auch unsere Heimatstube vorstellen.

Zu Dank verpflichtet waren wir dabei allen Heimatfreunden, die finanzielle Unterstützung gaben und die sich von kostbaren Gegenständen trennten, die zu dem Wenigen gehörten, das sie aus der Heimat mitnehmen konnten, oft auf abenteuerlichen, gefährlichen Umwegen.

Eine knappe Darstellung soll aufzeigen, was unsere Stube unter anderem enthält.

Als Blickfang dürfen hier sicher die vier Puppen in Egerländer Tracht stehen. Daneben zwei Klöppelstöcke mit den dazugehörenden Klöppelsäcken, auf welchen sich die fertigen und halbfertigen Arbeiten befinden. Noch eine Anzahl dieser Klöppelspitzen, gerahmt und unter Glas, in verschiedenen kunstvollen Formen und Mustern, hängen rundum an den Wänden. Gegenstände des täglichen Gebrauchs konnten in kleinerer Auswahl in der Stube unterge-

Vier Puppen in Egerländer Tracht, daneben zwei Klöppelstöcke

bracht werden. Hervorzuheben ist der Mohnreibetopf mit Reibekeule, zu welchem auch gleich die Anleitung mitgeliefert wurde: Mohn, am Vortag in Wasser eingeweicht, ergibt mit der Keule unter Zuguß von Milch gerieben, einen guten Geschmack und eignet sich besonders für „Kleckselkuchen".

Für den Herrgottswinkel mit gestickter Versehdecke aus Schwaderbach im Erzgebirge trennten sich unsere Landsleute von bisher gut gehüteten Devotionalien verschiedener Art, um sie so für die Zukunft aufbewahrt zu wissen.

In Vitrinen ist böhmisches handbemaltes Glas- und Porzellangeschirr ausgestellt, daneben Schmuck, Silber- und Keramikmünzen, Bücher heimatpolitischen Inhalts, kulturelle Arbeitshefte, Kirchennotenblätter, Heimatbriefe, Wanderbücher, Chroniken, Vertreibungslisten, Landkarten, Kalender u. dgl. Eine Anzahl Bilder mit heimatlichen Motiven, mit Schulklassen und Arbeitsstätten zieren die Wände.

In großen Wandtafeln befinden sich viele Ansichtskarten aus der Heimat, darunter Liederkarten des weithin bekannten Erzgebirgssängers Anton Günther, von dem auch eine Büste in der Heimatstube steht. Zu erwähnen wären noch die vielen historischen Ansichten aus den böhmischen Ländern. Letztere umfassen alle Gebiete vom Böhmerwald bis nach Mähren und Sudetenschlesien, einschließlich einer Serie von Alt-Prag.

Herrgottswinkel mit gestickter Versehdecke aus Schwaderbach im Erzgebirge

Vitrine mit böhmischem handgemaltem Glas- und Porzellangeschirr

Diese Karten, welche auch Orte zeigen, die nach der Vertreibung ihrer Bewohner untergegangen sind, stammen zu einem Teil aus der Zeit um die Jahrhundertwende, die älteste aus Böhmisch-Röhren mit der Jahreszahl 1897. Die interessanteste Mitteilung auf einer damals Korrespondenzkarte genannten und in Kurrentschrift verfaßten Postkarte wurde 1904 in Marienbad abgesandt: „Heute nachmittag kam der König von England. Am Dienstag kommt der Kaiser von Österreich".

Eine zweite Serie von Wandtafeln enthält Dokumente und Aussagen über die Heimatvertreibung, welche Auskunft geben für diejenigen Besucher, die sich näher informieren wollen.

Klapptafeln mit Karten und Bildern der einzelnen sudetendeutschen Heimatlandschaften

Gesinnungsgemeinschaften und Heimatverbände der Vertriebenen

1) Ackermann-Gemeinde

Noch in der Zeit, als durch die Besatzungsmächte (des Kontrollrates) die Bildung von Zusammenschlüssen von Heimatvertriebenen verboten und damit auch organisierte Selbsthilfe erschwert war, berieten sich verantwortungsbewußte sudetendeutsche katholische Priester, Männer, Frauen und Jugendliche, um einen Ausweg aus der Verzweiflung der von der Vertreibung betroffenen Menschen zu finden. Es galt nicht nur der materiellen, sondern auch der geistigen Not entgegenzutreten.

Die Initiativen lagen im wesentlichen bei dem ehemaligen Abgeordneten der Deutschen Christlich-sozialen Volkspartei im Prager Parlament Hans Schütz und dem früheren Prager Hochschulseelsorger Pater Dr. Paulus Sladek OSA. Bei der „Kirchlichen Hilfsstelle" in München, die als erste Nothelferin der Heimatvertriebenen galt, und in der „Katholischen Jungen Mannschaft" sammelten sich bereits 1945 die ersten Bekannten aus der Heimat zu einer Arbeitsgemeinschaft, aus der sich schon 1946 die „Ackermann-Gemeinde" – der Zusammenschluß sudetendeutscher katholischer Vertriebener – formte.

Ihren Namen gab sie sich nach der in Böhmen entstandenen spätmittelalterlichen Dichtung, die Johannes von Saaz zum Verfasser hat: „Der Ackermann aus Böhmen".

Mit Hans Schütz als Vorsitzendem und Pater Dr. Paulus Sladek an der Spitze des Führungskreises; Adolf Kunzmann als hauptamtlichem Geschäftsführer wurde sie zu einer der ältesten Selbsthilfeorganisationen der Heimatvertriebenen.

Das Grundgesetz der Ackermann-Gemeinde erschien im März 1950. Verkündet wurde es im Herbst 1948 in den Schriften „Um die Zukunft der Sudetendeutschen" und „Leitsätze der Ackermann-Gemeinde zur Meisterung des Flüchtlingsschicksals".

Die Ackermann-Gemeinde breitete sich rasch über die Diözesen aus, deren Diözesanstellen und Leiter weitere Gruppen in den Landkreisen bildeten. Dies geschah von Augsburg aus durch Msgr. Hacker als Diözesanflüchtlingsseelsorger, mit Redakteur Franz Gaksch und Franz Linke.

Seit Ende 1947 wurde sie auch im Landkreis Sonthofen aktiv, wo von der „Katholischen Jungen Mannschaft" her ein Ansprechpartner als Kreissprecher (Josef Langhans) gefunden wurde, dem es mit einigen Gleichgesinnten gelang, in fast allen Gemeinden des Landkreises Vertrauensleute zu gewinnen. Unterstützt von der Diözesanleitung versuchten sie, durch Schriften, Vorträge namhafter Volksbildner, religiöse Einkehrtage, Versammlungen, Tagungen für Frauen und Jugend, sowie Kundgebungen und anläßlich von eigenen Wallfahrten das Grundsatzprogramm der Ackermann-Gemeinde bekannt zu machen. Das Mitteilungsblatt aus München diente der laufenden Orientierung und Aktivierung.

Die Ackermann-Gemeinde regte auch ihre Angehörigen zur Mitarbeit in den örtlichen kirchlichen Gremien und Gemeinschaften der Pfarrgemeinde an.

Je mehr sich die Heimatvertriebenen auch im kirchlichen Gemeinschaftsleben der Gemeinden daheim fühlten und mitarbeiteten, desto geringer wurde auf örtlicher Ebene ihre eigenständige Tätigkeit im religiös-kirchlichen Raum. Die letzte Zusammenkunft mit dem Generalsekretär der Ackermann-Gemeinde aus München, Adolf Kunzmann, fand im März 1969 in Immenstadt statt.

Die öffentliche Betätigung, Bildungsarbeit und Informationsweitergabe verlagerte sich dann mehr und mehr auf zentrale Tagungen, Studienfahrten, Vortragsveranstaltungen mit namhaften Referenten, auf Gemeinschaftswochen und größere Wallfahrten (Altötting, Rom), die von der Diözesanstelle in Augsburg oder der Hauptstelle in München anberaumt wurden, von der aus wichtige Impulse für Kirche und Heimat in Zusammenarbeit mit der Sudetendeutschen Landsmannschaft ausgingen und weiterhin angestrebt werden. Die „Eichstädter Deklaration" der Ackermann-Gemeinde war ein Vorläufer der „Charta der Vertriebenen", welche von den gesamten Vertriebenen-Verbänden und Repräsentanten unterzeichnet wurde.

Die erste große Jahrestagung der Ackermann-Gemeinde für das ganze Bundesgebiet war bereits 1949 in Ingolstadt und fand ein großes Echo.

2) Deutscher Böhmerwaldbund

Der Deutsche Böhmerwaldbund wurde am 16.04.1884 in Budweis gegründet. Es war die Zeit der nationalen Strömung der Völker im österreichisch-ungarischen Raum zur Selbständigkeit. Damit verbunden waren die Versuche der Tschechisierung deutscher Gebiete, darunter auch des Böhmerwaldes. Gefährdet waren Schulen und Kindergärten, aber auch den Benachteiligungen durch die Nationalisierungsbestrebungen der Tschechen hat der Böhmerwaldbund seine Leistungen entgegengesetzt, und er hat Großes geleistet.

Seine Ziele waren u. a.: Ungeschmälerte Erhaltung des deutschen Sprachbodens in Böhmen, des deutschen wirtschaftlichen Potentials und der deutschen Kultur gegenüber den seit Mitte des 19. Jahrhunderts einsetzenden „Entgermanisierungsbestrebungen" der Tschechen.

Der Bund unterstützte und förderte die deutschsprachigen Schulen, die Landwirtschaft durch Förderkurse, ebenso wurden dem Handwerk und der Industrie durch Beratung geholfen. In der Volksbildung wirkte er segensreich durch Errichtung von Volksbüchereien, durch Veranstaltungen und Vorträge, durch Beistellung von Zeitungen und Zeitschriften, durch Gewährung von Unterstützung armer Schüler aus dem Tätigkeitsgebiet. Ferner war die Entwicklung von Genossenschaften erfolgreich, auch der gewerblichen Wirtschaft nahm sich der Bund an. Vor allem galt es, die Heimindustrien auf bessere Grundlagen zu stellen, dazu wurden ebenfalls Genossenschaften errichtet. Bei der Entstehung von Gesangs- und Turnvereinen wurde geholfen, der Fremdenverkehr gefördert; ein erster „Führer durch den Böhmerwald", erarbeitet von Hans Schreiber, erschien im Jahr 1898.

Wie groß das Bedürfnis eines Zusammenschlusses der Böhmerwäldler in einem Schutzbund war, erweist sich aus dem raschen Wachstum des Verbandes. Ein Jahr nach der Gründung bestanden schon 96 Ortsgruppen; im Jahre 1914 zählte man 440 Ortsverbände. Sie hatten ihre Sitze im Böhmerwald selbst, in Nordböhmen und auch außerhalb Böhmens, wie Dresden, Wien, Salzburg, Innsbruck, Linz, Leipzig, Plauen, Nürnberg, Köln und vielen anderen österreichischen und reichsdeutschen Städten.

Nach dem ersten Weltkrieg wurde die Arbeit des Böhmerwaldbundes schwerer. Der tschechische Staat, auf die Schwächung der sog. Minderheiten bedacht, verbot die Verbindung mit den Bundesgruppen in Deutschland und Österreich. Damit waren auch wichtige Spendenquellen versiegt. Jetzt galt es um so mehr, die wirtschaftlichen Nöte der Böhmerwäldler zu bekämpfen, ihre Genossenschaften zu unterstützen, jetzt mußten Lehrstellen für den Nachwuchs gesucht werden.

Die Zeit der bitteren Arbeitslosigkeit Ende der Zwanziger- und in den Dreißigerjahren forderte dem Bund zusätzliche Anstrengungen ab, der Zusammenhalt der Böhmerwäldler mußte sorgfältig gepflegt werden. Unübersehbar sind die wirtschaftlichen, kulturellen und sozialen Leistungen des Deutschen Böhmerwaldbundes von seiner Gründung bis zu seiner Auflösung nach dem Anschluß an das Reich im Jahre 1938.

Der führende Geist des Deutschen Böhmerwaldbundes war bis zu dessen Auflösung Josef Taschek, der Budweiser Kaufmann, der neben dem Blick für wirtschaftliche Fragen auch die kulturellen Aufgaben sah und mit kluger Hand und klarem Geist förderte. Nach der Vertreibung aus unserer Heimat 1945/46 wurde bald die Frage nach der Gründung eines Verbandes laut. Von 1945– 1948 war es verboten, eigene Vereine zu gründen.

Am 28.07.1957 etablierte sich in Waldkirchen der „Heimatverband der Böhmerwäldler für das Bundesgebiet". Eingeladen waren die Vertreter aus Bayern, Österreich und Baden-Württemberg. Immer wurde das Bestreben laut, einen gemeinsamen Verband zu schaffen und ihm den Namen „Deutscher Böhmerwaldbund" zu geben. Dies geschah in einer gemeinsamen Bundesversammlung in Göppingen am 19.02.1976. Die Gründer waren: Dr. Dr. Josef Schramek, Rudolf Galli, Prof. Erich Hans, Gustav Schuster und Franz Spitzenberger.

Durch die Vertreibung erhielt der Böhmerwaldbund ein anderes Aufgabengebiet. Der neugegründete Bund sieht als wichtigste Aufgabe, das Kulturerbe des Böhmerwaldes zu pflegen, zu wahren und zu dokumentieren.

Dem Deutschen Böhmerwaldbund stehen für diese Aufgaben das „Böhmerwaldmuseum Oberhaus-Passau", das am Fuße des Dreisessels stehende „Adolf Webinger-Haus" als Bildungsstätte, verschiedene Gedenkstätten entlang des Grenzgebirges zur Verfügung. Zahlreiche Bücher wurden herausgegeben. Alle

zwei Jahre wird von ihm das Bundestreffen der Böhmerwäldler in ihrer Patenstadt Passau durchgeführt, wozu Böhmerwäldler aus der ganzen Welt in die
Dreiflüssestadt kommen. Ein wichtiges Instrument in der Brauchtums-, Lied-
und Musikpflege sind die vielen Heimat- und Jugendgruppen in Bayern und
in Baden Württemberg.
Der Deutsche Böhmerwaldbund gehört zu den aktivsten Heimatgliederungen
der sudetendeutschen Volksgruppe.

3) Eghalanda Gmoi z'Kempten

Eine große Liebe zur Heimat und zähes Festhalten an seiner Stammeseigenart
zeichneten den Egerländer seit jeher aus. Was ihm die Heimat bedeutete, das
spürte er erst so richtig, wenn er fern von ihr weilte. Beruf und Studium waren
es zumeist, welche die Egerländer weitab ihrer heimatlichen Umgebung Aufenthalt suchen ließen. In Wien vor allem, aber auch in Prag und Linz, in Berlin,
Brüx, Tetschen und anderen Gegenden fanden sich Egerländer bald zu gesel-
ligen Runden zusammen, aus denen die späteren Heimatvereine entstanden.
Die erste „Eghalanda Gmoi" entstand 1892 in Wien, 1906 in Brüx und an
verschiedenen anderen Orten.
Bald erwuchs der Gedanke zu einem größeren organisatorischen Zusammenschluß dieser für sich allein bestehenden Vereinigungen. Ihr Zweck sollte sein
die Förderung der Liebe zur Heimat, die Pflege heimatlicher Sitten und Gebräuche und der Muttersprache, evtl. die Hilfeleistung in sozialer und wirtschaftlicher Hinsicht.
Dieser „Gmoiratsbeschluß" vom 25.08.1906 ist in die Geschichte der Hei-
matbewegung des Egerlandes eingegangen, und er wurde in die Tat umgesetzt.
Nach der Erstellung der Satzungen und dem Abwarten der behördlichen
Genehmigung wurde dann am 10.11.1907 in der Leitmeritzer Bierhalle in
Tetschen a. d. Elbe die konstituierende Versammlung abgehalten und der
„Bund der Egerländer Vereine in Österreich" aus der Taufe gehoben. Zum
ersten Bundesobmann wurde einstimmig Herr Norbert Teinzer (Tetschen)
gewählt.
Es entstanden neue Heimatvereine der Egerländer in der Fremde, wie z.B. in
New York, in Triest, in Laibach, in Baden bei Wien, in Linz, in München, in
Leipzig, in Gablonz, Saaz, u.a.m.
Große Einschnitte und Umwälzungen brachten die beiden Weltkriege und die
Vertreibung aus der Heimat.
Die Gmoi-Arbeit ging weiter. Insgesamt gibt es heute etwa 200 Gmoin, und
zwar in Deutschland, Österreich, in Übersee und Neuseeland.

Schon im Jahre 1948 wurden überall in Deutschland Versuche unternommen, die Heimatvertriebenen in Verbänden zusammenzufassen. Das war damals nicht so einfach, denn die Militärregierung kontrollierte solche Bestrebungen scharf. Aber die Egerländer ließen sich nicht abschrecken, gemäß ihrem Wahlspruch: „Eghalanda halts enk z'samm!".

Als eine der ersten fand sich in Kempten die Familie Franz Fischer mit ihren beiden Töchtern Mizzi und Else-Inge, die diesen Gedanken in die Tat umsetzten: Ein entsprechender Aufruf in der Zeitung „Der Allgäuer" fand bei den Egerländern großes Echo, sie kamen in Scharen.

Am 14.02.1948 fand in der Gaststätte „Stadt Hamburg" die Gründungsversammlung einer „Egerländer Landsmannschaft", so mußten sie sich damals nennen, statt. Daran nahmen 126 Personen aus Kempten und der Umgebung teil, die aus dem Egerland stammten. Es wurde u. a. beschlossen, am ersten Samstag jeden Monats zu einem Hutzaamd zusammenzukommen.

Die erste Vorstandschaft, von der Militärregierung so gefordert, setzte sich zusammen aus:

Vorsteher:	Rudolf Lill
Stellvertreter:	Hanischdörfer
Kassier:	Zeidler
Schriftführerin:	Else-Inge Fischer

Die Arbeit konnte beginnen! Vorträge, Tanzveranstaltungen, Gmoinachmittage, Busausflüge und Wanderungen, ein alljährlicher, sehr beliebter Faschingsball, wurden durchgeführt.

Es fand sich eine Musik- und Singgruppe zusammen, ebenfalls eine Jugend-Sing- und Tanzgruppe, deren Leitung Else-Inge Fischer übernahm.

Durch den Zusammenschluß aller Egerländer Heimatvertriebenen zum „Bund der Egerländer Gmoin e. V." im Jahre 1950 wurde der Name in „Eghalanda Gmoi z'Kempten" umbenannt.

Das Amt des Gmoischreibers übernahm nun Richard Pröckl, der dann 27 Jahre lang, bis zu seinem Tod im Jahre 1979, alle Vorkommnisse innerhalb der Gmoi zuverlässig und gewissenhaft aufzeichnete. Stellvertreter wurde sein Sohn Gerhard, Frau Anna Pröckl übernahm die Frauenarbeit der Gmoi, die sie 30 Jahre treu erfüllte.

Nach Rudolf Lill waren weitere Vorsteher: 1953 Josef Böhm, 1956 Gustav Wagner, dann Viktor Fischer, Franz Kubath, Otmar Habla. Mizzi Kubath wurde für lange Zeit Ümgöldnare (Kassenverwalterin). Sie wurde zur Ehrenmouhm ernannt.

Durch Franz Kubath wurde die Herausgabe eines „Gmoibladls" vorgenommen. Von ihm kam auch die Anregung, daß bei der Namensgebung von neuen Straßen in Kempten sudetendeutsche Städtenamen Berücksichtigung finden

sollten. Das Ergebnis sind die heutigen Benennungen einer „Egerlandstraße", „Sudetenstraße" und „Reichenbergerstraße".
Am 19./20.05.1984 fand in Kempten das 14. Bundestreffen der Egerlandjugend statt. 500 Jugendliche in Tracht nahmen an den Wettkämpfen teil, die in Egerländer Heimatkunde, in Laienspiel, Volkstanz und Singen ausgetragen wurden. Der Volkstumsabend am Samstag, gestaltet von den verschiedenen Jugendgruppen, war ein voller Erfolg. Den Abschluß bildete ein Fackelzug vom Kornhaus zum alten Bahnhof. Am Sonntag erfolgte ein Festgottesdienst in der Basilika St. Lorenz, dem sich ein offenes Singen und Tanzen unterhalb der Freitreppe anschloß.
Die z. Zt. tätige Vorsteherin der Gmoi ist Anni Sturm, Kassenverwalter Otmar Habla, Schreiber Karl Götz. Der weitere Vorstand ist besetzt mit heimatbewußten Menschen, welche den Grundsatz „Für unna Hoimat alls" durch zuverlässige Mitarbeit in die Tat umsetzen. Nachfolgend ein paar Bilder aus dem Leben der Gmoi.

Mitglieder der „Eghalanda Gmoi z'Kempten" 1988

Fahnengruppe der „Eghalanda Gmoi z'Kempten" beim Gautrachtenfest 1989 in Sonthofen

Fahnengruppe der „Eghalanda Gmoi z'Kempten" beim 40jährigen Jubiläum der „Eghalanda Gmoi z'Vöhringen" 1990 in Vöhringen

Wallfahrt nach Maria Rain 1993 mit Pater Norbert Schlegel OPraem, Vertriebenenseel-sorger der Diözese Augsburg

4) *Leutelt Gesellschaft,* Kulturwerk des Heimatkreises Gablonz,
   Sitz Schwäbisch Gmünd

Von den Dichtern und Schriftstellern der Stadt, des Bezirks und Landkreises Gablonz in Nordböhmen hat – streng genommen – nur Gustav Leutelt als „Dichter des Isergebirges" in die allgemeine deutsche Literaturgeschichte Eingang gefunden.

Er erblickte am 21.09.1860 als Oberlehrerssohn in der Schule zu Josefstal, im Herzen des Isergebirges, das Licht der Welt und verstarb am 17.02.1947 in Seebergen bei Gotha.

In einer makellosen Hochsprache schrieb er seine Romane und Erzählungen, über siebenunddreißig an der Zahl. Seine erste große Erzählung „Die Königshäuser" wurde 1906 in Berlin verlegt, ebenso 1911 „Das zweite Gesicht" und 1919 „Hüttenheimat". 1934–1936 kamen seine gesammelten Werke in Karlsbad und Leipzig heraus.

In meisterhafter Weise verstand er es, den Zauber der Isergebirgswälder zu allen Jahreszeiten mit feinsinnigen Worten zu beschreiben. Doch widmete er einen großen Teil seines Schaffens der Schilderung des harten Lebens der Waldarbeiter und der Glasleute des Gebirges, ihren Sorgen und Nöten.

Schon 1922 wurde zur Förderung seines Werkes sowie des Kulturschaffens im Isergebirge von hochherzigen Gönnern in Gablonz die „Leutelt-Gesellschaft" gegründet. Sie erlebte 1957 in Schwäbisch Gmünd ihre Wiedergründung, sobald sich die vertriebenen Gablonzer wieder einigermaßen gefangen hatten. Das Jeschken-Iser-Jahrbuch als Fortsetzung der „Jahrbücher des Deutschen Gebirgsvereins für das Jeschken- und Isergebirge", Beiträge zur Geschichte der Isergebirgler und ihrer Industrie, Werke von Künstlern, Dichtern, Schriftstellern und Gelehrten erfahren Förderung und Unterstützung durch die Gesellschaft.

In mehreren Gemeinden, wo sich Isergebirgler in größerer Zahl niedergelassen hatten, wurden Straßen und Plätze nach Leutelt benannt und Denkmäler des Dichters errichtet. Die Leutelt-Medaille wird als „Landschaftspreis Polzen-NeisseNiederland" an besonders verdiente Landsleute aus diesem Raum verliehen.

Die Gesellschaft zählt in Schwaben heute noch über 800 Mitglieder.

> *„Nichts kann verhindern, daß die Heimat*
> *in den Herzen der aus ihr Vertriebenen*
> *weiterlebt".*

Gustav Leutelt

5) Reichenberger Gilde, Heimatgruppe Reichenberg-Jeschken-Iser in Kempten

Das Sudetendeutsche Treffen 1951 in Kempten weckte auch bei einigen Reichenbergern das Interesse an der Bildung einer Reichenberger Heimatgruppe. Zu diesem Zwecke trafen sich im März 1951 Landsleute zu einer Aussprache, deren Ergebnis die Nominierung eines provisorischen Ausschusses wurde. Der Kreisrat der Reichenberger in Augsburg hatte von der Absicht, in Kempten eine Heimatgruppe zu gründen, Kenntnis erhalten. Von dort kam die Aufforderung, für 1951 ein Reichenberger Treffen in dieser Stadt auszurichten.

Der Auftrag wurde angenommen, der provisorische Ausschuß begann schon im Oktober 1951 mit den Vorarbeiten zu diesem Treffen. Für die Gesamtorganisation wurde Josef Hesse bestimmt.

Diese vorbereitende Planung erbrachte die Erkenntnis, daß das Unternehmen einige tausend Mark kosten würde, vom Heimatkreis Reichenberg erhielt die Gruppe dazu ein Darlehen von 100.– DM.

Das erste Reichenberger Heimattreffen in Kempten, welches einen sehr guten Besuch zu verzeichnen hatte, wurde ein voller Erfolg. Die dabei von den Frauen geleistete Arbeit kann nicht hoch genug gewertet werden.

Pater Reichenberger als Redner bei dieser ersten Veranstaltung fand für die 7.000 Besucher die richtigen Worte, welche mit Beifall aufgenommen wurden.

Die Gruppe wurde nach dieser Veranstaltung als Verein beim Vereinsregister des Amtsgerichts Kempten eingetragen und bekam die Bezeichnung „Reichenberg-Jeschken-Iser".

In der ersten ordentlichen Hauptversammlung im Herbst 1952 wurde der Vorstand wie folgt gewählt:

1. Vorsitzender:	Dr. Rudolf Breuer
2. Vorsitzender:	Josef Hesse
1. Kassier:	Wenzel Pilz
2. Kassier:	Walter Geeringer
1. Schriftführer:	Marianne Hufsky
2. Schriftführer:	Adolf Zeise

Außerdem wurden fünf Beisitzer gewählt.

Schon das erste Weihnachtsfest konnte unter der vorzüglichen Leitung von Frau Rosa Pilz mit 90 Kindern gefeiert werden.

Die Vorstandschaft änderte sich nicht bis 1954. Die Mitgliederzahl betrug damals 248.

Bereits 1956 wurde Kempten zur Ausrichtung eines zweiten Reichenberger Treffens aufgefordert. Als Redner konnte diesmal Dr. Lodgman von Auen gewonnen werden. In der Hauptversammlung 1965 wurden Landsmann Walter Geeringer als erster und Alois Rücker als zweiter Kassier gewählt. Die anderen Vorstandsmitglieder blieben wie bisher. Die Arbeit des Ausschusses bestand darin, Heimatabende, Muttertagsfahrten, Lichtbildervorträge, sowie die Weihnachtsfeiern zu organisieren.

Im Jahre 1961 wurde das dritte Treffen in Kempten abgehalten. Es kamen 6.000 Landsleute zusammen, welche der Rede von Wenzel Jaksch begeistert Beifall zollten.

Das vierte und letzte Treffen wurde 1968 durchgeführt, als Sprecher wurde Dr. Seebohm eingeladen.

Die Arbeit der Heimatgruppe wurde von den Landsleuten anerkannt und gelobt. Es ist anzunehmen, daß Besucherzahlen von 6.000 bis 7.000 Menschen bei keinem anderen Reichenberger Heimattreffen erzielt wurden.

Bei der Hauptversammlung 1977 wurde Josef Hesse zum ersten Vorsitzenden der Heimatgruppe, als sein Stellvertreter Rudolf Hanisch gewählt. Dr. Rudolf Breuer wurde für seine Verdienste geehrt und zum Ehrenvorsitzenden ernannt.

Im Laufe der Jahre verlor die Heimatgruppe durch Tod viele Mitglieder, so daß Ende 1980 der Mitgliederstand nur noch 140 betrug.

In der Hauptversammlung 1982 wurde ein neuer Vorstand gewählt. In seinem Tätigkeitsbericht gab Landsmann Rudolf Hanisch einen Überblick über die Veranstaltungen seit der letzten Hauptversammlung. Da waren Muttertags-, Kirchweih- und Faschingsfahrten, Lichtbildervorträge und gemeinsame Busfahrten zu den Reichenberger Heimattreffen in Memmingen, Augsburg, Mainz und Ludwigsburg, und vor allem die schönen Weihnachtsfeiern, gestaltet von Doris und Walter Pannert.

Für den verstorbenen Vorsitzenden Josef Hesse wurde Stud. Dir. Walter Pannert gewählt. Lm. Walter Geeringer ist auf eigenen Wunsch im neuen Vorstand nicht mehr vertreten. Der neugewählte Vorstand würdigte dessen Verdienste in 30jähriger Vorstandstätigkeit. Walter Geeringer ist das letzte Gründungsmitglied der Heimatgruppe.

6) Seliger-Gemeinde

Diese Gesinnungsgemeinschaft sudetendeutscher Sozialdemokraten ist der Tradition der Deutschen Sozialdemokratischen Arbeiterpartei in der Tschechoslowakei verpflichtet. Sie hat nach der Vertreibung in dieser geistig-politischen Verankerung ihre Arbeit aufgenommen. In ihren Grundsätzen heißt es dazu: Hauptaufgabe der Seliger-Gemeinde ist es, das Gedankengut des gesamtösterreichischen und des sudetenländischen Sozialismus in den Dienst einer föderalistischen Neugestaltung Gesamteuropas zu stellen. Sie betrachtet das Selbstbestimmungsrecht der Völker als das einzig zulässige demokratische Ordnungsprinzip bei der Schaffung übernationaler Schicksalsgemeinschaften.

Die Seliger-Gemeinde geht bei ihrem Wirken von der Überzeugung aus, daß die Verwirklichung des Selbstbestimmungsrechts keine isolierte Aufgabe der Sudetendeutschen ist. Es ist das gute Recht der Ausgetriebenen und Unterdrückten, ihre freie Selbstbestimmung auf angestammten Heimatboden zu fordern. Gleichzeitig aber müssen in Europa die geistig-politischen und moralischen Voraussetzungen für die Anwendung des Selbstbestimmungsrechts geschaffen werden.

Volksverbundenheit und sozialistische Gesinnungstreue werden in den Thesen der Seliger-Gemeinde, die auf den geistigen Fundamenten Karl Renners, Josef Seligers und anderer Kämpfer für Recht und Gerechtigkeit fußt, als Grundwerte des Sozialismus sudetendeutscher Prägung genannt. Organe der Seliger-Gemeinde sind die Zeitung „Die Brücke" und das „Sudeten-Jahrbuch der Seliger-Gemeinde".

7) Witikobund

Der Witikobund ist die nationale Gesinnungsgemeinschaft der Sudetendeutschen. Er wurde nach einer 1948 beginnenden Sammlungsbewegung 1950 in Stuttgart gegründet und trägt seit dieser Zeit den Namen der historischen Romanfigur des aus dem Böhmerwald stammenden Dichters Adalbert Stifter.

Die Leitfigur des Witiko ist für den Bund Sinnbild und Ausrichtung. Sein Name und sein Lebensweg weisen zugleich auf das Land hin, aus dem die Mehrheit der Mitglieder des Bundes stammt, nämlich Böhmen, Mähren und Sudetenschlesien.

Der Witikobund wurzelt in den Überlieferungen der sudetendeutschen Turnbewegung und der vielfältigen Heimat-, Kultur- und Schutzverbände der Sudetendeutschen.

Der Witikobund ist der Auffassung, daß die Völker und Volksgruppen ihre nationale Identität nicht aus ihrem Gegensatz, sondern aus ihrem eigenen sprachlichen und kulturellen Selbstverständnis und Selbstbewußtsein schöpfen sollen. Aus der nationalen Selbstachtung und der Achtung der Eigenart der anderen Völker und Volksgruppen sollen geistige Befruchtung und freundschaftliches Miteinander erwachsen.

Daher fordert er die Verwirklichung der individuellen Menschenrechte, insbesondere des Rechtes auf die Heimat und auf freie Selbstbestimmung, die Ächtung und Wiedergutmachung von Vertreibungen sowie ein kodifiziertes und international anerkanntes Volksgruppenrecht.

Der Witikobund ist ein eingetragener Verein und wird von einem Bundesvorstand geleitet. Der Bund gibt ein periodisch erscheinendes Mitgliederblatt („Witiko Brief") sowie eine Schriftenreihe („Beiträge des Witikobundes zu Fragen der Zeit") heraus und hat eine vereinsrechtlich selbständige „Kameradenhilfe" zur Unterstützung hilfsbedürftiger Mitglieder.

Der Witikobund nimmt seine Aufgaben durch Begegnungen in Ortskreisen, Landesverbänden und Arbeitskreisen sowie durch Seminare und Jahrestreffen wahr.

6. Brauchtum der Heimatvertriebenen
(Was ist vergessen? Was lebt weiter?)

Die nachfolgende Ausarbeitung über das Brauchtum der Heimatvertriebenen wurde von der Kreisheimatpflegerin des Landkreises Oberallgäu (Nord), Frau Ingrid Müller, im Dezember 1995 für die Dokumentation erstellt.

„Die meisten Heimatvertriebenen konnten vor 50 Jahren, als sie ihre Heimat verlassen mußten, nur wenig Gepäck mitnehmen. Was einen jedoch ein Leben lang geprägt hat, läßt man nicht einfach zurück. In einen Neuanfang bringt man das ein, was man kann, was man weiß, was man schon oft und oft praktiziert hat. So haben die Heimatvertriebenen auch ihr Brauchtum mit ins Allgäu gebracht und bewußt oder unbewußt weitergegeben.

Ich selbst bin ein Kind von Heimatvertriebenen. Meine Eltern haben sich nach dem Krieg 1947 im Allgäu wiedergefunden. Meine Mutter war 1946 mit meinem damals acht Monate alten Bruder aus ihrem kleinen Dorf in der Nähe von Jägerndorf (Sudetenschlesien) vertrieben worden. Mein Vater, der im Krieg war, traf seine Frau nach der „Heimkehr" aus der Gefangenschaft wieder in einem kleinen Weiler bei Obergünzburg (Ldkrs. Ostallgäu). Später zogen meine Eltern nach Kempten. Ich bin dort geboren und aufgewachsen.

Es war die Sprache meiner Eltern, die Klangfarbe ihrer Mundart, die mir von Anfang an vertraut war und heute noch ist. So war es für mich selbstverständlich, daß die Art, wie meine Eltern sprachen, was sie aßen, wie sie Feste feierten, das einzig richtige war und daß alle Menschen um uns herum genauso sich verhalten würden. Spätestens in der Schule wurde mir klar, daß meine Eltern nun mal keine Einheimischen waren, ihr Dialekt anders klang und auch so manche Lebens- und Essensgewohnheiten anders waren, als die unserer Mitmenschen.

Heute als erwachsene Frau, mit schon fast erwachsenen Kindern, denke ich gerne an meine Kindheit zurück und stelle fest, daß ich, obwohl im Allgäu aufgewachsen und mit einem Allgäuer verheiratet, noch vieles in meine Familie an Brauchtum von meinen Eltern mitgenommen habe.

Angeregt durch viele Fragen meiner Kinder habe ich es mir in letzter Zeit zur Aufgabe gemacht, mitgebrachtes Brauchtum der Heimatvertriebenen aufzuzeichnen, bevor das große Vergessen kommt.

Viele Allgäuer haben mir gesagt, daß sie sich von der Mentalität der Heimatvertriebenen haben anstecken lassen, das heißt, sie fühlten sich mitgerissen von ihrer offenen Art, von ihren vielfältigen Begabungen, zum Beispiel auf dem Sektor der Musik, dem Handwerk oder einfach von ihrem Schaffensdrang, aus dem Nichts einen Neuanfang zu wagen.

Daß die Köstlichkeiten aus der Schlesischen, Böhmischen und Mährischen Küche heute selbstverständlich auch bei uns gegessen werden, verdanken wir den Heimatvertriebenen. So manches noch vor dem Zweiten Weltkrieg für die Allgäuer Küche exotische Gemüse haben sie mit ihrem Speiseplan hier eingeführt. Eine Frau aus Südmähren erzählte mir, daß sie es sehr vermißt hat, noch lange nach dem Krieg keine Paprikaschoten auf dem Markt in Kempten kaufen zu können und sie somit ihre geliebten gefüllten Paprikaschoten nicht kochen konnte. Ein Gericht, das auch ich von meiner Großmutter kenne und heute noch gerne zubereite. Eine Frau aus Breslau, die es im Februar 1945 nach Altusried verschlagen hatte, berichtete mir, daß sie nirgends Mohn bekam. Sobald es möglich war, säte sie auf einem Stückchen Garten Mohn, um zu Weihnachten ihre traditionellen Mohnklöße machen zu können. Ein Gericht, das sie heute noch an Weihnachten auftischt und von Kindern und Enkelkindern auch jedes Jahr erwartet wird. All die Rezepte, die mit Mohn zubereitet werden (Mohnstriezel, Mohnknödel, Mohnschluschken usw.), hat es vor dem Krieg im Allgäu nicht gegeben.

Auch der Knoblauch kam nicht erst mit der italienischen oder griechischen Küche ins Allgäu. Ein beliebtes Gericht, sparsam und einfach, war bei meinen Eltern zu Hause die Knoblauchsuppe. Ein Gedicht aus dem Jägerndorfer Heimatbrief sagt, wie es geht.

Knoblichsoppe ond Ärdäpl
(Ein altes Bauernrezept von Ella Steffan)

Ei dam gruaße Ponseltoppe,
mach 'ber heite Knoblichsoppe:
Erscht wird aldes Bruat genomma,
(denn bei ons derf niscbt verkomma).
Fein geschniatta, nie zerressa,
wird es ei dan Top geschmessa.
Dann kemmt kochend Woasser drof,
doas wäächt oalle Bröcklan of.
Eane kleane Handvual Salz,
ias so wechtich wie doas Schmalz.
Gekräschter Speck, a Viertelpfond
macht de Knoblichsoppe rond.
Ond vieal Knoblich, nie vergassa!
Doas ias oallerbestes Assa.
Gekochte Ärdäpl noch derzu,
dann erscht gebt dar Maga Ruh'. –
Stenkt dann aweng die ganz' Familie,
do helft a Streißla Petersilie;
zwescha 'n Zähne fein zerbessa,
leßt doas glei dan Mief vermessa. –
Aßt Knoblichsoppe, liebe Leite,
ihr bleibt gesond ond macht nie pleite!
Woas heite konsumiert die Welt,
doas taugt ni vial ond kost' vial Geld.
Drem seid bescheida met em Assa,
dann könnt dan Doktor ihr vergassa.
War Knoblichsoppe nie gesoppt,
dar ias ni klug, dar ias bekloppt.

Genauso, wie sich Kinder heute spät abends mal schnell eine Pizza aus dem Gefrierschrank holen und diese aufwärmen, um ihren Hunger zu stillen, haben meine Geschwister und ich uns liebend gerne nach Großmutters Rezept gebähtes Brot zubereitet. Wir legten einfach Brotscheiben auf die warme Herdplatte, damit das Brot schön krosch wurde und dann haben wir es mit Knoblauch eingerieben und manchmal auch mit Margarine oder Butter bestrichen. Eine wahre Köstlichkeit, so empfanden wir es.

Einen Bäckerlehrling aus Reichenberg, den es nach dem Krieg erst nach Mecklenburg verschlagen hatte, führte ein Fingerzeig des Schicksals nach Kempten. Es mußte wohl so sein, denn dort traf er seinen Meister wieder, der eine Bäckerei eröffnet hatte. Später hat er selbst als Meister dieses Geschäft geführt. Es war stadtbekannt, welch' gute Sachen dort aus der heimischen Backwelt von Reichenberg entstanden sind. Wer kennt nicht den Kleckselkuchen, Kolatschen, Osterbrote, den Striezel und auch all die Bäckereien mit Mohn? Es sind Backwaren, deren Rezepte die Heimatvertriebenen mitbrachten und die es heute in beinahe jedem Bäckerladen gibt. Schade jedoch, daß man den Striezel, ein Kunstwerk aus geflochtenem Hefeteig, nicht mehr sieht. Die Zutaten sind zwar etwa ähnlich einem ganz normalen Hefezopf, der dann an Weihnachten mit etwas üppigeren Beigaben noch aufgewertet wird, aber es ist die Form, die den Striezel zu etwas Besonderem macht.

Weihnachten, das ist wie ein Zauberwort. Ein Fest, an dem man auch in der Küche zaubert, was die Vorräte hergeben. Während man im Oberallgäu vor

Typische sudetendeutsche Backwaren, dabei (rechts unten)
der Böhmische Weihnachtsstriezel

allem „Schweinernes" zum Christfest auf den Speiseplan brachte und am Heiligen Abend relativ bescheiden gekocht wurde, war die Küche der Heimatvertriebenen schon immer an Weihnachten eine wahre Gaumenfreude. Daß der Tag des 24. Dezembers zwar ein Fasttag war, aber dafür am Abend um so aufwendiger gegessen wurde, erzählten mir viele Heimatvertriebene.

Leute aus Nordböhmen erklärten mir, daß sie heute am Heiligen Abend noch genauso den Essensplan gestalten wie zu Hause. Mittags gibt es Hirsebrei mit Sirup. Hirse soll Glück bringen: „Jedes Hirsekörnlein gibt einen Taler". Am Abend gibt es gebackenen Karpfen. Eine Schuppe des Karpfens kommt in den Geldbeutel, damit das ganze Jahr das Geld nicht ausgeht, überhaupt muß man am Heiligen Abend darauf achten, daß man neunerlei Speisen ißt. Die gleichen Leute erzählten mir, daß ihre Tochter und ihre Enkelkinder diese Essensgewohnheiten übernommen haben und somit ein Stückchen Tradition weiter pflegen.

Auch durften früher die zu Schnecken gerollten Würste, sogenannte „Ewigkeitswürste", am Heiligen Abend nicht fehlen. Man findet sie heute ganz selbstverständlich in vielen Metzgerläden. Eine andere Wurstspezialität war für die Reichenberger am Heiligen Abend die Reichenberger Raucherwürste, die man im Volksmund auch spöttisch als „Tuchmacherforellen" bezeichnete.

Wo ein Fest ist, wird gefeiert und wo gefeiert wird, gibt es etwas Gutes zum Essen. Das war im Allgäu so Sitte, aber anscheinend noch mehr bei denen, die nach dem Krieg hier ihre neue Heimat fanden und mit ihrer Küche den Allgäuer Speiseplan bereicherten.

Natürlich war es nicht nur die Kunst ihrer Küche, die von den Heimatvertriebenen mitgebracht wurde, sondern so manches andere Brauchtum. Einiges hat sich bis auf den heutigen Tag erhalten.

Kirchliche Feste wurden von den Einheimischen wie von den Vertriebenen in ziemlich gleicher Art begangen. Jedoch glaube ich, daß es nicht falsch ist, wenn ich sage, die Heimatvertriebenen verstanden fröhlicher, ausgelassener und aufwendiger zu feiern als die Allgäuer.

Bei uns zu Hause kam der Nikolaus mit viel Gepolter die Treppe herauf, aber wir bekamen ihn nie zu Gesicht. Denn entsprechend einem Brauch aus der Gegend meiner Großmutter hat er immer nur „etwas eingeworfen". Die Türe ging auf, und Nüsse und Süßigkeiten flogen ins Zimmer. Eine Frau aus Altusried erzählte mir z. B., daß sie zum ersten Mal bei Flüchtlingen einen bunten Christbaum gesehen hatte. Sie meinte damit bunten Glasschmuck. Viele Heimatvertriebene nannten ihren Christbaum auch Zuckerbaum, weil er nicht nur mit Kugeln und Kerzen geschmückt war, sondern auch mit Süßigkeiten. Ein anderer Brauch der Heimatvertriebenen war es, am Heiligen Abend den armen Seelen auch Essen zu bringen. Eine Frau aus der Karlsbader Gegend wußte noch, daß ihre Mutter am Heiligen Abend nach dem Essen die Reste dem

Zempera, einem Schutzgeist, hinaus in den Garten brachte. Eine Frau aus der Reichenberger Gegend wußte, daß ihre Großmutter am Heiligen Abend immer mit einem großen Topf voll Fleischbrühe zu den ärmeren Leuten gegangen ist, um ihnen eine Tasse voll davon zu bringen. Manchen Heimatvertriebenen ist es gelungen, in ihrem bescheidenen Gepäck Weihnachtskrippe und Christbaumschmuck mitzubringen.

Krippe aus Hohenelbe, die Figuren sind sogenannte Grulicher Mannel (die Krippe steht heute in Ermengerst/Wiggensbach)

Heute findet man auf Flohmärkten und in Antiquitätengeschäften Christbaumschmuck, der von Heimatvertriebenen stammt und den die Erben nicht mehr wollen, von Liebhabern jedoch heiß begehrt ist.
Während Silvester und Neujahr früher im Allgäu recht still begangen wurden, gab es bei den Sudetendeutschen schon viele lustige Spiele zum Zeitvertreib um die Neujahrszeit. Silvester wurde im Egerland als der Alte Heilige Abend bezeichnet. Das Essen war nicht so aufwendig wie an Weihnachten, aber doch schon etwas üppiger als sonst. Auch an Silvester wurde, so erzählte man mir, in Böhmen der Hirsebrei gegessen, der Glück und Geld das ganze Jahr bringen sollte. Aus der Reichenberger Gegend sagte mir eine Frau, daß man ihr als Kind schon erklärt hat, daß die Haare gut wachsen, wenn sie Hirsebrei an Silvester ißt. Meine Mutter hat immer darauf geachtet, daß an Silvester keine

Alter Gablonzer Christbaumschmuck

Wäsche zum Trocknen auf der Leine hing, denn das hätte Unglück bringen können.

Neben dem Bleigießen war das Tippelrücken oder Tippelheben ein beliebtes Weissagespiel. Vier Tassen/Töpfe stellten die vier Jahreszeiten dar und standen umgekehrt auf dem Tisch. Unter jeder Tasse lag ein Gegenstand, und zwar: Ein Stück Brot, ein Ring, ein Stück Geld und ein Lumpen. Hob man die Tasse mit dem Geld, so würde man das ganze Jahr über Geld haben; hob man die Tasse mit dem Lumpen, so hatte man das ganze Jahr zerrissene Kleidung oder Ärger; der Ring galt für die Ehre und das Ansehen und das Stückchen Brot galt für das tägliche Brot. In anderen Gegenden legte man Kohle, Geld, ein Wachsk ndlein, Brot und einen Ring unter einen Topf. Das konnte dann bedeuten: Tod, Reichtum, eine Geburt, gutes Auskommen oder Hochzeit.

Ein beliebtes Losspiel war auch das Pantoffelwerfen. Mit dem Rücken zur Tür warf man einen Pantoffel über die Schulter. Zeigte die Spitze des Schuhs zur Tür, so bedeutete das Reisen, oder für ein junges Mädchen Hochzeit; zeigte die Schuhspitze in den Raum, so blieb man auch im nächsten Jahr zu Hause.

Von selbstgebastelten Silvesterknallern erzählten mir Leute aus der Karlsbader Gegend.

Um das Osterfest gab es im Sudetenland viele schöne Bräuche, die manchmal den Bräuchen im Allgäu ähnlich waren, jedoch aufwendiger begangen wurden.

Während es im Allgäu die Bezeichnung Palmesel für denjenigen gibt, der am Palmsonntag als letzter aufsteht, gilt eine ähnliche Titulierung bei den Heimatvertriebenen für den, der an Pfingsten als letzter aufsteht. Er ist der Pfingstesel oder Pfingstlümmel. In der Heimat meiner Eltern, in Sudetenschlesien, hat man am Palmsonntag auf die Felder an jede Ecke kleine Holzkreuzchen gesteckt und einen geweihten Palmzweig dazugebunden, damit es Segen für das Feld bringen sollte.

Wichtig war für die Buben am Gründonnerstag, wenn die Glocken nicht mehr läuteten (man sagte, die Glocken seien nach Rom geflogen), der Umgang von Haus zu Haus mit den Ratschen und Klappern und in manchen Gegenden zusätzlich mit dem Schnarrbock. Im Egerland nannten sie sich nicht Klapperjungen, sondern Rumpelbuben. Der Lärm war der gleiche. Denn nicht immer ganz wohlklingend, zogen sie von Tür zu Tür, sagten ihr Verslein auf und bettelten um ein rotes Ei. Gegen Geld wurde auch nichts eingewendet und am Schluß wurde unter den Klapperjungen alles hoffentlich gerecht verteilt. Schade, daß sich dieser Brauch nicht erhalten hat.

Ein Gedicht erzählt uns sehr anschaulich so einen Tag mit den Klapperjungen (aus dem Altvatergebiet/Sudetenschlesien).

De Wildschützer Kloapperjunga

De Usterbraiche, unse schiene, ense ala,
ei jedem Joahre merk br, wie se ens fahla.
Zum heilicha Groabe giehn, die Poalmkatzlaweihe, 's Kreizlastecke,
ei ensan Feldan ei oalle vier Ecka.
Woas hoa br bein Soatgeihn geklingelt, gebatt und gesonga!
Heite will ich amol drzehal vo dan Kloapperjonga.
Acht Tage zevur loag schunt de Kloapper bereit,
zum Eiüba braucht ma ju a sei Zeit.
Gedold hoatta meine Leite, doas muß ich schunt sähn,
monchmal woar meine Musiche goar schwer zu derträhn.
Woar de „Kromme Mitwiche" dernochtan verbei,
woarn meine Solostecklan schunt niemmeh ganz nei.
Vir'm Griendonnerschtiche woar mir nie bange,
bloß, de Kerche tauerte frieh asu kreizlich lange.
Woar dann endlich doas letzte Lied verklonga,
stoanda draußa schunt die zwee Häffla Klopperjonga.
Doas äne fiersch Eberdorf ond mei Verein,
dar hoatte de Niederwelsch ond an Niederwald zu betrein.
A Hauptmoan woar a do, denn Ordnung muß sein.
War nie pariern wollde, doarfte glei drhäme blein.
Inschpiziert woard de Truppe mit än Blieck, än strenga,

oa kööner Noase nie dorfte woas Finkliches hänga.
De Schue woarn sauber, de Hosn gefleckt,
oa än Schnierla em a Hoals hoatt ma de Kloapper gesteckt.
Apparate goabs do, ich will jo nie proahla,
ober a Museum teet heite viel Geld derfier zoahla.
Zwee stämmiche Perschla hoatta än Korb mitgebroacht,
a woar rond ond vul Spreje, fier de Äer gedoacht.
Äne Beckse fiersch Klängeld kriegt br aus der Sakristei,
fiersch gruße braucht br nischt, do woar kä's derbei.
A poar gude Sprichla noch ond de Reise fing oan:
Der Pfoarrhof woar der erscht, dan br hängesucht hoan.
Die Sörgsdorfer Seite hoa br ens dann viergenumma,
Haus em Haus, asu sein se droan gekumma.
De Haustiere macht'br uf, asu weit wie se ginge.
War draußa woar, hoat ma dann glei ei dr Stube drinne.
Och ich muß sän, 's woarn foast oalls freindliche Leite,
die a paor Äer fier die Kloapperjonga nie raite.
Moanch aldes Weibla, doas käne Hinner meh fitterte,
goab ens a poar gebackne Berna, schunt ang verknitterte.
A jonge Bäuerin, broacht ens de Äer schunt ei die Käne,
Ei dr Wiege, drenn ei dr Stube do schlief groade doas Kläne,
Andre wieder, die wullda fier de Äer orntlich woas hiern'n.
Br kloappertan äne Zugoabe, doas kunnt ma reskiern.
„Bezoahl's Goot" und fort ging's enser Wag woar noch weit
ei viel Heisarn loaga noch Äer ond a woas fier de Beckse bereit.
Ein Hoammergronde, iber a Gloaterbarg marschiert br etz schon
fier a Niederwald woar's Latzel-Gosthaus ense erschte Station.
Ahender bis zu Bucheltan ond om Kerchsteige wieder rei,
sau langsam woard ma miede ond hongrich derbei.
Zu bekloappern woar ets ei der Welch noch de Dimsdorfer Seite.
Ond a do wohnta foast bloß kloapperfreindliche Leite.
Ganz ehrlich muß ma sän, 's goab of enser ganza Ronde
gläb ich, nie a Haus wu grindonnerschtichs niemand derhäne sein kunde.
Speet nochmetts, ei dr Sakristei, do woar ma dann fruh,
dr Gloater-Kerchvoater tält jed'n die Goabe zu.
Fömf Kron'n ei dr Toasche ond zwelf Äer ei der Metze,
wie glechlich saust ma of hämzu etze. –

Woas teet ich drem gahn, och wie wär doas schien,
wenn och noch ämol oals Jonge ei der Welsch derfte kloappern giehn!

Verfasser unbekannt

In der Reichenberger Gegend war auch das zum „Gründonnerschte Wünschen" beliebt. Buben und Mädchen zogen von Haus zu Haus, sagten ihre Sprüchlein auf und erhielten eine kleine Gabe in ihr mitgebrachtes Säckchen. Ein Verslein lautete:

> *Guten Morgen zum Gründonnerstoag,*
> *gatt mer wos an Battelsoak.*
> *Laßt mich nee su lange stiehn,*
> *ich muß a Häusl weiter giehn.*

Schon etwas selbstbewußter klang folgendes Verslein:

> *Ich bin ein kleiner König,*
> *gebt mir nicht zu wenig.*
> *Laßt mich nicht zu lange stehn,*
> *ich muß ein Häuslein weiter gehn.*

Zur Begrüßung erklang aus den Kinderkehlen immer ein langgezogenes: „Gelobt sei Jesus Christus zum Gründonnsche".

Ein Osterbrauch, den es im Allgäu auch gegeben hat, war das Eierpecken oder Eierpicken.

Der Maler Heinz Schubert, geboren in Nordböhmen und heute in Kempten wohnend, hat vor vielen Jahren (1941) für eine kulturelle Wochenzeitschrift in Prag zwei Bilder zu diesen Osterbräuchen gemalt (siehe Seite 378).

Die damals geschenkten, so schön verzierten Eier, sogenannte „Scheckl" oder Kratzeier, werden heute wieder gefertigt.

Sehr beliebt war auch die sogenannte Ostersaat. Schon einige Zeit vor Ostern füllte man eine Blechschachtel mit Erde und säte Hafer hinein, damit er an Ostern schön grün sprießt. In diese Ostersaat wurden die bunten Ostereier gelegt und in das Fenster gestellt, damit es von jedem bewundert werden konnte.

In der Gegend meiner Eltern, in Sudetenschlesien, kannte man den Brauch des „Schmack-Ustern". Die jungen Burschen zogen früh am Ostermontagmorgen mit einer schön geflochtenen Rute, der sogenannten Schmackuster, die an der Spitze mit einer roten Schleife versehen war, zu ihrer Liebsten und wollten sie mit der Rute aus dem Bett treiben. Natürlich ging das immer mit großem Hallo vor sich, mit Sprüchlein aufsagen und anschließend gab es Schnaps und kleine Gaben. Meistens Kuchen und Eier.

Eine sehr verbreitete Sitte ist das Eiertippen

Klapperjungen oder Rumpelbuben

Kratzeier, sogenannte „Scheckl"

Der Spruch zum Schmackusterngehen lautete:

> Schmackuster, Schmackuster em a Moolä,
> (gemaltes Ei)
> hoste käs, lä dir äs,
> em a Steckla Kucha,
> ich war dich ang zerpuffa,
> puff, puff, puff.

Ein anderer Spruch lautete:

> Liebes Mädchen laß dich peitschen,
> damit dich nie die Flöhlan beißen.
> Um a Äe oder zwäe,
> um a Stickla Kuchen
> laß dich im Bettchen suchen.

Von einer Frau aus Südmähren erfuhr ich, daß man sich bei ihr zu Hause am Ostermorgen mit Wasser bespritzt hat. Das sollte als ein Glücks- und Frucht-

379

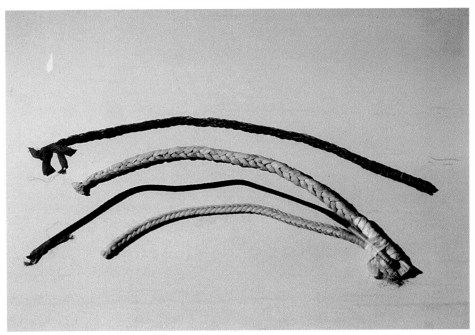

Schmackusternruten, geflochten aus Weide, Bast und Garn (Aufnahme im Riesenge-
birgsmuseum Marktoberdorf)

barkeitssymbol gelten. Diesen Brauch hat sie bis heute in ihrer Familie beibe-
halten, wenn es auch nur zur Gaudi und Unterhaltung dient.
Das Maibaum-Aufstellen und das Maibaum-Fällen sowie das Mai-Singen waren beliebte Bräuche im ganzen Sudetenland.
Zur Pfingstzeit wurde die Kirche mit Buchenzweigen und viel Birkenreisig
geschmückt. Auch zu Hause war es ein beliebter Frühjahrsschmuck. Aber
nicht nur zur Zierde sollten die grünen Zweige dienen, sie waren dazu da,
damit der Heilige Geist sich auf ihnen niederlassen konnte.
Ein Fest besonderer Art, das die Heimatvertriebenen ins Allgäu mitbrachten,
ist die Sonnwendfeier. Nach der Gründung der Tschechoslowakei 1918 wurde
dieses Fest vor allem als ein Bekenntnis zum Deutschtum angesehen und hat
das christliche Johannisfeuer ersetzt. Ausgerichtet wurde das Sonnwendfeuer
meistens vom Turnverein. Am Abend wurde unter Musikklängen ein großer
Holzstoß entzündet. Es wurden sogenannte Feuerreden gehalten und Lieder
gesungen. Wenn das Feuer heruntergebrannt war, ist die Liebste mit ihrem
Angebeteten über die Glut gesprungen. Dies sollte Mut beweisen und Glück
bringen. Nach dem Krieg gab es in vielen Orten im Oberallgäu am 21. Juni ein
Sonnwendfeuer. Man traf sich dazu u. a. in Sulzberg, Hindelang, Immenstadt,
Haldenwang, Buchenberg, Kempten und Sonthofen. Heute brennt nur noch

in Immenstadt am 21. Juni ein Sonnwendfeuer, ausgerichtet von der Sudeten-deutschen Landsmannschaft.

Sonnwendfeuer bei der Sonnwendfeier der Kreisgruppe der Sudetendeutschen Landsmannschaft in Immenstadt

Kirchweih ist ein Fest, welches bei den Heimatvertriebenen immer groß ge-feiert wurde. Vor allem die vielen Streuselkuchen, die gebacken wurden, als „Kirweihkuchen" bezeichnet, sind auch heute bei vielen Familien noch Tradi-tion.

Auch um Allerheiligen gibt es einen Brauch, den es vor dem Krieg im Allgäu nicht gab und der durch die Heimatvertriebenen mitgebracht wurde. Sie haben es eingeführt, daß an Allerheiligen und Allerseelen, ja heute eigentlich das ganze Jahr, Kerzen auf den Gräbern angezündet werden. Die Allerheiligenlichter in der alten Heimat waren Glasgefäße böhmischer Glasmacherkunst in vielfältigsten Formen. In der alten Heimat bekamen die Kinder von ihren Paten spezielles Hefegebäck.

Bei Hochzeiten wurden Kuchen gebacken für die ganze Nachbarschaft. Ein Mann aus der Nähe von Karlsbad erzählte mir, daß zu seiner Hochzeit seine Mutter, Schwiegermutter und Tanten Kuchen gebacken haben, um jedem, der zum Glückwünschen kam, Kostproben mitgeben zu können. Eine Frau aus Altusried erklärte mir, daß es im Allgäu Brauch sei, von geladenen Gästen ein sogenanntes Mahlgeld zu erhalten. Umso mehr war sie erstaunt, als die ersten Heimatvertriebenen heirateten und diese ihre Gäste umsonst bewirteten.

Auch das Brauchtum um Geburt, Taufe, Namensgebung und Paten zeigt Parallelen zum Brauchtum im Allgäu.

Die Sitte, daß man nach der Geburt eines Kindes „zum Weisen" geht, kennen die Heimatvertriebenen nicht. Bei ihnen brachte man nach der Taufe Geschenke und die „Sechswochensuppe", eine kräftige Fleischbrühe, die von der Wöchnerin allein verzehrt werden mußte. Nachbarn und Freunde steckten Geld in das Wickelkissen, wenn sie der Mutter mit dem Kind begegneten.

Im Allgäu machte der Pate am Nikolaustag, nach Abschluß der Sonntagsschule, zum letzten Male seinem Patenkind ein größeres Geschenk.

Im Egerland zum Beispiel war es der Firmtag, an dem der Pate sein Patenkind noch einmal mit einer größeren Gabe (z. B. einer Uhr) bedachte. Dann wurde o'gsetzt (abgesetzt).

Viele schöne Volkslieder, die wir heute singen, stammen aus den ehemaligen deutschen Ostgebieten. Durch die Wandervogelbewegung sind uns die Lieder erhalten geblieben. Auch ich erinnere mich an Lieder, die ich in der Schule gelernt habe, und von denen ich nicht wußte, daß sie eigentlich aus der Heimat meiner Eltern stammen. Zum Beispiel: „Und in dem Schneegebirge" oder „Jetzt fahr'n wir über'n See".

Daß die Heimatvertriebenen sehr musikalisch sind, ist allgemein bekannt. Durch ihre Begabung haben sie viele Musikkapellen und Chöre im Oberallgäu mitgestaltet und bereichert. In Kempten gibt es heute noch einen eigenen Sudetenchor.

Wohl die bekannteste Sage, die durch die Vertreibung zu uns kam, war die vom Rübezahl; dem Berggeist aus dem Riesengebirge.

Lieder und Sagen, Märchen, Tracht und Mundart, Essens- und Lebensgewohnheiten sind durch die Vertriebenen zu uns ins Allgäu gekommen und wurden beinahe unbemerkt angenommen.

Es sind aber auch die Vertriebenenverbände, die noch altes mitgebrachtes Brauchtum pflegen. Vor allem die Mundart ist es, die ihnen am Herzen liegt und die immer mehr in Vergessenheit geraten wird, wenn die Generation der Heimatvertriebenen nicht mehr lebt.

Erneuerte Egerländer Tracht
(Mitglieder der Egerländer Gmoi Kempten)

Bei meiner Arbeit über die Erforschung des Brauchtums der Heimatvertriebenen gehe ich selbst immer ein wenig zurück zu meinen eigenen Wurzeln. Obwohl im Allgäu geboren, bin ich vertraut mit dem Brauchtum aus der Heimat
meiner Eltern. Trotzdem schätze ich die Lebensgewohnheiten im Allgäu, das
ja meine Heimat ist. So sehe ich beides, das Brauchtum meiner Eltern und das
Brauchtum im Allgäu, als eine Bereicherung meines Lebens.
Ich habe mich bei meinen Aufzeichnungen ausschließlich auf Gespräche mit
Heimatvertriebenen, die heute im Oberallgäu wohnen, gestützt."

7. Heimatvertriebenen-Organisationen und -zusammenschlüsse

Allgemeines

Nach Aufhebung des Koalitionsverbotes der Militärregierung waren es zunächst vor allem die Landsmannschaften, die den in fremder Umgebung zerstreut lebenden Heimatvertriebenen den Kontakt zur heimatlichen Tradition und den Zusammenhalt bei Wahrung des Kulturerbes zu vermitteln suchten. Während ihre Arbeit anfänglich vorwiegend von der Pflege heimatlicher Erinnerungen und von der Hilfe bei der Bewältigung von verwaltungstechnischen und bürokratischen Anforderungen bestimmt war, trat in der Folgezeit zunehmend die Aufgabe einer bewußten Kulturpflege in den Vordergrund.

Auskunft, wie es im Jahre 1949 mit den Landsmannschaften im Altlandkreis Kempten aussah, gibt das Einwohnerbuch des Landkreises Kempten 1949. Hier steht unter landsmannschaftliche Vereine folgendes:

- Landsmannschaft Egerland, Kempten, Gerberstraße 41/III
  Vorstand: Rudolf Lill, Kempten, Gerberstr. 41
- Landsmannschaft der Ost- und Westpreußen
  Vorstand: Gerhard Aßmann, Kempten, Übelherrstr. 2
- Sudetendeutsche Landsmannschaft, Kreisverband Kempten Stadt und Land
  Vorstand: Richard Hübner, Kempten, Ostbahnhof

Aus den vorhandenen Unterlagen konnte festgestellt werden, daß seit 1949/50 bis zur heutigen Zeit folgende Landsmannschaften im Landkreis Oberallgäu bestanden (namentlicher Stand 1978):

- Landsmannschaft Schlesien, Ortsgruppe Kempten
  1. Vorsitzender: Walter Mierzwa, Kempten
- Landsmannschaft Siebenbürger Sachsen
  1. Vorsitzender: Georg Kautz, Heising
- Landsmannschaft der Ostpreußen
  1. Vorsitzender: Erwin Thiemer
- Bund der Mitteldeutschen
  1. Vorsitzender: Gerhard Wirgos, Kempten
- Landsmannschaft Banater Schwaben
  1. Vorsitzender: Stefan Schmied, Leubas
- Sudetendeutsche Landsmannschaft, Kreisgruppe Kempten
  Kreisobmann: Adolf Seidel, Durach
- Sudetendeutsche Landsmannschaft, Kreisgruppe Sonthofen
  Kreisobmann: Karl Stengel, Sonthofen
- Karpatendeutsche Landsmannschaft
  1. Vorsitzender: Johann Gespar.

Auf Ortsebene war im Oberallgäu im wesentlichen nur die Sudetendeutsche Landsmannschaft mit Ortsgruppen, auch in kleineren Gemeinden, vertreten. Es gab nur sehr wenige Orte, in denen die Landsmannschaft Schlesien existent war, so unter anderem in Kempten und in Sonthofen. In den letzten Jahrzehnten sind nur die Sudetendeutsche Landsmannschaft und die Landsmannschaft der Schlesier in der Öffentlichkeit mit Veranstaltungen aktiv aufgetreten.

In den nachfolgenden Berichten über die einzelnen Landsmannschaften im Landkreis Oberallgäu konnten nur die aufgenommen werden, von denen die Arbeitsgruppe Unterlagen erhielt.

Bund der Vertriebenen – Vereinigte Landsmannschaften und Landesverbände – (BdV)

Nach Aufhebung des Koalitionsverbotes – organisatorische Zusammenschlüsse der Vertriebenen waren verboten – der alliierten Militärregierungen in Westdeutschland wurde am 09.04.1949 der „Zentralverband der vertriebenen Deutschen" (ZvD) und am 24.08.1949 die „Vereinigten Ostdeutschen Landsmannschaften" (VOL) gegründet. Am 18.11.1951 erfolgte die Gründung des „Bundes der vertriebenen Deutschen" (BvD) – der Vorläufer des BdV –, in dem der ZvD aufgeht. Am 27.10.1957 wird dann der Gesamtverband der Vertriebenen, der „Bund der Vertriebenen – Vereinigte Landsmannschaften und Landesverbände" (BdV) gegründet. Der BdV wird zur Dachorganisation aller Landsmannschaften, aller Heimatverbände, aller Vertriebenenverbände, aller Heimatkreisvereinigungen und aller Heimatortsgemeinschaften und ist in 16 Landesverbände, 486 Kreisverbände und in Ortsverbände gegliedert. Die Verbindung zwischen herkunftsbezogener und aufenthaltsbezogener Organisationsform prägt das Bild des Verbandes auf allen Ebenen.

Der Bundesverband des BdV/Landesverband des BdV in Bayern vereinigt als Dachverband/Landesdachverband 21 Landsmannschaften/landsmannschaftliche Landesgruppen, das sind:

Deutsch-Baltische Landsmannschaft
Landsmannschaft der Banater Schwaben aus Rumänien in Deutschland
Landsmannschaft Berlin-Mark Brandenburg
Landsmannschaft der Bessarabiendeutschen
Landsmannschaft der Buchenlanddeutschen (Bukowina)
Bund der Danziger
Landsmannschaft der Dobrudscha- und Bulgariendeutschen
Landsmannschaft der Donauschwaben aus Jugoslawien
Karpatendeutsche Landsmannschaft Slowakei

Landsmannschaft der Deutschen aus Litauen
Landsmannschaft der Oberschlesier
Landsmannschaft Ostpreußen
Pommersche Landsmannschaft (Pommerscher Zentralverband
Landsmannschaft der Deutschen aus Rußland
Landsmannschaft der Sathmarer Schwaben
Landsmannschaft Schlesien, Nieder- und Oberschlesien
Landsmannschaft der Siebenbürger Sachsen in Deutschland
Sudetendeutsche Landsmannschaft
Landsmannschaft der Deutschen aus Ungarn
Landsmannschaft Weichsel-Warthe
Landsmannschaft Westpreußen

Außerordentliche Mitgliedsverbände des BdV:

Arbeitsgemeinschaft Junge Generation im BdV (AJG)
Bauernverband der Vertriebenen
Bundesverband der heimatvertriebenen Wirtschaft (VhW)
Frauenbund für Heimat und Recht (FHR)
Gesamtdeutscher Studentenverband (GDS)
Traditionsgemeinschaft der ostdeutschen Leichtathleten

Was will der Bund der Vertriebenen?
Er setzt sich ein für die Verwirklichung – der Menschenrechte und das Selbstbestimmungsrecht für das ganze deutsche Volk
- effektiverer Hilfen für die vier Millionen Deutschen östlich des Geltungsbe-
  reiches des Grundgesetzes,
- unseres Rechtes auf die Heimat in friedlichem Wandel,
- gerechterer Verträge für die Deutschen und Deutschland,
- einer friedlichen Ordnung der Staaten, Völker und Volksgruppen in einem
  gesamteuropäischen Staatenbund,
- eines internationalen Vertreibungs- und Annexionsverbotes und der Wiedergutmachung fortbestehender Folgen des Vertreibungsunrechts,
- international gesicherter und innerstaatlich garantierter Volksgruppen-
  rechte.

Er fordert von Bund und Ländern, in Wahrnehmung ihrer Schutz- und Obhutspflicht gegenüber den deutschen Heimatvertriebenen und den außerhalb
des Geltungsbereichs des Grundgesetzes lebenden deutschen Staatsangehörigen und Volkszugehörigen

- im Sinne des § 96 Bundesvertriebenengesetz weiterhin die Erhaltung, Pflege
  und Entfaltung der Kultur der Ost-, Sudeten- und Südostdeutschen wirksam zu fördern,

- die rechtliche und faktische Gleichbehandlung der Vertriebenen in den mitteldeutschen Ländern herzustellen,
- mit den östlichen Nachbarstaaten in Verhandlungen über die Wiedergutmachung des Vertreibungsunrechts, der entschädigungslosen Konfiskation des Eigentums, der Schäden an Leib und Leben und die Verwirklichung des Rechtes auf die Heimat einzutreten,
- sich nachdrücklich für auch innerstaatlich garantierte umfassende Volksgruppenselbstverwaltung der außerhalb des Geltungsbereichs des Grundgesetzes lebenden Deutschen einzusetzen und deutschen Doppelstaatlern durch Kollisionsregelungen zu helfen,
- die ungehinderte Aufnahme derjenigen Deutschen als Aussiedler zu ermöglichen, die für sich und ihre Familien in der Heimat keine Zukunftsperspektive besitzen,
- die Aussiedler wirksam bei Eingliederung und Identitätswahrung zu unterstützen,
- die Mitwirkung der regionalen und zentralen Vertretungen der deutschen Volksgruppen in den Heimatgebieten bei allen Hilfsmaßnahmen aus der Bundesrepublik Deutschland zu gewährleisten,
- sich bei den östlichen Nachbarstaaten für Einbeziehung des BdV und seiner Mitgliedsverbände bei der Verständigung einzusetzen.

Er appelliert als Gesamtverband der 21 Landsmannschaften und 16 Landesverbänden mit zwei Millionen Mitgliedern an alle Deutschen, mit seinem berechtigten Anliegen verstärkt Solidarität zu üben, so wie die Heimatvertriebenen über Jahrzehnte die Treue zu Deutschland gewahrt haben. Er ruft unser Volk dazu auf, sich den Versuchen zu widersetzen,
- den Heimatvertriebenen zuerst die angestammte Heimat und dann auch noch ihre Geschichte zu nehmen,
- die Tatsache der Massenvertreibung und ihrer fortbestehenden Folgen für die Heimat, für Deutschland, für Europa und für die Heimatvertriebenen zu verdrängen und zu vergessen,
- den fortbestehenden Zusammenhalt der Vertriebenen geringzuschätzen.

In den bayerischen Bezirksverbänden gliedert sich der BdV in 73 Kreisverbände. Im Oberallgäu in die Kreisverbände Sonthofen und Kempten, noch nach den Altlandkreisen Sonthofen und Kempten. Seit Bestehen des Bundes der Vertriebenen (BdV) nehmen die Aufgaben des Kreisvorsitzenden des BdV im Gebiet des heutigen Landkreises Oberallgäu die jeweiligen Kreisobleute der Sudetendeutschen Landsmannschaft wahr.

Wappen Ostdeutschlands
und der deutschen Siedlungsgebiete in Ost- und Südosteuropa

LANDSMANNSCHAFT
SCHLESIEN

LANDSMANNSCHAFT
DER OBERSCHLESIER

LANDSMANNSCHAFT
BERLIN - MARK BRANDENBURG

LANDSMANNSCHAFT
WEICHSEL-WARTHE

WESTPREUSSEN

LANDSMANNSCHAFT
OSTPREUSSEN

OSTPREUSSEN

POMMERSCHE
LANDSMANNSCHAFT

BUND DER DANZIGER

SUDETENDEUTSCHE
LANDSMANNSCHAFT

KARPATENDEUTSCHE
LANDSMANNSCHAFT

LANDSMANNSCHAFT
DER BUCHENLANDDEUTSCHEN

DEUTSCH-BALTISCHE
LANDSMANNSCHAFT

LANDSMANNSCHAFT
DER SIEBENBÜRGER SACHSEN

WAPPEN DER DONAUSCHWABEN
AUS JUGOSLAWIEN, DEM BANAT
UND SATHMAR

LANDSMANNSCHAFT
DER LITAUENDEUTSCHEN

BESSARABIENDEUTSCHE
LANDSMANNSCHAFT

LANDSMANNSCHAFT
DER DOBRUDSCHADEUTSCHEN

LANDSMANNSCHAFT
DER DEUTSCHEN AUS RUSSLAND

LANDSMANNSCHAFT
DER DEUTSCHEN AUS UNGARN

Immer im Bilde sein:

Abonnieren Sie eine Heimatzeitung!

Die Presse der deutschen Heimatvertriebenen (1995/96)

Sudetendeutsche Landsmannschaft (SL)

Im Landkreis Oberallgäu ist die Sudetendeutsche Landsmannschaft bis heute die mitgliedsstärkste und aktivste Landsmannschaft. Sie ist noch nach der alten Landkreisgliederung in zwei Kreisgruppen aufgegliedert, in die Kreisgruppe Sonthofen und in die Kreisgruppe Kempten. Die beiden Kreisgruppen hatten bis in die 60er Jahre in fast jeder Gemeinde der damaligen Altlandkreise Sonthofen und Kempten eigene Ortsgruppen und einen Mitgliederstand von über 6.000 Personen.

Laut ihren Satzungen, die sich seit der Gründung der SL im Jahre 1947/48 in Regensburg und Memmingen im grundsätzlichen nicht geändert haben, erfüllt die Sudetendeutsche Landsmannschaft folgenden Zweck:

1. an einer gerechten Völkerordnung Europas mitzuwirken;
2. den Rechtsanspruch auf die Heimat, deren Wiedergewinnung und das damit verbundene Selbstbestimmungsrecht der Volksgruppe durchzusetzen;
3. den Anspruch der Volksgruppe auf Rückerstattung des geraubten Vermögens und die sich daraus ergebenden Entschädigungsansprüche zu vertreten;
4. die Landsleute wirtschaftlich und sozial zu betreuen;
5. die Belange der Volksgruppe in der Heimat und in den Aufnahmegebieten zu wahren;
6. die Überlieferung (Sitten, Brauchtum, Mundart, Kulturgut usw.) der Heimat zu erhalten, der Jugend weiterzugeben und das kulturelle Leben der Volksgruppe zu fördern.

Die Sudetendeutsche Landsmannschaft hat in über vier Jahrzehnten seit ihrem Bestehen keinen Grund gehabt, an ihrem Selbstverständnis, ihrer Aufgabenstellung oder ihrer Zielsetzung etwas zu ändern. Sie war und ist die Vertretung der Sudetendeutschen und wird es bleiben.

Dr. Rudolf Lodgman von Auen, ein hoch angesehener sudetendeutscher Politiker und früherer Landeshauptmann von Böhmen – er war Vorsitzender der Arbeitsgemeinschaft zur Wahrung sudetendeutscher Interessen –, rief seine Landsleute zur Sammlung auf. So fanden sich auch im Allgäu Männer und Frauen, die dem Aufruf Dr. Lodgmans folgten und mit der SL Aufbauarbeit begannen.

1955 bestanden in Bayern 5.000 Ortsgruppen und 410 Kreisgruppen der Sudetendeutschen Landsmannschaft.

1) Kreisgruppe Sonthofen der Sudetendeutschen Landsmannschaft

Durch Fühlungnahme untereinander hatte sich bereits ein kleiner Kreis Gleichgesinnter gebildet und so konnte am 10.12.1949 in Sonthofen im Kasinosaal die Gründung der Kreisgruppe Sonthofen der SL erfolgen.

Im Jahr 1952 bestanden bereits 13 Ortsgruppen, und diese vermehrten sich bis zum Jahre 1953 auf 27 Ortsgruppen, die satzungsgemäß selbständig die übernommenen Pflichten und Arbeiten bewältigten. Die gesamte Aufbauarbeit wurde überall ehrenamtlich mit großem Idealismus geleistet.

Zur Bewältigung dieser großen Aufgaben wurde eine Kreisgeschäftsstelle im alten Bahnhofsgebäude in Sonthofen eingerichtet und mit einer Kraft hauptamtlich besetzt. Die vielen dazu ehrenamtlich geleisteten Stunden so manches Landsmannes sind nur noch zu erahnen. Jede angefertigte Karteikarte spiegelt heute noch ein Menschenschicksal wider, wie es bis dahin nicht bekannt war. Der Geschäftsstelle – dem Kreisgeschäftsführer – oblag auch die Betreuung und Beratung der Landsleute in Lastenausgleichsangelegenheiten, bei Rentenanträgen, Auskünften usw., wo es notwendig war, da den meisten Landsleuten ein Umgang mit Behörden und Dienststellen neu war und diese deshalb in der Fremde dringend Hilfe benötigten, um ihre bescheidenen Ansprüche anzumelden.

Hier hat die Kreisgeschäftsstelle mit Robert Golda jun. vorbildliche Arbeit in dieser Anfangszeit geleistet, bis die Eingliederung in das Berufs- und Arbeitsleben vollzogen war. Nach Ausscheiden von Robert Golda jun. haben Wilhelm Roth und Adolf Schilbach die Kreisgeschäftsstelle ehrenamtlich weitergeführt.

Die Zusammenarbeit mit den mit Flüchtlings- und Vertriebenenfragen betrauten einzelnen Sachbearbeitern der Behörden war spannungsfrei, sachlich und hat ein gutes Arbeitsklima geschaffen. Durch Abwanderung und Übersiedlung nach Württemberg verringerte sich Anfang der 60er Jahre der Vertriebenenanteil im Landkreis, da zu dieser Zeit die Berufsaussichten noch sehr bescheiden waren.

Den Flüchtlingsvertrauensmännern in allen Gemeinden zusammen mit den Obleuten der Landsmannschaften und den vielen bereitwilligen Helfern und Mitarbeitern an allen Orten ist es gelungen und zu verdanken, daß es unter den Heimatvertriebenen in den schweren Nachkriegsjahren zu keinen radikalen politischen Zusammenschlüssen gekommen ist, da alle Verantwortung tragenden Landsleute die Zusammenarbeit mit den guten einheimischen politischen Kräften suchten und um Vertrauen bemüht waren, zum Wohle aller. Dieses Verdienst der Landsmannschaften, vor allem der Sudetendeutschen in Bayern, um Ausgleich und Verständigung im Inneren und Äußeren bemüht, sollte stets gewürdigt werden, denn bei radikalem Verhalten der Vertriebenen hätte die Entwicklung in der jungen Bundesrepublik schnell einen anderen Verlauf nehmen können. Die Landsmannschaften waren in diesen Jahren des Aufbaues ein stabilisierender Faktor und ein Garant inneren Friedens.

In den 50er Jahren hat sich in den gut geführten Ortsgruppen sofort ein reges Vereins- und Gemeinschaftsleben entwickelt, um einerseits das Einleben in der neuen Umgebung zu erleichtern, andererseits, um die alten Traditionen aus der Heimat zu pflegen und weiterzuführen.

Neben den Monatsversammlungen, die den organisatorischen Aufgaben sowie dem Erfahrungsaustausch dienten, waren die in allen Ortsgruppen durchgeführten Muttertags- und Adventsfeiern immer Stunden der Erholung und Freude, vor allem für die Mütter und Kinder.

Die veranstalteten Faschingsbälle und der Kirchweihtanz waren besonders zur Unterhaltung für die jüngeren Landsleute immer eine willkommene Abwechslung im Jahresrhythmus und förderten den Gemeinschaftssinn.

Für den in der alten Heimat gepflegten Brauch des Sonnwendfeuers mußte in den ersten Jahren von der Militärregierung eine Genehmigung eingeholt werden. Unter Teilnahme der örtlichen Vereine mit Musikkapellen versammelten sich oft viele hundert Teilnehmer gleichzeitig in Immenstadt, Sonthofen und Hindelang, wo alle Redner beim Abbrennen des Feuers an das Unrecht der Vertreibung erinnerten.

Heute findet diese Veranstaltung nach über 40 Jahren Vertreibung noch in Immenstadt statt und ist eine Feierstunde der Mahnung und Besinnung.

Bei Gemeinschaftswanderungen konnten die einzelnen Landsleute die schöne Allgäuer Bergwelt kennen und lieben lernen. Die Liederabende mit Ernst Haidler und der Stapfgruppe sind noch in guter Erinnerung und bereicherten das allgemeine Kulturprogramm im Jahresablauf, ebenso die Dichterlesungen mit den Landsleuten Sepp Skalitzky und Ernst Frank.

Singschar der SL beim Liedervortrag am „Tag der Heimat 1976" in Immenstadt

Die Sing- und Spielscharen der Kinder- und Jugendgruppen der SL von Sonthofen und Immenstadt haben bis in die 80er Jahre mit Begeisterung ihr Können und Talent bei den Weihnachts- und Muttertagsfeiern, sowie am Tag der Heimat durch vorgetragene Gedichte, Theaterstücke, Volkstänze u. dgl. gezeigt, das Programm mitgestaltet und die Besucher hoch erfreut.

Auch bei Festumzügen örtlicher Vereine ist unsere Mädchengruppe in der erneuerten Egrischen Tracht als Abordnung mitmarschiert, ebenso eine Fahnenabordnung.

Unter der Regie von Frau Anni Stengel (Stadträtin), gest. 1968, wurde von der SL der erste Kinderfaschingsball 1960 in der Kreisstadt Sonthofen organisiert und in der Markthalle mit einem Riesenerfolg durchgeführt, ebenso die erste Altenfaschingsunterhaltung mit großem Programm auf Initiative von Frau Stengel, die mit sehr großem Einsatz rastlos tätig war und auch innerhalb des Bezirks Schwaben vorbildlich wirkte.

Heute werden diese Veranstaltungen von der Sonthofener Faschingszunft bzw. von der ASJ (Arbeitsgemeinschaft Sonthofener Jugendverbände) weitergeführt und bilden einen festen Bestandteil der Faschingszeit.

Eine Hochleistung waren die im kath. Pfarrsaal aufgeführten Märchenspiele (über zehnmal) durch die Kinderspielschar der SL in der Adventszeit, immer

Singschar und Musikgruppe der SL beim Liedervortrag am „Tag der Heimat 1977" im Soldatenheim in Sonthofen

Am 03.12.1967 Märchenspiel „Aschenputtel" der Kinderspielschar der SL unter der Leitung von Anni Stengel im kath. Pfarrsaal in Sonthofen

Die von Anni Stengel gegründete Frauengruppe der SL bei der Adventsfeier 1978 im Gasthaus „Fluhenstein" im vollen gesanglichen Einsatz

im vollbesetzten Saal, verbunden mit dem Nikolausauftritt und einer Bescherung von über 100 Kindern. Frau Stengel hat hier Großartiges geleistet. Ihr früher Tod hat eine nicht zu schließende Lücke hinterlassen.

Die von Frau Anni Stengel gegründete Frauengruppe besteht bereits über 30 Jahre fort. Die gleichen Frauen wirken noch immer bei den Veranstaltungen der Ortsgruppe Sonthofen mit, hier ist Gemeinschaftssinn spürbar mit Liebe zur Sache der SL.

Als machtvolle Großkundgebungen finden seit 1949 im Kreisgebiet der „Tag der Heimat" – als Erinnerung an die alte Heimat – statt, gleichzeitig als Mahnung und Verpflichtung an die Verantwortlichen, damit sich derartiges Unrecht nie mehr wiederholt. Wegen der großen Teilnehmerzahl in den 50er Jahren – bis 3.000 Personen wurden gezählt – mußte diese Veranstaltung mehrmals im Freien stattfinden.

Das reichhaltige kulturelle Rahmenprogramm wurde stets von Mitwirkenden aus den eigenen Reihen mit Lied-, Gedicht-, Lese- und Musikbeiträgen gestaltet, hier sind die Jugendspielgruppen besonders zu erwähnen. Der alten Generation konnten damit immer wieder ein paar frohe Stunden bereitet werden.

Namhafte Persönlichkeiten hielten zum „Tag der Heimat" die Festansprache: Dr. Walter Becher, Sprecher der SL; Siegfried Zoglmann, MdB und Landesobmann der SL in Bayern; Dr. Franz Böhm, Bundesvorsitzender der SL; Dieter Max, Bundesgeschäftsführer der SL; Franz Neubauer, Staatsminister a. D.;

Mit Fahnengruppe und Musikkapelle geht es geschlossen zur Kundgebungsveranstaltung für den „Tag der Heimat 1954" in Sonthofen

In geschlossener Formation zur Kundgebungsveranstaltung für den „Tag der Heimat 1954" in Sonthofen

Kundgebung für den „Tag der Heimat 1954" auf dem Marktanger in Sonthofen. SL-Kreisobmann Robert Golda bei der Begrüßung

Kundgebung für den „Tag der Heimat 1954" auf dem Marktanger in Sonthofen.
Ansprache des Landrats J. M. Ditterich

Reinhold Prohaska, MdB Oberst i. G. Gertler; Almar Reitzner, Mdl; Walter
Richter, Landesvorsitzender des BdV in Bayern; Kurt Rosmanith, MdB; Josef
Grünbeck, MdB; Adolf Kunzmann, Bundesvorsitzender der Ackermannge-
meinde; Adolf Winter, Rektor; Dr. Fritz Wittmann, MdB; Dr. Bernd Posselt,
MdEP und Vizepräsident der Paneuropaunion; Karl Kling, MdL Präsident des
Allgäu-Schwäbischen Musikbundes; Rudolf Urbanek, Landesobmann der SL;
Horst Löffler, Bundesgeschäftsführer der SL; Alfons Zeller, Staatssekretär und
MdL; und viele andere ...
Erster Kreisobmann im Landkreis Sonthofen wurde Robert Golda sen. (1950 –
1956).
In diese Zeit fallen die Gründungen von 27 Ortsgruppen im Landkreis. Für
seine großen Verdienste um den Aufbau der SL wurde Herr Golda zum Ehren-
kreisobmann auf Lebenszeit ernannt und mit der Lodgmann Plakette ausge-
zeichnet. Es folgten:

Dr. Karl Richter   1956–1957 (jetzt Augsburg)
Rudolf Schuh   1957–1959 (gest. 1960)
Otto Lehr   1960–1964 (jetzt München)
Karl Stengel   1964–1978 (gest. 1978)
Erich Horna   1978–1987 (gest. 1987)
Rudolf Dressel   1987–heute

SL-Kreishauptversammlung (April 1958), Leitung Kreisobmann Robert Golda, im Hotel „Sonne" in Sonthofen. Als Gast dabei Staatsminister Walter Stain von der bayerischen Staatsregierung (hält Grundsatzreferat)

Ortsobleute der allerersten Stunde in verschiedenen Orten (in Klammern der Zeitpunkt der Gründung der SL-Ortsgruppe):

Ing. Max Taubmann	Oberstdorf (18.11.1950)
Alois Großmann	Wertach (1950/51)
Dr. med. Arthur Knobloch	Hindelang (28.03.1950)
Josef Herbst	Bolsterlang (1950/51)
Franz Kämpf	Stiefenhofen (19.11.1950)
Dr. Rudolf Breuer	Immenstadt (22.04.1950)
Adolf Schnaubelt	Fischen (Dez. 1949/Jan. 1950)
Anton Kunzmann	Altstädten (11.05.1950)
Bruno Held	Burgberg (März 1950)
Franz Habel	Sonthofen (10.12.1949)
Josef Schmid	Ofterschwang (1950/51)

Ortsobmann Bruno Held spricht zu den Versammlungsteilnehmern am 01.05.1951 in Burgberg

Versammlung der Heimatvertriebenen auf dem Dorfplatz in Burgberg (vor dem alten Schulhaus) 1951 mit dem Ortsobmann der SL-Ortsgruppe Burgberg, Bruno Held

Beispielhaft für die Ortsgruppen der Kreisgruppe Sonthofen der Sudetendeutschen Landsmannschaft werden nachstehend die Ortsobleute der beiden größten Ortsgruppen aufgeführt.

Ortsobleute der Ortsgruppe Immenstadt (am 22.04.1950 gegründet), die SL-Ortsgruppen Stein wurden 1967 und Oberstaufen 1987 eingegliedert:

Rudolf Breuer	1950–1958
Franz Wabersich	1958–1964
Alois Schubert	1964–1966
Franz Schöbel	1966–1967
Ernst Schröter	1967–1968
Josef Langhans	1968–1984
Anton Wührer	1984–1992
Alfred Trömel	1992–1995
Gerhard Bräunl	1995–heute

SL-Ortsgruppe Immenstadt 1985 beim Festzug „650 Jahre Immenstadt" in Immenstadt

Ortsobleute der Ortsgruppe Sonthofen (am 10.12.1949 gegründet), die SL-Ortsgruppen Altstädten, Burgberg und Hindelang wurden 1982 eingegliedert:

Franz Habel	1950–1953
Bruno Held	1953–1954
Wilhelm Roth	1955–1966

Erich Niebauer	1966–1968
Rudolf Dressel	1968–1974
Erich Niebauer	1974–1982
Max Spudich	1982–heute

Ehrenmitglieder der Sudetendeutschen Landsmannschaft:

Robert Golda	Kreisehrenobmann
Wilhelm Roth	Ehrenortsobmann von Sonthofen
Josef Langhans	Ehrenortsobmann von Immenstadt
Ernst Becher	Ehrenmitglied von Sonthofen
Helene Winter	Ehrenmitglied von Sonthofen
Julius Kunert	Ehrenmitglied der Kreisgruppe

Sudetendeutsche Persönlichkeiten, die zu Ehrenbürgern in Gemeinden im Oberallgäu ernannt wurden:

Ernst Kottek	Burgberg (Schulleiter und Dirigent)
Anton Langhans	Blaichach (Pfarrer und Geistl. Rat)
Dr. Hermann Brosig	Oberstaufen (Kurarzt, Begründer der Schrothkur)
Julius Kunert	Immenstadt (Deutscher Strumpfkönig, Inhaber der Kunertwerke)

2) Kreisgruppe Kempten der Sudetendeutschen Landsmannschaft

Die Gründungsversammlung der Sudetendeutschen Landsmannschaft (SL) Kempten fand am 17.12.1948 im Gasthaus „Deutsches Haus" statt. Emil Stekker (Redakteur aus Reichenberg) ist der Mann der allerersten Stunde und gilt als Gründungsobmann (gest. 1952). Im überfüllten „Deutschen Haus" konnte am 08.01.1949 bei der ersten ordentlichen Versammlung sofort der komplette Kreisvorstand gewählt werden und 20 Referentenposten wurden von geeigneten Personen besetzt.

Kreisobleute:

Emil Stecker	1948–1949 (Gründer der SL-Kreisgruppe)
Rudolf Sänze	1949–1950
Rudolf Jüttner, Ing.	1951–1963
Georg Schwandner	1963–1971
Dieter Lippert	1971–1972
Adolf Seidel	1972–1982
Kurt Rundensteiner	1981–1983
Heinz Prade	1983–1985
Martin Meißl	1985–1994
Heinz Prade	1994–heute

Im Jahre 1955 umfaßte die Kreisgruppe 16 Ortsgruppen, so daß der ganze Landkreis abgedeckt war mit einem Mitgliederstand von 1.989 Personen. Im Jahre 1962 waren noch 14 Ortsgruppen mit 1.410 Mitgliedern zu verzeichnen. Aufstellung der Ortsgruppen mit den jeweiligen Obmännern im Bereich der Kreisgruppe Kempten (Stand 1952) und den Gründungsdaten mit den ersten Ortsobleuten, soweit noch erforschbar:

Kempten, Stadt	26.03.49	Josef Kühnel, Kempten (Flüchtlingsamtsleiter) Karl Bittmann, Kempten (1. Obmann Richard Hübner, Kempten)
Sankt Mang	14.06.49	Josef Schindler, Sankt Mang-Kottern
Altusried	09.08.49	Rudolf Horn, Altusried
Betzigau	1950	Fritz von Primawesi, Minderbetzigau
Buchenberg	1949	Anton Suske, Buchenberg
Dietmannsried	03.09.49	Franz Wieland, Dietmannsried
Durach	21.04.50	Josef Bennesch, Durach (1. Obmann Josef Bennesch, Durach)
Haldenwang	11.03.50	Johann Oswald Haberzettel, Haldenwang
Kimratshofen	11.03.50	Johann Luckschandl, Kimratshofen
Martinszell	12.01.50	Bruno Bergs, Martinszell-Häusern
Oy-Mittelberg	16.10.49	Adolf Baierl, Haslach bei Wertach (1. Obmann Prof. Josef Kern, Oy-Mittelberg)
Petersthal	11.03.50	Eduard Keil, Petersthal
Sulzberg	02.04.49	Wenzel Schubert, Sulzberg
Waltenhofen	11.03.50	Johann Pöllmann, Waltenhofen-Rauns
Weitnau	1950	Alfred Seifert, Weitnau
Wiggensbach	30.04.50	Georg Köhler, Wiggensbach (1. Obmann Josef Elstner, Wiggensbach)
Wildpoldsried	04.01.50	Ferdinand Gron, Wildpoldsried (1. Obmann Ing. Rudolf Jüttner, Wildpoldsried)

Im Jahre 1994 bestehen noch die Kreisgruppe Stadt Kempten und die Ortsgruppe Durach mit ca. 300 Mitgliedern.

SL Ortsgruppe Durach – Obmänner:

Friedrich Recknagel	1949–1950
Josef Bennesch	1950–1965
Emil Prokop	1965–1968
Adolf Seidel	1968–1982

| Walter Moder | 1982–1989 |
| Toni Hofmann | 1989-heute |

Eines der größten Ereignisse in der Geschichte der Kreisgruppe Kempten der Sudetendeutschen Landsmannschaft war am 30.05.1950 der 1. Sudetendeutsche Tag in Kempten mit über 40.000 Besuchern. Nachstehend ein Auszug aus dem Artikel der „Allgäuer Zeitung" über diesen Sudetendeutschen Tag:

„Eindringlicher Appell an das Gewissen der Welt.
Trotz schlechten Wetters kamen über 40.000 Sudetendeutsche zum 1. Sudetendeutschen Tag nach Kempten. (Siehe Merkblatt Seite 404).
Schirmherr war Bundesminister Dr. Ing. Hans Christoph Seebohm. Gäste: Flüchtlingsminister Dr. Lukaschek, Parlamentsabgeordnete, Vertreter aller Flüchtlingsgruppen aus ganz Westdeutschland, Österreich und London, sowie zahlreiche Presse- u. Rundfunkberichterstatter und Pater E. Reichenberger aus Chicago, der nimmermüde Kämpfer für die Rechte der Heimatvertriebenen, der eine zündende Ansprache hielt.
Dr. Lodgman von Auen begrüßte Abgeordnete und Vertreter aller ostdeutschen Landsmannschaften. Bei den Klängen des „Egerländer Marsches" erschien Pater Reichenberger auf der Rednertribüne. „Ihr seid die letzten Jahre ziemlich abgehärtet worden", begann er im strömenden Regen zu den Heimatvertriebenen zu sprechen. „Abgehärtet nicht nur durch die Natur, sondern durch die Unmenschlichkeit von Menschen". Trotz seiner amerik. Bürgerpapiere fühle er sich dem deutschen Volke verbunden und verpflichtet. Er frage keinen Menschen nach Parteizugehörigkeit oder Stammbaum, sondern einfach: Sind Menschen in Not? Seine Arbeit werde weder in Deutschland noch in Amerika von offiziellen Stellen gefördert, von vielen sogar ungern gesehen …"

PFINGSTFESTTAGE DER SUDETENDEUTSCHEN 21.-29. MAI

SUDETENDEUTSCHER TAG 1950 KEMPTEN ALLGÄU

Merkblatt

für alle Gliederungen der

Sudetendeutschen Landsmannschaft
auch Arbeitskreise des A.-Stifter-Vereines.

Pfingstfesttage der Sudetendeutschen

Sudetendeutscher Tag 1950

Kempten=Allgäu 21. - 29. Mai 1950

1. Wir bereiten vor.

Ortsversammlungen zum „Sudetendeutschen Tag 1950"

Sämtliche Ortsverbände der SL setzen sofort nach Erhalt
dieses Merkblattes Ortsversammlungen aller Sudetendeutschen an.

Tagesordnung: „Der Sudetendeutsche Tag 1950 als erste
geschlossene Willenskundgebung des gesamten Sudeten-
deutschtums seit der Vertreibung."

Werbung mit Plakaten in jedem Weiler!

Jeder Ortsverband bringt sofort nach Erhalt das Bild-
plakat (siehe Werbebild links oben!) an entsprechender
Stelle und so gesichert an, daß es bis über Pfingsten hinaus für die Sache der Sudetendeutschen wirbt. Soweit
einem Ortsverband mehrere Orte angehören oder organisatorisch noch nicht erfaßte Wohngemeinden von Landsleuten benachbart sind, ist der Kreisverband um Nach-
lieferung der entsprechenden Zahl von Bild- oder Text-
plakaten sofort zu ersuchen.

Jeder Sudetendeutsche trägt die „Sudetendeutsche

Klöppelspitze".

Der Absatz der übermittelten Tagungsabzeichen an Teilnehmer ist sofort aufzunehmen und als „Sudetendeutsche
Klöppelspitze", im Sinne des besonderen Begleitschreibens
zur Sendung der Tagungsabzeichen und Tagungskarten, an
alle Landsleute und an einheimische Kreise in größtmög-
licher Anzahl zu verkaufen.

Die Abnahme der übersandten Anzahl von Tagungskarten und Tagungsabzeichen ist als eine sittliche Verpflichtung jedes Ortsverbandes zu betrachten.

Organisiert Gemeinschaftsfahrten!

Mit Sonderzügen:

Für Besucher des „Sudetendeutschen Tages 1950" werden
insgesamt 17 Sonderzüge mit 60% Fahrpreisermäßigung
eingesetzt, die am frühen Pfingstsonntag in Kempten/All-
gäu eintreffen und spät abends zurückfahren.

2. Wir finden Unterkunft.

Soweit sich (wie bereits Tausende andere!) Teilnehmer
nicht bei Verwandten und Bekannten in und um Kempten
Privatquartiere versorgen können, muß mit Unterbringung
ausschließlich in Massenlagern gerechnet werden. Es wurden dafür amerikanische Feldbetten zur Verfügung gestellt. Im außergewöhnlichen Notfalle muß mit Strohlager
gerechnet werden.

Soweit irgendwie möglich, Unterkunft in Gasthäusern in
und um Kempten zu schaffen, wird auch solche zur Verfügung gestellt werden.

Die Unkosten für die Übernachtung in Lagern werden
30 Pfennige für eine Nacht und Bett nicht übersteigen. Mitnahme von Decken ist unbedingt zu empfehlen!

Die Jugend wird ausschließlich im Zeltlager und Massen-
Strohlagern untergebracht werden. Die Mitnahme von
Decken, Eßbestecken, Trink- und Eßgefäßen wird der
Jugend dringend empfohlen.

Späteste Anreise für das Zeltlager der Jugend am Freitag, den 25. Mai 1950. Ende: Montag, den 29. Mai 1950!
Meldungen zum Zeltlager nur über die ~~ständige~~ Jugend-
gruppe an Walter Kukula, München 64, Karlsfeld, BMW-
Siedlung.

3. Wir bekommen zu essen.

Der örtliche Organisationsausschuß in Kempten/Allgäu
ist bemüht, die Frage einer billigsten und guten Verpflegung mit den Kemptner Gaststätten zu regeln. Dabei
ist mit einem Betrag von höchstens 1.20 DM für ein Mittagessen zu rechnen.

Außerdem laufen Verhandlungen mit einem „Verpfle-
gungszug", deren günstiger Abschluß die Verköstigung
einer unbegrenzten Anzahl durch ein Eintopfgericht zu
etwa 70 Pfennigen für eine Mittagmahlzeit ermöglichen
würde. Um 2.— DM Ganztagsverpflegung mit Frühstück,
Mittag- und Abendessen zuzüglich 20 Pfennige für Trink-
becher usw., einschl. Alu-Löffel, die den Verpflegungs-
teilnehmer verbliebe. Es wird darauf hingewiesen, daß
diese Verhandlungen derzeit noch laufen und diese Mitteilung unverbindlich ergeht.

Die erste „Festschrift" zu einem Sudetendeutschen Tag

Landsmannschaft Schlesien

1) Kreisgruppe Kempten der Landsmannschaft Schlesien

In kleinen Gruppen hatte man schon immer "vu dr Heemte" gesprochen und geträumt. Da der Schlesier sehr bedächtig ist, bedurfte es eines Anstoßes, um eine Vereinigung zu gründen. Der kam im September 1948 mit E. von Stolzenhain, dem Präsidenten der „Vereinigung heimattreuer Schlesier und Oberschlesier". Er sprach vor 600 Schlesiern in der Tierzuchthalle und brachte gleich den Lds.-Referenten Ing. Otto Stoschek mit, der zur Bildung einer Kreisgruppe im Oktober 1948 aufrief. Unter den Teilnehmern der Kundgebung waren auch Schlesier aus Sonthofen, Immenstadt und Füssen, die die Anregung zur Vereinsbildung aufnahmen.

Im Oktober und November 1948 gründete der Landesreferent Ing. Stoschek die „Vereinigung heimattreuer Schlesier" in Kempten, Oy und Altusried. Zum Vorsitzenden in Oy wurde Herr Dießner und in Altusried Herr Feller gewählt. Für Kempten ist kein Vorsitzender nachweisbar, aber vermutlich war es einer der auch später sehr aktiven Vorsitzenden Franz Philipp und Moritz Gottschlich.

Schlummerndes brach auf, die Versammlungen waren überfüllt, und so konnte Ende November 1948 der neugegründete „Gemischte Schlesier-Chor" unter Leitung von Oberlehrer Alfred Schwiedel in einer Versammlung Kostproben seines Könnens geben. Bei den Weihnachtsfeiern in den Ortsvereinigungen trat zusätzlich auch eine „Schlesische Jugendbühne" mit einem Krippenspiel auf. Höhepunkt zur Weihnachtszeit war die „Schlesische Christmette" in der St. Anton-Kirche in Kempten. Heimatliches Liedgut und das „Transeamus" von Franz Schabel wurden vom „Gemischten Schlesier-Chor" aufgeführt. „Für die Schlesier eine echte Erinnerung, für nichtschlesische Kreise ein Einblick in den Reichtum des religiösen Kulturgutes der Schlesier," schrieb ein Kritiker.

Bei der Allgäuer Festwoche 1949 ging bei den historischen Gruppen auch eine Schlesische Trachtengruppe mit Festwagen mit.

Bei der Neuwahl im Herbst 1949 wurde 1. Vorsitzender Franz Philipp und 2. Vorsitzender Moritz Gottschlich.

Die Großkundgebung am 09.07.1950 in der Tierzuchthalle in Kempten stellte alles in den Schatten. 3.000 Schlesier aus dem südlichen Allgäu waren zusammengekommen. Der OB Dr. Volkhardt begrüßte als Schirmherr die Schlesier. Es sprachen der stellv. Bayer. Ministerpräsident und Justizminister Dr. Josef Müller und der Ministerial-Rat Dr. Walter Rinke, Sprecher der „Landsmannschaft Schlesien". Konzertsängerin Frau Mazzoni leitete mit einem Vorspruch die Veranstaltung ein. Der Schlesier-Chor und eine schlesische Kapelle umrahmten die Kundgebung. Ein schlesischer Heimatabend beschloß den Tag mit einem ausgezeichneten kulturellen Programm im Kath. Vereinshaus.

Organisatorisch ging es auch weiter. Kleinweilerhofen mit Wengen gründete einen Ortsverein der Schlesier. Vorsitzender wurde B. Kroker, und die Monatsversammlungen wurden festgelegt.

Im Oktober 1950 wurde der Kreisverband Kempten der „Landsmannschaft Schlesien" gegründet. Kreisvorsitzender wurde Moritz Gottschlich aus Kempten. Dem Kreisverband gehörten die Ortsvereine Kempten, Altusried, Hegge-Waltenhofen, Weitnau, Kleinweiler und Oy-Mittelberg an. Die Neuwahl im Ortsverein Kempten brachte keine Änderung.

Im Sommer 1954 fand ein Liedersingen des Volkschores und des Schlesier-Chores im Stadtpark und im Herbst sogar ein „Konzert unterm Sternenhimmel" im Stadtpark mit 100 Sängern und dem Streichorchester der Stadtkapelle statt. Die Leitung hatte jeweils der Schlesier Alfred Schwiedel.

Bis 1959 arbeitete der gleiche Vorstand der „Landsmannschaft Schlesien" erfolgreich. Der Tod des 1. Vorsitzenden, Moritz Gottschlich, und die Erkrankung des 2. Vorsitzenden zwangen zu einer Vorstandsneuwahl. Neuer 1. Vorsitzender wurde DB-Insp. Karl Bahr, der 2. Vorsitzende Karl Stransky. 1963 löste Walter Mierzwa den 1. Vorsitzenden ab. Zwischenzeitlich wurde dieser ab 1967 von Karl Stransky und Hubert Gruhl vertreten. Von 1970–74 war Waldemar Schreier 1. Vorsitzender des OV Kempten. Dann übernahm von 1974–1993 Walter Mierzwa wieder den Vorsitz. Er organisierte das Treffen mit den Passauer Landsleuten und über 10 Schlesienfahrten mit seinen schlesischen Landsleuten. Die Frauengruppe wurde aktiviert, Busausflüge wurden durchgeführt. Leider schlief Ende der 60er Jahre mit der Erkrankung des Chorleiters Hauptlehrer Schwiedel und wegen Überalterung der erfolgreiche und geachtete Schlesier-Chor ein.

Die Ortsvereine des ehem. Kreisverbandes starben aus, ermüdeten. Heute lebt nur noch die Ortsvereinigung Kempten, auch mit Mitgliedern aus dem Umland, mit vielen Aktivitäten. Am 90. Geburtstag im Dezember 1993 gab Walter Mierzwa den Vorsitz ab. Zum Nachfolger wurde 1994 Manfred Janek gewählt.

2) Kreisgruppe Sonthofen der Landsmannschaft Schlesien

Angeregt durch die Veranstaltung der „Vereinigung heimattreuer Schlesier und Oberschlesier" im September 1948 in Kempten kam es im Mai 1950 zur Gründung des Kreisverbandes Sonthofen, der sich „Heimatgemeinschaft der Schlesier und Vertriebenen östlich der Oder und Neisse" nannte. Dieser weitgreifende Begriff machte die verzögerte Bildung eines Kreisverbandes, der neben den Schlesiern auch die im südlichen Allgäu lebenden Pommern, Ost- und Westpreußen einschloß, verständlich. Es mußte also sehr viel zusammengefügt werden. Auf örtlicher Ebene gab es landsmannschaftliche Nester oder Grup-

pierungen schon etwas früher. Der Mitgliedsausweis eines Sonthofener Grün-
dungsmitgliedes weist z. B. als Eintrittsdatum den 01.02.1950 aus.
Der Gründer und 1. Vorsitzende des Kreisverbandes Sonthofen war Rektor
Kurt Atzler, Immenstadt. Der Kreisverband gliederte sich in Sektionen (Ortsvereinigungen). Im Gründungsjahr 1950 gab es folgende Gliederung und Vorsitzende:

Sektion

Immenstadt:	Kurt Atzler
Sonthofen:	Heinrich Debray
Oberstaufen:	Paul Wende
Thalkirchdorf:	Alfred Weidner
Rettenberg:	Herr Stowa
Fischen/Oberstdorf:	Herr Langosch
Vorderburg:	Herr Schadeck
Stein:	unbekannt
Blaichach:	unbekannt

Die ersten Veränderungen im Vorsitz gab es bereits 1951. Der Kreisvorsitzende
Rektor Kurt Atzler wechselte den Wohnsitz und mußte deshalb seine Tätigkeiten aufgeben. Sein Nachfolger als Kreisverbandsvorsitzender wurde Heinrich
Debray, Sonthofen.
Die Sektion Immenstadt übernahm Bruno Pohl, und nach dessen Wohnort-
wechsel wurde im April 1951 Heinz Atzler zum Vorsitzenden gewählt. In
Oberstdorf übernahm Hubert Suchy den Vorsitz. In der Hauptversammlung
des Kreisverbandes am 12.08.1951 in Immenstadt wurde einstimmig der Beschluß gefaßt, Rektor Kurt Atzler, als Gründer des Kreisverbandes und wegen
seiner großen Verdienste, zum Ehrenvorsitzenden zu ernennen.
Ab Januar 1953 trat eine Namensänderung des Kreisverbandes ein. Aus organisatorischen Gründen wurde die etwas eigenwillige Bezeichnung des Vertriebe-
nenverbandes fallengelassen. Neue Mitgliedskarten wurden ausgegeben. Von
nun an hieß der Kreisverband „Landsmannschaft Schlesien". Die personelle
Zusammensetzung blieb bis auf den heutigen Tag die gleiche. Nach dem Orts-
wechsel von Heinz Atzler übernahm in Immenstadt Alfred Weidner den Vorsitz im Ortsverein. In Oberstdorf wurde RA Sack neu zum Ortsvorsitzenden
gewählt.
Der Ortsverein Immenstadt, dessen letzter Vorsitzender der heute 93-jährige
Paul Zeller war, löste sich 1958/59 auf. Durch ständigen Mitgliederschwund
und Überalterung ging es den meisten Ortsvereinigungen genauso. Ihre Eigen-
ständigkeit ging verloren. Die Mitglieder aus den aufgelösten Ortsvereinigungen schlossen sich dem Ortsverband Sonthofen an.

Der jetzige Ortsverband Sonthofen der „Landsmannschaft Schlesien" hat die natürliche Reduzierung seiner Mitglieder immer wieder durch neue Mitglieder ausgleichen können. So stehen z.B. den 98 zahlenden Mitgliedern im Jahre 1951 heute 97 Beitragszahler gegenüber.

Über die Aktivitäten der „Heimatgemeinschaft der Schlesier und Vertriebenen östlich der Oder und Neisse" bzw. der „Landsmannschaft Schlesien" kann hier bis Ende 1953 berichtet werden. Weitere Unterlagen stehen z. Zt. nicht zur Verfügung.

Gleich nach der Gründung des Kreisverbandes im Mai 1950 fand noch im selben Monat ein Schlesiertreffen in Altstädten statt.

Selbstverständlich fuhr der Kreisverband mit vielen Mitgliedern am 09.07.1950 nach Kempten, um an der Großkundgebung mit 3.000 Schlesiern in der Tierzuchthalle teilzunehmen.

Von einem Schlesierball in Form eines „Kappenfestes" 1952 in Oberstdorf wurde berichtet, und daß Heinrich Debray in Sonthofen von über 60 Anwesenden zum 1. Vorsitzenden der Sektion wiedergewählt wurde. In einer Versammlung der „Wahlgemeinschaft der Heimatvertriebenen" erläuterte Heinrich Debray die gesetzlichen Vorschriften.

Großes Interesse fanden die Ausführungen des ehem. Rundfunkreporters Erwin Bittner im Kasino-Saal in Sonthofen im April 1952. „Schlesische Heimat" in Wort und Bild trug er vor Vertriebenen und Gästen, unter denen sich auch Landrat Dittrich und der amerikanische Standort-Offizier befanden, vor.

Ab Herbst 1952 ging man langsam von dem Begriff „Heimatgemeinschaft der Schlesier…" ab und ersetzte ihn richtigerweise durch den Begriff „Landsmannschaft der Schlesier und Vertriebenen östlich der Oder und Neisse". Dafür gab es keinen Dachverband, aber ab Januar 1953 die „Landsmannschaft Schlesien".

„Einen Treueschwur zur verlorenen deutschen Heimat im Osten" erbrachten 2.000 Vertriebene beim „Tag der Heimat 1953" mit Landrat Dittrich und Bürgermeister Waltenberger in Sonthofen.

Wie schon erwähnt, besteht im Oberallgäu nur noch der Ortsverband Sonthofen der „Landsmannschaft Schlesien". Die Verbindungen zum Bezirks- und Landesverband werden gepflegt. Die laufenden Monatsversammlungen sind zufriedenstellend besucht, ebenso die monatlichen Frauen-Nachmittage. Informationen, Lichtbildervorträge, gemeinsamer Gesang, heitere Vorträge und Gedichte lockern die Zusammenkünfte mit Kaffee und Mohnkuchen auf. Am besten besucht ist immer die besonders anspruchsvoll gestaltete Adventsfeier.

Landsmannschaft der Siebenbürger Sachsen in Deutschland e. V.

Kreisgruppe Kempten der Landsmannschaft der Siebenbürger Sachsen

Diese Landsmannschaft wurde 1949 gegründet, betreute ihre nicht sehr zahlreichen, in großer Zerstreuung lebenden Landsleute und umfaßte das ganze Allgäu. Die Siebenbürger Sachsen hatten es schwerer als andere Gruppen, wieder Fuß zu fassen, wegen der geringeren Zahl. Durch Bescheidenheit und Fleiß haben sie im Wirtschafts- und Arbeitsleben schnell Anerkennung gefunden.

Gründer und 1. Vorstand:

Schiel Heinrich	1949–1953
Maiterth Hans	1953–1975
Regius Alfred	1973–1975
Kautz Georg	1975–1985
Messe Konrad	1985–weiterhin

Die Gesamtstärke dieser Gruppe mit Familienangehörigen umfaßt heute 455 Personen im Oberallgäu.

Als herausragende Persönlichkeit dieser Gruppe ist Herr Hans Schuschnig zu nennen. Unter seiner Regie wurden vom Altusrieder Freilichttheater verschiedene Theaterstücke aufgeführt, mit sehr großem Erfolg. Wie: Wilhelm Tell, Götz von Berlichingen, Andreas Hofer, Anno 1525 Bauernkrieg im Allgäu. Herr Schuschnig stammt aus Herrmannstadt, geb. 1927, und ist Theaterregisseur.

8. Das Wirken der Heimatvertriebenen im wirtschaftlichen Bereich

Allgemeines

Der durch die Vertreibung der Deutschen aus den Ostgebieten hervorgerufene Zustrom von Tausenden von Heimatvertriebenen ins Gebiet des heutigen Oberallgäu, die vor allem aus stark industrialisierten Gegenden kamen (die meisten aus dem Sudetenland), bewirkte einen relativ raschen wirtschaftlichen Umbruch. Während das Gebiet des heuten Landkreises Oberallgäu vor dem 2. Weltkrieg noch vorwiegend durch die Landwirtschaft geprägt war, ist jetzt eine gemischte Erwerbsstruktur vorhanden, die aus den Zweigen Landwirtschaft, produzierendem Gewerbe (Industrie und Handwerk), Handel, Verkehr und Dienstleistungsgewerben (hauptsächlich Fremdenverkehr) besteht, wobei das produzierende Gewerbe in den Vordergrund getreten ist. Durch die Heimatvertriebenen siedelten sich auch völlig neue Branchen an, so z. B. die Strumpffabriken aus dem Sudetenland und dem Erzgebirge und die Handschuhfertigung aus dem Sudetenland. Die Heimatvertriebenen verstärkten natürlich in den ersten Nachkriegsjahren vor allem den handwerklich-mittelständischen Bereich der Wirtschaft im heutigen Oberallgäu.

Das Wirken der Heimatvertriebenen im Bereich der kommunalen Wirtschaft

Ein Blick über den Zaun in die kreisfreie Stadt Kempten zeigt, daß dort schon 1948 202 Vertriebenen-Unternehmen zugelassen waren.

Es waren:
- 9 Industriebetriebe
- 27 Kleinindustriebetriebe (weniger als 10 Beschäftigte)
- 41 Einzelhandelsbetriebe (Nahrungs- und Genußmittel, Papier, Schreib- und Spielwaren)
- 15 Großhandelsbetriebe
- 66 Handwerksbetriebe (Schuhmacher, Schneider, Uhrmacher, Foto- und Elektrohändler) und
- 44 sonstige selbständige Gewerbetreibende

Von den 1.208 Handwerksbetrieben im Jahre 1950 entfielen etwa 17% der Betriebe auf Heimatvertriebene.

Wie sah es demnach im Gebiet des heutigen Landkreises Oberallgäu zwischen 1945 bis 1960 aus? Als Beispiel werden die Marktgemeinden Altusried und Oberstdorf sowie die Stadtgemeinden Immenstadt und Sonthofen angeführt.

In der Marktgemeinde Altusried waren von 1946–1955 45 Heimatvertriebene, die ihren Gewerbebetrieb angemeldet hatten.

Es waren:
- 0 Industriebetriebe
- 7 Kleinindustriebetriebe (weniger als 10 Beschäftigte)
- 12 Einzelhandelsbetriebe
- 1 Großhandelsbetrieb
- 19 Handwerksbetriebe
- 6 sonstige selbständige Gewerbetreibende

Von den etwa 230 nichtlandwirtschaftlichen Arbeitsstätten in der Gemeinde waren 19,3% der Betriebe von Heimatvertriebenen aufgebaut.

In der Stadtgemeinde Immenstadt waren es von 1945–1965 222 Heimatvertriebene, die ihren Gewerbebetrieb angemeldet hatten.

Es waren: 3 Industriebetriebe
           19 Kleinindustriebetriebe (weniger als 10 Beschäftigte)
           27 Einzelhandelsbetriebe
           10 Großhandelsbetriebe
           48 Handwerksbetriebe
          115 sonstige selbständige Gewerbetreibende

Von den etwa 610 nichtlandwirtschaftlichen Arbeitsstätten in der Gemeinde waren 1965 36% der Betriebe von Heimatvertriebenen aufgebaut.
In der Marktgemeinde Oberstdorf waren von 1946–1959 201 Heimatvertriebene, die ihren Gewerbebetrieb angemeldet hatten.

Es waren: 0 Industriebetriebe
           17 Kleinindustriebetriebe (weniger als 10 Beschäftigte)
           50 Einzelhandelsbetriebe
            6 Großhandelsbetriebe
           60 Handwerksbetriebe
           81 sonstige selbständige Gewerbetreibende

Von den etwa 890 nichtlandwirtschaftlichen Arbeitsstätten in der Gemeinde waren 1960 22,6% der Betriebe von Heimatvertriebenen aufgebaut.
In der Stadtgemeinde Sonthofen waren von 1945–1955 159 Heimatvertriebene, die ihren Gewerbebetrieb angemeldet hatten.

Es waren: 3 Industriebetriebe
            9 Kleinindustriebetriebe (weniger als 10 Beschäftigte)
            2 Großhandelsbetriebe
           45 Einzelhandelsbetriebe
           40 Handwerksbetriebe
           60 sonstige selbständige Gewerbetreibende

Von den etwa 520 nichtlandwirtschaftlichen Arbeitsstätten in der Gemeinde waren 1960 30,6% der Betriebe von Heimatvertriebenen aufgebaut worden.

Die wesentlichen Industrie-, Handwerks- und Handelsbetriebe, die durch Heimatvertriebene im Oberallgäu neu oder wiederaufgebaut wurden

Held-GmbH, Fabrik für Lederwaren, Burgberg

Die Gemeinde Burgberg im Allgäu erlebte nach 1946 den Neuaufbau eines Betriebes und Handels durch die Heimatvertriebenen Bruno und Hermine Held in besonders eindrucksvoller Weise.

In diesem Haus in Hengstererben Krs. Neudek begann die Fabrikation von Handschuhen und anderer Erzeugnisse

Klöppelspitzen und Filetstickerei, Erzeugnisse der Firma Held in Hengstererben

Das Ehepaar Held besaß bereits in seiner Heimat in Hengstererben, Krs. Neudek im Erzgebirge, eine Fabrik mit über 20 Arbeitern. In dieser Fabrik wurden hauptsächlich Klöppelspitzen, Filetstickereien und Stoffhandschuhe hergestellt.

Im Jahre 1946 kam die Familie Held in die Gemeinde Burgberg (Agathazell) und begann aus bescheidensten Anfängen mit dem Aufbau einer Handschuhfabrikation. Zusammen mit dem Sohn Edgar und dessen Ehefrau Erna baute Bruno Held in rastlosem Fleiß den heutigen stattlichen Betrieb auf und schuf für viele Burgberger und Bewohner der Umgebung Arbeit und Brot. Seine Enkel Edgar und Erhard mit Ehefrauen erweiterten, verbesserten und modernisierten den Betrieb Zug um Zug. Zur Zeit sind im Betrieb 100 Arbeiter und Angestellte tätig, und etwa 50 Heimarbeiter werden zusätzlich beschäftigt. Im Betrieb wird an der Herstellung und dem Vertrieb von Handschuhen, Reisegepäck und Bekleidung für den Motorradsport, Fahrradsport und Arbeitsschutz gearbeitet.

Neben dem Verkauf in Burgberg (fünf Jahre auch in Oberstaufen) bestehen Handelsbeziehungen mit allen europäischen Ländern, der USA und Kanada, mit Korea, Pakistan und den Philippinen. Der Seniorchef Bruno Held war zeitlebens großzügiger Spender und Förderer der Burgberger Musikvereine.

Fabrikgebäude der Firma Held GmbH in Burgberg

Gardinenfabrik Ludwig Breitfeld, Dietmannsried

Im Jahre 1900 gründete Ludwig Breitfeld, Großvater der heutigen Inhaber, in Pürstein (Erzgebirge), Kreis Kaaden im Sudetenland, die Firma. 1930 übernahm dessen Sohn Ludwig das Werk und produzierte hauptsächlich Posamenten und Spitzen. Eine große Zwirnerei wurde angegliedert und die Herstellung von Stores begonnen.

Nach dem Zweiten Weltkrieg und der Vertreibung aus der Heimat gelang 1950 in Haldenwang der Neubeginn. Die Übersiedlung des Betriebes nach Dietmannsried im Jahre 1959 brachte weiteren Aufschwung. Die Leitung der Firma Ludwig Breitfeld liegt heute in den Händen seiner Söhne. Mit etwa 40–45 Mitarbeitern können auf 50 Wirkmaschinen monatlich rd. 300.000 m² Gardinen hergestellt werden. Hauptabsatzgebiete sind vor allem Deutschland und das westliche Europa.

Angeschlossen ist ein umfangreiches Ladengeschäft, in dem Vorhänge und Zubehör aller Art angeboten werden. Hier erfolgen Beratung und Verkauf an Kunden, die sich neu ausstatten wollen. Dazu wird ein kompletter Dienstleistungsservice, Montage und Dekoration, geboten.

Hübner-Spritzguß, Durach

Die Jahre nach dem 2. Weltkrieg könnten auch als der Beginn des Kunststoffzeitalters bezeichnet werden. Kunststoffe als Ersatz für konventionelle Werkstoffe, wo sie durch besondere Eigenschaften jenen überlegen sind, setzten sich in vielen Industiezweigen durch, veränderten auch manche unserer Lebensgewohnheiten. Man denke hier nur an den Umgang mit Verpackungen.

In Durach entstand nach dem Krieg ein führendes KunststoffSpritzguß-Werk. Aus kleinsten Anfängen wuchs der Betrieb dank der unternehmerischen Persönlichkeit des Gründers und Inhabers Rudolf Hübner zu einem stattlichen Werk. Hübner ist Heimatvertriebener aus dem Gablonzer Raum. 1946 begann er zunächst mit wenigen Mitarbeitern die Herstellung von Kunststoffkämmen. Sehr bald aber wandte er sich der Fertigung technischer Teile zu, denn die Industrie begann den Kunststoff als technischen Werkstoff zu entdecken, stand ihm vorerst jedoch noch skeptisch gegenüber. Für Hübner war es darum existenzielles Nahziel, die Vertreter der Industrie von dem neuen synthetischen Werkstoff mit seinen Qualitäten und ungeahnten Möglichkeiten zu überzeugen. Das konnte nur durch zielstrebige, sorgfältige Entwicklung und saubere, verläßliche Produktion geschehen.

Als durch den Siegeszug der Kunststoffe für technische Formteile sich der Markt immer mehr ausweitete, reichten die bisherigen Fertigungsstätten in Durach nicht mehr aus; ab 1960 entstanden dort die neuen Fabrikanlagen an der Karlsbader Straße. Die Firma Hübner GmbH und Co. ist ein reiner Zulieferungsbetrieb für die Industrie. Sie stellt in ihrem Kunststoffspritzgußwerk technische Präzisionsteile aus Thermoplasten nach Zeichnung her. Die erforderlichen hochwertigen Stahlformen für den Spritzguß werden in einer eigenen Abteilung des Werkes angefertigt und stellen in sich eine Meisterleistung dar. Fünfzig Spritzgußautomaten erlauben im Dreischichtenbetrieb eine optimale Ausnutzung der Formen zur Herstellung von Spritzgußteilen. Es wäre unwirtschaftlich, die Maschinen jeden Tag aufs neue anzuheizen.

Wo immer uns Kunststoff begegnet in Haushaltsgeräten, Elektrogeräten, im Auto, an Büromaschinen, bei Film- und Fotoapparaten, in optischen Geräten oder an Funk- und Fernsehanlagen, sehr häufig sind es Formteile, die bei Hübner und Co. in Durach hergestellt werden. Trotzdem hat das Werk in der Bevölkerung nicht die Resonanz erlangt, die anderen Fabriken eigen ist; denn seine Erzeugnisse erreichen nie direkt den Verbraucher, sie kommen immer nur unter dem Namen des Endproduktes und zwangsläufig mit ihm in den Handel.

Die Firma beschäftigte bis 1995 rund 300 Mitarbeiter, darunter etwa 60 ausländische Arbeitnehmer. 15 Auszubildende erlernten im Werk den Beruf des Stahlformenbauers oder des Kunststoff-Formgebers.

Bauunternehmung Kühnelt & Linke, Fischen

Die Gründung der Firma erfolgte gemäß der Konzessionsurkunde der politischen Bezirksverwaltung Reichenberg vom 21.07.1926, durch die politische Landesverwaltung Prag am 22.06.1926 in der Tuchmacher- und Schulstadt Reichenberg/Sudetenland. Initiator der Gründung war Anton Linke, der sich durch Fleiß und Zielstrebigkeit vom einfachen Maurer zum Bauunternehmer emporarbeitete, der Vater des Baumeisters Rudolf Linke. Das technische Können und der von der Behörde geforderte Befähigungsnachweis zur Gründung der Firma wurde von Herrn Baumeister Franz Kühnelt erbracht. Durch die harmonische und gute Zusammenarbeit der Gesellschafter und durch die gleichzeitige Mitarbeit der beiden Schwiegersöhne des Anton Linke entwickelte sich das Unternehmen innerhalb weniger Jahre zu einem der leistungsfähigsten Betriebe in Reichenberg. Außer vielen privaten Bauten entstanden bereits 1929 das repräsentative Hotel „Imperial" (ca. 180 Betten) und in den dreißiger Jahren das „Wöchnerinnenheim mit Hebammenschule" und bauleitend für eine Arbeitsgemeinschaft die „Neue Chirurgie mit Operations- und Röntgentrakt" beim Krankenhaus der Stadtgemeinde Reichenberg.

1931 heiratete Rudolf Linke die Tochter des Firmenmitinhabers Baumeister Franz Kühnelt; dadurch wurde das Unternehmen ein reiner Familienbetrieb. Selbst der Krieg, den Rudolf Linke von 1940–1945 als Soldat mitmachte, und die 1945 erzwungene Aussiedlung aus Reichenberg ließen den Willen und den Mut der Firmeninhaber zur Weiterführung des Unternehmens nicht erlahmen. Mit Mühe gelang den Familien Kühnelt und Linke junior die Übersiedlung nach einem Aufenthalt in der damaligen Sowjetzone in das schöne Alpendorf Fischen. Unverzüglich begannen die Bemühungen zur Erlangung der Gewerbegenehmigung, welche den Firmeninhabern nach Eintragung in die Handwerksrolle der Handwerkskammer für Schwaben Augsburg vom 28.05.1947 durch das Landratsamt Sonthofen am 13.11.1947 erteilt wurde, worauf die Weiterführung des Betriebes erfolgte.

Es entstanden dann viele private und öffentliche Bauten, Hotels und Pensionen, vor allem seit 1950 für das Sozialwirtschaftswerk des Landkreises Sonthofen allein bis heute 400 Sozial- und Eigentumswohnungen, bauleitend für eine Arbeitsgemeinschaft das neue Landratsamt in Sonthofen sowie Neu-, Zu- und Umbauten bei dem repräsentativen Hotel „Sonnenalp".

Nach dem allzu frühen Ableben des Baumeisters Kühnelt im Jahre 1957 führte Baumeister Linke als Alleininhaber die Firma erfolgreich weiter.

1969 erhielt Baumeister Linke aufgrund seiner nach den österreichischen Ministerialverordnungen schon 1932 abgelegten Baumeisterprüfung in Prag auch die Befähigung zur Führung eines konzessionierten Baubetriebes im österreichischen Kleinwalsertal.

1970 übergab Baumeister Linke seinem damals seit 10 Jahren in der Firma tätigen, tüchtigen Fischener Mitarbeiter, Ing. Helmut Schmid, die Firma und arbeitet seit dieser Zeit als mitarbeitender, stiller Gesellschafter in der Firma.

Hotel „Sonnenalp", bauleitend gebaut durch die Firma Kühnelt & Linke

Kunert-Werke, Immenstadt

Die Reihe der namhaften Textilbetriebe beschließen die nach dem 2. Weltkrieg angesiedelten Strumpffabriken.

In Immenstadt ließ sich kurz vor Kriegsausbruch ein Zweigbetrieb der „Berliner Physikalischen Werkstätten" nieder, der feinmechanische Apparate und Nachrichtengeräte für Heereszwecke herstellte. 1945 räumten die französischen Besatzungstruppen die zahlreichen wertvollen Maschinen aus und verfrachteten sie nach Frankreich. In die leeren Hallen zogen die Kunert-Werke ein.

In Warnsdorf im Sudetenland, wenige hundert Meter hinter der sächsischen Grenze bei Zittau, hatte 1924 Julius Kunert mit seinen beiden Söhnen eine Strumpffabrik gegründet, die in etwas mehr als einem Jahrzehnt zur größten Strumpffabrik Europas aufgestiegen war. 1938 beschäftigte Kunert in Warnsdorf 4.500 Mitarbeiter. Die riesige Fabrikanlage, die mit ihrer modernen Ausstattung den Krieg ohne jeden Schaden überstanden hatte, auch genügend Rohstoffe vorrätig hielt, hätte 1945 sofort die Produktion wieder aufnehmen können. Die Prager Regierung legte sogar größten Wert darauf, aber der Haß bestimmter radikaler Gruppen machte alles zunichte. Mitarbeiter und Unternehmensleitung, alles was deutsch war, mußte binnen weniger Stunden die Heimat verlassen.

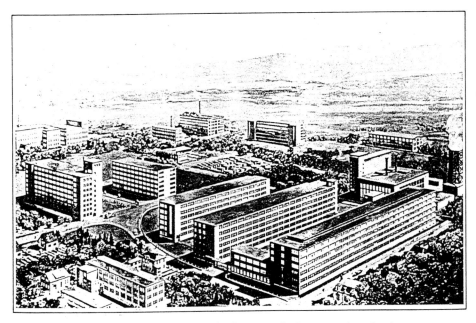

Kunert-Werke in Warnsdorf in Nordböhmen/Sudetenland

Die Kunerts, die eigentlich im Rheinland neu beginnen wollten, kamen zufällig nach München. Der damalige bayerische Wirtschaftsminister Prof. Ludwig Erhard setzte alles daran, die erfolgreichen Unternehmer am Wiederaufbau der bayerischen Wirtschaft zu beteiligen. Deshalb stellte er ihnen in Immenstadt das Fabrikanwesen des ehemaligen Rüstungsbetriebes zur Verfügung.

Mit zwei Dutzend Mitarbeitern wurde ein neuer Anfang gemacht. Hergestellt wurden zunächst Damenwäsche und sogenannte Schnittstrümpfe. An Fachkräften war kein Mangel. Viele der alten Belegschaft aus dem Sudetenland fanden sich in Immenstadt ein. Die ersten Cotton-Maschinen zur Herstellung anschmiegsamer Strümpfe in der natürlichen Beinform kamen 1950 aus Amerika. Kunert-Strümpfe waren hierzulande weithin unbekannt. Nur den sudetendeutschen Flüchtlingen war die Marke von Haus aus vertraut. Die meisten von ihnen hatten sich in Bayern niedergelassen. Schon deshalb war mit der Wahl Immenstadts als Standort der neuen Kunert-Werke die richtige Entscheidung getroffen worden.

Vor und während des Krieges hatten sich die Kunerts auch im Einzelhandel betätigt. Ihnen gehörte das größte Kaufhaus in Prag mit etwa 800 Angestellten. Aus jenen Tagen stammten die Kontakte zu den großen deutschen Warenhaus-Konzernen. Das war ein Anknüpfungspunkt für das Immenstädter Unternehmen.

Nachdem sich der Firmengründer Julius Kunert sen. schon 1938 in der alten Heimat aus der Geschäftsleitung zurückgezogen hatte, trennten sich die beiden Brüder in der Aufbauphase: Julius Kunert jun. übernahm Immenstadt allein, während sein Bruder Heinrich sich in Lindau und Rankweil/Vorarlberg niederließ. In Rankweil machte er Strümpfe unter dem Markennamen Kunert für den österreichischen, in Lindau unter dem Namen Phönix für den deutschen Markt. Später gründete er die Textilwerke Deggendorf. Julius produzierte in Immenstadt Kunert-Strümpfe für die Inlandsabnehmer und Roylon-Strümpfe für den Verkauf in Österreich in Hohenems, Wolfurt, seit 1977 aber auch in Immenstadt.

Schon in der ersten Aufbauphase errichtete Kunert in Immenstadt eine eigene Zwirnerei zur Garnveredelung, stellte dann im Lizenzverfahren Helancagarn her und entwickelte schließlich sein eigenes Strumpfgarn unter dem Namen Chinchillan. Die Firma verweist darauf, daß sie ihren Erfolg zum großen Teil der Qualität des eigenen Garns verdankt.

Als aus Frankreich die Feinstrumpfhosen ihren Siegeszug antraten, mußten alle Strumpfhersteller schnell schalten. Der Konkurrenzdruck wuchs und zwang zu schnellen Entscheidungen. Kunert entschloß sich zur Expansion. In Berlin-Reinickendorf entstand eine Strickerei mit einer Tagesleistung von 80.000 Strumpfhosen. Die gesamte Garnveredelung wurde nun in Berlin konzentriert. Monatlich wurden von dort 130 Tonnen Chinchillan und Helanca-Garn zur Weiterverarbeitung in die bundesdeutschen Kunertbetriebe versandt.

Kunert-Werke in Immenstadt im Allgäu

Kunert ging auch nach Mindelheim. Seit 1970 beherbergt die Unterallgäuer Kreisstadt eine Formerei und Konfektionierung. Über 1.000 neue Arbeitsplätze waren damit in Berlin und Mindelheim geschaffen, und das Stammwerk in Immenstadt beschäftigt heute etwa 1.400 Mitarbeiter. Der Umsatz hat sich in den siebziger Jahren verdoppelt und lag 1978 bei 170 Millionen DM.

Schließlich ging Julius Kunert auch nach Stuttgart als Mehrheitsgesellschafter von Hudson. Die Hudson-Gruppe mit ihren Marken HUDSON, ARWA, SILKONA UND BEROLINA drohte in ausländischen Besitz überzugehen, eine für den deutschen Strumpfmarkt besorgniserregende Situation. Trotz aller Risiken übernahm Julius Kunert die Gruppe. „Was 1945 durch fremden Einfluß als Europas größte Strumpffabrik endete, dürfte sich als krönende Leistung im achten Lebensjahrzehnt des Gründers wieder ergeben haben, nämlich Europas größter Strumpffabrikant zu sein."

Schöler-Druckerei + Verlag und Schöler-Bürotechnik + Bürobedarf, Immenstadt

Vor über 30 Jahren übernahm Erwin Schöler mit seiner Gattin den damaligen „Stafettendruck" in Immenstadt. Wenn man sich an die eigentlich für eine Druckerei wenig geeigneten Räumlichkeiten zurückerinnert, wird die Leistung um so größer, mit der das Ehepaar Schöler, zusammen mit einem kleinen,

419

tüchtigen Mitarbeiterstab, das Familienunternehmen zum Blühen brachte. Von vornherein wurde dabei auf das richtige Pferd gesetzt, nämlich die Versorgung der Bevölkerung des mittelständischen Gewerbes mit vielfältigen Druckerzeugnissen des täglichen Bedarfs. Der Erfolg, geprägt durch den unermüdlichen Einsatz, kann aber auch erklärt werden durch die „Allround"-Fähigkeiten des Firmenchefs, der tüchtig auf dem Gebiet des Satzes, des Druckes und des Buchbindens war.

1974 trat Sohn Wolfgang Schöler in die Firma ein. Ein nahtloser Übergang und das Zusammenspiel langjähriger Routine und Erfahrung einerseits und jungem, dynamischem Engagement des Sohnes andererseits verhalfen dem Betrieb zu einem weiteren erfolgreichen Schub nach vorn. 1978 absolvierte Wolfgang Schöler mit Erfolg die Meisterprüfung im Druckerhandwerk. Im Jahr 1980 erkannte er die Zeichen der Zeit und setzte ebenfalls aufs richtige Pferd. Denn die Büroautomation und Kopiertechnik rückten mit aller Macht vor. Sehr viele Firmen und Behörden ließen normales Schriftgut nicht mehr drucken, sondern kopierten es auf immer leistungsfähigeren Kopiergeräten.

Bereits damals wählte Wolfgang Schöler die Firma RICOH als Partner für eine erfolgreiche Zusammenarbeit. RICOH, einer der größten Hersteller von Kopiergeräten, damals auf dem deutschen Markt ein unbeschriebenes Blatt, ist heute ein Begriff für Zuverlässigkeit und Fortschrittlichkeit geworden.

Schöler-Druckerei und Verlag in Immenstadt

Inzwischen ist diese Verbindung ein weiteres Standbein der Firma Schöler. RICOH Kopiergeräte und der fachkundige Service durch eigene geschulte Techniker sind weit über die Grenzen des Oberallgäus hinaus ein fest kalkulierbarer Faktor.

1986 verstarb Erwin Schöler völlig überraschend während eines Kuraufenthaltes. Seine Ehefrau Therese sowie Sohn Wolfgang und dessen Ehefrau Elisabeth führen die Firma in seinem Sinne weiter. Nicht umsonst begründet sich der Erfolg der heutigen Firma – längst in eigenen, modernen Betriebsräumen – nach wie vor durch Flexibilität und Zuverlässigkeit. Jetzt mit modernster Technik, mit dem Einsatz von Elektronik und mit einem Mitarbeiterstamm von mittlerweile 20 Fachkräften – jeder ein Spezialist auf seinem Gebiet. So werden heute im Betrieb „Am Galgenbichl" in Immenstadt neben den ganz normalen Geschäftsdrucksachen hohe Auflagen in exzellentem Vierfarbendruck hergestellt; die Siebdruckerei und Displayherstellung deckt die vielfältigen Wünsche zeitgemäßer Werbung und Ausstellungsgestaltung ab – und selbstverständlich werden nach wie vor in klassischer Manier Bücher hergestellt und gebunden.

Natursteinwerke Grüntensteinbruch WUP, Kranzegg, Gemeinde Rettenberg

Steinmetzmeister Othmar Pelz, aus Großkunzendorf, Kreis Freiwaldau stammend, übernahm 1946 den Steinbruch mit fünf Arbeitern in Kranzegg. Er erweiterte den Betrieb von Jahr zu Jahr und beschäftigte zeitweise 90 Arbeiter.

Heilig-Geist-Kirche in Oberjoch

Nach dem Ableben von Othmar Pelz 1986 übernahmen sein Schwiegersohn Willi Halblaub und seine Tochter Edith den Betrieb und erweiterten das Angebot an Grüntenstein, Granit, allen Natursteinen in vielen Farben, Marmor- und Betonwerksteinen für Innen- und Außenanlagen. Im heutigen Betrieb sind durchschnittlich 35 Leute beschäftigt. Im Zweigbetrieb in Nesselwang, der überwiegend Grabsteine herstellt, sind drei Facharbeiter tätig.

Arbeiten dieses leistungsstarken Betriebes sind in vielen Orten zu finden; z. B. Heilig-Geist-Kirche in Oberjoch; Modehaus Wagner in Kempten.

C+C Oberallgäu Emil Lang-Steudler, Sonthofen-Rieden

Emil Lang-Steudler, der nach seiner Aussiedlung im Allgäu eine neue Heimat gefunden hatte, war anfangs als Vertreter tätig, bis er 1949 in Bühl am Alpsee ein Lebensmittel-Einzelhandelsgeschäft eröffnen konnte. Durch Fleiß und gutes Disponieren kam er rasch vorwärts, begann 1954 mit dem Import von Schweizer Schokolade und gliederte seiner Firma einen Süßwaren- und Spirituosen-Großhandel an.

1967 erwarb er dann ein 7.500 m² großes Grundstück von der Stadtgemeinde Sonthofen, worauf er das heutige C+C Oberallgäu mit einer Verkaufsfläche von 2.000 m² errichtete. Dieser Betrieb ist nunmehr zu einem ansehnlichen Unternehmen herangewachsen, das 50 Angestellte und mehrere Vertreter im Außendienst beschäftigt und über 10.000 verschiedene Artikel führt.

Seit längerer Zeit wird auch der Zustellhandel für das gastronomische Gewerbe durchgeführt, der sich über das gesamte Oberallgäu erstreckt, zum Teil auch darüber hinaus.

C + C Oberallgäu

Eine stetig wachsende Kundenzahl zeugt von der Beliebtheit dieses Einkaufszentrums.

Ergee – Rössler Edwin E. OHG, Sonthofen

In Sonthofen ließ sich die aus Gelenau im Erzgebirge stammende Firma Ergee nieder. Schon in ihrer sächsischen Heimat hatte sie durch Generationen eine Strumpfwirkertradition. Edwin Rössler entwickelte den bescheidenen Handwerksbetrieb seiner Eltern und Großeltern zu einem industriellen Betrieb, stellte die erste Cotton-Maschine auf, errichtete ein neues Fabrikgebäude und erweiterte die Produktion. Diese Firmengründung gab sich den Namen ERGEE aus den Anfangsbuchstaben des Gründers Edwin Rössler und dem Standort des Unternehmens in Gelenau Erzgebirge.

Firma Edwin Rössler GmbH Strumpffabriken in Gelenau/Erzgebirge

1927 entstand ein Zweigbetrieb im Nachbarort Falkenbach. 1928 zählten die Ergee-Werke 200 Beschäftigte, 1936 waren es 705 und bei Kriegsausbruch 1939 die stattliche Zahl von 1.600. Die jährliche Produktion betrug Millionen Paar Damen- und Kinderstrümpfe. Sie wurden in alle Welt exportiert. Im Februar 1945 wurden große Teile des südlich Chemnitz gelegenen Betriebes durch Bomben zerstört, nach 1945 aber wieder aufgebaut. Doch 1948 enteignete der Staat die familieneigenen Werke in Gelenau und Falkenbach. Die Fabrikantenfamilie Rössler begab sich in den freien Westen und begann hier einen neuen Start in Neustadt, Kreis Marburg. Schon Ende 1949 wurden auf zehn Cotton-Maschinen monatlich 20.000 Paar Strümpfe hergestellt. 1950 eröffnete Ergee in Sonthofen eine Großproduktion von Kindersöckchen und Kinderstrümpfen. 1953 exportierten die Ergee-Feinstrumpfwerke in 21 Länder. Die Belegschaft in Neustadt und Sonthofen stieg auf 1.300 Mitarbeiter. 1958 baute man ein zweites großes Fabrikgebäude in Sonthofen. Auch in Neustadt wurde in einem weiteren neuen Betriebsgebäude die Arbeit aufgenommen. Es ist – nach Angabe der Firma – die modernste Produktionsstätte in der Strumpfindustrie. Die sehr starke Expansion machte Ergee zu einem der bedeutendsten Strumpfhersteller in der Bundesrepublik und in Europa. 1971 waren in der Ergee-Gruppe über 6.500 Personen beschäftigt. Zahlreiche Weiterentwicklungen, beispielsweise der halterlose Strumpf, die faltenfreie Strumpfhose aus Ergolan, das Spezialgarn für Strickartikel, Ergolan mit dem „Küken", Symbol für Weichheit und Formbeständigkeit, unterstreichen die Marktbedeutung des Unternehmens, das mit 1.100 Arbeitsplätzen im Sonthofener Werk zu den bedeutendsten Industriebetrieben des Oberallgäus zählte.

Ergee, Firmengebäude in Sonthofen

Franz Kirsch KG/Elektro Kirsch GmbH, Sonthofen

Im Jahre 1955 gründete Franz Kirsch, der aus Grottau, Kreis Reichenberg/ Sudetenland stammte, in Sonthofen die Elektrofirma Franz Kirsch. Es war der Wiederaufbau seines durch Krieg und Vertreibung verlorenen elterlichen Betriebes in Grottau bei Reichenberg, den er bis 1945 geführt und geleitet hatte. Die Voraussetzungen für diese Betriebsleitung hatte er sich schon 1925 mit der Ablegung der Meisterprüfung im Elektrohandwerk geschaffen.

Durch die Vertreibung aus der angestammten Heimat im Sudetenland kam die Familie Kirsch 1946 ins Allgäu und fand in Bolsterlang ihre erste Aufnahme. Sofort versuchte Franz Kirsch, seiner Qualifikation entsprechend, wieder eine angemessene Beschäftigung zu finden. Seine erste Anstellung fand er in Oberstdorf. Später arbeitete er als Meister beim AKW in Sonthofen bis zu seiner Selbständigmachung im Jahre 1955.

Neun Jahre nach ihrer Gründung beschäftigte die Elektrofirma Kirsch bereits 15 Mitarbeiter. Nach einer schweren Krankheit starb 1964 der weit über seinen Betrieb hinaus fachlich und menschlich anerkannte Gründer, Franz Kirsch. Von Anfang an hatte ihm seine, bei Kunden und Mitarbeitern gleichermaßen geschätzte, aus dem Egerland stammende Frau, tatkräftig zur Seite gestanden. Nun mußte sie mit Hilfe von Sohn und Tochter den Betrieb allein weiter führen. Erst eineinhalb Jahre später konnte sie die Leitung des Betriebes in die Hände ihres Sohnes Bruno Kirsch legen, nachdem er die Meisterprüfung im Elektrohandwerk abgelegt hatte.

Unter seiner Führung wuchs die Belegschaft bis heute auf über 40 Mitarbeiter an und ist dennoch ein Familienbetrieb geblieben, in dem auch seine Frau voll mitarbeitet.

Heute befinden sich die Büro-, Werkstatt- und Lagerräume in dem 1972 errichteten Neubau in der Mittagstraße in Sonthofen-Rieden, da die Räumlichkeiten in der Oberstdorfer Straße nicht mehr ausreichten.

1975 eröffnete die Firma Kirsch, neben dem Elektrofirma-Betrieb, in der Bahnhofstraße ein Elektrofachgeschäft.

Die Bedeutung der Firma Franz Kirsch für Sonthofen und seine Umgebung läßt sich an den durchgeführten Bauprojekten ablesen, an denen sie beteiligt war: Schulzentrum Sonthofen, Oberallgäuer Milchwerk, Erweiterungsbau des Kur- und Sporthotels Sonnenalp, Altenwohnheim in Oberstdorf, Allgäu-Sporthalle in Sonthofen u.a.m.

Seit Gründung der Firma hat sich die Firma Kirsch der Lehrlingsausbildung verpflichtet gefühlt und darin auch eine ihrer wichtigsten und firmenbestimmenden Aufgaben gesehen. Dies beweist auch die jetzige Stellung des Firmeninhabers, Bruno Kirsch, als Obermeister in der Innung für das Elektrohandwerk.

Elektro Kirsch GmbH in Sonthofen/Rieden

Dr. Röhrs, Sonthofen

1945 verschlugen die Nachkriegsereignisse Dr. Werner Röhrs nach Sonthofen. Er suchte für die in Magdeburg und Quedlinburg verlorenen Betriebe einen neuen Anfang. Als 1946 in Blaichach die Süddeutsche Autogen GmbH in Schwierigkeiten geraten war, kaufte er deren Anteile auf, durfte aber nicht, wie beabsichtigt, mit der Herstellung von technischen Federn beginnen, sondern mußte auf Weisung der Militärregierung Schweißapparate bauen.

Nach der Währungsreform 1948 gelang es Dr. Röhrs aber, eine Kasernenruine in Sonthofen auszubauen und dort eine Produktionsstätte für Apparatebau zu schaffen. Sein Ziel war, wieder hochwertige technische Federn für hohe Schwingungsbeanspruchung und große Beschleunigung herzustellen und den Apparatebau für die chemische Industrie zu entwickeln.

Als 1955 die Bundesrepublik das Kasernengelände kündigte, blieb Dr. Röhrs nichts anderes übrig, als ein neues Fabrikgebäude zu bauen. Das entsprechende Gelände fand man an der Oberstdorfer Straße. Die Fabrikanlage wurde dann in den folgenden 10 Jahren ständig erweitert. Forschungsarbeiten auf dem Gebiet der technischen Federn, Ventilatorradbau und Fertigung von Seilbahntei-

len führten 1974 zum Bau eines Forschungszentrums, dem sich 1975 ein Laborgebäude anschloß.
Die Firma kann dadurch den ständig wachsenden Anforderungen der Technik auch in Zukunft gewachsen sein.

Seidensticker – Alpenland Sportwäsche GmbH ab 1975 Alpenland sportswear GmbH, Sonthofen

In Winterberg im Böhmerwald kaufte Walter Seidensticker sen. 1939 einen seit zwei Jahren stillgelegten Betrieb. Der übernommene Betrieb firmierte dann unter dem Namen Walter Seidensticker, Wäschefabrik und beschäftigte bis zur Enteignung 1945 über 400 Mitarbeiter und -innen.

Seinen Rechtsnachfolger fand der Winterberger Betrieb in der 1948 in Landshut gegründeten Großhandlung Gerd Seidensticker GmbH. 1950 erwarb dieser die Wäschefabrik Bayer & Co. in Sonthofen. Daraus wurde die heutige Alpenland sportswear GmbH. Der Start der Sportwäsche GmbH erfolgte 1950 mit 56 Mitarbeitern, die von der alten Firma Bayer übernommen wurden.
Es wurden ausschließlich Herrensporthemden in Eigenproduktion hergestellt. Man arbeitete nach einer eigenen Kollektion. Der Vertrieb jedoch erfolgte durch den Außendienst der Seidensticker GmbH in Bielefeld.

ALPENLAND SONTHOFEN

1961 hatte der Betrieb ca. 120 Beschäftigte, mit denen ein Jahresumsatz von knapp 5 Millionen DM erreicht wurde, der dann bis 1965 mit 200 Mitarbeitern auf 10 Millionen DM gesteigert werden konnte.

Alpenland begann 1967 mit dem Bezug von Handelsware (Hemden) aus Fernost.

Zusätzlich zur Eigenproduktion bezog Alpenland ab 1968 erstmals Herrenhemden aus der CSR. Diese Praxis wurde über die Jahre nahtlos fortgesetzt und dauert auch heute noch an.

Alpenland begann 1969 auch mit der Lohnanfertigung von Herrenhemden in Jugoslawien. Partner war die Firma DTR in Zagreb.

Mit inzwischen 230 Beschäftigten wird ein Jahresumsatz von 15 Millionen DM erzielt.

Die Alpenland Sportwäsche GmbH wurde 1975 in Alpenland sportswear GmbH umbenannt.

Es erfolgte 1976 die Vertriebstrennung zwischen der Seidensticker GmbH in Bielefeld und der Alpenland sportswear GmbH in Sonthofen. Alpenland arbeitete nur noch mit eigenen Außendienstmitarbeitern und vertrieb nun nicht mehr „nur" Freizeithemden, sondern Herrenhemden aller Art und Herrenstrickwaren.

Am 13.05.1983 meldete Alpenland die Marke „AL BRIGHT" an. Anders als „Alpenland" eignete sich das Logo „AL BRIGHT" besser für „junge Mode". Alpenland erreichte im Geschäftsjahr 1991/92 mit 1.521.402 Teilen den bis dahin höchsten Wertumsatz in Höhe von knapp 45 Millionen DM.

Gebr. Swoboda oHG, seit 1972 KG; bis 1963 Textil GmbH und Weberei, Wiggensbach

Am 18.06.1947 wurde die Firma Textil GmbH und Weberei in Wiggensbach neu gegründet. Sie hat eine lange und traditionsreiche Geschichte, denn sie fußt auf der alten, mechanischen Weberei A. Prellogg in Rochlitz an der Iser und in Ponikla im Kreis
Hohenelbe/Riesengebirge, die 1948 gegründet wurde und 1945 ca. 400 Mitarbeiter hatte und mit 845 Webstühlen arbeitete. Die Weberei gehörte der Familie Swoboda.
In der neuen Weberei in Wiggensbach wurden in den ersten Jahren leichte Zellwoll- und Baumwollgewebe im Lohn für die Spinnerei und Weberei Kempten hergestellt. Dann folgte das Weben von Taschentuchwaren und Mitte der 50er Jahre wurde die Produktion der Weberei auf Oberstoffe umgestellt. Mit eigenen Kollektionen in Mantelpopelinen und Cordgeweben aus Baumwolle und Hosenstoffen aus Trevira und Helanca wurden viele Kleiderfabriken im ganzen Bundesgebiet beliefert. Die Textil GmbH beschäftigte damals ca. 120 Mitarbeiter, deren Anzahl heute, nach der Umstrukturierung (Gebr. Swoboda oHG/KG), auf über 400 angewachsen ist.

Weberei A. Prellogg in Rochlitz an der Iser

Weberei A. Prellogg in Ponikla

Im Jahre 1961 ergab sich eine Geschäftsverbindung mit der Firma SWF in Bietigheim, die der GmbH ein Montageband für die Fertigung von Brücken und Platten für Scheibenwischermotoren zur Verfügung stellte. Dies war der erste Schritt zum Aufbau einer Produktion als Zulieferant für die Automobilindustrie.

Am 02.05.1963 wurde die Firma Gebr. Swoboda oHG, Wiggensbach gegründet. Gegenstand des Unternehmens war die Fabrikation und der Vertrieb von Campingartikeln, die Ausführung von Montagearbeiten und die Herstellung von Drehteilen für die Metall- und Elektroindustrie. Die Geschäftsführung lag in den Händen von Herrn Max Swoboda.

1963 wurden die ersten Drehautomaten aufgestellt und es gelang, mit der Firma Robert Bosch GmbH, Blaichach, in Geschäftsverbindung zu kommen. Als verlängerte Werkbank für diese Firma wurden zunächst Entstörer und Entstörfilter in großen Stückzahlen montiert und später Fertigungen von Temperaturfühlern, Wicklungselementen, Entstörleitungen, Kabelbäumen und ähnlichem übernommen.

In einem Zweigbetrieb in Ermengerst wurden in den 60er Jahren Kokosmatten und Schonbezüge für PKWs genäht.

Firma Gebrüder Swoboda KG in Wiggensbach

Nachdem die Firma Gebr. Swoboda oHG in den 60er Jahren soweit ausgebaut werden konnte, daß sie als selbständiger Betrieb bestehen konnte und es sich gezeigt hatte, daß die nach wie vor arbeitende kleine Weberei nur geringe Zukunftschancen hatte, wurde die Produktion der Textil GmbH langsam aufgegeben und das Personal und die Gebäude der Firma Gebr. Swoboda oHG zugeführt.

Zum 31.12.1980 gab Max Swoboda die Geschäftsführung ab, blieb jedoch als leitender Angestellter weiterhin für die Firma tätig.

Mitte der 80er Jahre wurden die bis dahin für die Firma Robert Bosch GmbH, Blaichach, ausgeführten Lohnarbeiten in Vollaufträge umgewandelt und es konnten in engster Zusammenarbeit mit der Firma Robert Bosch, Nürnberg, und den Fiat Werken, Turin, neue Produkte in das Fertigungsprogramm aufgenommen werden. Für Bosch, Nürnberg wurde die Produktion von Kabeln für das dort anlaufende Anti-Blockier-System und für die Firma Fiat wurden Kabelbäume für die CetronicAnlagen mitentwickelt und in großen Stückzahlen geliefert.

Am 11.07.1986 erhielt Kurt Swoboda (Sohn von Max Swoboda) zunächst die Einzelprokura und nach Ausscheiden des Herrn Mahrle Ende 1989 zusammen mit Ingo Granel die Geschäftsführung der GmbH.

Während Ingo Granel die Fortführung der Kabel- und Kabelbaumfertigung weiterführte, baute Kurt Swoboda eine neue Fertigungsstufe auf, und zwar in Form einer Kunststoffspritzerei mit Bondabteilung und einer Wickelei. Diese hat sich während der letzten Jahre zu einem tragenden Pfeiler der GmbH entwickelt.

Bodo Hennig Puppenmöbel GmbH, Wildpoldsried

Erfinder, Designer und Hersteller dieser kleinen, großartigen Welt der Puppenwohnungen ist Bodo Hennig. Seine Fabrik steht in Wildpoldsried.
Bodo Hennig stammt aus dem Spielzeugland Erzgebirge. Er hat sein Handwerk von Grund auf gelernt. Nach dem Besuch einer Spielzeugfachschule erlernte er in Schwaben auch das Drechslerhandwerk und gründete so ausgerüstet 1950 mit 22 Jahren seinen Betrieb im Allgäu. Heute beschäftigt er 145 Mitarbeiter und gilt weltweit als einer der führenden Hersteller von Puppenhäusern.
Produziert wird unter Einsatz modernster Technik. Eine computergesteuerte Präzisionsfräse z.B. fräst wie von Geisterhand komplizierte Formen aus dem Holz. Auf zwei Drehautomaten werden jährlich über eine Million Drehteile gedrechselt.

Puppenhaus „Villa Classic"

Fachkräfte verarbeiten die Einzelteile im Betrieb oder in Heimarbeit weiter. Besonderen Wert legt man auf einwandfreie handwerkliche Verarbeitung. Es wird keine Massenware, sondern Qualitätsspielzeug hergestellt. Hennigs Miniaturen entstehen in gelungener Harmonie zwischen Handarbeit und modernster Technik.

In Museen oder Fachzeitschriften holt Bodo Hennig sich die Anregungen; der Zauber seiner Produkte liegt im Detail: die Puppenstubenöfen z. B. sind heizbar und beim Drehen der Kaffeemühle hört man ein Mahlgeräusch. Die Produkte des Hauses Hennig haben inzwischen einen so hohen Qualitätsstandart erreicht, daß gut ein Drittel der Produktion an Sammler geht. So kommt es, daß so manche Oma sich auf ihre alten Tage eine Puppenstube liebevoll einrichtet.

Schrothheilbad Oberstaufen, das neue Niederlindewiese (die erfolgreiche Neugründung eines sudetendeutschen Kurorts)

Der Zustrom von Heimatvertriebenen brachte auch mit sich, daß der frühere Kurarzt vom sudetenschlesischen Schrothkurort Niederlindewiese, Dr. Hermann Brosig, nach Oberstaufen kam und das alte Naturheilverfahren, das von Johann Schroth (1798–1856) begründet wurde, wieder aufleben ließ. Oberstaufen wurde Schrothheilbad.

Der 1994 verstorbene Dr. Hermann Brosig sagt selbst dazu: „Als ich nach Entlassung aus englischer Kriegsgefangenschaft 1947 erstmals Oberstaufener Boden betrat, war ich von der Schönheit der Landschaft und dem heilkräftigen Klima begeistert. Der gute Ruf Oberstaufens als Luftkurort und Wintersportplatz schien mir eine ideale Basis, die berühmte Lindewiesener Original-Schrothkur hier neu einzuführen. Der Erfolg hat meinen Überlegungen recht gegeben. In 40 Jahren Oberstaufen legt die immer noch steigende Zahl an Heilungssuchenden beredtes Zeugnis ab für die richtige Ortswahl und die hohe Qualität dieses nunmehr über 170 Jahre bewährten Naturheilverfahrens."

Zur Geschichte des Naturheilverfahrens, der Schrothkur:

Der 1798 in Böhmischdorf geborene und in Niederlindewiese bei Freiwaldau aufgewachsene Johann Schroth hatte um 1820 versucht, sich von einer schweren Verletzung, die er sich in seinem Beruf als Fuhrmann zugezogen hatte, selbst zu kurieren. Angeregt durch die Wasseranwendungen des ihm freundschaftlich verbundenen Vinzenz **Prießnitz** aus dem benachbarten Gräfenberg machte Johann Schroth sich kalte, feuchte Umschläge, ließ diese bis zur Erwärmung liegen und wechselte sie dann aus. Der nächste Schritt war die Anwendung von warmen Tüchern bzw. „Ganzpackungen" und schließlich folgte das nach ihm benannte Diätsystem aus der Überlegung heraus, daß der Körper während des Kampfes mit den „krankmachenden Stoffen" nicht durch zuviel Nahrung überlastet werden dürfte. Er hatte beobachtet, daß kranke Tiere das Futter zurückweisen, also fasten. Diese Erkenntnis hat er dann auch bei sich erfolgreich angewandt, und damit war er intuitiv der späteren wissenschaftlichen Erforschung und Bestätigung weit vorausgeeilt. Wohin Fuhrmann Johann Schroth auch kam, er erzählte den Leuten von seiner Heilmethode. Er muß dies sehr überzeugend getan haben, denn bald kamen Kranke zu ihm und unterwarfen sich seinen Anweisungen. Sein Bauernhof, auf dem die ersten Kranken notdürftig untergebracht worden waren, entwickelte sich bald zu einer „Kuranstalt". Auch durch Mißerfolge und Behandlungsverbote ließ sich Johann Schroth nicht beirren und erreichte, daß ihm bereits 1840 von staatlicher Stelle die Erlaubnis zum Praktizieren erteilt wurde. War die Zahl der Kurgäste anfangs noch gering (1850: 176), so ließen die Erfolge nicht mehr lange auf sich warten. Mit das entscheidendste Ereignis war die Heilung des zwanzigjährigen schwerverwundeten Herzogs Wilhelm von Württemberg, dem eine Kugel das Bein zerschmettert hatte und dem nach vergeblichen Konsultierungen zahlreicher Ärzte nun die Amputation drohte. Was kaum noch jemand für möglich gehalten hatte, trat ein: Herzog Wilhelm kehrte nach sechzehnwöchiger Schroth-Kur geheilt in den Kriegsdienst zurück und erließ 1850 zu Wien einen Aufruf an die Offiziere in der österreichisch-ungarischen Armee, in dem er seine Heilung schilderte und sich bereit erklärte, seinen „verwundeten Kameraden nähere Auskunft über die Kur zu geben".

Niederlindewiese hatte sich bis zu Beginn des Zweiten Weltkrieges zu einem bedeutenden Kurort und Heilbad entwickelt, in dem es neben der zentralen Kuranstalt noch 39 sog. „Privat-Kurhäuser" gab zur Aufnahme der vielen Kurgäste, deren Zahl jährlich bis auf über 3.000 angestiegen war.

Aber nach dem Krieg schien mit der Vertreibung der Deutschen aus dem Sudetenland und somit auch aus Niederlindewiese das Ende des über 120-jährigen erfolgreichen Naturheilverfahrens gekommen zu sein, denn Kurärzte, medizinisches Personal und Kurheimbetreiber waren in alle Winde zerstreut.

Doch da gab es jenen Dr. med. Hermann Brosig, der nach Entlassung aus der Kriegsgefangenschaft 1947 seine Familie in Oberstaufen wiederfand. Er wirkte bis zu seiner Einberufung zum Kriegsdienst 1940 als einer der Kurärzte im Schrothkurort Niederlindewiese und ließ nun nach dem Krieg in seiner neuen Heimat Oberstaufen das Schroth'sche Naturheilverfahren nicht in Vergessenheit geraten.

Zum Neubeginn berichtete er selbst: „... Mitbürger aus meiner sudetenschlesischen Heimat und Einheimische rieten mir, es doch aufgrund meiner reichen Erfahrungen als Schrothkurarzt auch in der neuen Heimat mit dieser weltbekannten Kur zu versuchen, die zuletzt rund 3.000 Kurgäste im Jahr nach Niederlindewiese gebracht hatte. Vielleicht lag auch für Oberstaufen eine wirtschaftliche Chance in diesem segensreichen Naturheilverfahren, mit dem schon Tausende Gesundheit und Heilung von vielen Leiden gefunden hatten … Beim damaligen Bürgermeister Wucherer, beim Verkehrsamtsleiter Mulzer und seinem Mitarbeiter Meißner, bei den Gemeinderäten und auch bei den Gastronomen fand ich verständnisvolle und engagierte Mitstreiter, die einen neuen Anfang ermöglichten. Im Januar 1949 zog der erste Kurgast im damaligen Hotel „Büttner" bei Frau Anna Pahler ein. Nicht ganz 40 Jahre später sollten es 2.500 Gästebetten in 100 Schrothkurbetrieben sein, die Zahl der Schrothkurgäste betrug 1987 genau 22.655, fast das Zehnfache der Jahreskapazität von Niederlindewiese. Mit der staatlichen Anerkennung als Schrothkurort… wurde der Aufstieg gefestigt. Aber auch hier gab es manch mühsame Wegstrecke, wurde von allen Beteiligten wirtschaftlicher Wagemut, Opferbereitschaft und Durchhaltevermögen verlangt …"

Nicht unerwähnt bleiben darf, daß auf Initiative von Dr. H. Brosig der Urenkel des Urbegründers, Walter Schroth, mit seiner Mutter Anni Schroth, Ehefrau des Enkels Rochus Schroth, 1951 nach Oberstaufen übergesiedelt ist, um hier das Erbe seines genialen Urgroßvaters zu pflegen und zu erhalten.

Mitbeteiligt am Erfolg der Schrothkur in Oberstaufen waren aber auch erfahrene Kräfte aus Niederlindewiese, die nach Oberstaufen gekommen waren oder geholt wurden. Die Wirkungsweise der Schrothkur, die – verkürzt ausgedrückt – dem Abnehmen, vor allem aber der Entschlackung des Körpers dient und dadurch vielfältige Leiden heilt oder zumindest lindert, ist inzwischen wissenschaftlich untermauert, durch Untersuchungsreihen dokumentiert und fachlich anerkannt. Außerdem gibt der Jahr für Jahr stark anwachsende Zustrom Heilungssuchender beredtes Zeugnis für den Erfolg dieses Naturheilverfahrens, das in seiner nun schon über 175-jährigen Geschichte viele Tausende kranke Menschen wieder auf den Weg zur Gesundung und damit zu neuer Lebensfreude gebracht hat.

Oberstaufen, das aus der Vorkriegszeit noch den Ruf eines liebenswerten Luftkurortes und eines vielseitigen Skigebietes besaß, ist mit der Einführung der Schrothkur zu einem internationalen Kurort aufgestiegen.

Für diesen Aufschwung hat Oberstaufen nicht nur Dr. Hermann Brosig mit der Verleihung des Ehrenringes und der Ehrenbürgerrechte gedankt, sondern die Marktgemeinde hat 1986 auch die Patenschaft für die ehemaligen Bewohner des ursprünglichen Schroth-Kurortes Niederlindewiese übernommen und somit ihre Verbundenheit mit den Vertriebenen eindrucksvoll bezeugt.

Die neue „Wiesenbaude", ein Stück alte Heimat im Oberallgäu

Auf der Kahlrückenalpe, sie liegt oberhalb von Sigiswang in 1200 m Höhe in Richtung Rangiswanger Horn in der Gemeinde Ofterschwang, gründete im Jahre 1949 die Familie Fuchs, Ing. Hans Fuchs mit seiner Frau Martha, die neue „Wiesenbaude" zur Erinnerung an die alte „Wiesenbaude" im Riesengebirge und zur Gründung einer neuen Existenz hier im Oberallgäu. Herr Fuchs stammte aus Neustadt an der Tafelfichte (Isergebirge), Kreis Friedland/Sudetenland.

Unter schwersten Bedingungen und unter großem persönlichen Einsatz hat die Familie Fuchs die kleine Unterkunftshütte auf der Kahlrückenalpe zu einem ansehnlichen Berghaus und Pension um- und ausgebaut. In den fünfziger und sechziger Jahren verbrachten viele Familien mit ihren Kindern, vor allem Familien aus dem Kreis der Heimatvertriebenen, ihren Urlaub auf der „Wiesenbaude". Hier konnte man noch voll die Ruhe in einer Bilderbuch-Landschaft genießen, ausgedehnte Wanderungen unternehmen und sich im Winter in einem idealen Skigelände austoben und seine körperlichen Kräfte stärken. Trotz des einstündigen Fußmarsches von Sigiswang aus, das Gepäck wurde mit einem Geländefahrzeug hinaufgebracht, war die „Wiesenbaude" in dieser Zeit

„Wiesenbaude" auf der Kahlrückenalpe, Bergheim und Pension

436

immer gut besucht. Die „Wiesenbaude" wurde mehr als zwanzig Jahre von der Familie Fuchs bewirtschaftet und geführt. Aus gesundheitlichen Gründen, der Gesundheitszustand von Frau Martha Fuchs ließ es nicht mehr zu, daß sie die anfallenden gastronomischen Arbeiten ausführen konnte, mußte die Bewirtschaftung der „Wiesenbaude" aufgegeben werden. Sie wurde dann im Dezember 1969 an das evangelisch-lutherische Dekanat Neu-Ulm verkauft und dient seit dieser Zeit als Erholungsheim für Angehörige der Kirche und als Familien- und Freizeitheim.

9. Zusammenstellung eines Teils der Pressemitteilungen des Allgäuer Anzeigeblattes/der Allgäuer Zeitung über die Flüchtlinge und Heimatvertriebenen im Gebiet des Oberallgäu in den Jahren 1945 bis 1955

1945

30. Januar. Kempten. Das Wohnungsamt Kempten meldet, daß 6 evakuierte Familien mit 20 Personen aus den Ostgebieten eingetroffen sind. Darunter eine Familie aus Breslau.

10. Februar. Millionen Menschen sind wegen der bekannt gewordenen Grausamkeiten der Roten Armee an Zivilisten auf der Flucht aus den Ostgebieten des Reiches in Richtung Westen.

10. Februar. Augsburg. Reichsverteidigungskommissar für den Reichsverteidigungsbezirk Gau-Schwaben in Augsburg. An Leiter der Gesundheitsämter. Der Reichsminister des Innern hat auf die Möglichkeit der Hilfeleistung der Wehrmacht bei der gesundheitlichen Betreuung Rückgeführter aufmerksam gemacht. Der Heeressanitätsinspekteur hat die Wehrkreisärzte angewiesen, Sanitätsmaterial, Ärzte, Lazarette, Transporte von Rückgeführten zu unterstützen, außerdem sollen Standortälteste über Rückmarschstraßen, Verpflegungsstellen und Sammelunterkünfte unterrichten. Ähnliche Anordnung wurde für die Luftwaffe getroffen. Es wird die Erwartung ausgesprochen, daß sich die Amtsärzte und alle Gesundheitsdienststellen der zu erwartenden kranken Rückgeführten annehmen und ihnen jede Hilfe und Unterstützung zuteil werden lassen.

16. Februar. Stalin fordert 4 Millionen deutsche Arbeitssklaven und verhandelt darüber auch mit Großbritannien und den USA. Aus Rumänien hat die Deportation von Deutschstämmigen nach Rußland bereits begonnen. 20–30 Millionen können von der Stalinforderung betroffen sein.

21. April. Haßplan der Polen enthüllt. Kein Platz für Deutsche in Pommern – die Bevölkerung soll nach Sibirien verschleppt werden wie die Deutschen vom Balkan.

20. September. Augsburg. Der Regierungspräsident an die Landräte, die Oberbürgermeister Augsburg und Kempten. Inhalt: Schwierigkeiten und Steuerung der Zuwanderung der Flüchtlinge aus dem Osten. U. a. Abschiebung, Höchstbelegung, Lebensmittelkarten, Wohnungen.

18. Oktober. München. Bayer. Staatsministerium des Innern, Landeskommissar für das Flüchtlingswesen an die Regierungspräsidenten. Betreff: Sofortmaßnahmen für Behebung der Flüchtlingsnot. Anordnung des Bayer. Ministerpräsidenten: Bestellung eines Regierungskommissars für das Flüchtlingswesen beim Regierungspräsidenten, Gehalt = Ob. Reg. Rat. Sofortige Bestellung eines Flüchtlingskommissars bei den Landräten und Städten. Unterstellung, Aufgaben, z.B. Unterstellung der Wohnraumbewirtschaftung einschließlich Beschlagnahme, Schaffung eines Flüchtlingsamtes. Gehalt = Reg. Rat. Geeignete Personen sind vorzuschlagen.

13. Dezember. In Kempten wurde ein Flüchtlingskommissar (Stadt- und Landkreis) eingesetzt. 1. Kommissar Eduard Dobmaier aus München. 1.500 Sudetendeutsche sollen in Kempten kurzfristig untergebracht werden.

1946

15. März. Immenstadt. Ehem. HJ-Heim und die Schießstätte werden zu Wohnraum für die Flüchtlinge umgebaut.

29. März. Erster Flüchtlingstransport trifft in Kempten ein; die Menschen stammen aus dem Regierungsbezirk Troppau.

10. Mai. Die Flüchtlingsverwaltung schlägt vor, aus den Reihen der Flüchtlinge Flüchtlingsobleute zu berufen.

15. Juli. Nun kommen täglich 3.000 nach Bayern, vorher waren es bis 10.000 täglich, was einen ordnungsgemäßen Weitertransport fast unmöglich machte.

12. August. Kempten. Im Landkreis sind bisher 6.000 Neubürger (Flüchtlinge) untergebracht.

30. August. Verpflegungskosten für Flüchtlinge, die in Lagern untergebracht sind, werden in Bayern einheitlich mit 0,50 Mark pro Tag festgelegt.

13. September. Es sollen in allen Orten Flüchtlingsobmänner gewählt werden zur Unterstützung der Gemeindeverwaltungen.

20. September. Die Abweisung von Flüchtlingen ist ein gemeines Verbrechen. Dies kann mit bis zu fünf Jahren Gefängnis und 10.000 Mark Geldstrafe geahndet werden.

05. Oktober. Sonthofen-Oberstdorf. Alle Gasthöfe werden zur Unterbringung von Flüchtlingen beschlagnahmt.

10. Oktober. Kempten. Grund- und Hausbesitzer-Verein. An OB Kempten wegen Wohnraumüberfüllung. Inhalt: Überfüllung bringt Schädigung des Wohnraums und gesundheitliche Gefahren. Vorschlag: Weiterem Zuzug Einhalt gebieten und Flüchtlinge wieder zurückzuführen. Intervention beim siegreichen Amerikanertum und seiner Heiligkeit dem Papst.

12. Oktober. Bayer. Staatsanzeiger. Soforteinsetzung von Untersuchungsausschüssen zur Erfassung von noch vorhandenem Wohnraum. Ausschüsse aus Vertretern der Parteien. Vollzugsmeldung bis spätestens 17. Oktober 1946.

19. Oktober. Flüchtling wird des Diebstahls bezichtigt, um ihn wieder loszuwerden – eine falsche Anklage – dann erfolgte die Entschuldigung durch den Ankläger.

09. November. Flüchtlinge fordern Klärung der Staatsangehörigkeit. Bis jetzt wird bei den Sudetendeutschen in diese Rubrik „ungeklärt" eingetragen.

21. Dezember. Betzigau. Die Flüchtlinge halten eine bescheidene und stimmungsvolle Weihnachtsfeier ab – Flüchtlingsobmann Kalbheim begrüßt die Gäste.

30. Dezember. Kempten. 900 Personen befinden sich im Flüchtlingslager – Lagerleiter ist Willy Lehmann.

1947

04. Januar. Weihnachtsfeiern für Flüchtlingskinder fanden in Untrasried, Reicholdsried, Dietmannsried, Weitnau, Debsried, Frauenzell, Sulzberg und Wildpoldsried statt.

25. Januar. Flüchtlingsfamilie bedankt sich für geschenkten Ofen, um Zimmer heizen zu können. Ein Flüchtlingswaisenkind wird von einer Allgäuer Familie als eigen angenommen.

04. Februar. Bürgermeister der Gemeinde Durach an Stadtrat Kempten. Betreff: Verwendung des ehem. Fliegerhorstes als Altersheim (Flüchtlingsaltersheim). Besitzer ist die protestantische Spitalstiftung, und protestantische Schwestern sollen das Altersheim betreuen. Bitte um Betreuung durch kath. Schwestern in dieser kath. Bevölkerung.

15. Februar. Wiggensbach. Faschingsball zu Gunsten der Flüchtlinge ist ein großer Erfolg – Obmann Prause dankt allen.

Frauenzell. Faschingsball zu Gunsten der Flüchtlinge. Bürgermeister Kinzelmann übergibt die Gesamteinnahmen von 235 Mark der Flüchtlingsbetreuung.

19. Februar. Kempten. Das Bahnhofshotel wird zum Spital für Flüchtlinge umgebaut und soll 150 Plätze aufweisen.

Frauenzell. Ein Altersheim für Flüchtlinge wird eingerichtet.

Oy. Ein Kinderheim für Waisenkinder wird eingerichtet.

22. Februar. Sudetendeutsche Rechtsanwälte werden zur Rechtsanwaltschaft in Bayern zugelassen.

Haldenwang. Ein gut besuchter Faschingsball bringt 306 Mark Reinerlös für die Flüchtlingshilfe.

15. März. Kempten. Der Flüchtlingskommissar eröffnet in Mittelberg ein Altersheim, das 40 Personen Platz bietet, ein weiteres mit 20 Betten soll folgen.

22. März. Kempten. Aufnahme von Flüchtlingen ins Haus verweigert; Amtsrichter verhängt eine Strafe von 1.000 Mark.

27. März. Stadtkreis Kempten. Bericht an Regierung von Schwaben mit Aufstellung der Flüchtlinge, die als Beamte, Angestellte und Arbeiter tätig sind: Insgesamt 139 Flüchtlinge bei 716 Beschäftigten.

12. April. Stadtkreis Kempten. Umsiedlung von Flüchtlingen. Bericht über Besprechung mit Leiter des Arbeitsamtes, des Flüchtlingskommissars, Vertretern der Bezirksfürsorge, Verbände und Leiter des städt. Wohlfahrtsamtes. Hier: Umsiedlung von nicht arbeitseinsatzfähigen Flüchtlingen aufs Land, um arbeitsfähigen Flüchtlingen Wohnraum in der Stadt zu verschaffen, weil für Arbeitskräfte in der Stadt Bedarf anfällt.

10. Mai. Frauenzell. Flüchtlingsausschuß wird neu gewählt. Elisabeth Kubsky, Franz Kinzel, Richard Schönwald, Johann Rieß.

10. Mai. Landesflüchtlingskonferenz erläßt Aufruf zum Volksbegehren. Ausgewiesene, Bombengeschädigte, Kriegsbeschädigte, Kriegshinterbliebene, Flüchtlinge sind aufgerufen: es geht um die Sicherung eines gerechten Lastenausgleiches, der auch die wirtschaftliche Gesundung für den bayerischen Volkskörper bringen soll.

24. Mai. Kempten. Neuer Flüchtlingskommissar soll ein Flüchtling werden, fordert der Kreisflüchtlingsausschuß.

04. Juni. Dietmannsried. Bunter Abend ein großer Erfolg zu Gunsten der Flüchtlinge.

11. Juni. Oy. Theaterspielgruppe veranstaltet einen Bunten Abend.
Muthmannshofen. Spendenaktion zu Gunsten der Flüchtlinge erbringt 798 Mark.

14. Juni. Wiggensbach. Veranstaltung zu Gunsten der Flüchtlingshilfsaktion erbringt den Betrag von 3.497 Mark.

14. Juni. Buchenberg. Bunter Abend der Vereine zu Gunsten der Flüchtlingshilfe erbringt den Betrag von 2.164 Mark.

14. Juni. Frauenzell. Die Sammlung zum „Tag der Flüchtlinge" mit Platzkonzert erbringt den Betrag von 893 Mark.

14. Juni. Durach. Die Sammlung zum „Tag der Flüchtlinge" erbringt den Betrag von 3.496 Mark.

14. Juni. Kempten. Das Sammelergebnis der Flüchtlingshilfsaktion beträgt: Kempten-Stadt 34.049,95 Mark, Kempten-Land 45.970,47 Mark.

14. Juni. Kempten. Das Flüchtlingskommissariat bedankt sich bei allen Spendern, Sammlern und Veranstaltern. Auf den Kopf der Bevölkerung berechnet, steht mit 2,43 Mark Kimratshofen an erster Stelle, gefolgt von Lauben, Sankt Lorenz, Reicholzried und Moosbach.

In Kempten trifft es 64 Pfg. auf den Kopf, am untersten Ende der Skala steht Waltenhofen mit 30 Pfg.

14. Juni. Sonthofen. Das Sammelergebnis für die Flüchtlings-Hilfsaktion beträgt im Landkreis 70.076,65 Mark. Das sind pro Kopf der Bevölkerung 1 Mark. An der Spitze der Sammlung stehen die Gemeinden Balderschwang mit 3,49, Diepolz mit 3,43, Wilhams mit 3,27 und Missen mit 3,19 Mark pro Person. Bei der Sammlung im Regierungsbezirk Schwaben nimmt der Landkreis Sonthofen eine führende Stelle ein.

24. Juni. Kempten. Flüchtlings-Hilfs-Aktion. Theater, Filmvorführungen, Varieté, Tanz, Spenden, Spiele. Gesamtergebnis gemeldet durch Flüchtlingskommissar am 24.06.1947.

Stadt Kempten RM 24.049,95
Land Kempten RM 45.970,47 = RM 70.020,42.

27. August. Überbach. Besonders schikanöse Behandlung einer Flüchtlingswitwe und ihrer Kinder durch einen Bauern. Die persönliche Freizügigkeit wurde gewaltig eingeschränkt, das Ein- und Ausgehen aus dem Haus erschwert, Zugang zum Kartoffelkeller verwehrt u. dgl. mehr; es erregte Aufsehen und schreckte ab.

13. September. Ottobeuren. Erste Flüchtlingswallfahrt nach Ottobeuren am 07. September mit über 4.000 Pilgern. Festpredigt hält Pater Dr. August Reimann aus Karlsbad. Bei der Kundgebung im Klosterhof spricht Josef Renner aus Kempten.

24. September. Kempten. Flüchtlingsvertrauensleute werden über die Parteien neu gewählt – CSU: Ferdinand Fuhrmann, Editha Hübner, Erich Jungmann, Rudolf Bodensteiner; SPD: Heinrich Pergel, Helmut Oberschlip, Maria Nayer, Gustav Schöler.

12. November. Kempten. Kammerorchesterabend für Heimatvertriebene – Vertriebene (Oskar Dimt, Dirigent u. Leopold Skrepek, erste Violine) und einheimische Kräfte (2) gaben ihr 1. Konzert. – Ein Plus für das Kemptener Kulturleben.

19. November. Kempten. Verlegung des Flüchtlingslagers Kempten. Das bisherige Flüchtlingslager in der Keselstraße wird aufgelöst. Das neue Flüchtlingslager befindet sich in der ehem. Artillerie-Kaserne am Ostbahnhof.

1948

14. Februar. Kempten. In der Gaststätte „Stadt Hamburg" findet die Gründungsversammlung des Vereins – Landsmannschaft Egerland – statt (Egerländer Gmoi). 120 Personen sind anwesend.

03. März. Memmingen. Die Sudetendeutschen schließen sich zur Landsmannschaft zusammen. Ziel ist gegenseitige Förderung und Unterstützung in wirtschaftlicher und kultureller Hinsicht als überparteiliche Vereinigung und Vertretung auch der Belange der anderen Vertriebenen. – Die Zusammenfassung aller ostdeutschen Landsmannschaften zu einer starken Dachorganisation ist vorgesehen. – In den Kreisen von Schwaben folgen nun die Gründungen der einzelnen Landsmannschaften. – Bei der Tagung in Memmingen waren die Landkreise Marktoberdorf, Kaufbeuren, Mindelheim, Schwabmünchen, Illertissen und Kempten vertreten. Oberbaurat Kühnel vertritt den oberen Bereich.

28. April. Teilergebnisse der Kreistagswahl: Kempten – CSU – Flüchtlinge 3.101 Stimmen; Füssen – WAV 266 Stimmen, Flüchtlingsliste 2.034 Stimmen; Marktoberdorf – 4.927 Flüchtlingsliste WAV 346 Stimmen; Kaufbeuren – CSU Flüchtlingsliste 842 Stimmen, WAV 863; Stimmen, Flüchtlingsliste 4.333 Stimmen.

19. Mai. Kempten. Eine Wahlgemeinschaft Flüchtlinge, Heimatvertriebene wird gegründet.

02. Juni. Sonthofen. Im Flüchtlingsauffanglager trifft ein weiterer Transport mit 156 Personen ein. Die Flüchtlinge stammen aus den Bezirken Reichenberg, Gablonz, Landskron und Graslitz.

09. Juni. Oberstdorf. Der Bildhauerin Gerda Grabner gelingt es, trotz größter Schwierigkeiten, eine Töpferei aufzumachen. Einige vertriebene Graphiker und Kunsthandwerker unterstützen sie dabei. Der Betrieb zählt bereits 11 Mitarbeiter.

05. Juli. Stadtkreis Kempten. Wohnungsnot in Kempten – 2.102 Ausländer in Lagern, 1.463 privat wohnende Ausländer, 2.298 Evakuierte, 7.846 Flüchtlinge, – für Amerikaner vom Flugplatz Kaufbeuren beschlagnahmt: 20 Häuser (Wohnungseinheiten unbekannt), 54 Häuser mit 122 Wohnungen und 620 Bewohnern.

21. Juli. Kempten. Der Ehem. Vizepräsident des Reichsverbandes des Hotel- und Gaststättengewerbes Theodor Malo aus Karlsbad sammelt die Anschriften von Berufskollegen, um helfen zu können.

11. August. Kempten. Mit einem Transport treffen 60 Personen aus dem Sudetenland ein und werden ins Flüchtlingslager eingewiesen. – Der Kreistag wird über den katastrophalen Zustand im Flüchtlingslager am Ostbahnhof unterrichtet. 35% der Bevölkerung sind z. Zt. Nichteinheimische.

21. August. Durach. Schriftsteller Heinrich Zapp aus Karlsbad feiert 80. Geburtstag.

11. September. Wildpoldsried. Durch die Neubürger entstehen in der Gemeinde mehrere Gewerbebetriebe.

05. Oktober. Erstes Wiedersehen und Heimattreffen in Pfronten der aus dem Kreis Freiwaldau stammenden Vertriebenen mit Pfarrer Alois Branner aus Weidenau, die sich heute in den Gebieten Sonthofen, Kaufbeuren, Buchloe und Füssen befinden.

12. Oktober. Bad Oberdorf. Es entsteht eine Firma für Konfektion und Strickwaren – Rudolf Kraus – Wäsche und Strümpfe werden hergestellt. 10 Arbeiter sind bereits beschäftigt. Die Firma stammt aus Bärringen im Erzgebirge.

19. Oktober. Hindelang. Auf einer Arbeitstagung der Kreisbeauftragten für das Flüchtlingswesen unter Leitung des Regierungsbeauftragten für Schwaben, Deininger, gab dieser bekannt, daß z. Zt. in Schwaben 316.000 Flüchtlinge untergebracht sind und diese Zahl weiter steigen wird durch die Familienzusammenführung und die heimkehrenden Kriegsgefangenen. In Schwaben leben z. Zt. noch 13.000 Flüchtlinge in Auffanglagern und 5.000 in Wohnlagern.

22. Oktober. Kempten. Kreisbeauftragter für das Flüchtlingswesen an OB der Stadt Kempten. – Siedlungs- und Seßhaftmachung, Ansiedlung von Flüchtlingsindustrie, des Handels, Handwerks und gewerblicher Berufe – Einheimische haben wenig Verständnis für Eingliederung.

- In Kempten z. Zt. 12 Flüchtlingsindustrien mit ca. 500 Beschäftigten, Genehmigungen für 150 handwerkliche Betriebe sind ausgestellt, doch fehlt oft zur Ausübung des Gewerbes der gewerbliche Raum, Läden, Lagerraum, Büro usw.
- Notdürftige Unterbringung (z. T. 5–7 Personen im Zimmer) erlaubt keine Gewerbeausübung in Privatwohnungen, die meistens durch Zwangseinweisung beschafft werden müssen.
- Tuch- und Schafwollfabrik
- Chemisch-pharmazeutische Fabrik CEFAK

Bereits 65 Werkwohnungen in den zerstörten Kasernen ausgebaut. 350 Beschäftigte. Einweisungen in Dauerwohnungen werden durch die Verwaltungsbürokratie immer wieder gehemmt.

22. Oktober. Kempten. „Deutsche Notgemeinschaft" tagt, um die Vertreter der Kreise für das Notparlament der Flüchtlinge für die Kreise Kempten, Füssen, Marktoberdorf, Memmingen, Friedberg, Donauwörth, Mindelheim und Wertingen zu wählen.

26. Oktober. Immenstadt. Großkundgebung der Heimatvertriebenen auf dem Marienplatz in Immenstadt, gemeinsam mit den Ausgebombten, Ausgewiesenen, Flüchtlingen und Evakuierten auf Einladung der Arbeitsausschüsse der Flüchtlings-, Kreistags- und Gemeinderatsmitglieder im Landkreis Sonthofen und Kempten. Es sprechen: Max Zillibiller CSU Hindelang, Alfred Frenzel SPD Hannover, Anton Grünes Notgemeinschaft Memmingen. Erich Krüger – Leiter der Kundgebung – verliest eine Entschließung an die Bayer. Staatsregierung, die mit brausendem Jubel von den 3.000 Teilnehmern angenommen wird. Es geht um einen gerechten Lastenausgleich.

02. November. Kempten. Notgemeinschaft und Union der Ausgewiesenen setzen sich dafür ein, daß die Erhebungsarbeiten der Reg. Sonderkommission fortgesetzt werden (Wohnungen u. dgl.). Arbeitstagung der Union der Ausgewiesenen unter Vorsitz von Herrn Klytta, Augsburg. Ministerialrat Dr. Münsterer, Leiter der Siedlungsbehörde in München, überbringt Grüße des Staatsministers Dr. Schlögl.

02. November. Schrattenbach. In einer schlichten Feier gedenken die Flüchtlinge ihrer Toten in der fernen Heimat durch eine Kranzniederlegung am Kriegerdenkmal.

09. November. Kempten. Der Allgäuer ... und neues Leben blüht aus den Ruinen. Flüchtlingsbetrieb findet neue Mittel gegen Volkskrankheiten.

Von den Industrien, die Flüchtlinge mit primitiven Mitteln, unter ungünstigen Verhältnissen aufgebaut haben aus den Trümmern der zerstörten Kasernen am Ostbahnhof: – Hammerwerk, dessen Hämmern Tag und Nacht vom Unternehmergeist und Fleiß der Neubürger kündet.

09. November. Kempten. Flüchtlingsbetriebe entstehen aus den Trümmern der zerstörten Kasernen am Ostbahnhof. Auf dem Areal an der Kaufbeurer Straße entsteht ein Hammerwerk, eine Tuchfabrik, Schafwollfabrik, eine Seifenfabrik und eine chem. pharmazeutische Fabrik CEFAK.

20. November. Petersthal. Vertrauensmann Kirchner gibt auf der Versammlung bekannt, daß 2/3 der fast 300 Flüchtlinge mit öffentlichen Mitteln unterstützt werden, da keine Arbeitsmöglichkeiten vorhanden und die Verkehrsverbindungen schlecht sind.

04. Dezember. Wengen. Auf der Flüchtlingsversammlung erklärt Obmann Eichler vor dem Vertreter der Militärregierung, daß die Siegermächte für das Flüchtlingselend verantwortlich sind. Er verliest den Wortlaut eines tschechischen Ausweisungsbefehls.

07. Dezember. Sonthofen. Der Kreisbeauftragte für das Flüchtlingswesen, Ludwig, stellt 10.000 DM für hilfsbedürftige Flüchtlinge zur Verfügung.

09. Dezember. Kempten. Nikolaus besucht das Flüchtlingslager und beschenkt die Kinder und löst große Freude aus. Rudolf Senze dankt dem Lagerleiter für dieses kleine Fest. St. Nikolaus beschert 65 Schlesierkinder im Jugendhaus Kempten; auch die Amerikaner hatten sich mit Spenden beteiligt. – In vielen Gemeinden des ganzen Landkreises fanden Nikolausfeiern statt, wo Flüchtlingskinder beschenkt wurden.

14. Dezember. Sonthofen. Auf der Kahlrückenalpe bei Sigiswang in 1.200 m Höhe wird eine Schihütte eingerichtet. Die Ing. Hans Fuchs und Josef Fischer, früher Besitzer der „Wiesenbaude" und „Fuchsbergbaude" im Riesengebirge, wollen hier im Oberallgäu die alte Tradition fortsetzen, die ihre Bauden im Riesengebirge weltbekannt werden ließ.

21. Dezember. Kempten. Sudetendeutsche Landsmannschaft. Am 17.12.1948 wurde in Kempten im „Deutschen Haus" die Sudetendeutsche Landsmannschaft aus der Taufe gehoben, die von nun an die Belange der heimatvertriebenen Sudetendeutschen wahrnehmen wird. Ziel und Zweck werden in einer

Satzung niedergelegt. Dem konstituierten Ausschuß gehören an: Emil Stecker, R. Hübner, A. Schindler und J. Müller.

1949

06. Januar. Moosbach. Von Flüchtlingen aus der Gemeinde wird das Theaterstück „Willys Frau" aufgeführt.

08. Januar. Kempten. Sudetendeutsche Landsmannschaft. Im überfüllten „Deutschen Hof" wird der Kreisverband Kempten der Sudetendeutschen Landsmannschaft gegründet als überparteiliche Organisation, die für alle offen ist. In den Kreisverband wurden gewählt: Emil Stecker, Richard Hübner, Rudolf Müller, Beate Bennesch sowie Wondrak, Dr. Jansky, Fuhrmann, Trucka, Karkel, Wohnut, Dr. Korrek, Runger, Dr. Rösler, Müller, Hoffmann, die Frauen Jarolin, Fischer und Günther. Emil Stecker mahnt alle Versammlungsteilnehmer zu treuem Zusammensein, um Not und Unrecht zu überwinden.

13. Januar. Kempten. Die Vertrauensleute der Landsmannschaft der Sathmarer Schwaben treffen sich, um alle Fragen zu besprechen und werden auch den traditionellen „Schwabenball" abhalten.

27. Januar. München. Flüchtlingsbetriebe erzielen Exporte von über 200 Millionen DM. Industrialisierung Bayerns macht Fortschritte. 2.300 Industrie- und 12.000 Handwerksbetriebe bereits von Vertriebenen neu gegründet. Der Bayer. Staat übernimmt Ausfallbürgschaften in Höhe von 25 Mill. DM.

12. Februar. Landsmannschaft der Sathmarer Schwaben. Im Kath. Vereinshaus war dem 1. Schwabenball in der neuen Umgebung ein Riesenerfolg beschieden.

21. Februar. Augsburg. Regierung von Schwaben an Stadtrat Kempten. Betreff. Flüchtlingslager Kempten. Auf Ihre Anfrage wird bestätigt, daß die Höchstbelegungszahl auf 260 Personen festgelegt wurde. Es wird angestrebt, die gegenwärtig 490 Personen auf diese Kapazität zurückzuführen.

03. März. Oberstdorf. Rosenmontagsball im Nebelhornbahnhotel zu Gunsten der Flüchtlinge erbringt 3.000 DM.

26. März. Kempten. In der örtlichen Hauptversammlung der SL brachte die Neuwahl des Vorstandes folgendes Ergebnis: 1. Vorstand Richard Hübner, 2. Vorstand Dr. Rudolf Jansky, 3. Vorstand Johann Kargel, Kassier Rudolf Sänze und Beate Bennesch, Schriftführer Rudolf Müller und Ida Jarolin sowie Dr. Rudolf Jarolin für Sozialwesen, Ludwig für Kultur, Richard Knorre für Wirtschaft, Theodor Heinrich für Volkstum, Richard Kriesche Propaganda, Hans Kryll Presse, Dr. Jarolin Rechtswesen, Fuhrmann Wohnungs- und Beschwerdewesen. Obmann Hübner dankte dem Gründer der Sudetendeutschen Landsmannschaft in Kempten Emil Stecker.

07. Mai. Sonthofen. Die Umsiedlung in die franz. besetzte Zone beginnt. Die in Frage kommenden Flüchtlinge werden auf Anordnung der Regierung umgesiedelt.

22. Mai. Immenstadt. Auf einer Kundgebung im „Hofgarten" spricht der Vors. des Flüchtlingsausschusses beim Wirtschaftsrat in Frankfurt, Hans Schütz, über brennende Gegenwartsfragen der Heimatvertriebenen.

22. Mai. Kempten. Schlesischer Abend im Kath. Vereinshaus mit Heimatdichter Ernst Schenke, Heimatforscher Edmund Gläser und dem „Schlesischen Liederkranz".

31. Mai. Waltenhofen. Hunderte von Flüchtlingen versammeln sich zu einem Bittgang zur Grotte bei Rauns. Teilnehmer: Ackermanngemeinde, Sudetendeutsche Landsmannschaft, Schlesier, Eichendorffgilde u. a.

09. Juli. Die Umsiedlungsaktion in die franz. Zone wird als eine große Enttäuschung bezeichnet … Bayern muß dafür 6 Mill. DM bezahlen, pro Kopf 250 DM.

11. Juli. Oberstdorf. Der Heimatvertriebene Adolf Jarosch kann als Erster in ein Eigenheim einziehen.

16. Juli. Sulzberg. Heimatdichter und Schriftsteller August Möller begeht seinen 70. Geburtstag; er verfaßte auch ein Sulzberger Heimatlied, das vertont wurde.

17. Juli. Memmingen. 20.000 beim Sudetendeutschen Tag an Pfingsten in Memmingen. Es sprachen: Dr. Rudolf Lodgman von Auen, H. Aichler, Redakteur, Dr. Adolph Hampel, Oberbaurat Kühnel.

21. Juli. Kempten-Sulzberg. Traditionelle Sonnwendfeiern werden mit großer Beteiligung abgehalten. Singgruppen und Musikkapellen umrahmen das Programm.

27. Juli. Kempten. Flüchtlingsamt Kempten an den Stadtrat. Der Stadtkreis Kempten hat zum 01. Juli 1949: 9.526 Flüchtlinge, 2.480 Evakuierte, 10 Flüchtlingsindustrien mit ca. 450 Beschäftigten, 140 Flüchtlings-Handwerksbetriebe. Arbeitslose im Stadtkreis Kempten: insgesamt 2.131, davon 504 Flüchtlinge.

20. August. Kempten. Schlesier stellen Festwagen zur „Allgäuer Festwoche".

20. August. Kempten. Der Adalbert-Stifter-Verein und die Sudetendeutsche Landsmannschaft veranstalten im Thronsaal der Residenz zu Kempten eine „Goethefeier der Heimatvertriebenen" unter Mitwirkung von Grete Haensels (Reichenberg) und dem Streichquartett Collegium musicum Kempten unter Leitung von Prof. Lautenbacher.

23. August. Kempten. Die Landsmannschaft der Sathmarer Schwaben veranstaltet ihr 2. Heimattreffen.

01. September. Kempten. Am „Allgäuer Bundessängerfest" beteiligt sich auch der Flüchtlingschor aus Dietmannsried mit 27 Sängern.

19. September. Memmingen. 20.000 beim Sudetendeutschen Tag in Memmingen.

09. Oktober. Buchenberg-Sulzberg. Die Heimatvertriebenen begehen gemeinsam den „Tag der Heimat" mit großer Anteilnahme der Bevölkerung.

10. Oktober. Kempten. Beim „Tag der Heimat" sprachen Min. Rat Dr. Wilhelm Thurnwald, München, und MdB Richard Reitzner zu 7.500 Heimatvertriebenen. An der Kundgebung nahmen auch Bürgermeister Wehr, Landrat Lau und Vertreter anderer Behörden teil.

18. Oktober. Sonthofen. Das SWW baute in diesem Jahre die ersten 140 Wohnungen, diese werden den Vertriebenen zugewiesen.

27. Oktober. Tschechische Fabrikate erscheinen mit deutschem Markennamen.

15. November. Sozialhilfeempfänger unter den Heimatvertriebenen betrachten sich nicht als Schuldner, sondern als Gläubiger.

03. Dezember. Schwäbische Zeitung. „Sudetendeutscher Tag" findet Pfingsten 1950 in Kempten statt.

08. Dezember. Kempten. Die Gründung einer Landsmannschaft der Pommern wird vorbereitet.

10. Dezember. Kempten. Leistungs- und Verkaufsschau der Heimatvertriebenen in der Tierzuchthalle Kempten. Die Eröffnung erfolgt durch Staatssekretär Wolfgang Jaenicke in Anwesenheit von OB Dr. Volkhardt und Landrat Lau. 31 Branchen sind vertreten. Über 90 Aussteller zeigen ihre Waren. Kempten hat z. Zt. einen Anteil von 24% Heimatvertriebenen.

10. Dezember. Kempten. „Der Allgäuer". Leistungsschau und Weihnachtsverkaufsmesse in Kempten. Ein Zeugnis des Aufbauwillens trotz größter Schwierigkeiten. Leistungsschau der Heimatvertriebenen, die 24% der Bevölkerung von Kempten darstellen, in der Tierzuchthalle erfolgreich. Über 10.000 Besucher.

28. Dezember. Immenstadt. Kunert baut wieder auf, König der Textilmasche, erster Bauabschnitt geht der Vollendung entgegen. Baumeister Rudolf Dinnebier baut wie in Warnsdorf für Kunert.

1950

25. März. Die Arbeitslosigkeit ist bei Heimatvertriebenen dreimal so groß wie bei Alteingesessenen. Im Durchschnitt 35,6 v. H., in Bayern sogar bei 40,4%.

26. März. Nürnberg. Flüchtlingsvertreter aus allen Teilen Bayerns gründen in Nürnberg die Flüchtlingspartei (BHE) Block der Heimatvertriebenen und Entrechteten.

06. April. Petersthal. Großveranstaltung mit lebhafter Debatte und Liedervorträgen des Chores unter Leitung von Lehrer Langer.

27. Mai. Kempten. Schwarz-rot-schwarz weht im Winde. Großes Treffen der heimattreuen Sudetendeutschen. 1. Sudetendeutscher Tag. Grußworte: Ministerpräsident Erhard, Regierungspräsident Martini, OB Volkhardt, Landrat Lau. Eindringliche Appelle an das Gewissen der Welt. 30.000 Landsleute versammeln sich. Die Polizei sagt, es waren lauter ruhige, anständige Leute, wir hatten nicht mehr Arbeit als an anderen Sonntagen.

17. Juni. Kempten. „Der Allgäuer". Noch 235 Personen im Flüchtlingslager. Im Stadtkreis noch 49, im Landkreis noch 5 Familien unterzubringen.

24. Juni. „Der Allgäuer". Schlesier-Kundgebung in Kempten/Allgäu. Großkundgebung der Schlesier für das südliche Allgäu. Schirmherrschaft: OB Dr. Volkhardt. Sprecher: stellv. Bayer. Ministerpräsident Dr. Josef Müller und Sprecher der Schles. Landsmannschaft für das Bundesgebiet, Min. Rat Dr. Walter Rinke. Schlesischer Heimatabend beschließt den Tag.
Aktennotiz von OB Dr. Volkhardt: Teilgenommen und 3.000 Teilnehmer begrüßt. Stadt Kempten hat unter 9.900 Heimatvertriebenen 2.000 Schlesier. Verein der Schlesier: Schreiben mit Dank an OB. Unterzeichnet von Philipp und Gottschlich.

06. August. „Tag der Heimat" in der Tierzuchthalle in Kempten. Es sprechen Dr. Othmar Schreiber, Staatssekretär im Bundesvertriebenenministerium und Volkmar Gabert.

06. August. Petersthal. Weihe des Gedenkkreuzes für die Vertriebenen auf dem Friedhof in Anwesenheit von Bürgermeister und Landrat.

10. September. Sigiswang. Die Kahlrückenalpe bei Sigiswang (Bahnstation Sonthofen) wird zur „Wiesenbaude" durch das Ehepaar Fuchs aus Spindelmühle im Riesengebirge.

26. Oktober. Kempten. Gründungsversammlung des Kreisverbandes der „Landsmannschaft Schlesien". 1. Vors. Moritz Gottschlich, 2. Vors. Josef Ziegler, Haslach, Schriftführer Albert Machotta, Wildpoldsried. Beisitzer: Adolf Lenzer, Sibratshofen, Agnes Anderschewsky, Hegge, Jugendwart Horst Hennig. Zum Kreisverband gehören die Ortsgruppen Kempten, Altusried, Hegge, Waltenhofen, Weitnau, Kleinweilerhofen, Oy-Mittelberg.

27. Oktober. Sonthofen. Der erste Umsiedlertransport nach Rheinland-Pfalz verläßt Sonthofen, Zielorte sind Speyer und Landau sowie Neustadt.

28. Oktober. Kempten. In den umliegenden Gemeinden wurden in den letzten Monaten Ortsverbände des BHE gegründet mit einer sehr regen Versammlungstätigkeit.
Durach – Wiggensbach – Haldenwang – Schrattenbach. Gut besuchte Versammlungen werden abgehalten.

17. November. Sulzberg. Zum ersten Male führt der Gebirgstrachten- und Heimatverein mit der SL gemeinsam einen Heimatabend im Gasthaus „Hirsch" durch. Ein Riesenerfolg.

1951

21. Januar. Bolsterlang. Heimatvertriebene beginnen zu bauen und schaffen Wohnraum.

12. Februar. Oberstaufen. Schrothkur wird seit 3 Jahren zügig aufgebaut. – Gedenken an 150. Geburtstag von Johann Schroth.

10. April. Kempten. Riesengebirgler treffen sich im Kath. Vereinsheim mit Othmar Fiebiger, dem Dichter des Riesengebirgsliedes: „Blaue Berge, grüne Täler …".

22. Mai. Wiggensbach. Fahnenweihe der SL mit starker Beteiligung der Bevölkerung und der Kommunalpolitiker.

23. Mai. Burgberg. SL unter Obmann Held führt Maibaumfeier durch mit Beteiligung der Gesamtbevölkerung. 1.000 Teilnehmer; auch Landrat Ditterich ist anwesend.

21. Juni. Von den SL Ortsgruppen werden in Immenstadt, Sonthofen, Hindelang, Blaichach und Kempten Sonnwendfeiern mit großer Beteiligung der Bevölkerung abgehalten.

09. Juli. Oy. Gedenkkreuzenthüllung der SL in Bad Oy mit starker Beteiligung der Vertriebenen und Einheimischen unter Anwesenheit des Kemptener Landrats Lau.

06. August. Bühl am Alpsee. Tag der Heimat mit über 3.000 Teilnehmern.

13. August. Memmingen. Sudetendeutscher Tag mit 50.000 Teilnehmern.

02. Oktober. Immenstadt. Staatssekretär Prof. Oberländer spricht im Hofgarten zu einer großen Zahl von Heimatvertriebenen.

20. Oktober. Immenstadt. Mahnmal der Vertriebenen am Friedhof feierlich eingeweiht unter Beteiligung der Gesamtbevölkerung und aller kommunalen Spitzenvertreter.

08. November. Regensburg. Regensburg wird Patenstadt der Sudetendeutschen.

1952

25. März. Sonthofen. Die Heimatvertriebenen bilden eine Wahlgemeinschaft aller Gruppen für die Kommunalwahl; in 10 Gemeinden werden BHE-Kandidaten gewählt.

30. März. Gemeinde- und Landkreiswahlen machen Umbildung der Kreisflüchtlingsausschüsse erforderlich. SPD – CSU – KPD – ÜP – BP – BHE, 12 Mitglieder – davon 6 Einheimische, 6 Flüchtlinge.

17. Mai. Bonn. Lastenausgleichsgesetz im Bundestag von den Koalitionsparteien verabschiedet; SPD und KPD sind dagegen.

30. Mai. Oberstaufen. Oberstaufen wird neues Niederlindewiese; bereits 22.000 Schrothkurgäste im vergangenen Jahr gezählt.

21. Juni. Immenstadt-Sonthofen. SL veranstaltet Sonnwendfeiern mit viel Prominenz und je ca. 2.000 Teilnehmern.

23. Juni. Kempten. „Traditionelle Sonnwendfeier" der Sudetendeutschen in Kempten.

17. November. Kempten. Tod und Würdigung. „Am Grab von Emil Stecker", geb. am 18.01.1886 in Braunau/Sudetenland, beerdigt am 15.11.1952, Gründer des SL-Kreisverbandes Kempten.

06. Dezember. Flüchtlingskinder arbeiten sich mit Energie wieder hoch; die Intelligenzquote liegt bei 2,2, im allgemeinen bei 3.

18. Dezember. Oberstaufen. Generalversammlung des Schrothbundes e. V.; erste Erfolge werden gefeiert.

1953

09. Januar. Berlin. Eine amtliche Urkundenzentrale für alle Heimatvertriebenen hat in Westberlin ihre Tätigkeit aufgenommen.

29. Januar. Kempten. Bericht über Versuch, ein Heimatvertriebenen-Spital in Kempten zu gründen. Förderverein, – dabei Hinweis, daß es im Landkreis Kempten (1953) 23.000 Heimatvertriebene gibt.

06. Februar. Immenstadt. Gründungsversammlung des BHE Ortsverbandes Immenstadt.

02. April. Aufruf zur Erfassung aller heimatvertriebenen Bauern, die a) bereits angesiedelt sind und b) noch nicht angesiedelt, aber siedlungswillig und siedlungsfähig sind.

18. April. Kempten. Tagung der Flüchtlingsbauern in Kempten. „Frischer Wind für die heimatvertriebenen Bauern", Probleme und Maßnahmen zur Ansiedlung; eine Grünlandwirtschaft im Allgäu erschwert Ansiedlung heimatvertriebener Bauern.

01. August. Sonthofen. „Tag der Heimat" in der Markthalle mit 2.500 Teilnehmern. Im Landkreis Sonthofen sind z. Zt. über 16.000 Heimatvertriebene untergebracht.

03. August. Kempten. „Tag der Heimat". Bekenntnis zur Heimat im Kornhaus mit MdB Noll de Vries, Kemptens Oberbürgermeister u. a.

06. August. Oberstaufen. Schrothkur wird in Oberstaufen angesiedelt durch Kurarzt Dr. Hermann Brosig aus Niederlindewiese.

16. September. Kempten. Versammlung der heimatvertriebenen Bauern in Kempten. Heimatvertriebene Bauern bleiben im BBV; Probleme und Kritik.

1954

25. Februar. Kempten. Ost- und Westpreußen sowie die Pommern halten im Gasthaus Hirsch eine Mitgliederversammlung ab.

06. März. Sonthofen. Meldung des Lastenausgleichsamtes Sonthofen. Beim Lastenausgleichsamt wurden bis Dezember 1953 20.000 Feststellungsanträge, 4.150 Anträge auf Hausratshilfe, 3.216 Anträge auf Kriegsschadenrente und 68 Anträge auf Aufbaudarlehen gestellt und bearbeitet.

13. Mai. Sibratshofen. Ost- und Westpreußen gründen einen Ortsverband – 1. Vorstand ist H. v. Reitzenstein.

22. Mai. In Westdeutschland sind bereits über 10 Millionen Heimatvertriebene registriert.

18. Juni. Kempten. Volksliedersingen im Stadtpark – mit den gemischten Chören, unter der Leitung von Hauptlehrer Alfred Schwiedel, einem Schlesier.

21. Juni. Kempten. Sonnwendfeier der SL – unter Mitwirkung von Turnverein Jahn und dem Sudetenchor – über 5.000 Menschen nehmen teil und pilgern zur Stephanshöhe.

06. September. Kempten. „Tag der Heimat" mit Festakt im Kornhaussaal, veranstaltet von den Landsmannschaften – mit großem Programm und vielen Ehrengästen – auch OB Fischer spricht ein Grußwort.

30. Dezember. Kempten. Für die Heimatvertriebenen soll eine Erinnerungsstätte – Denkmal – errichtet werden.

1955

20. Januar. Kempten. Der Reichenberger Kartograph Richard Bienent fertigt ein 30 m² großes Alpenrelief.

06. März. Buchenberg. Zum ersten Mal wird das Osterreiten im Allgäu, ein Brauch aus dem Altvatergebirge, in Buchenberg durchgeführt. Alle Bauern beteiligen sich mit ihren Pferden.

08. Mai. Kempten. Großkundgebung im Kornhaussaal. 10 Jahre Flucht und Vertreibung. Es spricht vor einem übervollen Haus zu den Heimatvertriebenen Hans Schütz, München; alle Behördenvertreter waren anwesend.

21. Juni. Kempten. Sonnwendfeier auf der Engelhalde der Kreisgruppe der SL. Fanfarenzug und Sudetenchor wirken am Programm mit. 2.000 Menschen versammeln sich.

08. Juli. Kempten-Wiggensbach. Die eingetroffenen Heimkehrer nach 10 Jahren tschechischer Haft werden herzlich von den Bürgermeistern empfangen und auch in Begrüßungsabenden willkommen geheißen.

31. Juli. Maria Rain. Die Heimatvertriebenen treffen sich zur Wallfahrt in Maria Rain. Das Hochamt zelebriert H. Pfarrer Otto Meissner aus Nudersdorf, Krs. Hohenelbe.

08. August. Kempten. „Tag der Heimat". Eindrucksvolle Großkundgebung im Kornhaussaal. Kreisobmann der SL, Ing. Rudolf Jüttner, begrüßt die Gäste. Es sprechen: OB Fischer, MdB Dr. Strosche, Aussagen unter anderem: … jeder qm geraubten Bodens in der alten Heimat ist dem gesamten deutschen Volk geraubt worden… Mit dem Gedenken an die Gefallenen, Vermißten und Verstorbenen schloß diese beeindruckende Kundgebung.

02.–05. September. Kempten-Kaufbeuren. Sudetendeutsche Turner sammeln sich und halten 3. Sudetendeutsche Turntage ab – auch Pater Reichenberger ist anwesend.

03. Oktober. Kempten. Erhebende Feierstunde zum 150. Geburtstag von Adalbert Stifter in den unteren Stiftshallen. Den Festvortrag hält Dr. Emil Merker, Kulturreferent der SL. Hans Kryll begrüßt die zahlreichen Gäste.

23. November. Kempten. Im Flüchtlingslager (Casinosaal der Artillerie-Kaserne) findet ein Franz Schubert-Abend statt. Es singt der Kammersänger Rous-Rossi aus Brünn.

VII. Verdienstvolle Persönlichkeiten und Gedenkstätten der Heimatvertriebenen; Straßennamen nach Persönlichkeiten, Landschaften oder Orten der alten Heimat/ Vertreibungsgebiete im Landkreis Oberallgäu

1. Verdienstvolle Persönlichkeiten der Heimatvertriebenen

In der nachfolgenden Aufstellung sind Persönlichkeiten aus dem Oberallgäu aufgeführt, die sich durch besondere Leistungen für die Allgemeinheit, für ihre alte Heimat und für deren Menschen, in den Bereichen der Wirtschaft, auf dem Gebiet der Kunst oder Literatur oder im politischen Geschehen ausgezeichnet haben. Diese Zusammenstellung erhebt nicht den Anspruch auf Vollständigkeit, da sie nur auf dem Wissen der Arbeitsgruppe beruht.

Emil Ahne kam am 03.05.1921 in Güntersdorf, Kreis Tetschen-Bodenbach zur Welt. An der Lehrerbildungsanstalt in Lobositz erhielt er 1941 das Reifezeugnis, wurde zur Wehrmacht eingezogen und ging nach der Kapitulation, mit Zivilkleidung versehen, über Böhmerwald, Fichtelgebirge und Erzgebirge zurück in die Heimat. Im November 1945 verließ er diese wieder, fuhr mit einem Schiff auf der Elbe nach Sachsen und ging in Thüringen über die „grüne Grenze" nach Bayern. Im Februar 1946 wurde er in Altusried als Lehrer angestellt. 1960 zum Oberlehrer und zehn Jahre später zum Konrektor ernannt. Ab 1974 leitete er elf Jahre die Grund- und Hauptschule dieses Ortes. Auch außerhalb seines beruflichen Wirkungsbereiches trat Emil Ahne hervor. Er übernahm 1961 die erste Nebenstelle der Volkshochschule im damaligen Landkreis Kempten und baute in Altusried die Erwachsenenbildung auf. Von 1972 bis 1978 gehörte der engagierte Bürger, der auch an den Altusrieder Freilichtspielen maßgeblich beteiligt war, dem Marktgemeinderat an. Sechs Jahre später wurden seine Verdienste mit der Bürgermedaille in Silber gewürdigt.

1985 ging Emil Ahne in Pension; er begann mit der Arbeit an der Chronik seines Heimatortes Güntersdorf. 1987/88 wurden diese Aufzeichnungen zu einem Heimatbuch weiterentwickelt, in welchem Emil Ahne alles zusammentrug, was er über Güntersdorf fand. Er brachte eigene Erinnerungen zu Papier, verwertete briefliche und mündliche Auskünfte seiner Landsleute, ebenso schon in der Heimatzeitung „Trei da Heymt" Veröffentlichtes und suchte nach historischen Quellen. In der Besprechung dieses Heimatbuches hieß es im „Allgäuer": „Eine mehrhundertjährige Geschichte ist hier getreulich wiedergegeben – nicht allein in großen Zügen, sondern auch in vielen Details liebevoll zusammengetragen. So entstand ein gewinnendes Bild dieses Dorfes mit den Ortsteilen Franzberg und Poppendörfel, von seinem Kultur- und Vereinsleben, von seinen Festen und dem Brauchtum, von kirchlicher und kommunaler Historie."

Am 31.07.1995 verstarb Emil Ahne. Im ehrenden Nachruf heißt es: „Im Alter von 74 Jahren ist ein verdienter Bürger von Altusried dahingegangen, der seine ganze Kraft dieser Gemeinde zur Verfügung gestellt hatte."

Karl Bittner

wurde am 08.09.1916 in Schweidnitz/ Schlesien geboren. Nach einer Zimmermannslehre, seiner Tätigkeit in einer Berliner Speditionsfirma und dem Dienst als Polizeibeamter mußte er 1939 in den Krieg ziehen. 1945 floh er aus russischer Gefangenschaft und fand seine Familie im Kreis Traunstein wieder. Dort wurde er, nach verschiedenen anderen Tätigkeiten, im Landratsamt Traunstein für die Sachgebiete Wohnungswesen und Fürsorge angestellt. 1956 ging er als Berufssoldat zur neugegründeten Bundeswehr. Seine Dienstzeit verbrachte er im Standort Sonthofen, wo er 1970 in den Ruhestand trat.

Schon kurz nach dem Krieg engagierte sich Karl Bittner in der Kommunalpolitik; er war Betriebsrat in der Maxhütte in Bergen, Gemeinderat und Vorsitzender des Ortsverbandes Schlesien; 1950 Gründungsmitglied der Partei „Gesamtdeutscher Block – BHE" im Kreis Traunstein. Als er ins Oberallgäu

454

kam, trat er 1966 der CSU bei, kandidierte für den Sonthofer Stadtrat, in den er 1972 eintrat. Im gleichen Jahr wurde er zum CSU-Ortsvorsitzenden gewählt. Er wurde Zweiter Bürgermeister der Kreisstadt Sonthofen und war in vielen Ausschüssen tätig. Auch im Oberallgäuer Kreistag war Karl Bittner vertreten, und zwar in der Legislaturperiode von 1978 bis 1984. Er ist und zwar Mitglied in etlichen Vereinen, erster Vorsitzender der Fördergemeinschaft Kulturzentrum Sonthofen, Vorstandsmitglied des VDK, zweiter Vorsitzender der Stadtkapelle Sonthofen, Chef des Ortsverbandes der Heimkehrer, sowie erster Vorsitzender der Landsmannschaft Schlesien.

Für seine Tätigkeit im öffentlichen Leben hat Karl Bittner eine Reihe von Auszeichnungen erhalten. Unter anderem die Silberne Ehrennadel der Handwerkskammer für Schwaben, die Ehrennadel der ABS- und Selbstschutzschule, das Bundesverdienstkreuz am Bande, das Europäische Frontkämpfer-Kreuz und vom Volksbund Deutsche Kriegsgräberfürsorge die Silberne Ehrennadel. Am 11.12.1988 wurde er vom Bundesvorsitzenden der Landsmannschaft Schlesien, Dr. H. Hupka, Bonn, mit der Goldenen Ehrennadel für Verdienste um die Heimat in Schlesien und am 23.04.1994 mit dem Schlesierkreuz der Landsmannschaft Schlesien ausgezeichnet. Die Stadt Sonthofen verlieh ihm die Silbermedaille und am 30.03.1994 den Goldenen Ehrenring der Stadt. Am 08.09.1986 wurde Karl Bittner Ehrenmitglied des CSUOrtsverbandes Sonthofen.

Dr. med. Hermann Brosig erblickte am 03.04.1906 in Schoppengrund (Kreis Freiwaldau), ganz in der Nähe des Schrothkurortes Niederlindewiese im ehem. österreichischen Teil Schlesiens das Licht der Welt. Nach dem Studium der Medizin und Promotion an der Prager Karls-Universität sowie anschließender ärztlicher Tätigkeit am städtischen Krankenhaus Jägerndorf ließ Dr. H. Brosig sich 1935 in Niederlindewiese als Kurarzt nieder und praktizierte dort das nach Johann Schroth (1798–1856) benannte Naturheilverfahren, das dem Ort im Ostsudetenland große Berühmtheit verschafft hatte. Während des Krieges als Regimentsarzt eingesetzt, geriet Dr. Brosig in englische Gefangenschaft. Nach seiner Entlassung traf er seine inzwischen vertriebene Familie erst im Dezember

455

1947 in Oberstaufen wieder, wo sie eine neue Bleibe gefunden hatte.

Der gute Ruf Oberstaufens als Luftkurort und Wintersportplatz schien ihm eine ideale Basis, die bewährte Lindewiesener Original-Schrothkur mit ihren großartigen Heilerfolgen hier erneut einzuführen. Der Erfolg hat seinen Überlegungen recht gegeben. Die Schrothkur entwickelte sich rasch zum tragenden Wirtschaftszweig Oberstaufens.

Den im Jahr 1949 gegründeten Schrothbund leitete Dr. H. Brosig ein volles Vierteljahrhundert. Sein Wissen und seine Erfahrungen stellte er auch als Mitglied des Kreistages Oberallgäu wie auch als Berater in zahlreichen Gremien des Marktgemeinderates Oberstaufen in den Dienst der Gemeinschaft.

Für seine herausragenden Verdienste wurde Dr. H. Brosig 1967 mit der Verleihung des Ehrenringes des Marktes Oberstaufen und im Jahr 1971 mit der Überreichung des Ehrenbürgerbriefes gewürdigt. Darüber hinaus war er Träger des Verdienstordens der Bundesrepublik Deutschland und des Bundesverdienstkreuzes Erster Klasse sowie der von der Sudetendeutschen Landsmannschaft verliehenen Ritter-von-GerstnerMedaille.

Nach erfülltem Leben ist Dr. Hermann Brosig am 05.05.1994 im Kreise seiner Familie im 88. Lebensjahr sanft entschlafen. Sein Werk jedoch wird von seinem Sohn Dr. med. KarlHeinz und seiner Schwiegertochter Dr. Vera Brosig, beide auch Kurärzte, im Sinne von Johann Schroth in Oberstaufen weitergeführt.

Otto Dellner

kam am 13.02.1913 in Königswerth im Egerland als 9. Kind einer Bauernfamilie zur Welt. An der Staatslehrerbildungsanstalt in Eger schuf er die Voraussetzungen für seinen Beruf. Noch vor Beendigung des Studiums starb seine Mutter, die dem Sohn unter großen Opfern dieses Studium ermöglicht hatte. Volksschullehrer, Bürgerschullehrer, Bürgerschuldirektor und „Pädagogische Leitung des Heimes für verwahrloste Kinder" waren erste Etappen seiner pädagogischen Laufbahn. Er diente im tschechischen Heer von 1935–1937; 1939 wurde er zur deutschen Wehrmacht einberufen. Frankreichfeldzug, Rußlandfeldzug, viermal verwundet, kam er schließlich als Hauptmann in Gefangenschaft.

Im April 1945 erschossen mit Bordwaffen amerikanische Tiefflieger seinen Vater auf seinem Bauernhof. 1946 kam dann die Vertreibung aus der Heimat nach Hessen. Am 12.06.1946 konnte er wieder mit der Schularbeit beginnen. 1947 kam er durch Tausch in den „oberdeutschen Sprachraum", wie er es nannte, nach Bayern und da an die Volksschule in Günzach. Dort war er Lehrer, Schulleiter und Seminarleiter.

Von 1960 bis 1975 wirkte er in Sonthofen als Schulrat, Oberschulrat und wurde als erster Leiter eines Schulamtes zum Regierungsschuldirektor ernannt. Hier arbeitete er unermüdlich und ohne Rücksicht auf seine Gesundheit intensiv am Weg der Schule zur Grund- und Hauptschule. Seine Arbeit im Landkreis, in dem er die Kreise Sonthofen und Kempten-Land im Rahmen der Schulreform und Gebietsreform zusammenführte, war eine Pädagogik „vom Kind aus", mit der Anerkennung der Besonderheit jeder einzelnen Schule. Er selbst bezeichnete sich als angetreten „zum Helfen und Heilen" mit einer aufgeschlossenen Lehrerschaft.

Der Landkreis Oberallgäu verlieh ihm ob seiner Verdienste den „Ehrenring". Auf eigenen Antrag wurde Otto Dellner zum 01.03.1975 in den Ruhestand versetzt und nur vier Jahre später verstarb er.

Alles, was Otto Dellner anpackte, war mit dem Prädikat „mit Auszeichnung" versehen, alle Prüfungen, alle Einsätze für Schule und Kind.

Rudolf Dressel

stammt aus Sudetenschlesien und wurde am 26.12.1927 in Setzdorf geboren; er wuchs mit noch drei Geschwistern auf. Nach dem Besuch der Volksschule in Setzdorf und der Bürgerschule in Friedeberg, alle Orte im Landkreis Freiwaldau, begann die weitere schulische Ausbildung an der Staatsfachschule für Steinbearbeitung in Friedeberg, die er mit der erfolgreichen Prüfung zum Steintechniker abschloß.

Von der Schulbank weg, Juni 1944, ging es zum Arbeitsdienst und anschließend zur Wehrmacht. Dort erfolgte Anfang 1945 noch ein Fronteinsatz in Holland. Nach Kriegsende erst in amerikanischer Gefangenschaft in den berüchtigten Lagern bei Remagen am Rhein und dann in französischer Gefangenschaft mit Fronarbeit im

Kohlebergwerk. 1947 Flucht aus der Gefangenschaft zu seinen Angehörigen, die nach der Vertreibung Aufnahme im Landkreis Sonthofen gefunden hatten. Beruflich verschlug es ihn an viele Orte im süddeutschen Raum, bis er 1960 bei einer Baubehörde in Kempten eine Anstellung als technischer Angestellter erhielt. Die zugewiesene Arbeitsstelle befand sich in Sonthofen, so daß er wieder mit seinen Angehörigen zusammen sein konnte. Seit 1950 ist er mit einer Allgäuerin verheiratet und hat drei Kinder.

Schon sehr früh führte ihn auf Grund seines ausgeprägten Gemeinschaftsgefühls und seines starken Heimatbewußtseins der Weg in die Sudetendeutsche Landsmannschaft (SL), wo er sehr bald Aufgaben und Verantwortung übernahm, um seinen Landsleuten besser und effektiver helfen zu können. Von 1968–1974 war er Ortsobmann der SL in Sonthofen. 1974 wurde er stellvertretender Kreisobmann; weitere Funktionen waren: Vermögensverwalter der Kreisgruppe (14 Jahre) der Ortsgruppe Sonthofen, die er bis heute noch inne hat. Nach dem Tod des Kreisobmannes Horna im Jahre 1987 trat er an dessen Stelle; seit dieser Zeit ist er Kreisobmann der Kreisgruppe Sonthofen. Die Aufgaben des Kreisvorsitzenden des Bundes der Vertriebenen (BdV) nimmt er ebenfalls seit 1987 wahr.

Was besonders bei ihm hervorsticht, ist seine uneigennützige, selbstlose und unermüdliche Art, indem er anderen, namentlich seinen Landsleuten, Unterstützung und Hilfe gewährt. Er ist als Ansprechpartner immer bereit, sich die Sorgen und Nöte anderer anzuhören und, wo es möglich ist, zu helfen.

Als Anerkennung seiner Leistungen für seine sudetendeutschen Landsleute und für die Vertriebenen wurde ihm 1988 das große Ehrenzeichen der SL und 1993 die Goldene Ehrennadel des BdV verliehen. Er ist der 20. Träger dieser hohen Auszeichnung des BdV in Bayern.

Eine Anmerkung muß noch gemacht werden. Ohne die treibende Kraft des starken persönlichen Einsatzes von Rudolf Dressel hätte die Aufstellung des Vertriebenendenkmals in Sonthofen nicht stattgefunden.

Robert Golda geboren am 09.04.1892 in Müglitz/ Nordmähren. Er besuchte das Gymnasium des Redemtoristenklosters Katzeldorf bei Wien. Von 1914–1918 diente er beim k. u. k. Inf. Reg. 67. Beruflich war Robert Golda, nach verschiedenen Beschäftigungen, beim Arbeitsamt Mährisch-Schönberg angestellt. Nach Kriegsende wurde er von den Tschechen verhaftet, mißhandelt und, da alle Anschuldigungen haltlos waren, vom Volksgericht in Olmütz freigesprochen. Robert Golda kam im Juli 1946 mit einem Vertreibungstransport ins Flüchtlingslager Blaichach; hier war er bemüht, organisatorische Mißstände und Versorgungsmängel zu beheben. Nach seiner erfolgten Anstellung beim Landratsamt Sonthofen war er auch weiterhin beratend und helfend für seine Schicksalsgenossen tätig.

Als Ende 1949 der Alliierte Kontrollrat die Gründung von Vertriebenenorganisationen zuließ, suchte Robert Golda in allen größeren Orten des Landkreises Sonthofen Landsleute und schloß diese Zug um Zug zu Ortsgruppen der neugegründeten Sudetendeutschen Landsmannschaft zusammen. Er wurde der erste Kreisobmann. Ortsgruppen bestanden damals in Sonthofen, Hindelang, Altstädten, Schöllang, Oberstdorf, Fischen, Bolsterlang, Ofterschwang, Blaichach, Immenstadt, Bühl, Thalkirchdorf, Oberstaufen, Missen, Niedersonthofen, Rettenberg und Wertach.

Als Anfang der 50er Jahre das Lastenausgleichsgesetz in Kraft trat, stand Robert Golda fast täglich mit einem oder zwei Helfern den Landsleuten bis in die späten Abendstunden, auch an den Sonntagen, in der Kreisgeschäftsstelle zur Verfügung. So konnte es nicht ausbleiben, daß seine Landsleute in ihm ihren „getreuen Eckehard" sahen.

Robert Golda war lange Jahre Mitglied der Sudetendeutschen Bundesversammlung. Er war Kreisehrenobmann der SL. Für seine selbstlose Arbeit bei der Betreuung seiner Landsleute und seine beispielhafte Aufbauarbeit der Sudetendeutschen Landsmannschaft wurde ihm das „Große Ehrenzeichen der Sudetendeutschen Landsmannschaft" und 1968 vom Sprecher der SL die höchste Auszeichnung, die „Dr.-von-Lodgman-Plakette", verliehen.

Robert Golda verstarb am 16.07.1977.

Bruno Held

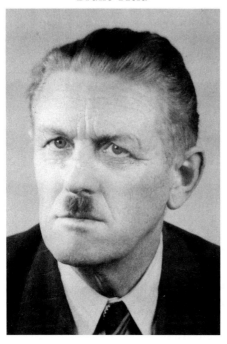

wurde am 16.01.1893 als 9. Kind der Kaufmannsfamilie Held in Hengstererben, Kreis Neudek, im Sudetenland geboren.

Nach seiner Schulzeit besuchte er die Musikhochschule in Leipzig und war anschließend als Berufsmusiker tätig.

Im September 1912 heuerte er in Bremen auf dem Luxusdampfer „Barbarossa" als Musiker an. Anschließend war er Leiter der Bordkapelle auf dem renommierten Urlaubsschiff „Kleist", wodurch er alle Erdteile der Welt kennenlernte. Nach Ausbruch des 1. Weltkrieges wurde er von den Engländern 1915 in Sumatra interniert und kehrte erst im Oktober 1919 wieder in die Heimat zurück. 1920 heiratete er und trat in den elterlichen Betrieb seiner Frau Hermine Held (Klöppel- und Spitzenerzeugnisse) ein. Er führte das Geschäft gemeinsam mit seiner Frau.

Im Jahre 1945 wurde der gesamte Besitz von den Tschechen beschlagnahmt.

1946 wurde die ganze Familie einschließlich seines inzwischen verheirateten Sohnes Edgar mit Frau Erna Held ausgewiesen. Es begann der Neuanfang in Burgberg. Im umgebauten Kuhstall der Familie Otto Besler wurde mit den altbewährten Klöppel- und Spitzenerzeugnissen der Grundstein gelegt. Sein Sohn Edgar Held hatte bereits vor der Vertreibung in der Heimat den Beruf des Handschuhmachers erlernt. Somit war die Herstellung von Handschuhen eine zusätzliche Erwerbsquelle.

Im Jahre 1953 kaufte Herr Bruno Held das Anwesen von Familie Steiner in Burgberg, Rettenberger Straße 7. Es wurden damals schon 60 Mitarbeiter beschäftigt und durch jährliche Baumaßnahmen ein modernes Betriebsgebäude erstellt.

Heute in der 3. Generation wird die Firma von den Enkeln Erhard und Edgar Held geführt. Die Firma Held-Handschuhe ist heute ein weltweit anerkannter Spezialist für Motorradhandschuhe, Motorradgepäck und -bekleidung.

Bruno Held, der Gründer der Firma Held-Handschuh GmbH, starb im Jahre 1968.

Erich Horna

Wenige Kilometer südlich von Königsberg, am Rande des Erzgebirges im Sudetenland liegt Golddorf, der Geburtsort von Erich Horna. Er wurde am 05.10.1911 als Sohn des örtlichen Revierförsters geboren und wuchs im Forsthaus im romantischen Liebautal auf.

Der Lebensweg des jungen Förstersohnes sollte bald aus der heimatlichen Idylle nach Ende der Volksschulzeit zur Mittelschule nach Königsberg und danach an die Staatsgewerbeschule in Tetschen führen.

Der Weitsicht der Eltern war es zu verdanken, daß trotz der damals nicht leichten wirtschaftlichen Verhältnisse der Sohn studieren konnte und so im Juni 1930 sein Examen als Ingenieur der Fachrichtung Hochbau mit Erfolg ablegte. Bescheidenheit und Fleiß waren Tugenden, die den Lebensweg des jungen Golddorfers kennzeichneten und für sein späteres Schaffen wegweisend sein sollten.

Nach den ersten Berufsjahren in Karlsbad führte ihn der berufliche Lebensweg – nicht zuletzt wegen der damals allgemein schwierigen wirtschaftlichen Lage – nach München, wo er vom Reichsbauamt die Baubezirke Sonthofen und Lindau als Aufgabengebiet zugewiesen bekam, um dort die Errichtung von 43 Zolldienstgebäuden zu leiten und zu überwachen.

Mit der Einberufung zur Wehrmacht ging es bereits nach wenigen Berufsjahren 1939 an die Front mit Einsatz in Frankreich, Rußland, Kaukasus usw.

Nach der Kapitulation folgte die Kriegsgefangenschaft in Prag bis Mai 1946. Die nach dem Potsdamer Abkommen anstehende Aussiedlung der Deutschen aus dem Sudetenland führte zu seiner Entlassung.

Was lag damals näher, als an die Orte zurückzukehren, wo die ersten Berufsjahre so hoffnungsvoll begonnen hatten und eine wunderbare Landschaft dem Bergfreund und Naturliebhaber bereits ans Herz gewachsen war.

Es war die Zeit des Wiederaufbaus, es galt, sein Glück selbst in die Hände zu nehmen, und so wurde aus dem befähigten Ingenieur der engagierte, mutige Unternehmer.

Die ersten zehn Jahre war es die gemeinsame Firma Böck & Horna, die sich rasch zu einer erfolgreichen Bauunternehmung entwickelte, die wuchs und alle

Facetten des Baugewerbes vom Straßen-, Brücken-, Hoch- und Industriebau zum städtischen Tiefbau abdeckte.

Berufliche Erfahrung, Wagemut, unternehmerisches Geschick und eine aufstrebende Wirtschaftsentwicklung boten 1957 gute Chancen, die Firma in zwei Betriebe zu teilen. Bald war die „eigene" Firma auf ca. 150 Mitarbeiter zum echten mittelständischen Unternehmen gewachsen, dessen Bauleistungen ihre Spur bis heute im Allgäu hinterlassen haben. Beispielhaft für das breite Spektrum ingenieurmäßigen Schaffens seien Projekte genannt wie die Kreisstraße von Oberstdorf nach Tiefenbach, der Alpweg von Hinterstein zum Giebelhaus, die Kanzelwandbahn, der Sender am Grünten, der Wasserhochbehälter in Burgberg oder unzählige Bauten des Sozialwirtschaftswerkes im Oberallgäu. Kennzeichnend für die Firma Horna waren Zuverlässigkeit und Qualität ebenso wie die Tatsache, daß viele Arbeiter Sudetendeutsche waren, die das gemeinsame Schicksal der Vertreibung teilten und dank ihres Fleißes und ihrer beruflichen und menschlichen Qualitäten die Basis für den Erfolg der Firma darstellten.

Das Glück der Tüchtigen, weise Voraussicht oder einfach ein Quentchen Glück ließen den erfolgreichen Unternehmer Erich Horna Anfang der 70er Jahre die wirtschaftlich schwierigen Zeiten im Bauhauptgewerbe erahnen und die Firma einschließlich Kieswerk und Bitumenmischanlage an ein Partnerunternehmen im Allgäu verpachten.

Nach vierzig erfolgreichen Berufsjahren bot sich damit die Chance, den persönlichen Neigungen, dem politischen Engagement mit der notwendigen Ruhe und Intensität nachzugehen.

22 Jahre Kreistag, 25 Jahre Stadtrat, viele ehrenamtliche Verpflichtungen in Verbänden und Vereinen wie Abwasserverband Obere Iller, Bund Naturschutz usw. sind einige Marksteine im politischen und gesellschaftlichen Engagement, wo Erich Horna sich selbstlos trotz aller beruflichen Verpflichtung mit großer Leidenschaft an verantwortlicher Stelle einbrachte.

Auch in der Kommunalpolitik, wo Erich Horna viele Jahre die Stadtratsfraktion der CSU in Sonthofen anführte, versuchte er stets, nicht Gräben aufzureißen, sondern Brücken zu bauen. In seinen ehrenamtlichen Verpflichtungen kennzeichneten hoher Sachverstand, Verbindlichkeit sowie Sachlichkeit und Fairneß sein engagiertes Handeln, geleitet von Menschlichkeit und dem Willen zu helfen und stets nach dem Grundsatz, „nicht übereinander, sondern miteinander reden".

Genauso engagiert, selbstlos und stets helfend, wenn er nur konnte, setzte er sich als Kreisobmann der Sudetendeutschen Landsmannschaft von 1978–1986 für seine sudetendeutschen Landsleute ein.

Am 21.04.1987 verstarb Erich Horna nach schwerer Krankheit im Alter von 75 Jahren.

Wenzel Hrdina

kam als 2. Sohn der Eheleute Josef und Marie Hrdina am 15.10.1922 in Nieder-Rokitai, Kreis Münchengrätz, zur Welt, besuchte die Volksschule in Nieder-Grupai, die Bürgerschule in Reichenau und das Realgymnasium in Gablonz. Wegen des frühen Todes der Mutter mußte er die schulische Ausbildung mit der mittleren Reife abbrechen. Eine passende Lehrstelle war damals in der Tschechoslowakei nicht zu finden; 1938 begann er das Praktikum in der Landwirtschaft mit dem Ziel, später in die Landwirtschaftsverwaltung in Glogau, Niederschlesien zu kommen. Nach zweijähriger Ausbildung wurde Wenzel Hrdina zum RAD eingezogen und in Nordnorwegen und Finnland eingesetzt. Bei Kriegsausbruch folgte sein Rußland-Einsatz. Er wurde zweimal verwundet und erkrankte an Malaria.

Nach Kriegsende kam die Verpflichtung zu einem tschechischen Bauern als Landwirtschaftsgehilfe. Die Verheiratung 1945 in der Heimat und die Vertreibung am 16.10.1946 schlossen sich an.

Bereits am 16.11.1946 fand er eine Arbeit als Angestellter beim Landratsamt Sonthofen. 1947 wurde Wenzel Hrdina in den Wohnungsausschuß der Marktgemeinde Sonthofen berufen und hatte die Aufgabe, Wohnraum für Flüchtlinge und Vertriebene ausfindig zu machen. Seit 1952 ist er mit kurzen Unterbrechungen im Marktgemeinderat als Sozialhilfereferent sowie im Stadtrat tätig; ehrenamtlich im Kreis-Sozialhilfe- und im Jugendwohlfahrtsausschuß. In der Jugendblaskapelle war er von 1958–1976 Jugendleiter und zeitweise 1. bzw. 2. Vorstand. Er ist Gründungsmitglied der Sonthofener Faschingszunft und in der Arbeitsgemeinschaft Sonthofener Jugendverbände tätig. Seit mehreren Jahren ist er stv. Ortsobmann in Sonthofen und Vermögensverwalter der Kreisgruppe der Sudetendeutschen Landsmannschaft. Im Stadtrat ist Wenzel Hrdina im Hauptausschuß, Bauausschuß, Werkausschuß und Vorsitzender im Rechnungsprüfungsausschuß. Im Landratsamt war er die letzten Jahre Sachgebietsleiter für öffentliche Sicherheit und Ordnung; er ist seit 1986 im Ruhestand.

Er erhielt viele Auszeichnungen von Vereinen, Verbänden, der Feuerwehr, des THW, der Arbeiterwohlfahrt und 1992 die Verdienstmedaille für besondere Verdienste um die kommunale Selbstverwaltung des Bayer. Innenministers.

Herta Huber

kam am 24.01.1926 in dem Geigenma-
cherstädtchen Schönbach, Kreis Eger,
zur Welt; der Vater war Geigenhals-
schnitzer. Ihre Erinnerungen tasten
sich zurück zu Musikinstrumenten, die
von der Decke herabhingen, zu Leim-
und Firnisgeruch, zu Webstühlen, zu
riesigen Stoffballen und dem Chlorge-
ruch einer Färberei. Zwischen all diesen Gerüchen, Arbeitsgeräten, zwischen Teichen, Wald und Wiesen ver-
lebte sie eine unbeschwerte und glückliche Kindheit.

Politische Thesen und Gespräche grif-
fen schon frühzeitig in ihr Leben ein,
waren doch in der großen Familie fast
alle Richtungen durch mindestens eine
Person vertreten, von republiktreu bis
radikal irredentistisch. Den Anschluß
an das Deutsche Reich erlebte sie als
Kind. Krieg und Vertreibung mit ihren
harten Konsequenzen machten schneller als sonst üblich Erwachsene aus ihrer
Generation.

Durch die Heimatvertreibung kam Herta Huber nach einigen Irrfahrten, deren
Stationen Amberg, Schwabach, Immenstadt waren, nach Martinszell im Allgäu.

Nachdem die Kinder älter waren, widmete sie sich dem Schreiben. Bisherige
Publikationen: vier Bücher in Egerländer Mundart: Stutzala – Fröiha u heint –
Spraal u Spriezl – Maria Kulm. Ein Buch in Hochdeutsch: „… aber Brennessel
wachst schneller“. „Zwanzig Jahre Heimfahrten ins Egerland – von 1956 bis
1976“. Beiträge erschienen in Jahrbüchern, Zeitungen, Anthologien und beim
Rundfunk.

Schreiben gegen die seelischen Verletzungen der Heimatvertreibung. Auch Le-
sungen und die Mitarbeit in Heimatorganisationen, wie der Sudetendeutschen
Landsmannschaft, der Eghalanda Gmoi, Kempten, dem Arbeitskreis Egerländer Kulturschaffender bringen einen Ausgleich zu Heimweh und Heimatverlust.

Anerkennungen für die schriftstellerische Tätigkeit und für die Mitarbeit in
den sudetendeutschen Heimatgliederungen:

Ehrenurkunde „Egerer Landtag e. V.“, Amberg 1984; Bundes-Ehrennadel „Eghalanda Gmoin e. V.“, Kempten 1985; Ehrenzeichen „Bund der Eghalanda

Gmoin e. V.", Marktredwitz 1987; Ehrenzeichen der Sudetendeutschen Landsmannschaft, München 1994; Verdienstmedaille des Heimatverbandes der Graslitzer, Aschaffenburg 1994

Rudolf Hübner

Am 07.11.1921 in Grafendorf, Kreis Gablonz im Sudetenland geboren, wurde Rudolf Hübner an der Staatsfachschule in Gablonz-Neiße zum Graveur ausgebildet. 1939 meldete er sich zur Fallschirmjägertruppe, war u. a. auf Kreta, in Rußland, Italien und Sizilien im Einsatz und geriet in amerikanische Gefangenschaft.

Durch die Vertreibung in Bayern ansässig geworden, begann Rudolf Hübner mit vollem unternehmerischen Risiko mit der Kunststoffverarbeitung, ab 1946 in Bad Berneck im Fichtelgebirge, und legte damit den Grundstock zum heute weithin bekannten Spritzgußwerk. Die beiden ersten Kunststoff-Spritzgußmaschinen wurden damals mit eigenen Lebensmittelkarten bezahlt. Kurz nach der Währungsreform 1948 verlegte Rudolf Hübner seinen Betrieb nach Kempten-Lenzfried und später nach Durach. 1960 wurde ein funktionsgerechter Fabrik-Neubau an der Karlsberger Straße in Durach fertiggestellt. Dank der unternehmerischen Persönlichkeit des Rudolf Hübner entwickelte sich die Firma außerordentlich gut. Heute stellen rund 200 Mitarbeiter Präzisions-Spritzgußteile nach Zeichnung aus nahezu allen Thermoplasten her. Zum Unternehmen gehören eine eigene Formbauabteilung und fünfundfünfzig hochmoderne Spritzgußmaschinen.

Mitten aus dem Arbeitsleben heraus starb der engagierte Unternehmer am 30.09.1988 während einer Reise in Tibet. Der Gesamtverband „Kunststoffverarbeitende Industrie" verlieh Rudolf Hübner für die Arbeit seiner Firma in den Jahren 1975, 1977, 1981, 1986 und nach seinem Tod der Firma 1989, 1992 und 1995 die „Auszeichnung für hervorragende Leistung im Bereich technischer Teile".

Dr. Josef Janka kam am 13.03.1914 in Komotau zur Welt. Nach Abschluß des Humanistischen Gymnasiums begann er das Studium der Rechts- und Staatswissenschaft an der Karlsuniversität in Prag, promovierte 1939 zum Dr. jur. und erhielt eine Anstellung am Oberlandratsamt in Iglau.

Im Dezember 1940 kam er zur deutschen Wehrmacht, wo er bis zur Kapitulation verblieb; 1945 wurde er als Oberleutnant d. R. aus dem Heimatlazarett entlassen und im August darauf mit der Familie zur Zwangsarbeit ins Landesinnere von Böhmen verschleppt. 1946 erfolgte die Vertreibung nach Hessen. In Hanau begann er seinen juristischen Vorbereitungsdienst. 1949 verzog die Familie nach Dietmannsried; Dr. Janka wurde Mitarbeiter in der Rechtsanwaltskanzlei Förster in Kempten, welche er 1954 übernahm.

Es erfolgte die Wahl in den Gemeinderat in Dietmannsried, dem er von 1956–1972 angehörte.

Dr. Janka war von 1956–1961 dritter Bürgermeister; von 1961–1964 zweiter und von 1964–1973 erster Bürgermeister (ehrenamtlich).

Zehn Jahre betrug seine Tätigkeit im Kreistag; er war Aufsichtsrat bei der Raiffeisenbank Dietmannsried; Vorsitzender des Schulverbandsausschusses; Vorstandsmitglied des Kreisjagdverbandes, ferner Mitglied im Rotary-Club und in der Burschenschaft. Dr. Janka erhielt 1975 die Goldene Bürgermedaille der Marktgemeinde Dietmannsried.

Am 14.02.1985 ist Dr. Josef Janka in Dietmannsried verstorben.

Walter Kalot wurde am 05.10.1909 im schlesischen Glatz geboren. Seine künstlerische Ausbildung erfuhr er an den Akademien von Berlin und Breslau. In Berlin arbeitete er einige Jahre als künstlerischer Berater und Gestalter; erlebte den Krieg und russische Gefangenschaft, zerbrach daran nicht, sondern brachte es fertig, auch unter widrigen Umständen schwere Erlebnisse künstlerisch umzumünzen.

Wollte jemand versuchen, diesem vielseitigen Künstler gerecht zu werden, dürfte er jenen geschichtsträchtigen Raum nicht außer acht lassen, aus dem Walter Kalot kommt, er müßte Schlesien in seine Überlegungen mit einbeziehen. Die verdeckte Leidenschaftlichkeit seines Formwillens, die Harmonie seiner Kompositionen, ein gewisses Maß an Erdhaftigkeit, aber auch an musikalischem Schwung seiner Figuren mögen dieses ostdeutsche Erbe andeuten, das sich auch beim Zeichner auf Grund seiner Themen, seines Einfallsreichtums und seiner graphischen Erzählfreude und Fabulierkunst erkennen läßt.

Nach der Rückkehr aus Rußland fand er nach einiger Zeit im Allgäu eine neue Heimstatt und auch hier ein weites Arbeitsfeld. In seinem Oberstdorfer Atelier ist er unermüdlich tätig und spielt in der Allgäuer Kulturszene eine nicht unerhebliche Rolle. Was von seinem Werk in schwerer Zeit verloren ging, ist nicht wiederbringbar, was er in der Gefangenschaft künstlerisch tun durfte, wäre erzählenswert, was nach Kriegsende entstand, ist beachtlich.

Wird nach Höhepunkten im Schaffen des Künstlers gefragt, so sollte man auf die Brunnengestaltungen von Walter Kalot hinweisen. Auf den vor dem Oberstdorfer Kurhaus stehenden eindrucksvollen Reiherbrunnen; in Kempten eine Brunnenanlage, die Wasser, Licht und Bewegung verdeutlicht; ein weithin sichtbares Großrelief in Funchal auf Madeira. Als Porträtist hat er verschiedene Persönlichkeiten modelliert, u. a. den schwäbischen Dichter A. M. Miller, die Dichterin Gertrud von Le Fort sowie die schlesischen Dichter des 15. bis 20. Jahrhunderts.

Für seine künstlerischen Leistungen wurde er vielfach ausgezeichnet, so u. a. mit dem Bundesverdienstkreuz, mit dem Erinnerungsorden und dem Erinnerungskreuz der Arbeitsgemeinschaft Traditionsverbände Schlesischer Truppen, mit dem Schwäbischen Kunstpreis 1968, mit der Plakette der Stadt Funchal (Madeira) für die künstlerische Mitarbeit an einer Großplastik, mit der Plakette der Oberstdorfer Kulturgemeinde.

Dr. Helmut Klopstock

wurde am 30.05.1933 in Prag geboren. Seine Kindheit verbrachte er in Zwikkau und Böhmisch-Leipa. 1946 mußte er seine sudetendeutsche Heimat verlassen. 1953 legte er in Oberstdorf das Abitur ab. Es folgte das Studium der Medizin an der Ludwig-Maximilian-Universität in München, wo er 1959 nach dem Staatsexamen promovierte. Seine Assistentenjahre absolvierte er an den Schwerpunktkrankenhäusern in Straubing und Kempten und kam schließlich an das Kreiskrankenhaus Immenstadt, wo er als 1. Assistent auf der chirurgischen Abteilung arbeitete. Hier wurde er 1968 Oberarzt und stellv. Chefarzt. 1976 erfolgte die Ernennung zum Chefarzt der Chirurgie. Hauptaufgabe war in den vergangenen zwei Jahrzehnten, den Standard in der operativen Medizin zu halten. So wurden die Allgemeinchirurgie, die Abdominalchirurgie und die Unfallchirurgie mit dem angegliederten Schwerstverletzungsverfahren weiter ausgebaut, die Endoprothetik der Hüft- und Kniegelenke, die arthroskopischen Operationen sowie die gesamte Schrittmacherchirurgie als weitere Schwerpunkte etabliert. 1985 wurde Dr. Klopstock vom Landkreis Oberallgäu zusätzlich die Gesamtleitung des Kreiskrankenhauses als ärztlicher Direktor übergeben.

In der Kommunalpolitik gehörte er von 1972–1978 dem Stadtrat von Immenstadt an und stand in dieser Zeit auch als Elternbeiratsvorsitzender des Gymnasiums Maria Stern zur Verfügung.

Ernst Julius Kottek

war gebürtig aus Wichstadel, Kreis Grulich, wo er am 02.03.1909 geboren wurde. Er absolvierte die Lehrerakademie in Prag und verehelichte sich 1940 in BergstadtPlatten mit Julie Meißl, die ihm in gemeinsamen Lebensjahrzehnten durch ihre eigene musische Begabung hilfreiche Gefährtin war. Nach dem Krieg und dem Verlust der Heimat kam die Familie Kottek ins Allgäu. Im September 1948 trat Ernst Kottek seinen Dienst an der Volksschule Burgberg an, wo er 25 Jahre wirkte, zunächst als Lehrer, dann als Schulleiter. Unermüdlich widmete er sich den Belangen der Gemeinschaft. Der begnadete Musikpädagoge war 25 Jahre lang Dirigent der Burgberger Musikkapelle und viele Jahre lang stellvertretender Bezirksdirigent im Allgäu-Schwäbischen Musikbund.

Unvergessen sind seine Leistungen als jahrzehntelanger Leiter des Männergesangvereines, des Kirchenchores, der Jodlergruppe, der Volksmusikgruppe und als Organist. Er war Leiter und Ausbilder der Burgberger „Singföhla" und „Milzbuben" mit Auftritten im Bayer. Rundfunk und Fernsehen.

Für ungezählte Anlässe verfaßte er eigene Kompositionen. Seine bekanntesten sind: Ouvertüren Fallada, Julietta, Felizitas; die Konzertmärsche Hochland, Berggeheimnisse, Allgäuer Musikanten, Sonne über den Bergen, An der Schanz. Sakrale Musik: Missa mater dei (Messe für Chor und Orchester). Auch zahlreiche Lieder und Jodler für Instrumentalwerke in kleiner Besetzung zählen zu seinen Kompositionen.

Für sein reiches kulturelles Schaffen verlieh ihm die Gemeinde Burgberg die Ehrenbürgerschaft und gab einer Straße seinen Namen: „Ernst-Kottek-Weg".

Ernst Kottek gehörte zwar zu den Stillen im Lande, aber in seiner unaufdringlichen, fröhlichen Menschlichkeit, seiner unwiderstehlichen Güte und seinem zähen, sich selbst nicht schonenden Idealismus besaß er eine Ausstrahlung, der sich niemand entziehen konnte.

Ernst Kottek wurde am 31.01.1977 in Burgberg beerdigt.

Wilhelm Krause

Die Heimat des Künstlers ist die liebliche Landschaft des Isergebirges; er ist Jahrgang 1913. Seine berufliche Ausbildung erfolgte in der Lehrerbildungsanstalt Reichenberg. Über den weiteren beruflichen und künstlerischen Werdegang berichtet er selbst:

„In meiner schönen nordböhmischen Heimat begann ich schon in jungen Jahren nach der Natur zu malen, wobei mir die Impressionisten als Vorbilder dienten. Soweit es die berufliche Arbeit als Lehrer zuließ, widmete ich den Großteil meiner Freizeit dieser künstlerischen Tätigkeit, bis Militärdienst im tschechischen Heer und anschließend der 2. Weltkrieg diesem Hobby ein Ende setzten.

Im Jahre 1946 nahm ich meine Arbeit als Volksschullehrer in Immenstadt im Allgäu auf. Als anfangs der fünfziger Jahre in Bayern die Mittelschulen ins Leben gerufen wurden, bot sich die Gelegenheit für mich, in diesen neuen Schultyp überzuwechseln. Als ehemaliger Fachlehrer für Bürgerschulen mit dem Prüfungszeugnis für Mathematik, darstellende Geometrie und Kunsterziehung – mein Vater konnte dieses Zeugnis bei der Vertreibung, ins Jackenfutter eingenäht, retten – fand ich in Immenstadt an der Mittelschule Anstellung. Viele meiner Kollegen aus dieser neuen Schulgattung kamen aus dem Sudetenland und waren ehemalige Bürgerschullehrer. Sie waren wesentlich beim Aufbau dieser Schulen beteiligt.

Als ich im jahre 1975 als Leiter der inzwischen umbenannten Realschule in Immenstadt in den Ruhestand ging, begann für mich ein neuer Beruf: der des Kunstmalers und Radierers. In mehreren Ausstellungen im Oberallgäu und im Haus der Kunst in München fand ich für meine Aquarelle und Radierungen Anerkennung. Zuletzt konnte ich im Immenstädter Schloßsaal meine Arbeiten der letzten Jahre den Bürgern des „Städtle" und zahlreichen Kunstfreunden aus nah und fern zeigen."

Julius Kunert

Am 04.06.1900 in Warnsdorf geboren, konnte er schon als Siebenjähriger miterleben, wie seine Mutter und seine Schwester in einem kleinen Betrieb Socken und Krawatten herstellten. Er besuchte die Handelsschule in Warnsdorf, machte seinen Abschluß und trat als städtischer Angestellter in die Bezirkshauptmannschaft ein. Besser war es aber für ihn, ja, für die gesamte europäische Strumpfindustrie, daß er nicht Beamter wurde, sondern gemeinsam mit seinem Vater und seinem Bruder Heinrich im Juni 1924 die Wirkwarenfabrik Julius Kunert & Söhne gründete und handelsgerichtlich eintragen ließ. Julius Kunert war der Kaufmann des Unternehmens, der damals schon die europäische Dimension erkannte. Er setzte auf den Export, England wurde zu einem der Hauptmärkte. Er suchte und fand die Kooperation mit dem damaligen Schuhgiganten BATA in der Tschechoslowakei und er praktizierte von Anfang an eine konsequente Markenpolitik. Die Devise war: Wenige Produkte, aber die sehr gut.

In 14 Jahren, gemeinsam mit Vater und Bruder, stieg die Firma mit 5.000 Mitarbeitern zum größten Strumpffabrikanten Europas auf. Der Krieg beendete diesen wirtschaftlichen Aufstieg. Es folgten der verlorene Krieg mit der Enteignung der Firma, die Einlieferung ins Gefängnis als deutscher Kapitalist und die Flucht aus der Heimat vor den kommunistischen Schergen.

Nach einer wichtigen Begegnung mit Ludwig Erhard, dem damaligen bayer. Wirtschaftsminister, der ihm das Immenstädter Zweigwerk der Physikalischen Werke Berlin anbot, stand Julius Kunert zwar ohne Geld, aber mit ungebrochenem Willen für das Überleben, 1946 vor einem Neuanfang.

Es ging darum, nach dem Verlust der sudetendeutschen Heimat mit einigen wenigen Getreuen einen Wiederaufbau zu wagen und eine stabile Existenz aufzubauen. Das Allgäu zog viele Vorteile aus dem Wirken von Julius Kunert. Die Firma wurde unter seiner Leitung zu einem der wichtigsten Arbeitgeber in der Region.

Sein segensreiches Wirken wurde mit vielen Ehrungen bedacht: Ehrenbürger der Stadt Immenstadt; Bürgermedaille; Ehrenring des Landkreises. Eine Straße und eine Sporthalle in Immenstadt tragen seinen Namen.

Der Freistaat Bayern gab ihm sowohl die Staatsmedaille für besondere Verdienste um die bayerische Wirtschaft, wie auch die höchste Auszeichnung, den Bayerischen Verdienstorden. Die Bundesrepublik Deutschland ehrte Julius Kunert mit dem Bundesverdienstkreuz 1. Klasse.

Als er im Jahre 1993 starb, hatte er ein erfolgreiches, langes und erfülltes Leben hinter sich. Er war wieder Europas größter Strumpffabrikant. Seine Erklärung für diesen Erfolgt war: „Wir haben gearbeitet, das ist alles!"

Geistlicher Rat Alois Langhans

geboren am 08.05.1902 in Lindenau, Kreis Böhmisch-Leipa in Nordböhmen. Das Gymnasium besuchte er in Mariaschein, wo er 1922 die Matura mit Auszeichnung bestand. Es folgten das Studium der Philosophie und Theologie an der Hochschule zu Leitmeritz, die Priesterweihe in Leitmeritz durch Bischof Dr. Josef Groß und die Primiz in Lindenau am 28.02.1926.

In der Zeit des 1. Weltkrieges und der Nachkriegszeit hat die Ausbildung zum Priester, als Sohn eines Fabrikarbeiters, von der Familie viel Mut, Fleiß und Entbehrungen gefordert.

Seine Tätigkeit nach der Priesterweihe, als Kaplan, Stadtadministrator, Seelsorger im Altenheim und Krankenhaus, als Religionslehrer an verschiedenen Schulen, war für ihn eine arbeitsreiche, schöne Zeit.

Seine berufliche Laufbahn wurde 1940 durch eine politische Haftstrafe wegen „Gefährdung des 3. Reiches" unterbrochen. Nach seiner Entlassung aus dem Konzentrationslager Dachau im April 1945 übernahm er die Pfarrstelle Markersdorf.

Nach der Vertreibung aus der Heimat wirkte er als Pfarrer und Seelsorger zehn Jahre in Ehingen/Ries und sechzehn Jahre in Sulzberg bei Kempten.

Mit ungebrochenem Eifer übernahm er nach seiner Versetzung in den Ruhestand (1972) als Seelsorger die kleine Pfarrei Untermaiselstein.

Für sein unermüdliches priesterliches Wirken wurden ihm, besonders zu seinem 50-jährigen Priesterjubiläum, Dank und Anerkennung der Gemeinden und von seinem Bischof die Ernennung zum Geistlichen Rat, sowie die Verleihung des St. Ulrich-Kreuzes als hohe Auszeichnung zuteil.

Geistlicher Rat Alois Langhans war zusammen mit seinen Brüdern Mitgestalter der Heimatortstreffen Lindenau.
Geistlicher Rat Alois Langhans verstarb am 12.12.1985 in Untermaiselstein.

Geistlicher Rat Anton Langhans

geboren am 23.12.1914 in Lindenau, Kreis Böhmisch-Leipa in Nordböhmen. Von 1926–1934 besuchte er das Gymnasium in Mariaschein und legte dort 1934 die Matura mit Auszeichnung ab. Es folgten das Studium an der Theologischen Lehranstalt in Leitmeritz, die Priesterweihe im Dom zu Leitmeritz und die Primiz in Lindenau am 09.07.1939. Mit dem Abschluß des Theologiestudiums und Ablegung der Pfarrerprüfung begann seine seelsorgerische Laufbahn mit der Anstellung in Maffersdorf und Niemens. Die Einberufung zum DRK-Einsatz als Sanitäter an der Ostfront unterbrach seine Seelsorgertätigkeit.

Nach der Vertreibung nach Bayern war er Kaplan in Blaichach, Aushilfspriester in Schongau und Illerbeuren. Der Pfarrerstelle in Laub im Ries, die er sieben Jahre betreute, waren mehrere haupt- und nebenamtliche seelsorgerische Aufgaben zugeordnet, die er mit viel Freude und Fleiß erledigte.

Im Dezember 1958 wurde ihm die Pfarrerstelle in Blaichach übertragen, wo er bis zu seiner Pensionierung (1989) wirkte. Nebenamtlich tätig war er als Vikar der Pfarrei Seifriedsberg, in Stiefenhofen und als Bezirks-Präses der KAB. Zu erwähnen ist noch die Gründung des Kath. Frauenbundes und der KAB.

Sein langes Wirken als Pfarrer hat in der kirchlichen und politischen Gemeinde Blaichach hohe Anerkennung gefunden. Hervorzuheben sind die Renovierung der Pfarrkirche, die Wiedererrichtung der Dorfkapelle in Ettensberg, der Neubau der Orgel, der Bau des Kindergartens und des neuen Pfarrhofes.

Die Gemeinde Blaichach ernannte ihn 1989 in Würdigung seiner Verdienste zum Ehrenbürger.

Geistlicher Rat Anton Langhans war, zusammen mit seinen Brüdern, Mitgestalter der Heimatortstreffen. In den ersten Jahren nach der Vertreibung bemühten sie sich gleichsam als Wanderprediger in besonderen Gottesdiensten und Versammlungen durch Ermutigung ihrer Landsleute, das schwere Schicksal der Vertreibung zu erleichtern.

Geistlicher Rat
Franz Xaver Langhans

geboren am 04.03.1905 in Lindenau, Kreis Böhmisch-Leipa als fünftes von zwölf Kindern der Eheleute Alois und Marie Langhans.
Nach dem Besuch des Gymnasiums in Mariaschein bei TeplitzSchönau legte er 1924 die Maturaprüfung mit Auszeichnung ab. Mit dem Eintritt in die Gesellschaft Jesu im September 1924 begann seine Ausbildung bei den Jesuiten in St. Andrä im Lavantal/Kärnten, Velehrad/Mähren, Pullach/München, Enghien/Belgien und endete 1934 mit der Ablegung der Gesamtprüfung in Philosophie und Theologie an der Jesuitenhochschule in Enghien/Belgien.
Nach dem Empfang der Priesterweihe zog es ihn wieder zurück in die böhmische Heimat. Am Knabenseminar Mariaschein, das von Jesuiten geleitet wurde, war der Priester zunächst als Präfekt und Lehrer tätig. Im Jahre 1937 erfolgte dann die Berufung an die Salvatorkirche nach Prag.
Seine Arbeit als Präfekt, Lehrer und Seelsorger wurde im Jahre 1940 durch Gestapo-Verfolgung unterbrochen; er mußte sich in eine kleine, entlegene Pfarrei als Pfarrvikar zurückziehen.
Nach der Heimatvertreibung am 14.08.1946 wirkte er in der Diözese Augsburg als „Hilfspriester", dann als Pfarrvikar und Flüchtlingsseelsorger, als Männer- und Jugendseelsorger. Nach verschiedenen Stationen übernahm er 1959 die Pfarrei in Grönenbach, wo er bis 1974 wirkte. Mit großem Sachverstand hat er dort unter anderem die Renovierung der Stiftskirche auf die Ursprünglichkeit des gotischen Baustils betrieben.
Am 01.05.1974 trat er in den Ruhestand, übernahm jedoch weiterhin als Pfarrer i. R. und Pfarrvikar die Pfarrgemeinde Ofterschwang bei Sonthofen. 1977 erfolgte die Ernennung zum Geistlichen Rat; 1983 konnte er sein Goldenes Priesterjubiläum in Ofterschwang begehen.

Zahlreiche Ehrungen und Auszeichnungen wurden ihm zuteil. Die Gemeinde Ofterschwang ernannte ihn wegen seiner vielfältigen Verdienste zum Ehrenbürger.

Sein Bestreben war, zur Ehre Gottes alles zu tun, was in seinen Kräften lag.

Geistlicher Rat Franz Xaver Langhans war, zusammen mit seinen Brüdern, Mitgestalter der Heimatortstreffen Lindenau.

Geistlicher Rat Franz Xaver Langhans verstarb am 20.08.1994 in Immenstadt.

Josef Langhans

hat mit Akribie ein umfangreiches Buch über seine Heimatgemeinde geschaffen. 40 Jahre nach der Vertreibung begann er mit dieser mühevollen, dankenswerten Arbeit, über die er selbst schreibt: „Heimatliebe drängte mich zu dieser Aufgabe."

Josef Langhans kam am 04.05.1911 in Lindenau in Nordböhmen in einer kinderreichen Familie zur Welt. Nach seiner Schulzeit und einer kaufmännischen Ausbildung arbeitete er 25 Jahre als Angestellter in einem Betrieb in Prag. Er kam nach Kriegseinsatz in Rußland, nach Verwundung, Gefangenschaft und Verlust der Heimat 1946 ins Allgäu. Beim Landratsamt Sonthofen fand er eine Anstellung und engagierte sich von Anfang an beim Aufbau der CSU, zu deren Kreisgeschäftsführer er bestellt wurde.

Josef Langhans, der inzwischen nach Immenstadt übersiedelt war, fand nun eine Anstellung bei der Firma Kunert, wo er bis zu seiner Pensionierung im Jahre 1971 ein geschätzter Mitarbeiter war.

Neben der Berufsarbeit setzte er seine Kräfte und oft auch finanzielle Mittel für die Belange seiner Volksgruppe und anderer öffentlicher Institutionen ein, wie der Christl. Arbeitnehmerschaft und Gewerkschaft; er war langjähriger Flüchtlingsobmann, Flüchtlingsvertrauensmann im Kreisflüchtlingsausschuß von 1948–1955, Mitglied des Kreistages von 1952–1956 und mehrerer Ausschüsse, Gründungsmitglied der Sudetendeutschen Landsmannschaft in Sonthofen; Obmann der SL-Ortsgruppe Immenstadt von 1968–1984; Ehrenobmann seit 1984.

Josef Langhans war aktives Mitglied der Ackermann-Gemeinde, Kreisobmann; Heimatortsbetreuer für Lindenau ab 1968, mit Rundbriefbetreuung und Durchführung von Heimatortstreffen; Inhaber des Ehrenbriefes der Gemeinde Lindenau. Er ist Mitinitiator der Sudetendeutschen Heimatstube in Immenstadt, ferner des Singkreises „MUSICI"; SL – Vertreter im Heimatverein, Kreisbeauftragter des Volksbundes für Frieden und Freiheit 1955–1962.

Große Verdienste erwarb sich Josef Langhans als Initiator der vom St. Ulrichswerk Augsburg durchgeführten Baumaßnahme von 77 Eigentums-Reihenhäusern in Immenstadt und durch die Hilfestellung bei den Bewerbungen.

Seiner geistigen Haltung und inneren Einstellung entspricht seine Mitgliedschaft zum 3. Orden des hl. Franz von Assisi, denn Opferbereitschaft, Selbstlosigkeit, sozialer Einsatz ohne Eigennutz kennzeichnen sein Leben.

Ehrungen: Ehrenbrief der Gemeinde Lindenau (1984), Dankurkunden des Heimatkreises Böhmisch-Leipa, Haida und Dauba (1986) und des Sozialwerks der Ackermann-Gemeinde (1992). Großes Ehrenzeichen der SL, Verdienst-Medaille der Sudetendeutschen Landsmannschaft Bezirk Schwaben; 1. Inhaber im Kreis Oberallgäu.

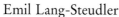

Emil Lang-Steudler

wurde am 25.12.1909 in Oberhohenelbe, am Fuße des Riesengebirges geboren. Nach Schul- und Lehrzeit, nach Berufsjahren übernahm er die Leitung des Lebensmittelgeschäftes seines Vaters und baute es zu einem Groß- und Einzelhandel aus. Während des Krieges wurde er Leiter der Außenstelle des Zentrallagers für Benzin, Diesel und Öl des Landkreises Hohenelbe.

Nach dem Krieg wurde er gemeinsam mit seiner Familie innerhalb weniger Stunden nur mit dem, was getragen werden konnte, aus seiner geliebten Heimat vertrieben. Ein Güterzug – mehrfach überfallen und geplündert – brachte die Familie, Frau und drei Kinder, über Reichenberg bis Zittau und Dresden. Von Dresden ging es zu Fuß mit Leiterwagen und Kinderwagen über Jena bis zur russisch-amerikanischen Demarkationslinie, wo schon einige hundert Flüchtlinge auf die Möglichkeit warteten, in den westlichen Teil Deutschlands zu gelangen. Mit 20

Personen konnten sie die „Grenze" überschreiten. Nach Aufenthalten in verschiedenen Gegenden der „Westzone" gelangten sie schließlich nach Immenstadt. Am dortigen Kirchplatz war ihre Fahrt zu Ende. Mit Arbeiten beim Bauern wie Holzfällen, Schindelschneiden ernährte Emil Lang-Steudler seine fünfköpfige Familie.

Er nahm dann Vertretungen an und gründete später ein kleines Lebensmittelgeschäft, das sich sehr positiv entwikkelte. Es wurde erweitert durch eine Verkaufsstelle am neu entstandenen Bühler Zeltplatz, dort waren die Verkaufszeiten frei und so wurde an sieben Tagen der Woche zu je zwölf Stunden verkauft. Später entschloß er sich, einen C & C Abholmarkt zu gründen. Risikoreich war es, mit sehr wenig Eigenmitteln, dieses Unternehmen zu wagen. Mutig, mit Erfahrung und Glück, gelang der weitere Aufbau; heute arbeiten Vertreter im Außendienst und 50 Mitarbeiter ermöglichen einen stabilen Fortbestand des Unternehmens.

Emil Lang-Steudler verstarb am 22.10.1995 im 86. Lebensjahr in Bühl am Alpsee.

Rudolf Linke

Im Jahre 1926 gründeten Baumeister Franz Kühnelt und Bauführer Anton Linke auf dessen Initiative in der Tuchmacher- und Schulstadt Reichenberg das Bauunternehmen Kühnelt & Linke. Bauingenieur Rudolf Linke trat nach Absolvierung der Höheren Staatsgewerbeschule in Reichenberg ebenfalls 1926 dort ein und wurde nach Ablegung der Baumeister- und Zimmermeisterprüfung beim Landesamt Prag Gesellschafter dieser Firma. Auch als Architekt konnte er sich auf Grund seiner Vorbildung betätigen. Durch die Heirat 1931 des Rudolf Linke mit der Tochter des Ehepaares Kühnelt wurde die Firma ein Familienunternehmen. In Reichenberg entwickelte sich dieses zu einem der leistungsfähigsten Betriebe. Außer Wohn- und Geschäftshäusern errichtete die Firma das Hotel Imperial in Reichenberg; in den dreißiger Jahren die neue Chirurgie mit Operations- und Röntgentrakt und das Wöchnerinnenheim mit Hebammenschule.

Am 08.05.1945 kehrte Rudolf Linke aus dem 2. Weltkrieg heim und mußte schon im selben Jahr die Heimat verlassen. Durch die Initiative des Ehepaares

Linke gelangten die Familien Kühnelt und Linke 1946 über Nordhausen/Harz nach Fischen im Allgäu.

Schon 1948 begann mit viel Mühe die erfolgreiche Weiterführung des Betriebes. Es entstanden dann viele private und öffentliche Bauten, Hotels und Pensionen; allein für das Sozialwirtschaftswerk des Landkreises Sonthofen einige hundert Sozial- und Eigentumswohnungen, das neue Landratsamt in Sonthofen sowie Neu- und Umbauten beim Hotel „Sonnenalp“.

1970 übergab Rudolf Linke seinem seit zehn Jahren in der Firma tätigen Mitarbeiter, Ing. Helmut Schmid, die Firma; er selbst arbeitete bis 1976 noch mit und verbringt nun seinen wohlverdienten Ruhestand in Fischen.

Dr. Leonhard Metzner

Am 16.07.1902 kam Leonhard Metzner in Troppau zur Welt. Sein Vater war Berufsoffizier und infolge der Bosnien-Herzegowina-Krise Österreichs und Serbiens wurde er in das slawisch-muslimische Mostar kommandiert. Mutter und Kinder zogen nach.

Im Herbst 1913 trat Leonhard Metzner in das Humanistische Gymnasium in Troppau ein, erhielt auch Kompositions-Unterricht. Nach dem Abitur ging er nach Wien und begann dort sein erstes Semester mit der Rechtswissenschaft, wechselte aber 1924 an die Prager Medizinische Fakultät über, wo er 1928 zum Doktor der Medizin promovierte.

Ausgebildet in der Schulmedizin, hatte er sich schon früh auch der Naturheilkunde zugewandt, praktizierte durch einige Jahre hindurch an der Schroth'schen Kuranstalt Niederlindewiese und wurde leitender Kurarzt von Bad Karlsbrunn. 1934 ließ er sich als praktischer Arzt in der Tuch-Industriestadt Jägerndorf nieder, betreute dazu noch ein Naturheil-Sanatorium.

Leonhard Metzner war von seinem Wesen her Arzt, er war aber auch ein Mensch „voll von Musik“. „Als Arzt suchte er den erkrankten Menschen zu heilen; in der Kunst der Musik fand er Wahrheit vom Wesen des Menschen – diese Wahrheit konnte auch heilen.“

Während des Kriegs-Winters 1942/43 machte Metzner Dienst als Truppenarzt, kam nach Kriegsende in britische Gefangenschaft; in ergreifenden Gedichten hat er seine Sehnsucht und Trauer ausgesagt. Die Heimat, sein gesamtes Hab und Gut, fast alle Werke der ersten Lebenshälfte waren ihm verloren gegangen. Im Spätsommer 1947 fand er Aufnahme bei einem Freund in Holstein, wurde Mitglied in dessen historischen Theater-Stilen zugewandten Reise-Bühne. Den Schauspielern gab er Unterricht in Philosophie und übernahm selbst Rollen. Langsam, nach dem großen Verlust, tastete er sich wieder in musikalisches Schaffen. Ende 1948 erreichte ihn ein Ruf ins Allgäu nach Kempten. Sechsunddreißig Jahre hat er dort gelebt. Zunächst kärglich in den Räumen einer Kaserne hausend, wirkte er als Arzt und komponierte.

Die Anzeige von Metzners Tod benennt ihn in richtiger Reihung als „Komponist und Arzt". Ein führender Mann im Kulturleben des Allgäus, der seit Jahren Metzners Werk beachtet und gefördert hatte, Stadtarchivar Dr. Wolfgang Haberl, erbot sich, Metzners künstlerischen Nachlaß in Obhut zu nehmen: „Ich möchte alles tun, um Dr. Metzners Werk zu erhalten, möchte aber auch, daß es aufgeführt wird und nicht in Vergessenheit gerät…" Dies ist die Rettung von Metzners Lebenswerk für die Zukunft.

Literatur: Reinhold Netolitzky: „Ein Komponist im Allgäu"

Othmar Pelz wurde am 27.01.1913 in Groß-Kunzendorf im Sudetenland geboren. Nach dem Besuch des Gymnasiums absolvierte er die Fachschule für Natursteinbearbeitung und trat 1932 in die elterliche Firma ein, die er zu einem führenden Unternehmen der sudetendeutschen Steinindustrie ausbaute. Veredelte Natursteine wurden vor allem nach England, Schweden und Holland geliefert. Als Kriegsteilnehmer, der auch den ganzen Rußlandfeldzug mitgemacht hatte, geriet er 1945 in tschechische Gefangenschaft und wurde ein Jahr später nach Kranzegg ausgesiedelt. Als Steinmetzmeister trat er in die Firma Wieneroider und Uhlemayr ein. Durch sein großes fachliches Geschick verstand er es, aus den kleinsten Anfängen heraus die Natursteinwerke Grüntensteinbruch Pelz KG mit Zweigbetrieb Steinmetzgeschäft Pelz in Nesselwang aufzubauen. Die Firma beschäftigte jahrelang bis zu 50 Mitarbeiter. Othmar Pelz gehörte auch mehrere Jahre dem Rettenberger Gemeinderat an. Er starb am 17.11.1986. Auf seine Initiative hin wurde auf dem Friedhof in Rettenberg das Gedenkkreuz für die Heimatvertriebenen errichtet.

Wolfgang Peter

kam 1921 in Partschendorf, Kreis Neutitschein, im Kuhländchen, zur Welt, besuchte das Gymnasium in Freiwaldau und anschließend die Handelsakademie in Brünn und Mährisch-Schönberg.
Nach Kriegsdienst, Gefangenschaft und Lazarettaufenthalten kam er 1947 nach Altstädten. Die Aktivität in der Hilfestellung für die von den Kriegsfolgen Betroffenen und der Heimatvertriebenen zur Erlangung der materiellen Vorsorge wurde durch die Wahl in den Gemeinderat 1949 besonders anerkannt.
Als Betriebswirt waren die wirtschaftlichen Belange der neuen Heimatgemeinde sein wichtigstes Arbeitsfeld; sein musikalisches Erbe brachte ihn in Verbindung mit der Allgäuer Heimatkultur. Er wurde aktives Mitglied der Sudetendeutschen Landsmannschaft, ebenso in der Kriegerkameradschaft Altstädten.
Wolfgang Peter war Gründungsmitglied des VdK; 1975 übernahm er als erster Vorsitzender den nun mit neuen Aufgaben beauftragten Sozialverband. Ebenfalls seit diesem Jahr ist er in der Kreisvorstandschaft tätig und wird stellvertretender Kreisvorsitzender im Oberallgäu. Seit 1990 zum ehrenamtlichen Sozialrichter berufen, insbesondere für Fragen der Kriegsopferversorgung und neuer Körperbehinderungen. Mitglied im Sozialhilfeausschuß des Landkreises Oberallgäu.
Von 1964–1975 war Wolfgang Peter Elternvertreter aller Sonthofer Grund- und Hauptschulen und bis 1978 auch der Realschule. Gemeinsam mit der neuen Grundschule in Rieden kam die Neuerrichtung der Kath. Pfarrgemeinde St. Christoph. Hier fanden es die Gemeindemitglieder richtig, ihn als Kaufmann aus einem Bauunternehmen in die Kirchenverwaltung zu wählen, welcher er von der Planung bis zum Bau der neuen Kirche mit Pfarrzentrum angehörte (1974–1978).

1972 übernahm er die Kassengeschäfte der Jugendblaskapelle, später die Geschäftsführung bis 1992.

An Ehrungen wurden Wolfgang Peter zuteil:

1979 Silberne Verdienstnadel des VdK-Deutschland; ebenfalls

1979 die Silbermedaille für 15 Jahre Tätigkeit im Handwerk durch die Handwerkskammer für Schwaben

1989 Verdienstnadel der Arbeitsgemeinschaft Sonthofer Jugendverbände

1991 Fördermedaille in Silber des Allgäu-Schwäbischen Musikbundes

1992 Verleihung der Verdienstmedaille des Verdienstordens der Bundesrepublik Deutschland

1993 Verleihung des Goldenen Ehrenringes der Stadt Sonthofen

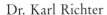
Dr. Karl Richter

kam am 14.09.1912 in Prag zur Welt; 1931 legte er am Prager Stefansgymnasium die Maturaprüfung ab und studierte anschließend an der Karls-Universität Rechts- und Staatswissenschaften. Nach Promovierung zum doctor utriusque juris im Jahre 1937 wurde er zum tschechoslowakischen Militärdienst eingezogen. 1938 erfolgte die Einberufung zur deutschen Wehrmacht, der er bis Kriegsende auf verschiedenen Kriegsschauplätzen diente.

Im Jahre 1945 nach Hause zurückgekehrt, war er zunächst in Innerböhmen im Arbeitseinsatz und anschließend in der Kanzlei des Aussiedlungslagers in Mies beschäftigt. Nachdem mit dem 28.10.1946 die Aussiedlung abgeschlossen war, überschritt er im Mai 1948 illegal die Grenze nach Bayern und wurde nach Registrierung im Aufnahmelager Furth im Walde in das Übergangslager Sonthofen verlegt.

Dr. Karl Richter zog 1949 nach Burgberg und wurde Geschäftsführer des Verbandes Heimatvertriebene Wirtschaft und später stellvertretender Leiter des Ausgleichsamtes beim Landratsamt Sonthofen. Im November 1949 wurde die Sudetendeutsche Landsmannschaft im Landkreis Sonthofen gegründet, deren Mitbegründer er war. In Burgberg wurde er Ortsobmann und Mitglied des Gemeinderates; im Jahre 1956 Kreisobmann bis März 1957, anschließend erfolgte die dienstliche Versetzung zur Regierung von Schwaben in Augsburg, wo er Referatsleiter in der Sozialabteilung wurde.

Seit 1963 war Dr. Richter Kreisobmann der Kreisgruppe „Stadt und Land Augsburg", bis er 1970 zum Bezirksvorsitzenden des BdV Schwaben gewählt wurde, welches Amt er bis 1980 ausübte. Im Hinblick auf seine zehnjährige ununterbrochene Tätigkeit wurde er zum Ehrenvorsitzenden des BdV Schwaben ernannt. Im Jahre 1978 wurde ihm in Anerkennung seiner Verdienste um die Belange der Heimatvertriebenen das Bundesverdienstkreuz am Bande verliehen.

Erwin Schöler

geboren am 19.06.1926 in Ruppersdorf bei Reichenberg. Schulbesuch in Reichenberg; Lehre als Buchdrucker bei der Druckerei Stippel, Reichenberg. Sofort nach Beendigung der Lehre wurde Erwin Schöler zum Arbeitsdienst und zur Wehrmacht eingezogen. Im November 1945 kam er nach der Kriegsgefangenschaft nach Kempten. Dort gab ihm ein Kriegskamerad ein neues Zuhause. Kurze Zeit später konnte Erwin Schöler in seinem erlernten Beruf wieder arbeiten. Durch Fleiß und Engagement übertrug man ihm verantwortungsvolle Positionen. Doch sein Ziel war schon damals die Gründung einer eigenen Druckerei. Am 01.01.1958 trat Erwin Schöler eine Stelle als Druckerei-Leiter bei der damaligen Firma „Stafette-Druck" an. Von seinem großen Einsatz und der hohen qualifizierten Fachkenntnis beeindruckt, bot der damalige Besitzer, Josef Prestele, Erwin Schöler die Druckerei zum Kauf an. Am 01.08.1958 kaufte er diese Druckerei ohne jegliches finanzielles Startkapital. Nur durch unendlich großen Fleiß überstand er, auch dank der Mithilfe seiner Frau, eine sehr schwere Zeit.

Nach abgeschlossener Drucker-Lehre bei der Firma Nicolaus trat 1974 sein Sohn Wolfgang in die Firma ein. 1978 absolvierte dieser die Meisterprüfung im Druckerhandwerk. Im Betrieb ging es stetig bergauf. Im Jahr 1981 konnte ein Grundstück in Stein zum Bau einer Druckerei erworben werden. Allzu früh verstarb Erwin Schöler im Jahre 1986. So konnte er die erfolgreiche Weiterentwicklung seines Betriebes unter der Leitung von Wolfgang Schöler nicht mehr miterleben. Heute ist die Druckerei Schöler in ihrer Betriebsgröße einer der führenden grafischen Betriebe im Allgäu.

Udo Scholz

stammte aus dem kulturell bunt gefächerten, völkerübergreifenden Großraum der Donaumonarchie. Er wurde am 29.09.1913 im mährischen Schönbrunn geboren, wuchs in Oderberg bei Mährisch-Ostrau auf und wurde durch die traditionsreiche böhmische Hauptstadt Prag entscheidend geprägt. An der dortigen Deutschen Universität studierte er Geographie, an der Technischen Hochschule erwarb er die Lehrbefähigung für Kunsterziehung; er arbeitete ein Jahr an der Akademie für Bildende Künste in Prag.

Schon als junger Mensch zog er zeichnend durch die Lande und hatte mit seinem Stift vieles auf Papier festgehalten, von dem wir heute nichts mehr wissen, weil es zerstört wurde.

1945 kam er in das Flüchtlingslager Pasing; er wollte eigentlich nach Amerika auswandern. Durch Zufall erhielt er eine Anstellung an der Illerschule in Kempten und war dann bis 1976 Zeichen- und Geographielehrer am Allgäu-Gymnasium in Kempten.

Udo Scholz war nicht nur ein engagierter Lehrer, sondern auch ein leidenschaftlicher Maler und Graphiker. Einen großen Teil seiner Zeit opferte er der Geologie des Allgäus. Unter seiner Leitung entstand in Kempten im Zumsteinhaus eine Naturwissenschaftliche Sammlung, die ihresgleichen sucht. Sein geologisches Wissen über das Allgäu hat er in zwei Büchern festgehalten: „Ehedem die Berge wurden" und das mit seinem Sohn zusammen herausgebrachte Werk „Das Werden der Allgäuer Landschaft".

Udo Scholz war Mitbegründer der Volkshochschule Kempten. Zu seinen Vorträgen, geologischer und kunsthistorischer Art, die er im ganzen Allgäu hielt, kamen die Zuhörer mit Freude und Begeisterung. Sein Wissen weiterzugeben, war ihm ein großes Bedürfnis.

Udo Scholz erhielt das Bundesverdienstkreuz am Bande. Die Stadt Kempten verlieh ihm in Anerkennung seiner außerordentlichen Verdienste die Goldene Residenzmedaille und die Goldene Bürgermedaille. Das Bayerische Umweltministerium zeichnete ihn mit der Medaille für Verdienste um Schutz, Gestaltung und Vermittlung einer gesunden Umwelt aus.
Am 26.12.1989 verstarb Udo Scholz in Kempten.

Heinz Schubert wurde am 07.10.1912 in Zwettnitz bei Teplitz-Schönau geboren. In Teplitz-Schönau hat er die Schule besucht und die Matura (Abitur) abgelegt. Anschließend ging er zum Studium nach Prag, wo er 15 Jahre lebte und nach seinem Studium als Akademischer Maler arbeitete.

Er war bereits Assistent an der Lehrkanzel für Freihandzeichnen an der Architekturabteilung der Deutschen Technischen Hochschule, als der Krieg kam. Es folgten Verwundung und Vertreibung.

In Kempten hat er seine Familie wiedergefunden. Die Begegnung mit dem damaligen Heimatpfleger Dr. Weitnauer sollte ihm, dem Maler und Graphiker, zu einem neuen Start verhelfen. Nicht nur im Allgäu, sondern auch darüber hinaus in ganz Schwaben ist Heinz Schubert durch seine vielen Buchillustrationen bekannt geworden. Er sagt über sich selbst: „Malend Schwaben gestalten! Vielleicht hat mancher dabei an prächtig gerahmte Ölbilder, an große Aquarelle oder andere Kunst- und Museumsprodukte gedacht. Nein, Schwaben hat durch meine zeichnende und malende Hand in vielen kleinen, in Büchern versteckten Arbeiten, Gestalt gefunden. Es ist in den miniaturhaften Fleißbildchen ebenso enthalten, wie in Buchillustrationen oder den Zeichnungen für die Zeitschrift „Das schöne Allgäu", an der ich über 40 Jahre mitarbeite. Es ist in fast 700 Zinkätzungen der „Allgäu Chronik", in den Federzeichnungen des „Allgäuer Sagenbuches" genauso gegenwärtig, wie in den vielen Glückwunschkarten."

Heinz Schubert war Zeichenlehrer an der Städt. Mädchenmittelschule in Kempten, lange Jahre aktiver Mitarbeiter der Volkshochschule Kempten und

25 Jahre ehrenamtlicher Leiter des südschwäbischen Berufsverbandes Bildender Künstler.

Für seine künstlerischen Leistungen wurde er mehrfach ausgezeichnet. So erhielt er u. a. den Kunstpreis und die Goldene Residenzmedaille der Stadt Kempten; den Kunstpreis und die Verdienstmedaille des Bezirks Schwaben und das Bundesverdienstkreuz.

Josef Seitz wurde am 26.04.1910 in Heinrichsgrün/Erzgebirge geboren, wo er auch die Volksschule besuchte; in Rothau die Bürgerschule sowie die Gewerbliche Fortbildungsschule. Er erlernte das Handwerk des Musikinstrumentenmachers.

Von 1930–1932 diente er beim tschechischen Militär, anschließend bis zum Jahre 1938 war er Herrschaftsdiener in Prag. 1939 erfolgte seine Einstellung bei der Deutschen Reichspost in Dessau, von 1940–1945 leistete er Kriegsdienst in Frankreich und Rußland, durch Verwundung verlor er das linke Auge.

Im Zuge der Vertreibung kam Josef Seitz ins Allgäu, wo er als Beamter bei der Bundespost in Oberstdorf angestellt wurde. Für den Graslitzer Heimatverband übernahm er die Aufgabe des Ortsbetreuers für Heinrichsgrün, ferner wurde das Heimatbuch „Heinrichsgrün – Die Geschichte eines Städtchens im böhmischen Erzgebirge" von ihm bearbeitet und zusammengestellt. Im Vorwort seines Buches heißt es: „Die Absicht, über meinen Geburtsort zu schreiben, hatte ich schon seit Jahren. Das Buch wurde geschaffen, um das Selbstbewußtsein und das Zusammengehörigkeitsgefühl der Landsleute zu stärken. Es soll auch die geschichtliche Vergangenheit schildern, damit unsere nach der Vertreibung geborenen Kinder mit der kleinen Stadt im Erzgebirge verbunden bleiben."

Seinem Heimatstädtchen hat er mit diesem Buch ein bleibendes Denkmal gesetzt, wofür ihm großer Dank gebührt.

In Anerkennung seiner Verdienste um die Heimat wurde ihm in Aschaffenburg im Jahre 1974 die Graslitzer Verdienstmedaille verliehen.

Josef Seitz verstarb im Jahre 1982; seine Grabstätte ist in Oberstdorf.

Hans Günter Stephan

geboren am 28.06.1942 in Iglau: Südmähren – „Iglauer Sprachinsel". 1945–1946 Aufenthalt in Barackenlagern mit anschließender Vertreibung nach Dießen am Ammersee.

Nach dem Besuch der Oberrealschule folgte der Wehrdienst und anschließend das Studium an der Pädagogischen Hochschule der Universität München für das Lehramt an Volksschulen, mit dem Schwerpunkt Kunsterziehung. Nach Studienreisen und Arbeit in einer Keramikwerkstatt Lehrer an verschiedenen Volksschulen, ab 1989 Rektor in Weitnau.

Mitglied der „Künstlergilde" Landsberg/Ammersee und „Kumulation bildender Künstler" mit Ausssstellungsbeteiligungen in Landsberg, Diessen, Aichach. Gründung „Junge Oberstdorfer Künstler", später: „Junge Oberallgäuer Künstler". Ab 1994 Mitglied der Künstlergruppe „Eigenart" mit Ausstellungsbeteiligungen an vielen Orten des Allgäus und Oberbayerns. Künstlerische Arbeitsbereiche: Grafik, Malerei, Collagen, Objekte, Landart Keramik, Fotografie, Kombination Malerei-Fotografie.

„Was mich fasziniert: sind Farben, Farbspuren, Farbabstufungen, Farbkombinationen, ästhetische Strukturen, Steine am Wegrand, Eisformen in einer Pfütze, gefrorene Blätter, altes Holz, Schneckenhäuser, neue Wortgeschöpfe … nie vorher gelesene Sprachbilder, die Spiegelung im Wasser – nicht unbedingt das große Panorama, die menschlichen Tragödien und auch nicht die weltbewegende Geste.

Was mich bewegt und berührt: … zuallererst die Schönheit der Natur und so manchen Menschenwerks, genauso stark aber die Bedrohung und Not der Natur und so mancher Menschen … Was treibt mich weiter in meinem künstlerischen Tun: Neugierde, Staunen – Experimentierfreude – eine spontane Idee, die viele andere Ideen nach sich zieht – ein innerer Zwang im positiven Sinn … und ein gehöriges Maß an Unbekümmertheit …

Was ich anstrebe: Ich will etwas Neues und Schönes schaffen und mich darüber freuen. – Ich will die Schönheit und den Reichtum der Natur und ihre Bedrohung zeigen. – Ich will warnen und aufmerksam machen. – Ich will Gestaltungsmöglichkeiten, Gestaltungsmaterialien, Gestaltungsebenen und Gestal-

tungstechniken verbinden. – Ich will gestalterische Regeln und Gesetzmäßigkeiten sprengen, um neue zu finden …
Ich will, daß mir all das auch nur ansatzweise gelingt."

Max Swoboda geboren am 04.10.1914 in Rochlitz im Riesengebirge, machte er 1933 das Abitur an der Handelsakademie in Reichenberg, besuchte zwei Semester die Textilfachschule, Abteilung Weberei, ebenfalls in Reichenberg. Von 1935–1937 kam er zum tschechischen Militär, absolvierte danach ein Praktikum in einer Spinnerei in Bolton in England. Anschließend war er im elterlichen Betrieb in Rochlitz tätig. Der Firmenname des 1842 gegründeten Betriebes war in der Heimat A. Prellogg, mech. Weberei Rochlitz und Ponikla. Die Zahl der Beschäftigten betrug ca. 400, die der Webstühle 845.

Von 1939–1945 war er Soldat, anschließend bis 1947 in amerikanischer und russischer Gefangenschaft.

Nach der Vertreibung und sobald es die Verhältnisse zuließen, wollte Max Swoboda wieder einen Textilbetrieb aufbauen. Unter schwierigsten Verhältnissen gründeten er und sein Bruder Otto Swoboda im Jahre 1947 eine Weberei in Wiggensbach. Der Betrieb arbeitete jahrelang mit ca. 120 Beschäftigten und gab den Familien aus Wiggensbach und der weiteren Umgebung Arbeit und Brot. Dank der Initiative des Max Swoboda konnten die damaligen Probleme im Zusammenhang mit der Integrierung eines großen Teiles der Heimatvertriebenen beispielhaft gelöst werden. Dem großen sozialen Engagement gegenüber seinen Arbeitnehmern ist es zu verdanken, daß auch während der kritischen Rezessionsphasen in Wiggensbach wertvolle Arbeitsplätze gesichert blieben. In den 60er Jahren gingen die Aufträge im Textilbereich merklich zurück. Herrn Swoboda gelang es, daneben eine neue Produktion als Zulieferbetrieb für die Autoindustrie aufzubauen und schließlich seinen Betrieb ganz auf diese Branche umzustellen. Er konnte seine Produktionspalette auf das zukunftsträchtige ABS-Antiblockiersystem erweitern. Die Firma Swoboda entwickelte sich vom Zulieferbetrieb zum Direkthersteller für führende deutsche und ausländische Automobilwerke.

Der für eine Landgemeinde große Betrieb beschäftigt nach einer rasanten Entwicklung mittlerweile 400 Arbeitnehmer und bildet somit einen Wirtschaftsschwerpunkt im nördlichen Landkreisgebiet.

Herr Max Swoboda wurde am 16.12.1987 mit dem Bundesverdienstkreuz am Bande ausgezeichnet.

Adolf Winter

Am 10.05.1922 in Asch im Sudetenland geboren, war es schon mit 12 Jahren sein Wunsch, Erzieher/Lehrer zu werden. Nach dem Besuch des Gymnasiums und dem Abitur wurde er erst zum Reichsarbeitsdienst und anschließend zur Wehrmacht, zur Panzertruppe, eingezogen. Er geriet in Kurland (Baltikum) als Offizier nach der Kapitulation 1945 in russische Kriegsgefangenschaft. Nach seiner Entlassung im Jahre 1948 gelang es ihm, in Eichstätt ein Lehrerstudium zu absolvieren. Nach dem Studium war er Lehrer an verschiedenen Volksschulen des Allgäus, zuletzt an der Evangelischen Schule in Oberstdorf. Im Jahre 1969 wurde er, nachdem er die Vorarbeiten nach der Schulreform durchgeführt hatte, zum Rektor der Hauptschule in Oberstdorf ernannt, an der er bis zu seiner Pensionierung im Jahre 1986 wirkte. Seit 1950 ist er Mitglied des Bayer. Lehrerinnen- und Lehrerverbandes und arbeitete schon sehr bald aktiv mit. Er war Leiter der Arbeitsgemeinschaft Bayer. Junglehrer im Landkreis Sonthofen, 2. Vorsitzender im Kreisverband, Leiter der Bereiche Standespolitik und Rechtsschutz im Kreisverband und von 1969 bis zum Ausscheiden aus dem aktiven Schuldienst 1986 als dessen 1. Vorsitzender (ab 1972 im neugewählten Personalrat für den Landkreis Oberallgäu).

Im Jahre 1956 wurde Adolf Winter in den Gemeinderat des Marktes Oberstdorf gewählt, dem er von 1956–1966 und dann wieder von 1972–1984 angehörte. Sein besonderes Verdienst als Schulreferent des Gemeinderates sind der Bau des Gymnasiums, einer eigenen Hauptschule mit Doppelturnhalle und Schwimmhalle.

1956 erfolgte auch seine Wahl in den Kreistag, dem er ununterbrochen bis heute angehört (bis jetzt 40 Jahre).

Durch seine bitteren Erlebnisse in der russischen Kriegsgefangenschaft, die er als "Universität seines Lebens" betrachtet, ist er seit seiner Rückkehr dabei, im Verband der Heimkehrer mitzuwirken und wo er kann, zu helfen, als Ortsvorsitzender, als Kreisvorsitzender, als Bezirksvorsitzender, seit 1972 als 2. Landesvorsitzender und seit 1992 als Landesvorsitzender.

Als Heimatvertriebener aus dem Egerland blieb es nicht aus, daß er auch in der Sudetendeutschen Landsmannschaft Pflichten und Aufgaben übernahm. Über 10 Jahre war er u. a. stellv. Kreisobmann der Landsmannschaft. Er wurde u. a. mit dem Bundesverdienstkreuz am Bande, der Bürger- und der Gertrud-von-Le-Fort-Medaille der Marktgemeinde Oberstdorf, dem Großen Ehrenzeichen der Sudetendeutschen Landsmannschaft und von der F. D. P. mit der Theodor-Heuss-Medaille und am 24.09.1995 mit der bronzenen Verdienstmedaille für kommunale Tätigkeiten des Bayer. Innenministers ausgezeichnet.

Josef Zimmermann

Daß er sich einmal auf den Brettern, die die Welt bedeuten, bewegen wird, hat man Josef Zimmermann nicht an der Wiege prophezeit. 1901 in Gablonz geboren, sollte er die Konditorei seines Großvaters übernehmen, also hat er den Beruf des Zuckerbäckers erlernt. Da der Vater im 1. Weltkrieg gefallen war, mußte er den elterlichen Betrieb übernehmen und dazu sattelte er auf den Beruf des Gürtlers um. Als die Geschäfte immer schlechter gingen, erfüllte er sich seinen großen Traum, er besuchte die Theaterschule in Reichenberg, einschließlich einer Gesangsausbildung. Seine Wirkungsstätte wurde anschließend das in der Nähe von Gablonz gelegene Freilichttheater (Proschwitzer Kamm), die sie bis zum 2. Weltkrieg blieb.

Eine abenteuerliche Flucht brachte ihn 1947 nach Altusried ins Allgäu. Bereits 1949 (die Altusrieder hatten 16 Jahre pausiert) wurde wieder auf der Altusrieder Freilichtbühne gespielt. Josef Zimmermann war als Bühnenbauer, Regieassistent und in einer Doppelrolle dabei. Als Spielleiter bis 1982 hatte er den Namen der Allgäuer Freilichtspiele Altusried über die Region hinaus bekannt gemacht. Mit den ortsansässigen Vereinen inszenierte er zwischen den Freilichtspielen Theateraufführungen, Operetten und Singspiele. Er gründete einen Theaterring, kurbelte den Fremdenverkehr an und organisierte auch die ersten Heimatabende für die Gäste. Er richtete eine Gemeindebücherei ein und war lange Jahre ihr Verwalter.

Im Jahre 1975 erhielt er die Bundesverdienstmedaille.

Daß Altusried einmal ein eigenes Theater haben sollte, war sein großer Wunsch. Die Eröffnung des „Allgäuer Theaterkästle Altusried" hat er jedoch nicht mehr erlebt. Josef Zimmermann starb im Januar 1985.

Er darf mit Recht als ein Pionier des Altusrieder Kulturlebens bezeichnet werden.

2. Gedenkstätten und Denkmäler der Heimatvertriebenen im Landkreis Oberallgäu

Markt Altusried

Beim Umbau des Kriegerdenkmals auf dem Kirchplatz wurden auf einer Seitentafel auch 27 gefallene und 17 vermißte Heimatvertriebene, deren Angehörige in Altusried lebten, namentlich erfaßt.

Markt Buchenberg

Gedenkstein für die Heimatvertriebenen im Dorfpark von Buchenberg

490

Am 27.05.1996 wurde ein Gedenkstein für die Heimatvertriebenen in Buchenberg enthüllt und eingeweiht. Der Gedenkstein, ein Granitblock vom Nordhang des Erzgebirges, den der Heimatgeschichtliche Verein Buchenberg jetzt setzen ließ, erinnert an den Zustrom von 750 Heimatvertriebenen und Flüchtlingen vor 50 Jahren in diese Gemeinde. Die Inschrift auf der Bronzetafel des Gedenksteins hat folgenden Wortlaut:

„Die Erinnerung darf nie enden; sie muß auch künftige Generationen zur Wachsamkeit mahnen."

Roman Herzog

„750 Flüchtlinge und Heimatvertriebene, die zwischen 1944 und 1950 ihr Zuhause im Osten verlassen mußten, fanden im 1.610 Einwohner zählenden Buchenberg vorübergehend oder auf Dauer ihre zweite Heimat.
Sie kamen aus
Ostpreußen * Westpreußen * Danzig * Ostpommern * Ostbrandenburg * Niederschlesien * Oberschlesien * Sudetenschlesien * Böhmen * Mähren * Slowakei * Banat * Szathmar * Siebenbürgen * Buchenland * Bessarabien
Möge in aller Welt das Heimatrecht geachtet und das Recht der Minderheit geschützt werden!

Buchenberg, Pfingsten 1996"

Bei der Enthüllung sprach der Vorsitzende des Heimatgeschichtlichen Vereins Buchenberg, Erhard Ott, er ist der Initiator dieses Gedenksteins und selbst gebürtiger Egerländer, von einem "Tag der Erinnerung". Die Heimatvertriebenen ließen die Gedanken zurückschweifen an ihre alte Heimat, an die schlimmen Wochen von Flucht oder Vertreibung, an die Ängste beim Neuanfang bei ganz fremden Menschen, deren Sprache man oft gar nicht richtig verstand. Dieses Kapitel der End- und Nachkriegszeit dürfe nicht in Vergessenheit geraten. Man wolle mit diesem Gedenkstein aber nicht alte Bitternisse auskramen, sondern vielmehr die Erinnerung an diesen einmaligen Exodus wachhalten, damit so etwas nie wieder passieren möge.
Enthüllt wurde das Denkmal von zwei Jungen: Die Vorfahren des einen waren im Allgäu daheim, die Wurzeln des anderen führen nach Böhmen.
Mit dem Gedenkstein solle Geschichte lebendig werden, erklärte Zweiter Bürgermeister Manfred Frey als Schirmherr. Er erinnert daran, daß Buchenberg durch den Zustrom von Heimatvertriebenen und Flüchtlingen 1946 fast 50 % mehr Einwohner erhalten hatte. Sie alle mußten untergebracht werden, und in den Häusern rückten die Menschen enger zusammen. Dies habe zu manchen Problemen, aber auch zu Menschlichkeit und praktizierter Nächstenliebe geführt.
Nach 50 Jahren könne es nicht Absicht sein, Schuldzuweisungen zu deklarieren oder vergangene Verbrechen hochzuspielen, vermerkte Dr. Carl Oskar

Renner in seiner Festansprache. Aber es steht uns zweifellos gut zu Gesicht, der persönlichen Nöte zu gedenken, die damals auf die Herzen der ins Ungewisse verjagten Menschen niedergingen, erklärte der 88jährige Autor von Stükken auch für das Historische Theater Buchenberg, selbst Heimatvertriebener. Die Einweihung des Denkmals nahmen dann Pfarrer Geistlicher Rat Herbert Loska und die Pfarrerin Birgit Sels vor.

Gemeinde Durach

Gedenkstein für die Heimatvertriebenen in Durach bei Kempten

Am 08.05.1975, 30 Jahre nach dem furchtbaren Zusammenbruch des Deutschen Reiches, wurde in Durach das Denkmal für die Opfer der Vertreibung enthüllt und eingeweiht. Es wurde als Ehrenmal für die Toten und als Mahnmal für die Lebenden errichtet. Inschrift auf dem Gedenkstein:

„Laß Dir die Fremde zur Heimat, aber niemals die Heimat zur Fremde werden!"

Die ökumenische Weihe nahmen der kath. Ortspfarrer Matthias Hörmann und der ev.-luth. Pfarrer Dr. Ebermut Rudolf vor. Die Einweihungsansprachen hielten Dr. Fritz Wittmann, MdB und Landesobmann des BdV, und Dr. Josef Höss, Oberbürgermeister von Kempten.

Ehrenmal der Heimatvertriebenen in Fischen

1963 wurde von der Sudetendeutschen Landsmannschaft, Ortsgruppe Fischen, auf dem neuen Friedhof an der Weilerstraße in Fischen ein Ehrenmal der Heimatvertriebenen errichtet. Der Text auf dem Ehrenmal lautet:

„Den Toten unserer unvergessenen Heimat".

Die Einweihung des Ehrenmals erfolgte durch Dekan Andreas Ellner, Fischen, und die Einweihungsansprache hielt Adolf Schnaubelt, Ortsobmann der Sudetendeutschen Landsmannschaft in Fischen.

Mahnmal der Heimatvertriebenen
auf dem Friedhof in Immenstadt

Am 28.10.1951 wurde auf dem Friedhof in Immenstadt ein Mahnmal für Heimatvertriebene eingeweiht. Die Einweihung erfolgte durch Dr. Ludwig Haider,
Geistl. Rat und Stadtpfarrer von Immenstadt. Die Einweihungsansprachen
hielten Werner Frommberger, ev. Pfarrer in Immenstadt, und Dr. Josef Lorenz,
Flüchtlingsvertrauensmann für die Stadt Immenstadt. Musikalisch umrahmt
wurde die Einweihungsfeier durch die Stadtkapelle und durch den Chor des
Singkreises „Musici". Nach der Feier erfolgte die Übergabe des Mahnmals an
die Stadt Immenstadt. Übernahme durch Bürgermeister Dr. Huber. Inschrift
auf dem Mahnmal:

„Den lieben Toten in der fernen Heimat".

Gedenkstein für die Bewohner
von Bergstadt-Platten/Erzgeb.

Am 08.05.1983 wurde in Immenstadt-Bühl im Landschaftspark ein Gedenkstein an die Bergstadt-Platten, Kreis Neudek im Erzgebirge, eingeweiht. Dieser Gedenkstein wurde von den ehemaligen Bürgern dieser Stadt gestiftet. Die Gedenktafel auf diesem Gedenkstein ist den Toten beider Weltkriege und der Vertreibung gewidmet, sie enthält folgende Widmung:

„1914–1918, 1939–1945 DEN GEFALLENEN UND VERMISSTEN, DEN OPFERN DER VERTREIBUNG 1945/46 UND DEN TOTEN DER HEIMAT ZUM GEDENKEN. DIE KIRCHENGEMEINDE DER BERGSTADT-PLATTEN, ERZGEBIRGE/SUDETENLAND".

Johann-Schroth-Denkmal von Fidelis Bentele
in der Montfortanlage in Oberstaufen

Am 10.11.1968 wurde in der Montfortanlage in Oberstaufen das, von dem Bildhauer Fideles Bentele geschaffene, JohannSchroth-Denkmal eingeweiht. Aus einem 80 cm schweren Block aus Würzburger Muschelkalk wurden drei symbolische Figuren herausgehauen, die in ihrer Gesamtheit das Wesen der Schrothkur darstellen. Die Inschrift am Sockel des Denkmals lautet:

„Dem Kurbegründer Johann Schroth".

Das Denkmal ist auch das äußere Zeichen des Schrothbundes dafür, daß die Kur aus Niederlindewiese/Sudetenland in Oberstaufen eine neue Heimat, eine neue Wirkungsstätte, gefunden hat. Die kirchliche Weihe wurde durch den Pfarrer und Geistlichen Rat Max Ostheimer vorgenommen. Die Ansprachen erfolgten durch Max Ostheimer, Pfarrer und Geistl. Rat, durch Dr. med. Hermann Brosig, 1. Vorstand des Schrothbundes, und durch Erich Feller, 1. Bürgermeister von Oberstaufen.

Johann-Schroth-Denkmal aus dem Jahre 1847
am „Haus des Gastes" in Oberstaufen

Am 21.10.1995 wurde in Oberstaufen vor dem „Haus des Gastes" im Rahmen eines Festaktes das im Jahre 1847 von einem Patienten aus Dankbarkeit für seine Heilung gestiftete Johann-Schroth-Denkmal vom Regierungspräsidenten Ludwig Schmid enthüllt und von den Pfarrern Dr. Johann Netzer und Klaus Pfaller eingeweiht.

Dieses Denkmal hat eine wahre Odyssee hinter sich. Einstmals aufgestellt auf dem Kurgelände in Niederlindewiese, mußte es durch den Bau eines neuen Kurhauses im Jahre 1906 weichen und fand einen neuen Platz im Wald hinter den Kuranlagen, bis es 1945 aus politischen Motiven vom Sockel gestoßen wurde und in einem Bachbett verschwand, wo es 44 Jahre unbemerkt lag. Durch Zufall wurde es im Jahre 1989 entdeckt. Aber erst 1995 konnte es der Schrothkur-Marketing-Geschäftsführer Bernd Wucherer, nach längeren Verhandlungen mit den Tschechen und umfangreichen Ausfuhrformalitäten, abholen und dem Scheffauer Steinmetz Dr. Michael Pfanner zur Restaurierung übergeben.

Gemeinde Oy-Mittelberg

Vertriebenen-Gedenkkreuz auf dem Friedhof in Petersthal. Eingeweiht am 06.08.1950. Die Gedenk- und Einweihungsansprache hielt der Ortsobmann der Sudetendeutschen Landsmannschaft Eduard Keil unter Anwesenheit des Bürgermeisters und des Landrats des Landkreises Kempten.

Gedenkkreuz der Toten der Vertreibung und der Vertriebenen in Bad Oy. Gedenkkreuzenthüllung und Gedenkansprache durch den Ortsobmann der Sudetendeutschen Landsmannschaft Prof. Josef Kern unter Anwesenheit des Landrats Lau des Landkreises Kempten am 09.07.1951.

Gemeinde Rettenberg

Mahnmal und Gedenkkreuz der Heimatvertriebenen
auf dem neuen Friedhof in Rettenberg

Durch die Initiative der Ortsgruppe Rettenberg der Sudetendeutschen Landsmannschaft und durch die Hilfe und Unterstützung der Firma Pelz in Kranzegg, die auch dieses Mahnmal aus Grüntenstein erstellte, wurde im Jahre 1959
auf dem neuen Friedhof von Rettenberg dieses Gedenkkreuz und Mahnmal
der Heimatvertriebenen aufgestellt. Die Inschrift lautet:

„Zum Gedenken an die Toten im Osten"

Die Einweihung erfolgte durch den Ortspfarrer von Rettenberg, Pfarrer Alfred Spägele. Die Gedenk- und Einweihungsansprache hielt der Ortsobmann der Sudetendeutschen Landsmannschaft, Otto Lehr.

Stadt Sonthofen

Vertriebenen-Ehrenmal im Park an der
Prinz-Luitpold-Straße in Sonthofen

Fünf schlanke Säulen aus matter Bronze mit den Wappen des Sudetenlandes, von Schlesien, von Pommern, von Westpreußen/Danzig und von Ostpreußen erinnern in der Allgäuer Kreisstadt Sonthofen an die Vertreibungsgebiete, aus denen die mehr als 20.000 Vertriebenen ins Oberallgäu gekommen waren und hier eine neue Heimat gefunden haben. Das Denkmal wurde von dem in Oberstdorf wohnenden schlesischen Maler und Bildhauer Walter Kalot geschaffen. Am 16.10.1988 wurde das Vertriebenendenkmal eingeweiht. Die kirchliche Weihe nahmen die beiden schlesischen Pfarrer, der kath. Oberpfarrer a. D. Alois Krautwurst und der ev.-luth. Pfarrer i. R. Joachim Geister, vor. Festansprachen hielten Alfons Zeller, Staatssekretär, Hubert Rabini, Landrat, Karl Bittner, 2. Bürgermeister und Vorsitzender des Ortsverbandes der Landsmannschaft Schlesien, und Rudolf Dressel, Kreisobmann der Sudetendeutschen Landsmannschaft und Kreisvorsitzender des Bundes der Vertriebenen (BdV). Nach dem Festakt wurde das Vertriebenendenkmal in die Obhut der Stadt Sonthofen übergeben. Die Inschrift auf diesem Denkmal lautet:

„Mehr als 20.000 vertriebene Deutsche fanden nach 1945 im Oberallgäu wieder eine Heimat. Laß dir die Fremde zur Heimat, aber niemals die Heimat zur Fremde werden."

Gemeinde Waltenhofen-Martinszell

Gedenkstein an die Opfer der Vertreibung 1945, Friedhof in Martinszell

Auf dem Friedhof von Martinszell befindet sich ein Gedenkstein, der an die gewaltsame Vertreibung 1945 erinnert. Er wurde von der Ortsgruppe der Su-

501

detendeutschen Landsmannschaft 1958 aufgestellt. Ortsobmann der SL war Bruno Bergs. Inschrift auf dem Gedenkstein:

„Zum Gedenken an die Opfer der gewaltsamen Vertreibung 1945".

3. Straßennamen nach Persönlichkeiten, Landschaften oder Orten aus der alten Heimat oder den Vertreibungsgebieten im Oberallgäu

Gemeinde Burgberg	Ernst-Kottek-Weg
Markt Dietmannsried	Sudetenstraße
Gemeinde Durach	Karlsberger Straße
Stadt Immenstadt	Eichendorffstraße
	Julius-Kunert-Straße
	Sudetenstraße
Stadt Sonthofen	Eichendorffstraße
	Herderstraße
	Rudolf-Harbig-Straße
	Kantstraße
	Sudetenstraße
Gemeinde Waltenhofen	Sudetenstraße

VIII. Quellen und Literaturnachweis

1. Zeitungen/Hefte der Information zur politischen Bildung/ Kulturelle Arbeitshefte

- Allgäuer Anzeigeblatt, Jahrg. 1946–1960
- Allgäuer Zeitung, Jahrg. 1946–1960
- Informationen zur politischen Bildung der Bundeszentrale für politische Bildung, Hefte Nr. 132 (1993), Nr. 142/143 (1985), Nr. 222 (1991) und Nr. 225 (1989)
- Kulturelle Arbeitshefte des Bundes der Vertriebenen, Nr. 3, Nr. 11, Nr. 13–16, Nr. 19, Nr. 20, Nr. 24–25, Nr. 28, Nr. 30, Nr. 32–34

2. Akten/Dokumentationen

- Archiv Landratsamt Oberallgäu
- Stadtarchiv Sonthofen
- Stadtarchiv Kempten
- Staatsarchiv Augsburg
- Aktendepot des Ausgleichsamtes Memmingen in Mindelheim
- Statistische Jahrbücher für Bayern, Jahrg. 23 (1947) – 28 (1964)
- Dokumentation „Integration und Neubeginn", Band 1: Texte und Anmerkungen, Band 2: Dokumente, Prof. Dr. Friedrich Prinz im Auftrag des Bay. Staatsministeriums für Arbeit Sozialordnung
- „Flüchtlinge, Heimatvertriebene und Aussiedler in Schwaben", Heft Schule und schwäbische Heimat, Regierung von Schwaben, 1989

3. Literatur

- Studienbuchreihe der Stiftung Ostdeutscher Kulturrat, Verlag Albert Langen
  Band 1: Die Sudetendeutschen„, Fritz Peter Habel, 1991
  Band 2: „Die Rußland-Deutschen", Alfred Eisfeld, 1992
  Band 3: „Die Deutschen im Posener Land und in Mittelpolen", Joachim Rogall, 1993
  Band 4: „Die Deutschen zwischen Karpaten und Krain", Ernst Hochberger, Anton Scherer, Friedrich Spiegel-Schmidt, 1994
  Band 5: „Die Donau-Schwaben", Ingomar Senz, 1994 – „Die deutschen Vertriebenen in Zahlen", Teil I und Teil II, Gerhard Reichling, Kulturstiftung der deutschen Vertriebenen, 1989
- Jahrbuch der Egerländer 1957 (4. Jahrgang), Egerland Verlag
- „Die Ausweisung der Sudetendeutschen", Alfred Bohmann, N. C. Elwert Verlag, Marburg 1955
- „Das Sudetendeutschtum in Zahlen", Alfred Bohmann, Sudetendeutscher Rat, 1959
- „Schlesisch-mährischer Volkskalender für das Altvaterland 1967"

- „Auf der Suche nach Heimat", Pater Jordan Fenzel, Diözesan-Vertriebenenseelsorger der Diözese Augsburg, 1989
- „Die sudetendeutsche Frage", Rechtsgutachten, Prof. Felix Ermacora, Verlag Langen Müller, 1992
- „Deutsche Heimatländer", Helmut Hoffmann, Günter Olzog Verlag, 1987
- „Überleben war schwerer als Sterben", Erika Morgenstern, Arndt-Verlag, 1992
- „Und immer rettet die Güte", Prof. Erich Hans, Deutscher Böhmerwaldbund, 1995
- „Flüchtlinge und Flüchtlingspolitik in Bayern 1945–1950", Franz J. Bauer, Verlagsgemeinschaft Ernst Klett, 1982
- „Anmerkungen zur Vertreibung der Deutschen aus dem Osten", de Zayas, Verlag W. Kohlhammer, 1987
- „Lastenausgleich für Flüchtlinge und Aussiedler", Walter Haack, Verlag BONN AKTUELL, 1984
- „Zur Geschichte der Massendeportation von Ostdeutschen in die Sowjetunion im Jahr 1945", Herbert Mitzka, Verlag Hübner, 1985
- „Eingliederung der Vertriebenen, Flüchtlinge und Kriegsgeschädigten in der Bundesrepublik Deutschland", Broschüre „betrifft:", Bundesminister des Innern, 1982
- „Vertreibung und Vertreibungsverbrechen 1945–1948", Bericht des Bundesarchivs, Kulturstiftung der deutschen Vertriebenen, 1989
- „Die Eingliederung der Flüchtlinge in die deutsche Gemeinschaft", Bericht der ECA Technical Assistance Commission, Bundesministerium für Vertriebene, 1951
- „Die Flüchtlinge", Günter Böddeker, Gustav Lübbe Verlag, 1982
- „40 Jahre Arbeit für Deutschland – die Vertriebenen und Flüchtlinge", Ausstellungskatalog, Marion Frantziok, Odo Ratze, Günter Reichert, Ullstein Verlag im Auftrag des BdV, 1989
- „Flucht und Vertreibung", Frank Grube, Gerhard Richter, Hoffmann und Campe Verlag, 1980
- „Ostdeutschland", F. Dörr, W. Kerl und Osmipreß GmbH, Südwest Verlag, 1991
- „Die Deutschen und der Osten", Hermann Schreiber, Südwest Verlag, 1991
- „Geflohen und vertrieben", Rudolf Mühlfenzel, Athenäum Verlag, 1981
- „Sudetenland Lexikon", Rudolf Hemmerle, Adam Kraft Verlag, 1985
- „Deutsche Bilder", Bernd G. Längin, Weltbild Verlag 1990
- „Die Rußlanddeutschen unter Doppeladler und Sowjetstern", Bernd G. Längin, Weltbild Verlag, 1991
- „ODSUN – die Vertreibung der Sudetendeutschen", Veröffentlichung des Sudetendeutschen Archivs, 1995